ロゴスの建築家
清家 清の「私の家」
―そして家族愛―

松野 高久

出典：清家清著『「私の家」白書』（住まいの図書館出版局、1997年）より

「私の家」(子世代に住み継がれる家)

- 1954年　清家清自邸「私の家」竣工(清家清36歳)
　　　　W・グロピウスにより「日本建築の伝統と近代技術の幸福な結婚」と評価される
- 1955年　「日本建築学会賞(建築)」受賞(一連の住宅)
- 1970年　清家清「続・私の家」に転居
- 1974年　長女ゆり(八木幸二家)入居
- 1991年　次女いせ(ジョーデン家)入居
- 2005年　4月8日　清家清死去(86歳)
- 2010年　8月「美の巨人たち」放映
- 2017年　8月　日曜美術館「小さな家からの冒険」放映
　　　　登録有形文化財指定

(写真は『家庭画報』1966年2月号より掲載)

『家庭画報』(1966年2月)の誌面を飾った清家清・ゆき夫人と子どもたち。タイトルは「(海+山+庭)×四季の暮らし」とある。

本書は一般財団法人 住総研の2016年度出版助成を得て出版いたしました。

ロゴスの建築家
清家 清の「私の家」
―そして家族愛―

刊行によせて

環境建築家
東京工業大学名誉教授
環境デザイン研究所会長

仙田　満

　本書の著者　松野高久君は東京工業大学清家研の出身で、レーモンド設計事務所に長く勤めた。その後、10数年前から環境デザイン研究所で多くの企画的な仕事をしている。近年では広島市民球場もその成果である。野球大好き人間の松野君はコンペのプレゼンテーションも一緒にやってくれた。我々としてはあそこまで成功するとは思っていなかったのだが、「今までの野球場を変えた」「カープのリーグ優勝はスタジアムのおかげだ」と多くの方々に評価していただいている。

　彼はその当時から清家清論をまとめており、建築雑誌『近代建築』に何回かに分けて発表していた。その原稿をときどき見せてもらったが、多くの清家先生の言説や、弟子たち、あるいは清家先生と親交のあった建築家たちも丹念に調べ、その著作も読み込み解説しているのに感心した。その結果、清家清の人物像だけでなく、清家清の生きた時代と、その同時代の建築家たちが何を考え、どう生きていこうとしたかまで知ることができる広がりのある評伝となっている。

　もともと文学青年であった松野君が尊敬する清家清先生の代表作「私の家」を題材とした本を書こうとした詳しい動機は知らないが、若い頃より小説家で歌人の長塚節の研究をしていて、いつか建築家の評伝として恩師の清家清論をいつかまとめようと考えていたようだ。清家先生の

考え、信念、好み、性向まで、その言説をベースに本や映像、記録、インタビューを通して、本書にまとめられている。彼は徹底的に清家清先生の建築に対する考え方、宗教、死生観、生活観、食事の好み、ライフスタイル、家族に対する思いまで、仔細に明らかにしようとしている。

　「私の家」は戦後の最小限住宅でもあったが、きわめてアイディアと理念に満ちた家であった。清家先生も奥様も、この小さな、質素な家を愛されていて、娘さん夫妻もここを子育ての空間として継承されている。清家清という稀代の住宅作家、建築家の本質がこの家に凝縮されている。同時に清家清が生きた、日本の戦前・戦後、いや戦前を含めて、激動の時代・雰囲気をわれわれに伝えてくれている。私自身、建築家を志したその時代が懐かしく思い出される。谷口吉郎、清家清、篠原一男などの東工大の教授たちにきわめて刺激を受け、新しいデザイン領域を開拓したいという思いで、無謀にも26歳で独立した頃と重なる。その頃、多くの脱藩した若い建築家たちが目指すところは清家清であり、篠原一男の住宅であった。

　とくにこの本で、清家清の原点はギリシャだったという結論を導いていることがおもしろい。このことを清家先生に確かめたいという思いに駆られる。一人の建築家、その小さな作品でこれだけ語ることができるのだという、研究者としての松野君の力に驚く。またそれだけの許容力を清家先生の小さな「私の家」はもっていたと思われる。本書はそういう意味で、新たな作家論の方法を提示しているようにも思える。「住宅設計は建築設計の基本」と清家先生に学んだ建築家としては、建築を目指す多くの若者に読んでもらいたい。

目次

刊行によせて ………………………………………… 仙田満 ……4

はじめに──「家（いへ）」の原型への回帰 ……………………………10

第Ⅰ章　アカンサス・アーティチョーク・アイビー ………………13
　　　　─幾何学的理性の退行─

1. 「私の家」・「続・私の家」のアカンサス ……… 15
   (1) 「私の家」のアカンサス　15
   (2) 仮説─柱頭の原形は反力の図像化─　19
   (3) 東工大・東京藝大のアカンサス　20
   (4) 結論・コリントでのパウロ─聖書からの解釈─　28

2. アーティチョークの螺旋 ……… 29
   (1) W・グロピウスによる清家の住宅の視察　29
   (2) W・グロピウス邸の夕食─「アーティチョーク事件？」─　32
   (3) 「スパイラル」─蝸牛の「対数螺旋」─〈P・シールの証言〉　37
   (4) W・グロピウスと龍安寺石庭の砂紋─環状シンメトリー─　39

3. アイビー（蔦）の帯状シンメトリー
   ─「私の家」ハブマイヤートラス─〈ディオニュソス神話〉……… 44

4. アカンサスとアイビー・清家の二元性 ……… 46

第Ⅱ章　アクロポリスの丘の美しい夕日 ……………………………49
　　　　─パルテノン行─

1. 清家清のパルテノン行─「永遠」と「霊気」─ ……… 50
2. 谷口吉郎のパルテノン行─シンケル憧憬─ ……… 58
3. 清家清のベルリン行─谷口吉郎追慕─ ……… 60
4. 清家清への谷口吉郎の影響 ─慶応義塾幼児舎と谷口自邸─ ……… 64

第Ⅲ章　清家清の建築思想の原点 ……………………………………69
1. 清家清と数学─対称・変換・群論─ ……… 70
2. メソジスト派のクリスチャン ……… 84
3. 総括・ロゴスの建築家 ……… 100

第Ⅳ章　「私の家」再考 ………………………………………………111
　　　　─ギリシャのオイコス（家）、オイキア（家族）への愛─
1. 序論・モダニズムの健康住宅 ……… 113
　（1）ル・コルビュジエの衛生論の影響─太陽・空間・緑─　118
　（2）モダニズムの衛生主義　120
　（3）大気・安静・栄養─フロアーヒーティング─　126
　（4）モダニズム建築の衛生論　132
　（5）衛生学と「癒しの容器」　136
2. 「一室住居」の心理学的考察─Redundanceと「気」（プシュケー）─ ……… 141
3. 「私の家」への黄金比の摘要（1）……… 148
4. 「私の家」への黄金比の摘要（2）─やじろうべえ構造─ ……… 153
5. 「私の家」への黄金比の摘要（3）
　　─「コの字形平面の家」にT・Dの摘要─ ……… 156
6. 正方形の家─「私の家」は2倍正方形─ ……… 159
7. 「最小限住居」(1)─和風「モダニズムの一環」─ ……… 161
8. 「最小限住居」(2)─「未分化」で「ルーズな無限定空間」─ ……… 165
9. 「好い加減」（シュムメトリア）と「格好が悪い」（エウリュトミア）……… 172
10. 「シンメトリー」─構造の均質化─ ……… 177
11. 「重箱のスミ」（清家）＝「人工的アート」（芸術）……… 179
12. 清家清のル・コルビュジエ憧憬
　　─シャルロット・ペリアン、坂倉準三と柳宗理─ ……… 182
13. 「私の家」のハブマイヤートラス─帯状シンメトリ─ ……… 185

14. 池辺陽の自邸 (No.17) との比較 ……… 191
15. 「家」としての「行事」および「ファンクション」……… 195
16. 「一室空間」(ワンルーム) を支える清家のキーワード ……… 197
17. 「住行為 (機能) が未分化に統合」、「分節度」……… 201
18. 「Redundance」(ゆとり) と「Organ」(はらわた) ……… 211
19. 「一寝室住居」・「終の住処」……… 218

第Ⅴ章　機能主義の超克 (Ⅰ) ……… 225
─Other Direction─

1. アメリカの住宅建築の影響 ……… 227
2. 大開口部の「パースペクティブ」と「フラットルーフ」……… 230
3. 土間空間─床の石貼・竪穴住居─ ……… 236
4. 「私の家」の製図版上の3本の曲線─「三つ巴」─ ……… 244
5. 腔腸動物・甲殻類 (清家) VS 蝸牛の殻 (ル・コルビュジエ) ……… 252
6. 「私の家」のパッシブデザイン (Ⅰ)
   ─夜間換気とアルミニウム屋根 ……… 254
7. 「私の家」のパッシブデザイン (Ⅱ)
   ─「ダイレクトヒートゲイン」蓄熱床・壁 ……… 262
8. 「私の家」の原形─試案の検討と準用 ……… 267
9. 「イエスの家」─オイコス (家)、オイキア (家族) への「愛」……… 270
10. 都市 (ウル) 悪─「カナンの地」─ ……… 281
11. A・デューラーと清家の「愛用品」と「虹」(神との契約) ……… 283

第Ⅵ章　機能主義の超克（Ⅱ） ……………………………289
　　─ファンクション（機能）からパフォーマンス（性能）へ─
　1．疲労の研究─ ……… 291
　2．舗設という逆説的方法─ ……… 294

第Ⅶ章　エントロピーの増大 ─死─ …………………………297
　　〈講義用シート〉
　1．「ウサギ小屋」─「私の家」の狭小性への対応─ ……… 298
　2．「うたかた（泡）」は「いずかたえか去る」（『方丈記』）……… 302
　3．清家の「講義用シート」─「エントロピー」の増大─〈死〉……… 304

結びにかえて─「永遠の瞬間」 ……………………………………307

おわりに─ロゴスの人・清家清 ……………………………………309

引用参考文献─著者・論文リスト …………………………………314

はじめに
―「家（いへ）」の原型への回帰

　清家先生の長男の清家篤氏は、『清家清　オーラル・ヒストリー』（C.O.E. オーラル・政策研究プロジェクト）の中で、清家が自己の仕事の内容の質問に対して、「そういうことは言葉で説明できないから作品にしているのだ！　私の考えはすべて作品に出ているので、そこで聞いてくれ！」との気持ちでいたことを述懐している。ロゴスの建築家・清家清としては面目躍如たる回答であった。
　「まだコトバの話せないヒトあるいは猿人たちの時代でも、きっと彼等には巣というか、住まいくらいの場所も在ったに違いない」と、清家は、その『ヨハネ福音書』（1・1）冒頭の「初めに言（ことば）があった」を幾度も引用していたが、その説明の一文である。この「言（ことば）」はギリシャ語のロゴスである。「作品に語らせよ」ということか。
　しかしそれは発想の原点であった。篤氏の承諾により提供を受けた東工大の講義ノートには、建築・環境・エネルギーに関係するワードの語源が横溢していた。
　清家の高弟の林昌二は、「先生は『故事類苑』などの辞書・辞典が大好きだったそうです。隠れた書庫には辞典がずっと並んでいた」と、「博覧強記の人でした。何を聞いても大丈夫の先生でした」と語っている。篠原一男との対談でも、清家は「辞書を引いて調べてみなさい」とアドバイスしている。それはロゴスへの回帰であるが、言（ことば）の原点だけではなかった。
　清家の1978年の福島での講演でも、住居のルーツ（原理）とその展望をテーマにして、「家形という格好は日本の屋根の恰好です。その屋根形は日本の家形なのです」と、他に中国やアラブの古代住居について、家のはじまりと気候・風土について詳しく話している。常に住まいの原型を考えよと、日本の古代でも、石器時代の穴居や弥生時代の竪穴式住居の絵を載せて、さらに棟持柱のルーツなどの住宅の原風景のような世界を検証していた。さらに西洋建築の原点を、連載「聖書と住まい」に、古代パレスチナのテント式住居などを、住まいは家族生活の掩体（シェルター）であると、厳しい自然の猛威から家族を守るための「住まいの原点は家族生活の原点」でもあり、「男は家屋（ハウス）を作り、女は家庭（ホーム）を作る」と、それは「いえつくり」のための知恵であった。そして、人間の住居のみならず、動物のそれまでに至っていた。頭に「私の家」は、「子沢山のブタ小屋ですね。ウサギ小屋という説もあるけれど、

竪穴住居の昔もそうだったろうと思うが、やや動物的な原始性はあるにしても、一室で家族全員がゴチャゴチャ暮らしていることは、何とも言えない温かさのあるものだ」と、動物園の獣舎を理想としていた。

『古事記』では、家という字を「寝戸（いへ）」として、「居寝（ヰネル）」と「戸」を合体させた言葉として昔は「イヘ」と言ったと、人間も動物も寝る所であった。つまり「夏巣冬穴」のような「小さな住まい」が「私の家」であると説明している。

清家は「私の家」は、戦中は海軍軍人として国粋主義を、そして戦後はアメリカからの新しい生活様式、例えば靴履き生活の影響を受けたと、それが「最小限住宅」（清家はそれを「痩せた住宅」と呼んでいたが）としての「一室空間住居」になったと告白している。

しかし、私には、キリスト教徒としての清家の「私の家」は、イエスが誕生したナザレの穴居住宅として感じたのが第一印象であった。清家はイスラエル人なら陸屋根（フラットルーフ）の家を家形と言うに違いないと、それは日干し煉瓦（アドベ）壁の上に木材の屋根を架けて土を葺いた穴倉のような家で、前には中庭のある家もあった。正しく「私の家」の原型である、「私の家」の構造は、化粧煉瓦積みの壁の上に置いたフラットなコンクリートスラブの屋根はピン接合で、まるでル・コルビュジェが描いたギイシャの神殿の原型図のようであった。

清家篤氏は、『ARCHITECT　清家清』誌の写真撮影の時に、「続・私の家」の窓の内の机の上に著書『ぱるてのん』を置き窓外のアカンサスの葉陰にコリント式柱頭を三点セットとして置いた。父のギリシャ建築の素型への憧憬を知っていての企画であった。

したがって本論も清家の「アカンサス趣興」のエピソードから始めたい。

松野 高久

本文に掲載されている引用文の出典は、巻末の「引用参考文献─著作・論文リスト」に表示し、文中には略式記号（アルファベットと数字）を用いた。また図版・写真の掲載については不明なものもあるが、可能な限り出典を明示した。表記は引用文と同様に略式記号としたがリストにないものは改めて出典名を記した。

第Ⅰ章
アカンサス・アーティチョーク・アイビー
―幾何学的理性の退行―

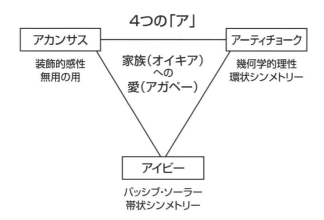

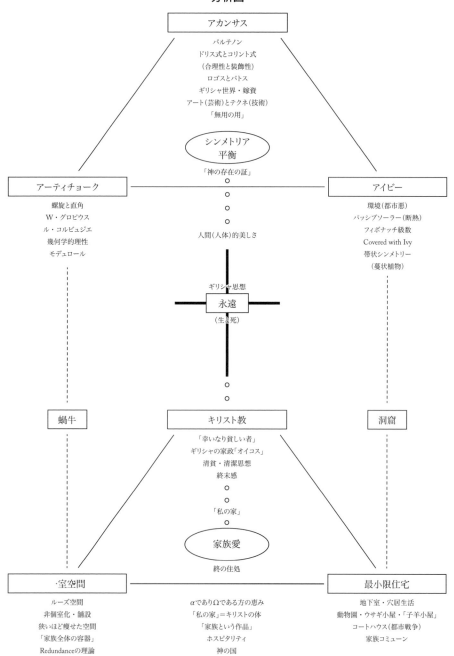

1.「私の家」・「続・私の家」のアカンサス

(1)「私の家」のアカンサス
アカンサスの思い出

　清家清先生の「私の家」の庭先や、「続・私の家」の居間の庭先に面するプロフィリットガラスの窓下にアカンサス（葉薊・はあざみ）（図I-1）が植えられている（図I-2）。清家は建物と大地の接する部分のデザインが重要であると、「The architect covers his mistakes with ivy」というイディオムが好きで、常々話していた。しかし、その目的でこのアカンサスが植えられたのではない。さらに「コックはマヨネーズをかけて料理の失敗をごまかす。という冗談があります。私もアイビーを含め、植木で何とか建築の失敗をごまかしているようです」と、シャイな自戒をしているが本心ではない。

　清家の著書『ぱるてのん』[S-4]にコリント様式柱頭の詳細図がある（図I-3）。東京工業大学の建築学科では2年生になり学科の所属が決定すると、製図の最初の課題がアカンサスの柱頭を持つコリント様式柱頭の烏口による模写となるがこれは清家の発案である。

　清家は東京美術学校の学生時代から「コルビュジエには深い関心を持ちました」と記録している。ル・コルビュジエの『プレシジョン（上）』[L-10]の中の「技術はリリスムの受け皿そのものである」には、

　　例えば美術学校では、まず「様式」（オーダー）を初学者に教えることから私は始めます。新入生には「ドリア式」、ドリア式は単純ですから。そして彼らが鉛筆を使えるようになると、「イオニア式」を教えます。これは渦巻形装飾があるので、ずっとむつかしいのです。そうして準備の整ったところで、「コリント式」になります。これは最もむつかしいですからね。「ああ、フィディアスよ。君のやったあのパルテノンのドリア式は初心者のやるような平凡な仕事らしいよ」。いやはや！

　清家はこの教示に従ったのか、最初の製図の課題は最もむずかしいコリント式柱頭であった。
　私が清家夫妻に仲人をお願いして結婚式を挙げたのは1974年であった。結婚式後のお礼に「続・私の家」をお訪ねした帰り際、先生は外まで出てこられて、アカンサスを一株、記念にと私に手渡された。今でも私の家の玄関先で濃緑色の葉が繁茂し、5〜6月には紫色の棒状の長い花茎を空に突き出し、白地に紫色の大きい唇形の花を長穂状に咲かせている。繁殖力は旺盛で、半日陰でも良く育つ。この年に出版された『現代日本建築家全集16・清家清』[S-3]の著書に「謹呈　松野高久学弟」と箋紙を貼った上に自筆で墨書されて頂戴した。その時に「箋紙をはがせば古本屋に売れるよ」と冗談を言われたことを今でも鮮明に憶えている。「Dec.21.'74」と記入がある。多分アカンサスを株分けして下さったのは、「学弟」という意味があるのかと、

図I-1 アカンサス 出典：A・M・コーツ著（白幡洋三郎訳）『花の西洋史』八坂書房、1989年

図I-2 「続・私の家」の窓下のアカンサス ［S-1］

図I-3 コリント様式柱頭詳細図 ［S-4］

ある時にやっと気付いて目頭が熱くなった。しかし、その時は何故に「アカンサス」なのか理解できなかった。

　ギリシャ建築の研究者であり、「分離派建築会」の建築家でもあった滝沢真弓や森田慶一の著書に清家が親しんだことを「シンメトリー」[S-6]で知った。森田の訳註書に『ウィトルーウィウス建築書』[G-1]がある。その第四書・第一章には、

> 第三のコリントゥス式といわれる様式は、少女の繊細さを模している。年が若いので繊細な肢体で形づくられていて、装飾に用いて美しい効果をうるからである。この式の柱頭の最初の発明は、コリントゥス市民の少女が今や婚期に達しながら病にかかって死んでしまった。彼女を葬った後、乳母は少女が生前気にいっていたものを集めて篭に詰め、墓に持って行ってその頂に置き、瓦で覆って置いた。この篭はアカントゥスの根の上に置かれた。そのうちアカントゥスの根は重荷で圧せられながら春の季節の頃まん中から葉と茎を伸ばし、この茎は篭の脇に沿って成長し、当然瓦の角で重みのために押上げられ、四隅に渦巻き形の曲線をつくらざるをえなかった。
>
> この墓碑の辺を通っていた、カッリマクスは、これを手本としてそのシュムメトリアを定めた。このことから建物を造り上げるにコリントゥス様式なる手法を区別した。

　第一のドリア様式、第二のイオニア様式、そして第三のコリント様式の柱頭の始源説話である。フィディアスの好敵手であったアテネの大理石職人のカッリマクスが、彫刻家として、四隅に「渦巻き形の曲線」を作った（図I-4）。つまり瓦の垂直荷重の反力を見える形の柱として表現し、コリント様式柱頭を造り、その「シュムメトリア」を定めた。「シュムメトリア」というのは、柱頭の各部の寸法・比例のことである。清家はアカンサスの柱頭を「シュムメトリア」もしくは「装飾」との合理的かつ感覚的関係の象徴として室内から眺めていた。

「パルテノン」の「シンメトリー」― 「モデュロール」―

　清家の小論文「シンメトリー」[S-6]に、「開平長方形」は、J.ハムビッジがギリシャの芸術作

図I-4　コリント様式柱頭の起源　出典:『世界の建築様式』(エミリー・コール編著)

図I-5　フィボナッチ数列は美の数列　[S-6]

図I-6　コリント様式の原型をとどめた柱頭の破片　[S-4]

品を分析して発見した「美の原理」であるという「ダイナミック・シンメトリー説」がある。それを整数比としてアカンサスの枝葉の分析をしている（図I-5）。清家のアカンサス嗜好とモデュロールへの関心を象徴している。フィボナッチ級数の1・2・3・5・8・13……と続く数列は、前の二つの数値の和が三つ目の数値と等しくなり、数列が進むほど前後の数値比が黄金比（1.618…）に近づく性質をもつ。このモデュロールを駆使した作品がル・コルビュジエのユニテ・ダビタシオンであり、その「モデュロール・マン」のレリーフ前で写真[S-5]を撮った清家との関係は、重要である。

「バロック的なコリント様式への変形」

　『ぱるてのん』[S-4]の「あとがき」は、清家のパルテノン神殿を視察した体験の総括で、「装飾」論への端緒ともなっている。

　　ギリシャの様式にはこのDORIA、IONIAのほかにCORINTHIA様式を加えるのが習慣になっている。CORINTHIA様式はATHENAIを中心としたDORIA、IONIA両様式の結合にはじまるバロック的な傾向がCORINTHIA様式を生んだと見てもよい。例えば柱頭の破片は、DIONYSUS劇場から発見されたものであるが、よくCORINTHIA様式の原型を留めている。

　清家は、「野に生えた雑草、からくさ」の原型としての写真も掲げている（図I-6）。「バロック的傾向」、つまり結合による過剰な装飾性がコリント様式を生んだとする見解に注目したい。柱頭様式の幾何学からの退行を清家が「バロック的」とするのもそれと関連するのであろうか。
　この柱頭は「美しいアカンサスの葉が飾られた」が、問題は「バロック的な傾向」がコリント様式においてなされた、その「乗り換え地点」にアクロポリスがある。バロック芸術の特徴は、絵画性、幻想性、ダイナミック性とされ「無限展延的空間」として快楽のレベルまで昇りつめようとする感覚へと導く極度の装飾性である。
　ギリシャの山野に野生する雑草のアカンサスを具象的に用いた装飾への変容は、単なるユー

クリッド幾何学的秩序からの離脱劇であったのだろうか。『ぱるてのん』[S-4]の「あとがき」は、以下の文章で結ばれている。

> ACROPOLISはすでにCORINTHIA様式を内包していたと見てもよい。このようにPARTHENONが建立された当時というのは、古典の完成から正に崩壊しようとする時期であって、極めて洗練された造型性を示している。

　様式は混在して進行するということだろうか。というより、洗練の極致への「古典の崩壊」以降は「装飾」が勃興するのであろうか。
　現代ではもうアカンサスの葉茎を柱頭に使わなければならなかった理由は正確には判らない。しかし、清家は「パルテノン」を、建築の一般的なデザインにおける「装飾」性の起源として考えていた一面がある。それは新しいパルテノン神殿論である。

「私の家」と「続・私の家」の庭のコリント様式の柱頭

　「回想・清家清　その2」の角永博の「家族という作品」[S-1]に、「著書『ぱるてのん』[S-4]と庭に置かれた柱頭」と脚注のある写真（図I-7）が掲載されている。「続・私の家」の室内の窓ガラスに寄せられた机の上に『ぱるてのん』がケースとともに置かれ、ガラスの外には小さなコリント様式の柱頭が窓下に見えている。そしてその左には一葉のアカンサスがセットされている。誰かが意図的に「パルテノン」の本、「コリント様式の柱頭」、「アカンサスの葉」の三点セットの写真を企画したのである。
　『清家清 ARCHITECT KIYOSHI SEIKE 1918-2005』[S-1]を編集した都市建築編集研究所主宰の石堂威によれば、長男の清家篤が「父はアカンサスが好きだったから」と申し出て、『ぱるてのん』の本のある窓先にコリント様式の柱頭とアカンサスを置いたと言う。清家の「アカンサス好み」の第一の証言者は清家篤であった。
　「私の家」の庭のアカンサスとコリント様式の柱頭について、清家邸の庭師である柴田集花園の柴田悦雄に話を聞くことができた。柴田集花園は先代の元之助の時代から、清家邸に出入りしていた。
　柴田は「清家先生はアカンサスがお好きでした」と私に話した。アカンサスは先代の元之助の頃からすでに庭に植えられていて、今も道路の塀際の内の数か所に散在しているという。そしてコリント様式の柱頭は、三井家のある建物が解体された時に、先代が清家の庭に斡旋して持ち込んだもので、柱頭だけではなく柱身も柱礎も、そして柱一本分として、今もどこかにあるという。
　清家の「装飾」[S-52]には「パルテノンのドリス式のオーダーをすっかり測量して、現代建築の上に移してもそれはイミテーションであって、こういう方法がよくないことについては我々の先輩が一生懸命反対してくださったおかげで、もうこの頃ではよほどどうかした銀行でもな

図I-7 清家清著『ぱるてのん』と窓下のアカンサスと葉陰のコリント式柱頭 [S-5]

図I-8 黒海沿岸地方の農村の木造建築 [L-8]

い限りコリシャンの柱もアイオニックのオーダーも消えたようです」と述べている。清家のアカンサス好きは、自分が教職に就いた大学や、設計した学校には、自庭から株分けしたアカンサスを植えたと聞く。東工大の建築学科の建物の前にもあるという。

清家はこのコリント様式の柱頭を眺めながら何を考えていたのか。ル・コルビュジエは、「アカンサスの葉飾り」の彫刻を、家具の「初期工業的な不可思議な装飾の産物」とした。

パルテノンの当初の構造体が木構造であり後に石造化したことは定説で、その際に梁部と柱部の接合部との細部(ディテール)が、石造化した時に意匠・装飾としてオーダー(様式)化したと考えられる(図I-8)。清家もギリシャ神殿の木造起源説を認めていて、『ぱるてのん』[S-4]の中で次のように分析している。

> 我々の建築の伝統は柱と梁(POST AND BEAM)の構造に終始していて、今まで壁が力学的な主構造となったことは少なかった。と同様に、ギリシャの建築もまた、柱と楣が建築を構成している。古代のギリシャ建築は木造であったと思われている。木造の柱や梁が、加工の容易な石灰岩系の石に置き換えられた事は想像にかたくない。柱と梁の構成は装飾本能を満足させる広い面を持つことができないから、自然に、その柱と梁だけで構成する空間(SPACE)の造形に努めなければならなくなる。

「装飾本能を満足させる」ことのできる部分としては、石造では柱頭がまず最適で、下部から見上げた場合に視覚的に最も効果がある。

清家の「アカンサス趣味」および「コリント好み」には建築家という「理性」より「感性」が呼応しているような気がする。つまり「装飾」の始源としてである。しかし「バロック的なコリントの変形」には、「極めて洗練された形」が「具象」のように造形性を示しているともいえる。「具象」の「装飾」としてのアカンサスである。

(2) 仮説 ─柱頭の原形は反力の図像化─

ギリシャ神殿の柱頭の意匠の変遷は、原ドリス式ともいえるパエストウムのポセイドン神殿

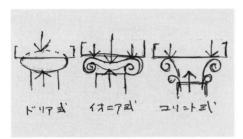  

図I-9 柱頭様式の変遷と接合部の応力(筆者作成)　　図I-10 東京工業大学の緑が丘1号館前のアカンサス(筆者撮影)　　図I-11 東京藝術大学の校章

の饅頭形、そして清家が「ゆるぎがなく航空機の翼形にも似た美しい造形」といったドリス式のパルテノン神殿の半卵形、つまりともに「クッション型」である。次にイオニア式の枕形もしくは鼓胴(つづみ)形といわれ、二つの渦巻き装飾(ヴォリュート)に挟み込まれた螺旋形、そして笘を押し上げるアカンサスの渦巻き葉茎状型のコリント式である。

　以上の三様式は共に、木構造時代の柱頭を緊結する青銅製の金具のイメージを踏襲している。特にコリント式は、その起源の青銅製品が「コリントゥルゲース」(註記:コリントスの職人技術による)と呼ばれたコリントスの名産であった。柱上部の連結梁からの垂直荷重を柱に及ぼし、その接合部(柱頭)は逆に柱からの反力を受ける。私のスケッチ(**図I-9**)のように柱頭はそのクッション機能を可視的に図像化したものと考えられる。

　この仮説については『世界の建築—ギリシャ』G-3)には、柱身の上部の「花飾り」の起源において「実際上かつ実利的な要求が存在」したとして、次の記述がある。

> 　古い時代の支持部は、オリエント建築におけるがごとき葦の束柱や、西方にみられる樹木の幹であれ、各々の上端で、また特別な場合は柱台のところで、負荷に押し潰されることと、湿度との双方から保護する役目を補強部に課しており、こうしてこの位置に装飾を描いたテラコッタもしくは金属の保護板が当てがわれ、やがて支持部が石材で作られるにおよんで、ここに彫刻が施されるに至ったのである。

　樹木などの束ね柱の時代では接合部としての柱頭の保護と補強のため、より装飾化されて彫刻化したが、やはりその意匠は「反力の図像化」であった。抽象的な幾何学曲線から、植物形としての装飾的な具象への変化は何を物語っているのだろうか。

　清家は『日本の造形1 木組』S-53)を書き、木割と木組と継手の密な仕口(ジョイント)の妙を示した。建物の部材の接合部の研究もあり、関心も高かった。

(3) 東工大・東京藝大のアカンサス

　東工大の建築学科が入る緑が丘1号館のスロープ入口傍らに、アカンサスが植えられていた

図I-12 東京藝術大学音楽学部のアカンサス（筆者撮影）　　図I-13 清家邸の庭のアカンサスと石柱頭（撮影:大橋富夫）[S-12]　　図I-14 「続・私の家」に置かれたコリント式柱頭（撮影:貴嶋昌也）

との話を聞き、訪れてみた。枯れそうに変色した草叢から、1本の茎が出ているのを探し出すことができた（図I-10）。本館からここに清家研究室も移転して来たので、その際に清家が植えたと推定するが、既に職員や学生からも全く気付かれていない実状は寂しい。

しかし緑が丘1号館は、2006年に鋼管の制振ブレースを用いて改修された際に、意匠設計者の安田幸一によりファサードのガラスの上に、清家先生が好きだというアカンサスの葉の模様を、ルーバーのようにドット状に描いたという。安田は「アカンサスは東京藝大の校章（図I-11）なのだが、如何なものかな」と思いながらも、清家の思いを継承したという。帰途に、建築学科のあった大岡山キャンパスの本館の前庭の近辺にアカンサスを探したがついに発見できなかった。その後、東工大の元施設運営部長の上田喜一郎から、かつては東工大本館の前の噴水の近くに清家が植えたアカンサスが数株あったが、桜並木のプロムナードの木デッキ整備のため撤去されたと教えられた。東工大の在学時代に私もまったく気づかなかった。再植して清家の遺志を継承したいものである。

清家は1977年に東工大を定年退官後に、東京藝大の美術学部の教授を1986年まで勤めた。建築科のある美術学部正門左側の守衛所裏の陳列館の前庭に、おそらく清家が植えたと推察される数株のアカンサスが記念保存されるように植えられていた。

道路の反対側にある音楽学部の新奏楽堂前庭のベートーベン銅像の傍らには、立派な数株のアカンサスが茎を伸ばして葉も旺盛である（図I-.12）。藝大の校章は1950年に制定されたが、アカンサスの葉で輪郭を模様化してその中に「藝大」の文字を配している。正しく芸術のシンボルのアカンサスとして認知、継承されている。アカンサスは「技術」（テクネ）より、むしろ東京藝大のように「芸術」（アルト）の象徴の方が相応しい。清家は「テクネ」を総合するのが「ロゴス」であると考えていた。

J・コンドル設計の三田綱町三井倶楽部

柴田悦雄と再び面談したのは、清家の庭のコリント式柱頭について詳しく聞くためであった。今も「続・私の家」のプロフィリットガラスの窓下にある（図I-13）。

柱礎は「私の家」の台所の前の土中に埋められ、頭を出していた。柱身は近傍の八木幸二邸

である駐車場の敷地にある。その他に清家邸の数年前まであった緩急車（註記：JR払い下げの貨車）近くにも紡錘形の石造物と門礎もあり、すべてが白丁場石（しろちょうばいし）であり、この柱頭を含めて、綱町三井倶楽部に関係ある三井家の建物の解体資材置き場から、先代の元之助によって集花園に保管され、そして清家邸に運ばれたと、柴田は証言した。

綱町三井倶楽部は、1877（明治10年）に来日し工部大学校で教えた英国人建築家のジョサイア・コンドルによって、1913（大正2）年に三井家の集会場迎賓施設として造られた。そこは江戸時代には佐土原藩島津家の屋敷で、先々代の柴田徳次郎は、その頃からこの敷地の庭に出入りしていたから清家邸の柱頭が運ばれた可能性は高い。

懐かしそうに清家先生の思い出を話す柴田悦雄に、清家邸のアカンサスについて聞くと、当初は「私の家」（1954年）の東の妻側の外部に面するレンガ壁と道路との狭い敷地の間に植えられていたという。しかし清家の庭にアカンサスを持ち込んだのは柴田元之助ではないと言う。清家自身なのであろうか。葉薊（ハアザミ）と称されるアカンサス・モリスは明治期前後に日本に渡来したらしい。清家邸には誰によってもたらされたのか。谷口吉郎邸にもアカンサスがあったとの記録がある。谷口吉郎の昭和43（1968）年7月14日の日記に、「曇。梅雨あけず、涼し。今年は庭のアカンサスに珍しく花が咲く。白紫の花弁に古代ギリシャを回想。雁皮の花も可憐」とある。清家邸のアカンサスは谷口邸からの出自であった可能性が高い。パルテノン神殿の熱望者である谷口には当然ともいえる。

アカンサスは1547年頃に、イギリスにより世界に派遣されたプラントハンターの手で、南方植物の観賞用として本国に持ち込まれ庭園植物として一般的になった。

J・コンドルの柱頭スケッチ

大田区東雪谷の清家の自邸「私の家」を2014年6月に訪れた。八木幸二・ゆり夫妻の案内で、まず庭を拝見した。アカンサスは、「私の家」の緑泥片岩の敷石テラスの先の塀の内側にある高木となった棕櫚（しゅろ）の下に1本だけ茎を伸ばしている。実は椰子（やし）の葉を扇形に彫刻したパルメット文様からアカンサス装飾が始まったとの説もあることから、この2つの植物を庭に植えた清家の意図を感じた。清家篤夫人も出てこられて説明を受けた。

「続・私の家」の玄関へと続く敷石の傍らに、1本だけ茎を延ばした数葉のアカンサス1株がある。この時季は湿気が多く、地中海が原産のアカンサスは元気がなさそうで、少々寂しい。清家の「枯れるものは枯れ、消滅するものは消滅する。無情にも強い種だけが咲いている。庭というのは、この自然淘汰の法則に委ねるがよい」[S-51]というがその通りの状態であった。

しかし「続・私の家」の窓下部はきれいに雑草が刈り取られ、土の露出した所に小さなアカンサスが見えた。その横に70cm位の高さのコリント式柱頭がさり気なく置かれていた（図Ⅰ-14）。私もその日に初めて実物を見たので感激した。持参した白丁場石と比べてみると、色調、斑の具合からして柴田悦雄の予測通りに、柱頭の石は白丁場石であった。なぜ清家はアカンサスの葉隠れにコリント式柱頭を密かに置いたのか。その答えは林昌二の「博覧強記」[S-1]に同

図I-15　三田綱町三井倶楽部（筆者撮影）　　図I-16　築地トリニティ教会　内陣障壁各部詳細図　[G-8]　　図I-17　開拓使物産売捌所本館出入口付け柱詳細図　[G-8]

様のことが書かれていた。

　　先生は辞書・辞典なども大好きだったそうです。隠れた書庫には、辞典がずらっと並んでいたとか。おもしろいのは、そうした書物の類は他人に見せないよう工夫されていた。

「ロゴス」の類の品々は隠されていたことがわかる。
　これまでこの柱頭をコリント式と呼んできたが、コリント式とコンポジット式の違いについて『オーダーの謎と魅惑』[A-3]の著者である吉田鋼市にこの写真を掲示したところ、四隅のコリコルの他に、中間にもコリコルがあり、全体で8個のコリコルがあるので、この柱頭はコリント式であると確証された。コンポジットはそこにエッグ・アンド・ダート（文様）のついたエキナスがあり、コリコルは四隅のみである。
　『ぱるてのん』の写真には、ディオニソス劇場から発見されたイオニア式柱頭の上部に小さな渦巻きのないアカンサスの葉ばかりのコリント式柱頭が載っている（前掲図I-6参照）。このイオニア式とコリント式の柱頭の上下の位置関係が逆転すればコリント式になる。「よくコリント式の原形を止めている」と清家は書いている。
　しかし清家邸のコリント式柱頭の大きな渦巻きは、頂部のアバクスの四隅部の他に中央部にも枝分かれした同形の渦巻きがあり、全部で16個もある。そしてアカンサスの葉飾りの先端はバラの花弁のように丸く"もっこり"と舌状に垂れ下がって肉厚である。綱町三井倶楽部（図I-15）のJ・コンドル風のディフォルムされたデザインに似た表情をしている（図I-16、17）。
　旧三井本館の隅石も白丁場石で、関東大震災で類焼し改築されたが、大きなコリント式列柱が正面にあった。なぜか清家邸のこの柱頭には、白丁場石・三井・コンドルという3つのワードが関係するのも必然といえるのか。

他の清家邸のコリント式柱の部分
　清家邸の裏の入口の緩急車の横、松の木の下に、同じく白丁場石で造られた30cm位の長さ

の紡錘形の手摺子のピースが数本積んであったが、J・コンドルの設計した建築の部分に特徴が実によく似ていた。

次に近傍にある、元々清家が住んでいた現在の八木邸に行き、駐車場の道路側の緑地に、半分土に埋まった長さ3mで直径40cm位の2本の柱身（シャフト）が横に並べてあった（図Ⅰ-18）。エンタシスはあるが条溝（フルーテイング）のない円柱で、やはり白丁場石であった。

帰途は大岡山の東工大百年記念館の周辺にアカンサスを探したが、まったく見当らない。大岡山キャンパスにはすでに一本のアカンサスも存在しないことになる。しかし緑が丘キャンパスには1号館の他に、原子炉棟の前の道にもアカンサスがあると八木は証言している。

清家の父は、多島海である瀬戸内海の宇和島の水軍の末裔で母は八幡浜の出である。ギリシャのアテネも多島である地中海に面するが、「ギリシャ好み」の清家は自庭の庭をギリシャ風にせず、ただアカンサスの茂みの中にコリント式柱頭だけを置いて、居間のトウネットの椅子に座って眺めていたのである。

「建て」(erect) られた柱への願望

「棟持柱の家」―ひとつのawarenessとして[S-14]―の「神々が降臨する柱」に、

> 人を数えるには、ひとり、ふたり……と数えるが、神々は一柱、二柱……と数える。柱は神々を数える単位である。実際に、日本の神々は柱を依り代として、降臨する。伝説によると天地根元の三角屋根が日本建築の源流ということになっている。この大きな三角屋根の構造はこの国の気象条件にいちばんよくマッチしている。

柱から立上がる三角屋根が「日本建築の源流」である。しかし「私の家」は日本建築の＜純粋形態＞ではなく、キリスト教の影響で、イエスの家の煉瓦造りの穴居のようだ。清家は「フラットルーフにすれば、必ずといってもよいほど漏るのは「私の家」がその実例である」とするが、しかし三角屋根と独立柱への指向は強く、

> この柱（註記：棟持柱）について言えば、ルイス・マンフォードは棒は男性の象徴で、入れものは女性の象徴であって、旧石器時代は棍棒で男性の時代、新石器時代は甕などの容器の時代で、女性が支配しているという。だから、住宅は家族の容器として女性を象徴すると同時に、外部に対しては道具としての棒が棟持柱としてあってよいような気もしてくる。いわゆる夏巣冬穴の住宅をこしらえられた。夏は男たちの建てた天地根元の風通しのよい家に住み、冬は冬眠に近く母親の胎内にあるよう穴居していたかもしれない。

清家は柱と梁の「天地根元造」の三角屋根を日本建築の源流とした。

この「棟持柱」のある「島澤先生の家」では、「棟持柱に載る棟木はⅠ型鋼、かなり装飾的

図I-18 八木幸二邸のコリント式柱身(筆者撮影)

図I-19 ペルセポリスの列柱 「棟持柱の家」[S-8]

図I-20 筑波山小田の十三層石塔(筆者撮影)

で構造的にはかならずしも棟木を支えていない」。屋内にも、「丸太の大黒柱がみえる」と、その柱は「家に棲む守護神」である。

パルテノンの回廊列柱では、「ギリシャ建築は柱が梁を支えていた。神々の数ほどの柱が要ったのだろう」と、ギリシャ神殿の柱について清家は語る。さらにペルセポリスの立柱の写真に、「神々に捧げられた神殿の美しい柱が、いまも荒野の中に残っている。この柱にはいまも神々が宿っているかに思える」と、柱を神に例えている。「ペルセポリスの神殿」(『新建築』1980年12月)では、柱は屹立している（図I-19）。この独立柱の事例は清家が庭にコリント式柱を復元することへの強い希求がうかがえる。

林昌二の、「清家研究室の想い出と傑作＜私の家＞」[S-5]の小文に、「先生の冗談にはしばしば猥談も混じるのが特徴でした。＜オッタッタ・チンコ＞などという他愛ない冗談の隙間から、先生の大変な知識が顔を出します」と、この「大変な知識」とは、「博覧強記」のことで、「それは古今東西の文物にわたるもので、特に漢字漢和に関わるもの」としての「ロゴス」である。しかしこの猥語は「建てられた柱」であることは容易に解る。「建てる」柱も、「勃てる」チンコも共に「erection」する「道具」だからである。清家の「建てる」[S-6]に、

> 日本語の「建てる」という言葉は、空間を地上に構成するというような意味に考えれば正しく、ヨーロッパ語のBuild（建てる）よりも立てるという意味のErect（勃起などという意味もある）とか、Raise（起こす）という意味に近いのではなかろうか。

確かに一本の柱の場合、「建てる」より「勃てる」の方が合理的である。清家は「結婚当初に住んでた」別敷地（現在の八木邸）に放置していたギリシャのオーダーの柱身を自庭に運び、庭に置いていたコリント式柱頭に再び繋いで復元するために、聳え立つギリシャ神殿柱や日本の棟持柱などの長柱に関心があったにもかかわらず、「私の家」の台所の前に埋められた柱礎の上に勃てて、6m位の柱として再現することは何故かついになかった。ル・コルビュジエが、パルテノンの巨大なドリス式柱をプラトン立体（円柱）としてオマージュしたのに比べて、「Erection」する道具として、ティルトアップ工法を試みたのが「私の家」であった。

図I-21 「続・私の家」の移動柱 [S-55]

図I-22 清家清葬儀の祭壇の柱と聖書 [S-1]

図I-23 清家邸の庭の大樹 [S-12]

筑波山小田の十三層石塔 (図I-20) ―屹立する柱―

 1995年ある日、清家先生から突然私に電話があり、自邸の庭師の柴田集花園が今も所有している筑波山南麓の小田山にあった十三層の石塔を調べて現地に移設するように、との指示であった。十三重塔というのは、谷口吉郎先生がベルリンの旧日本大使館の庭石として計画していたが戦争で実現しなかったからその意味でもぜひ折衝してもらいたいとのことであった。駒沢にある柴田集花園を訪れて見ると、7mぐらいの大きな石塔が苔むしていた。先々代の柴田徳次郎が明治末に現地から東京に運んだという。石塔は南北朝時代のもので、明治4年に土浦の新治裁判所の判事になった三島毅（中洲）の塔記碑も附属している。清家は「十三層石塔は塔というより墓石であり、自分の庭には持ち込めないから」との指示で、私は中洲が設立した二松学舎大学やつくば市役所にも斡旋したが不首尾のまま現在に至っている。清家はとにかく高く屹立する柱状の物に特別な関心があったエピソードである。

「続・私の家」の「移動柱」

 「清家清 オーラル・ヒストリー 第4回」[S-8] のインタビューで清家は、

> この柱の頂点は、二階床のジャッキになっています。柱の基盤は一階のリビングのじゅうたんの上にただ載せてあるだけです。一階は部屋が、だだっ広いし、二階に重たいものを置いても大丈夫なように、こんな柱を立てたのです。

 「続・私の家」の二階の寝室のベッドや箪笥などの重量物の下部の床の木造の根太梁（ジョイスト梁）の二本を支えるための舟肘木の下の1階の居間に柱を立てている。
 中村好文の『意中の建築』[S-55] の「移動柱」には、「神仏を祀るは吉」とし、その柱の中程に、愛らしい小さな菩薩像を架けて、その座プレートの下に小さな鈴が下げてあった（図I-21）。
 このインタビューでは、この移動柱は「デザインのための柱ですか？」、「柱としての機能を果たしているか？」などの質問に、清家は「機能主義を標榜している建築家として、機能を果たさない柱など私は作りません」と、柱への垂直方向の荷重を確かに負担していることを力説

図I-24 「私の家」の屋上のコンテナ
[S-1]

図I-25 大樹下の清家清
[S-3]

図I-26 コリント式柱　出典:「The Bible Revised Standard Version」/イギリス海外聖書協会、1967年

している。これこそが、清家が自邸の庭にコンポジット式の長柱を建てなかった主な理由で、それは降臨すべき神のいる天空には荷重がないことがその理由である。

　2005年6月、青山斎場での清家の葬儀の斎壇には花が敷き詰められた中に移動式畳が置かれ、その傍にはT字形の移動柱のようなモニュメントが建っている（図I-22）。それなどは共に＜鋪設＞（しつらえ）であった。もはや荷重を受けることが無いこの柱は、清家が昇天するための柱である。優れた葬儀の斎壇のデザインはデザインシステム社であった。

「私の家」の屋上の「コンテナ」

　清家邸の庭にあるコリント様式の柱頭の下に2本の柱身を繋げて長柱として建て替え、高く聳える光景はやはり実現されなかった。その代わりに庭には、父の正が孫の篤の出産祝いに植えたケヤキの樹が大田区の保護樹林となるまで大きく育ち、まるで石造の長柱のように庭を席巻するまで屹立している（図I-23）。

　石山修武は「清家清ノート」[S-12]に、

　　清家清の自邸の空に浮いていた大きなコンテナを夢の如くに思い起こす。あれは清家清の夢だったのだ。軽妙洒脱な人物の衣に隠れて、それでも見ていたに違いないヴィジョンであったに相違ない。

　この「コンテナ」（図I-24）は、外部に列柱廊（ポルティコ）が並ぶギリシャ神殿の中の、堅固な壁体に囲まれた、祭壇や宝物庫として使われた「内陣」（ケッラ）のようである。

　清家の中古の船舶用「コンテナ」には書庫として、＜ロゴスの人＞の「知識と言葉」が内臓されていた。清家は、住宅は「生活の格納庫」であり、「家族の格納庫」でもあると言っているが、その延長からすると、このコンテナは「知（ロゴス）の格納庫」である。清家は庭に長柱を建てる替りに、ギリシャ神殿の＜内室＞を、「私の家」の屋上に架構したのである。「外用船に舶載する幅8'×高さ9'×長さ40'の中古コンテナを1977年に購入した」ものである。

　実際に清家は柱でもケヤキの「大木の樹陰」でもなく、「そのうち草葉の陰から…＜未完＞」

(「自邸を語る―倅の家」) S-5)と、書き留めていたことを思い出した。しかし「草葉の陰から」は、何故か生前から清家の常套語であったと八木ゆりは私に話された。清家は樹の下が好きであったのかその場所が不明な写真がある（図 I-25）。清家は、「私は自分の家をビルトしたのでなくたて（建て）たつもりでいる。ずっと後になって読んだ本だが別役実に＜男は一人の息子と一軒の家と一本の樹を持たねばならぬ＞という象徴的な戯曲がある。偶然私はそれを実行したことになる。その一軒の家は最初ティルトアップ工法（たて起し工法）で計画された」（「私にとって＜自邸＞とは・＜私の家＞＜続私の家＞」）。

この一本の大樹は庭先に現在もある。しかし、それは「コリント式柱頭」の代替ともいえる。

（4）結論・コリントでのパウロ ―聖書からの解釈―

清家は「続・私の家」の窓下のアカンサスの葉陰に置いて眺めていたコリント式柱頭を「装飾」への感性的な興味や、「理性」的な「シュムメトリア」の原理からの説明では充分ではないと感じていた。

最近、偶然に手にした『The Bible』（英国聖書教会　1967年）のパウロの「コリント人への手紙2」の末尾に、「Corinthian Column」として柱身の絵（図 I-26）が掲図されていた。パウロは3回にわたって、ローマ、アテネ、コリントへ伝道旅行をしている。アテネではアクロポリスの丘の下のアゴラで布教し、コリントでは1年半も滞在して初代教会も建てている。したがってパルテノン神殿もコリント式柱頭も見ている。

清家の「聖書と住まい」S-11)の「15　土台と柱」に、この「コリント人への手紙1」3・10を引用したパウロのことばに、「わたしは、神からいただいた恵によって熟練した建築家のように土台を据えました」とある。

聖書に「建築家」（アーキテクトン）と書かれていることに驚いたが、これは棟梁（工匠・テクトンの頭領）のことである。神に与えられた知恵により立派な建築家によってイエス・キリストという土台が据えられ、この土台の上に「私の教会を建てるであろう」とし、それが「神の神殿」であり、神からの賞賛という「報酬」を受けるのである。

また清家は「聖書と住まい」の「11　神の宮」には、「コリント人への手紙2」5・1の次の言葉を引用している。「天にある、人の手によらない永遠の＜家＞が備えてあることを、わたしたちは知っている」。

そして永遠の＜家＞というのは「天国に在る神殿ということであろう」と清家は書いている。「天の家」は神の手で造られた永遠の家で、「地上の家」は人の手で「アルキテクトン」によって造られた日焼き煉瓦（アドペ）とか「幕屋」（スケーノス）の家で、羊毛を織って造った天幕（テント）の家で、つまり人々の住宅である。清家は聖書の「コリント人への手紙」から、「神の神殿」やパウロのコリントにおける教会などに建築家として、建築の原点を見ていたのである。

パウロは「とげ」という肉体的障害を持っていて、アカンサスの「棘」と共通する特徴である。清家の「聖書と住まい」の「19　パウロの歩いた道」に、「使途パウロはガラテア人への

図I-27　数学者の家　[SH-7]

図I-28　斎藤助教授の家　[SH-3]

手紙3・28を引用して」とあり、パウロは、

「もはや、ユダヤ人もギリシャ人もなく、奴隷も自由人もなく……」と語っている。
私はこのコメントが好きです。総ての人々が一つになるという彼の言葉に心からの共感を覚えるのである

清家のキリスト教の原点はこの言葉に尽きる。パウロは紀元51年から1年6ヶ月、会堂の隣の家で、「訪ねて来る人々を皆迎え入れ、神の国を宣べ伝え、主イエス・キリストのことを教え続けた」(使徒行伝)が、迫害を受け、殉教の死をとげた。

2.アーティチョークの螺旋

(1) W・グロピウスによる清家の住宅の視察

「グロピウスとバウハウス展」(国立近代美術館本館・京橋)のために、W・グロピウスは1954年5月19日に来日して、8月6日インドに向けて離日した。その間に京都・奈良・岡山・広島まで旅行し精力的に活動した。清家清が関係するW・グロピウスの日程では、5月31日(月)は「柳宗悦氏の民芸館を訪問、柳氏、バーナード・リーチ氏と懇談する。夕方は山脇巌邸に招かれる。バウハウス時代の20年も前から写真でこの家をよく知っていると大変上機嫌であった」(「東京におけるグロピウス」野生司義章[W-3])と、記録されている。

「グロピウス博士滞日記録」[W-3]の生田勉によると、この日は「夕刻に民芸館を辞し、途中で施工中の清家清氏設計の＜三村教授の家＞をちょっと見られて、やはり駒場の山脇巌氏の御宅を訪問された」とあり、バウハウスに学んだ山脇巌・道子夫妻に4時間半も歓待されている。三村邸である「数学者の家」(図I-27)は外部からながめた程度で、2日後にW・グロピウスに出会う日を清家は迎えるのである。イゼ夫人の「Ⅲ、日本だより」[W-1]には、夫のワルターは、「若い現代の建築家の中で、今日初めて日本の伝統と近代技術をうまく結合させるのに成功した人」を清家清だと言って、「彼が設計した二軒の家を見て感心」したと述べている。

「日本の建築家（註記：清家清）アメリカに行く」[W-2]に、「ことの起りはグロピウスが清家氏の作品を見て感動したことからはじまる」とある。その経過を見聞きしている一人の浜口隆

一の記述によると、

　　6月中旬のある日、グロピウス夫妻に生田勉、森田茂介、作者（註記：浜口隆一）の三人の建築評論家が東京の新しい建築を案内することになった。グロピウスさんは、私たちに何かある雑誌で、面白そうな小さい住宅の写真をみたが、その実物をみたいという。いろいろ話をきいてみると清家清氏の設計した、日本の建築家の間ではすでに有名になっている斎藤助教授邸（図Ⅰ-28）のことらしい。早速清家氏の勤め先の工業大学に電話をかけた。清家氏はあの家は大学の近くだし、自分の妹の家でもあるから、自分が行って案内しましょうということなので、万事好都合とわれわれはすぐ車にのって梅雨空の下を洗足池に近い同家へでかけた。辿りついたとき、グロピウスさんはこれだこれだと歓びの声をあげた。清家氏はすでに待っていた。普段でも、どちらかといえば黙りやの彼は英語なのでいっそう黙りこくって、しかし心から嬉しそうに老巨匠の柔かで大きな手を握った。家に入って、グロピウスさんは丹念にみてまわりながら、とても気にいった様子で、丸い柱をなでたりして、これはhinokiかなどときいた。斎藤邸のすぐ隣に同じく清家氏の設計した宮城音弥教授邸（図Ⅰ-29）がある。折りよく在宅した宮城さんと母国語ドイツ語で楽しそうに挨拶をかわしたりして見学した。さらにもうひとつ、やはり清家氏が設計して、工事中のもの（註記：「私の家」）が近くにあり、それも見た。三種三様に異なった野心作をたて続けに創っている若い建築家、清家清の迫力は案内役のわれわれにもひしひしと感じられた。見終わって、清家氏と別れて帰り途の車の中でのグロピウスさんは、ひどく感動しているようだった。清家氏のボソッとして飾り気のない朴とつな人柄も気にいったらしく、彼についていろいろと聞いたり話したりした。

この日のことは逆に清家の側からの記録もある。清家自身の「住宅を見てもらう」[W-1]には、

　　電話がかかったのは、定例の教室会議も終りかけた水曜の2時頃、電話は浜口さんからで、グロピウス氏がお前の作品（「斎藤助教授の家」）を見たいと云っているから、すぐにお連れしてよいかというような話なので、おどろいてしまった。
　　どういういきさつで、妹の家を見て頂く光栄を得たかは知る由もなかったが、いそいで帰宅した。妹（斎藤健一氏夫人）の家は、100メートルほど離れている。グロピウスという世界で一番えらい建築家が見に来るからと、なんとか掃きはじめたところへ、一行の自動車が着いてしまった。その日は丁度朝から五月雨で、……先生は、カラーフィルムの入ったライカで撮影をされたり、雨の中を隅々まで丁寧に見て下さったりした。斉藤の家と私道ひとつへだてた隣の宮城さんと、父の裏庭に増築中の私の小宅をみて頂いた。力学的な構造やhandicraft、障子、畳、木割といったようなもの、或は伝統等についても、質問された。……思いもかけず、身近く最も尊敬していた、偉大なグロピウスと共にあった2時間余のこ

図I-29 宮城教授の家 [SH-5]

図I-30 W・グロピウス邸のポーチでのグロピウス夫妻 [W-6]

の午後はわが生涯の最良の日に数えることができる。

　W・グロピウスが清家邸を訪れたこの日は6月中旬でなくて1954年6月2日（水）であった。そして同行した一人の、森田茂介は「ワルター・グロピウスとの1日」[W-3]の中で、確かに小雨の降ったその日付を書いていた。

　　宮城音弥邸を出て最後にもう一軒清家君の設計でもう完成間近の家が近所にあるのですがというとグロピウスさんはそれも見ようと車を下りられた。これは清家君のお父さんのために建築をはじめたのだが、清家君自身が住むようになるかも知れないといった家で、ブロック造、アルミ屋根で種々の試みの多い住宅であった。例えば南側の大きなガラス面が地下室に下りるメカニズムがあるとか、グロピウスさんは種々のそうした試みをほほえましく見ておられたようである。帰途車の中でグロピウスさんは清家君のことを彼はなかなか良い男だ、ああいう建築家をハウジングのリサーチ・ラボラトリーに据えて充分やらせるといいのだなどと言っておられた。

「私の家」もかなり工事は進んでいて完成間近のようであった。
　W・グロピウスは清家清を「日本の伝統と近代技術をうまく結合させるのに成功した人」と評価した。W・グロピウスの言った、清家をTACに呼んでハウジングをやらせる案は、すぐに実現することになる。
　清家は、「W・グロピウスは私にとって偉大な教師でした。彼に直接接することができてよかったと思います。その後の私の設計にどんな影響を与えたかというと、よくわかりませんが、いろいろな面で影響を受けています。自分自身はそれ以前も以後も作品としてもひとつも変っていないと思いますが、影響を受けたことは確かだといえます。西洋人のものの考え方をグロピウス夫妻からずいぶん勉強しました」と語り、設計のシステム論、住宅のプレファブ工法については確かに影響を受けている。W・グロピウスが日本の伝統的建築に西欧の近代建築の形態言語を見たように、清家がすでに持っていたものを、確認できたとも考えられる。ルイス・マ

ンフォードも「モダンデザインと伝統的な組み合わせを絶賛」し、国際的な評価も高かった。
　W・グロピウスは日本滞在中に見学した近代住宅建築として丹下健三自邸と清家清の一連の住宅のみを評価し[W-4]、

　　丹下さんの家、清家さんの2つの家を拝見しましたが、そこには本当の日本のもの、日本のトラディションが表われているように見えます。そして現代生活における問題を新しい方式で解決しようとしたあともよく見うけられました。

　W・グロピウスの見学の機縁を作った浜口隆一は「日本の建築家アメリカに行く」[S-60]で、清家の住宅について、

　　清家清の作品の特徴はW・グロピウスもその手紙でいっているように「日本建築の伝統と近代技術との幸福な結婚」ということであろう。
　　障子の紙のすがすがしい白さ、桟の幾何学的直線性の魅力、そうしたものが生き生きとアルミニューム板葺の屋根の下で息づいている。縁側の快さというものも、清家の作品では建具の思いきった扱い方（床から天井まで1枚でいっぱいにしてあることや縁の下框の線をスッキリと通し、縁側全体を浮かせて見せる等）によって、近代的な感覚をもって再登場している。……こうした感じは日本の現代住宅に清家清がはじめてもたらしたものといってよく、はじめてのものの故もあってか、ひどく瑞々しい魅力に溢れている。

　初期の清家の住宅についての、適確な評価である。その「日本建築の伝統と近代技術」の「幸福な結婚」というワードを幾度も書き重ねている。

(2) W・グロピウス邸の夕食 ─「アーティチョーク事件?」─

　W・グロピウスの没後5年の1974年4月、中村敏男は丹下健三と清家清から日本での「グロピウス展」の開催の企画の依頼を受けて、ボストン在住のグロピウス夫人（註記：イゼ・グロピウス）宅を訪れた。その時の思い出話を中村は、「アーティチョーク事件?」として、

　　グロピウス邸は思ったより小さかった。夫人は先に立って家中を丁寧に案内してくれた。夫妻が食事をしているところを撮影した有名な写真の場所は石張りのポーチだった。ようやく食堂に座って、紅茶とクッキーをいただいた。「Kiyoshiを知っていますか（これは間違いなく清家清さんのことだ）?」、「はい」、「あの人は本当に神経の繊細な人でしたよ。こんな話があるの。みんなで夕食を食べたとき、アーティチョークが出たの。Kiyoshiはその萼の残りをきれいな形にお皿に並べていたわ。ああ、こんなところにも日本人の美意識があるのだと感心したの」。肝心の展覧会の話は不得要領に終わった。（「Architects in Memories」[W-6]）

図I-31　W・グロピウス邸1階(左)・2階(右)の平面図　[S-45]

図I-32　マコー種のアーティチョーク　[A-2]

凡例
1階
1　エントランスホール
2　クローク
3　書斎
4　リビング
5　ダイニング
6　トイレ
7　使用人用浴室
8　使用人室
9　キッチン
10　パントリー
11　スクリーンポーチ
12　サービスポーチ
2階
1　ホール
2　浴室
3　ドレスルーム
4　寝室
5　客室
6　ベッド小部屋
7　裁縫室
8　ルーフテラス

　中村は帰国後に報告のために原宿の丹下事務所を訪れたが、しかし清家と会った記憶はないと言う。従ってこのグロピウス夫人から聞いたアーティチョークの食べ残しの逸話は直接、清家に伝えていないと私に話した。W・グロピウス邸での食事については清家自身の懐旧談がある[W-7]。

　　私は、グロピウスの家に、従僕を兼ねてしばらく住んでいたことがあるの。そのとき、朝ご飯はグロピウスと私が作るの。それまでミセス・グロピウスは寝ているのです。ミセス・グロピウスは、私が起こしに行くわけにはいかないから先生が起こしに行くのですが、そうすると出てきて、その前から用意してある飯を食うのです。飯を食ったら、我々は出掛けちゃうけど、奥様が後片付けをする。夕食はその逆で、奥様がお料理を作って待っていらして、我々男が後片付けをするのです。

　「アーティチョーク事件？」が起きたのはW・グロピウス邸での夕食時であったことが、この記録で判る。1955年に清家はW・グロピウスに招かれ半年間TAC（The Architects Collaborative）に勤めた。清家は「留学」というが、「アメリカ生活に馴化する間と帰国直前の1カ月をグロピウス邸で同居しました。グロピウスは厳父、ミセス・グロピウスは慈母という感じがした」と、貴重な体験であった[W-7]。

　清家は、結婚して当時は不在の令嬢の部屋に寄寓していた。ボストン郊外に建つインターナショナル・スタイルの2階建ての白い箱型住宅である。設計はW・グロピウス本人とマルセル・ブロイヤーの共同であった。清家の仕事はグロピウス夫人に代わって庭の野鳥の餌やりから、草木への水まきなどであった。「浴室、便所、階段というものがどれ程うまく配置されているかということをはじめとして、確かに優れたデザインの1つだとつくづく思った。」と書いている。後に、八木幸二・ゆり夫妻はグロピウス邸を訪れた時に、グロピウスがよく座っていたポーチに案内されたと、懐かしそうに話した（図I-30）。山下和正は「扇の屋根」（『ARCHITECT清家清』[S-1]）の中で、

清家先生のことを最初に知ったのは、高校時代に読んでいた月刊誌『科学朝日』に先生が書かれたご自身のヨーロッパでのスクーター旅行の記事だった。先生がボストンのグロピウスのもとで修業され、日本へ帰国さる途中でヨーロッパを視察された旅行のレポートであったと思う。これは当時愛読していた雑誌の中では異色の記事で、東京工業大学には面白い先生がいるものだ、と強く印象に残った。

　そのレポートの中にあるW・グロピウス邸の平面を掲示する（図Ⅰ-31）。
　「アーティチョーク」（註記：和名・朝鮮アザミ）は、地中海沿岸が原産でギリシャ人により栽培され、アザミに似たキク科の植物で、13世紀頃アラビア人がヨーロッパに伝えた。フランスやイタリア料理として、レモンやオリーブと共にサラダとして前菜に使われる（図Ⅰ-32）。
　1954年にグロピウス夫婦が日本を訪れた時、美しい旅館での歓迎の宴席で、「いまだかつて経験したことのない、詩のように素晴らしいやり方で食べ物が出された」のに感激したことがあったイゼ夫人は、今度は、反対にボストンの自邸で、「ある日の夕食、私はKiyoshiに、外国での正しい食事の仕方が、いかに難しいかを見せる」ために、一計を案じたのである。このエピソードは実際には少々複雑で、イゼ夫人は、「キヨシ（Kiyoshi）の想い出」[W-3]（1978年5月26日）に書いていた（図Ⅰ-33）。

　　清家が 未だ見たことのない朝鮮アザミのような不思議な野菜（註記：アーティチョーク）を前にして、彼がどうするかを見るために、ある晩、驚くほど大きなバラの花のようなのをまるごと、そのままの形で、きざんでない葉（註記：花弁）を強調して食卓に出したのでした。Kiyoshiは、私たちが葉を一枚一枚はがし、溶けたバターにつけて葉肉のところだけを食べるのを見ていました。この野菜は、皿の上に残っていくので客に出すような品のいい食事とはいえません。しかし、Kiyoshiは、彼が以前私たちに見せた事柄以上に、私たちにとって意味深いことをしたのでした。彼の食べた後の皿の上には、Kiyoshi独特のやり方で葉が並べられ、食べる前より美しいものでした。私たちは、このような例を彼に示していなかったので、この結果に大変驚きました。
　　それは、すべての階級のすべての日本人が示す、異常なまでの美と礼のセンスなのです。長い間の教育の結果なのか、それとも生得の天賦の才なのでしょうか？　禅の哲学では、倫理のモチーフが単に規則としてしか考察されていませんが、美学的モチーフは創造的なものである。

　「日本人の美と礼のセンス」として、「美しい何ものかを作り出そうとする内なる欲求のため」であると、イゼ夫人は結論付けている。著名な建築家夫人の観察眼は鋭い。この「礼」の原英

図I-33 イゼ・グロピウスと清家清（グロピウス邸にて）[S-1]

図I-34 清家清とフィリップ・シール [S-1]

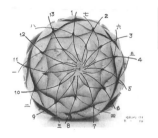
図I-35 アーティチョークの斜列（松浦俊輔作成）[M-2]

語は不明だが、そこに「何か社会的、道徳的な秩序・規範」を見たのだろうか。この皿の上のアーティチョークの花苞をイゼ夫人は「Kiyoshi独特のやり方」で、「食べる前より美しいもの」というが、他に証言者がいたのである。私も東工大で学生の時、「日本空間のシークエンス」の講義を受けたサバティカル休暇で来日していたフィリップ・シール教授で、「キヨシとガイジン」[S-1]の中で記録していた（図I-34）。

　キヨシといえば、彼がケンブリッジ滞在（註記：TAC勤務）中に、夕食の席でどんなふうにアーティチョークを食べたかという話は、仲間内で評判になっていた。彼は剝いた花弁をただ皿の上に積み上げることはせず、渦巻き状にきれいに並べていったという。
　残飯処理のように日常のたわいのないことにも、日本的なデザインの感性を働かせる（ゴミ・デザイン？）というこの逸話に、私は大いに興味をそそられた。それほどの人物なら、日本美学への指南役に適任かもしれない、と期待は高まった。

　清家は海軍技術大尉で終戦を迎えているから、海軍の洋式の食事マナーは当然身に付けていて、アーティチョークの食後の剝いた花弁をそのまま残飯のように放置することはありえないと思うが、なんと「渦巻き状」（spiral pattern）に並べたという、P・シールの記録を読んで驚いた。その7年後に「シンメトリー」[S-6]という主要論文を書いた人が「渦巻き状」に並べるとは。確かに清家の美学が反映されていた。
　この状態をP・シールはイゼ夫人とは反対に「残飯処理」または「ゴミ・デザイン」と表現し、それを「日本的美学」としたが、実はそうでなく世界共通の建築美学であったのである。

「環状シンメトリー」──フィボナッチ数列──

　清家の小論文「シンメトリー」[S-6]の中で、

　　帯状の連続模様をシンメトリーの範囲に入れることはちょっと躊躇するのだが、環状の連続模様は狭い意味でもまさしくシンメトリーといえるだろう。いわゆる左右対称のような合

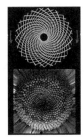  

図I-36 ひまわりの斜列 ［M-2］　　図I-37 アルベロベッロのトゥルーリ　出典：　　図I-38 渦巻き、円錐立体図
　　　　　　　　　　　　　　　　『ユネスコ世界遺産』13巻（講談社）

　同の対称は、これを連続して帯状や曲座標として環状につくることができる。この帯状の模様を透視図的に見ると図形は相似的ではあるが、合同ではなく連続する。これは単なる平行移動ではない。近くのものは大きく、遠くのものが小さいひとつの連続模様としての群Σをつくることになる。左右のシンメトリーではなく奥行きのシンメトリーである。

　清家はここで、「環状の連続模様」群Σの、「渦巻き状」の模様を奥行きの「シンメトリー」としている。シンメトリーの群Pのフィボナッチ数列は、幾何学、代数学の他に自然界にも見られる。隣り合う2つの項の比が黄金比Φ＝1.6180…になる。それが自然界では「松ぼっくり」の鱗片や、その他キク科などの花弁がフィボナッチ数の対数螺旋となる。アーティチョークもキク科であるから、その蕾の萼は上部から見ると「渦巻き状」である。すると清家はアーティチョークの食後の萼をらせん状の渦巻きのように皿の上に並べたのは、イゼ夫人は「食べる前より美しい」と書いているが。単に元の食べる前の形状に戻しただけなのだろうか。それとも別の形状だったのか（図I-35、36）。

「3次元シンメトリー」―対数螺旋―

　4人目のもうひとりの「アーティチョーク事件？」の証言者は、八木ゆりである。彼女はP・シールと、一緒に食事をした際にアーティチョークを食べた。その時、清家が皿にその萼を並べた時の思い出を話すP・シールの手つきが立体的で「日乾レンガ（アドベ）を積み上げるような形でした」と、そしてアルベロベッロ（図I-37）のようでもあったと話した。
　アルベロベッロとは、南イタリアの小さな町で、キノコのような形のとんがり屋根の「トゥルッリ」（部屋ひとつ屋根ひとつ）が谷を埋めつくしていて、世界遺産に登録されている。白い漆喰の壁の上の円錐型の屋根の一室住居である。まるで松ぼっくりの鱗片のように黒い平板石を交互に積み重ね、上部からみると、斜列に見える。このアルベロベッロは清家がイタリアの旅の際に、ギリシャのアテネに向かう途中で通過したアドリア海に面する町である。
　P・シールは、清家はアーティチョークを食べた後の"ゴミ"をドーム型または円錐状のように積んだと話したのだ。まるで食べる前のアーティチョークそのものの姿であった

図I-39 「私の家」の移動式畳に「団扇の青海波」(2005年7月)

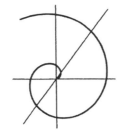
図I-40 アルキメデスの螺旋　出典:『岩波数学辞典』岩波書店、1985年

図I-41 無限成長美術館　出典:『ル・コルビュジェの国立西洋美術館』藤木忠善

(図I-38)。

　日本の伝統模様にも、「青海波」(せいがいは)がある。円形で波型の染模様であるが、清家はそれを「小原流家元会館」の東側道路から上り坂の床板にピンコロ石を青海波のように敷き詰めている。イゼ夫人が「日本人の美意識」とする模様である。「青海波」のような同心円状の螺旋は、「アルキメデス螺旋」と呼ばれ自然界ではかなり稀である。

　「私の家」の居間の前の庭に出した「移動式畳」の上に浴衣を着て座って本に見入る涼しげな清家の写真(図I-39)がある。その雑誌の傍に少々大きめの団扇の模様に私は注目した。手元から青海波の波目のような円環が上部に拡がっている。清家は団扇にまで「アルキメデス螺旋」(図I-40)を使っていたのである。

　清家は、「シンメトリー」[S-6]の中で、「自然界がフィボナッチの数列あるいは黄金比に順応しているという考えかたは古くからあって、これは3次元シンメトリーである」とし、結論的には、「完全な平衡状態であるよりも、非対称形を含んだ対称形が、より人間的な美しさをもっているように思える」と、その美学の延長に「アーティチョーク事件?」はあったといえる。つまり、清家はグロピウス夫妻の前で、「アーティチョーク」の花萼を使って大胆にも「シンメトリー」論を展開しいていたのである。単にイゼ夫人の言う「日本人の美と礼」を示したのではない。それは日本人の美意識からは遠い。しかし、もし清家にその事実を問うことができたら、多分「ウフフ……」と笑っているだけで答えることはないだろうと思う。そういう人なのである。清家はその時円錐状のスパイラル状に並べたのか、単に渦巻状に並べたのか未だ確定できない(図I-41)。

(3) 「スパイラル」——蝸牛の「対数螺旋」—〈P・シールの証言〉

　清家のTAC時代からの友人で、現在米国に居住しているフィリップ・シールにこの件について確認するために、当時東工大でP・シールの助手をしていた高田典夫の紹介で手紙を出した。その質問の内容は、清家がアーティチョークを皿に渦巻き状に並べた時のW・グロピウスの反応と、後に清家にその理由を問い質したことがあるか否かなどであった。その返答は手書きで2012年7月28日に、P・シールからすぐに送られてきた。

Thank you for your recent letter asking about Prof. Seike's famous "gumi-design"? on a dinner-plate ……. I regret that I never asked him about it! ……, I can only imagine that he (presumably) found a spiral design. The best way to accommodate a series of petals, decreasing in size, on a (presumably) round plate–.

Philip Thiel

　この中で「decreasing in size」が重要で、「petals」つまり花びらがサイズにおいて縮小するということは水が穴に吸い込まれるような螺旋(らせん)（spiral）で、ルネッサンス期のドイツの画家のアルブレヒト・デューラーが「永遠の曲線」と名づけた「対数螺旋」のことで、立体的には円錐状でもある。
　P・シールは「スパイラル・デザイン」と書いているが、英語では「螺旋」を表わすときには「スパイラル（spiral）」または、「ヘリックス（helix）」という２つの言葉が用いられるが、コルクのせん抜きのような立体的な螺旋なら「ヘリックス」と言うべきなのである。なぜP・シールは「スパイラル」と書いたのであろうか。また「gumi design」と書いているから「ゴミデザイン」ではなく「組デザイン」ではないか。

「非対称」でも「シンメトリー」

　清家ほどシンメトリーに言及し、シンメトリーが好きな建築家はいない。
　その非対称性の中で最も興味深いのが生物界での螺旋形である。対数螺旋が「対称」であるという数学的な説明は、回転変換と拡大を特定の組み合わせにしたとき渦の曲線が「対称」になる。つまり曲線をどれだけ回転させても、適切な倍率で拡大（相似変換）しさえすれば最初の渦巻と位置も形も変わったように思えない。その「自己相似性」がサイズに関する対称性を意味するからである。それは左右対称が基本の動物界では、貝類の他にカタツムリがある。ル・コルビュジエは「彼は自分の家で、その小さな工房で働き、家族は彼の周囲にいた。殻の中に生きる蝸牛のように、きっちり寸法に合った巣の中で生きてきた」（『建築をめざして』[L-2]）と、殻の無駄のない最小限性と増殖性を言っている。清家は皿に上のエスカルゴの螺旋状にアーティチョークを皿の上に並べたのではないかとも思う。
　清家は『ゆたかさの住居学』[S-19]には、

　　二億年前の三畳紀にいたアンモナイトなど、ずいぶん丈夫な殻を持っていて、自分自身が自分の巣を背負って生活する生物も現れてくる。蝸牛デンデンムシのような陸生の巻貝は雌雄同体で、何か異変に遭うと自分の背負っている貝殻の中に逃げ込む。デンデンムシのようにシェルターとしての貝殻の中に雌雄交会するのが住まいの原点ではなかろうか。

図I-42　W・グロピウス　「龍安寺にて」[W-1]

図I-43　龍安寺石庭の環状砂紋　[W-1]

清家は「住まいとは家族の容器」であるという。人間の場合もデンデンムシと同じである。
　植物には回旋するのが多くあるが、反対に動物はほぼ面対称の外形をしている。ところが、螺旋という形は線対称でもないし面対称でもないがシンメトリーである。しかし巻貝はその意味で生物界には珍奇な非対称の体型をしている。

神の存在と人間的な美しさ－ほどほどの釣り合い
　清家の小文「シンメトリーと建築」[S-37]にはウィトルーウィウスの『建築書』[G-1]を引用し、

　ウィトルーウィウスはまたTemperatureといっているが、ほどほどにするというような意味である。「ウィトルーウィウスのシンメトリアがもっていた暖かさを忘れてしまっているかのように見える。暖かく美しいシンメトリアの実例として、人体を挙げることに文句をいう人はあるまい。そしてその人体が左右対称といいながら、いくつかの非対称を文字どおり内蔵していることにほっとした救いを感じる。それがまたウィトルーウィウスのいう「ほどほどの釣り合い」をも意味しているのではなかろうか。完全な平衡状態であるよりも、非対称形を含んだ対称形がより人間的な美しさを持ったいるように思える。

　清家はキリスト教徒として冷徹な「左右対称は神の与え賜うたもの」とし、「このシンメトリアは神の存在への証しとさえなるほどの意味をもっている。一方で「完全な平衡状態よりも、非対称形を含んだ対称形がより人間的な美しさをもっている」と、神と人間の融合された「非対称形を含んだ対称形」、つまり螺旋形をアーティチョークで皿の上に描いたのである。
　この暖かくほっとする「ほどほどの釣り合い」は、清家がよく言う「好い加減」の原点であり、Temperatureという概念も『建築書』[G-1]では、熱が諸元素の中で、超過すると激しい力で他の元素を破壊するから「ほどほどに」ということになる。

(4) W・グロピウスと龍安寺石庭の砂紋──環状シンメトリー──
　W・グロピウス夫妻にとって「美と礼のセンス」は、既述した「禅の哲学の倫理の美学的モ

チーフ」として、「創造」的なものであるが、なぜ「禅」なのか、また「礼」、「倫理」なのか。そして螺旋形が何故に「日本的なデザインの感性」であるのか、W・グロピウスの『デモクラシーのアポロン―建築はどうあるべきか』W-4)には、W・グロピウスは1954年5月19日に来日し、京都・奈良を訪れていた。その本の「日本の建築」の章に注目した。

　　わたくしが真に圧倒的な印象をうけた経験のひとつは、京都の禅寺にある庭、龍安寺の石庭を訪れたことであります（図I-42）。人はこの寺の客間に沿った木造の広縁から石庭を見おろすのであります。庭は九メートルに二十四メートルの大きさです。あなたの見るものは、庭全体をおおった白い砂利のなかに据えられた十五の選りぬかれた岩であります。砂利は、石のすぐそばを除いて、丹念に熊手で平行線をならしてあります。時間にしばられた人工物や植物がいっさいないということが、この庭を滅びることのない価値の世界に移してしまうのです。また、ひとつひとつは格別に美しくもないが、比例に対する鋭い眼で選ばれた石の簡素さが、この構成を厭味のないものにしているのです。

「砂利は、石のすぐそばを除いて」熊手で平行に引かれていた。ではその石のすぐ「そば」の部分は、同心円（図I-43）が描かれていた。
　W・グロピウスの「礼賛する禅の哲学」（「グロピウス大阪を見る」津島一夫3))に、

　　日本人はちょうど茶の湯をひろめたように、禅の優れたものを、もっとふんだんにとり入れていい。この哲学につながる桂離宮のあの簡素な美しさはまさに"美の絶頂"だ。それに対して龍安寺の庭のもっているアブストラクトの思想は"文化の絶頂"ともいえようか。

　来日中のW・グロピウスが京都で龍安寺を訪れたのは6月21日であった（「グロピウス博士滞日記録」W-3)）。同行した人は、バウハウスに学び、早い時期から日本にバウハウスを紹介し、またブルーノ・タウトもこの石庭に案内した蔵田周忠である。
　龍安寺方丈の庭園、つまり石庭は後期式枯山水とされ、大小十五の配石は海島としての象徴的な風景の表現である。大海は白砂を用い東西方向に砂熊手で平行線の紋様で掃かれ、十五の石は東側の塀から5、2、3、2、3個の群のグループに分かれている。最も東側の群の中心の3個の石と他の2個の石の周りには∞型のねじりの波紋が入れられている。この作庭そのものが、禅の修行として若い僧の日常の作業であった。
　他の群の石は単純な螺旋（同心円状）の波が小島に打ち寄せるように引かれている。白砂を大海に、石を島に、そして苔を緑の松林に見立てたような自然景観の、宇宙の秩序をも想わせる絶妙の均衡は禅観を感得できる。
　昭和13年5月に重森三玲が実測した図面には波紋が明瞭に描かれている（図I-44）。
　『グロピウスと日本文化』W-1)の「Ⅲ・日本だより」には「グロピウス夫人より米国のT.A.C.メ

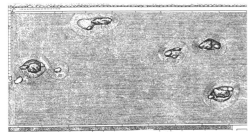
図I-44 龍安寺石庭平面図 （重森三玲作成）

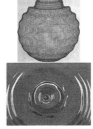
図I-45 対称性の破れ [M-5]

図I-46 電子顕微鏡による分子構造 [S-6]

ンバー宛」の「京都」のレポートに、イゼ夫人の観点から書かれた龍安寺の記録にも、小波のような砂紋が記録されている。

　龍安寺にある石の庭を訪れたことは驚くべき体験でした。最初見た瞬間は口も利けませんでした。何故なら見えるものは、選り抜きのものとは言え普通の石と何ら変っていない石が5か所に集まって居るのと、全体を覆っている白砂に半ば沈んでいる2つの平らな石だけです。この砂はよくもこれ程までにと思える程真直ぐ平らに掃き撫でられ、ただ石の廻りで小波のように筋がつけられているだけです。……ワルターは、私が余り見た事もない程感動し興奮した気分にひたっていました。そして禅宗にますます興味をおぼえ始めています。

　W・グロピウスは「石のすぐそば」を「小波の砂紋」と表現し、イゼ夫人も、「ただ石の廻りの小波のような筋」と、同心円または∞型の砂紋を注視したことが間接的に表現されている。二人が共にこの「砂紋」を直視していた記録は重要である。
　『グロピウスと日本化』[W-1]の「あとがき」で、国際文化会の平野真三は、グロピウス夫妻について、

　岡倉天心先生の「茶の書」を一層愛読し、鈴木大拙先生の禅の書を繙（ひもと）いた。博士は過去において思索により、また経験を通して禅の精神を身につけていると思う。

　W・グロピウスは龍安寺の庭を一目みて、そこに禅の精神を感得することができた。
　天心の『茶の本』[W-12]（The Book of Tea）は、1906年（明治39年）にボストンで英文で書かれ、ニューヨークで出版された代表作で、W・グロピウスはすでに読んでいた。
　W・グロピウスは、石庭のきれいに掃き清められた平行線模様だけではなく、小島に寄せる環状の波紋（B）にこそ「美と自然」を見たのである。石庭の∞状の波紋（A）は「完全なシンメトリー」の「破れ」であった。清家は小論文「シンメトリー」で、

図I-47　W・グロピウス邸　（撮影:八木幸二）　　図I-48　W・グロピウス邸の書斎の机上の品々　［W-13］　　図I-49　W・グロピウス邸の書棚　［W-13］

　　非対称が、左右対称の死ぬほどの美しさの対照として、そして対称がないもの（ア・シンメトリー）自体が亦広い意味、または古典的な意味ではシンメトリーが存在していると考えることは正しいと思う。

　環状の砂紋は対称だが（C）、それが「破れ」た結果に「ア・シンメトリー」（非対称）なものもある（D）（図I-45）。
　鈴木大拙は、この「道」は「零（ゼロ）」で表わし、生死の原初的な「動機」を無限とし、「現在はいつも無である。それから無から有が出るのである。あるいは＜零（0）は無限（∞）に等し＞という方程式を作ってもよい。」と言い、それは「即今」の現在、永遠に直結した時々刻々である。これが「零イコール無限」（$0=\infty$）の「日常生活」の場であると、そこに鈴木大拙は東洋の世界を主張している。龍安寺の単独石が零（0）の波紋を、群石が無限（∞）の波紋をもっているこの石庭は、正しく大拙の禅の場であったことをW・グロピウスは直感した。
　W・グロピウスが京都への旅で、龍安寺の石庭の、環状の砂紋に、「滅びることのない価値の世界」を見た。その一年後、グロピウス夫妻に清家は龍安寺の石庭の砂紋を皿の上に再現して見せたのが、いわゆる「アーティチョーク事件？」ではなかったのか。今まで種々な観点から検証してきたが、その清家の行為の主意に最も真実に近い結論を得たと考えている。
　清家は「また西洋式庭園の整形なのに比べて、日本式の庭園の非整形でイレギュラーな形をしているのに、西洋庭園よりずっと美しい」[S-6]と、「ア・シンメトリー」（非対称）として禅の思想のなせるわざなのか。清家の次の発言[S-2]には、

　　アートという時、西洋人の考えているアートというのは人工ですよ。自然にないものがアートなわけですね。ですから建築家のつくった家というのは芸術だという時には人工だということなんです。ですから自然主義者にとってはアートというのは耐えられないかもしれませんよ。特に自然主義者にとっては、だけど建築家はやはり自然を持ち込むものではなくて、自然でないものをつくるわけです。いわば不自然のわけですよ。建築なんていうものは。

図I-50　W・グロピウス邸の巻貝の断面モデル　[W-13]

図I-51　巻貝の写真　[L-3]

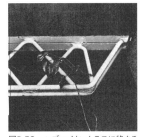
図I-52　ハブマイヤートラスに絡まるアイビー　[S-5]

　西洋人のW・グロピウスにとって、この庭は芸術・アート＝人工であるが、日本人には自然＝反アートのような感覚で芸術だとは考えない。それは「空」、つまり「無」の空間が見えるからである。

　禅的な「空」の中で環状の幾何学的な「砂紋」は静止から動への、またはその逆の瞬間を表わしている。それが「ア・シンメトリー」なのである。「無」といわれているが、「有」があっての「無」である。この石庭には全く「対称」がないように見えるが、清家の小論文「シンメトリー」に、円環状の「電子顕微鏡による分子構造の写真」（図I-46）がある。これも対称形である。箒目の跡は海なら波紋として、砂丘なら同じ風が吹いても一様でない模様が生じる。水面の雨滴も同様である。実際は2つの石に寄せる波紋は物理学上では干渉縞になる。波の山と山、谷と谷は強め合うが、谷と山は打ち消し合う。∞記号のような形にはならないのである。（『異端の数ゼロ』[M-7]）これは「並進対称性」が「破れる」という物理的現象である。

　『もう一つの名作住宅―ハンドクラフテッド・モダン』[W-13]には、W・グロピウス邸（図I-47）の内部の美麗な写真が紹介されていた。イセ夫人はこの家をハウス・ミュージアムとして保存したので、書斎の机の上のW・グロピウスの生活用品・オブジェなどの「愛用品の品々」（図I-48）、書棚にはバウハウス関係やル・コルビュジエの本、そして『日本建築における桂離宮の伝統と創造』（1960年）、他に日本庭園の本、そして『現代日本建築家全集16 清家清』[S-2]も収蔵されていた（図I-49）。

　さらに驚くべきことには「螺旋状の巻き貝の断面モデル」まで壁に立て掛けてあった（図I-50）。まるでル・コルビュジエの『ユルバニズム』[L-3]（樋口清訳 1976年）の「完全な調和の像とはこのようなものであろうか。」と脚注のある、螺旋状の巻き貝の写真（図I-51）とよく似ている。蔵書やコレクションはその人の「存在の証し」である。私はこのW・グロピウス邸の巻き貝モデルに、清家がアーティチョークを螺旋状に並べた原風景を見たのである。「アーティチョーク事件？」私論の仮説もこの写真で実証されたといえる。

3. アイビー（蔦）の帯状シンメトリー
──「私の家」ハブマイヤートラス──〈ディオニュソス神話〉

ディオニュソスの霊杖 ──官能への余情──

　アイビー（Ivy）は古代ギリシャやローマ時代に、装飾文様として使われた。葡萄（酒）の神でもあるディオニュソスは、繁茂神として、生命、永遠、復活などの象徴とされ、手に酒杯や葡萄の枝もしくは杖として、アイビーつまり常緑の木蔦（キヅタ）が、からみついたり、その先端にはハート型をした毬状の飾り物がついた霊杖（テュルソス）というか、刺す槍のような武具を持っていた。

　「葡萄とアイビー」は古代から対として神話伝説に表れている。ギリシャの壺絵の黒絵式アンフォラでも、ディオニュソスはアイビーの冠をかぶり、2人の女性もその冠と首飾りを付けている。酒を大飲し乱舞に陶酔した信女が、夜の山野でテュルソスを振り回し、馳けめぐる祭りであった。ディオニュソスの祭儀には、男性上位の社会で自由のなかった古代女性たちが、日常生活の重い枷からの開放のために酒に酔い踊る。春に甦ってまた栄えるアイビーは夏蔦が葡萄科であるためか、回春のための生殖と繁茂への期待であった。

「私の家」のハブマイヤートラスに子どもたちの乱舞

　「私の家」の「ハブマイヤートラスの秘密」に「お子さんたちはいたずらしませんでしたか？」の質問に、清家は「端から端まで行ったりなんかして盛んにやってましたよ。子供の時に」と、答えている。一方で子どもたちは、八木ゆりの、「子供の時に、弟や妹とハブマイヤートラスのＸ字型の鉄筋にぶらさがっていつも遊んでいたこと、クリスマスにはそこに飾り付けがなされ、それらを清家はいつも楽しそうに見ていた」との逸話が、ハブマイヤートラスは、生活力のある「理想的な家族生活」の「仕掛け」であることを示す。遊びに熱中する長女のゆり、次女のいせなどの娘達、そして長男の篤による陽気で生命力のあるディオニュソス祭りでの、バッカイ（信女）やバッコイ（信男）のようで、それを見守る清家はまるでディオニュソス神のごとき存在であった。キリスト教徒の家族としてクリスマスの飾り付けをアイビーのあるトラスにしたのもその伝承からなのか。「信女が樹の株めがけて投げつけた蛇はそれに絡みつくアイビーに姿を変えた」という逸話があるが、「私の家」のハブマイヤートラスの斜材は2ひきの蛇が絡みつく姿である（図I-52）。

ギリシャ悲劇の不条理性とパルテノン神殿の理性

　清家の「東と西の交差点」[S-81]には、「一夜アテネの古代劇場で上演されるギリシャ劇を見ながら、『これでいいのだろうか』と考えてみた」とあるが、それは清家は「ギリシャ文明を否定する」ものではないが、「その偉大さと一緒に何か割り切れないものが残っている」としながら、それが何か「今でも良くわからない」と結んでいる。当時の古代劇場とはアテネの

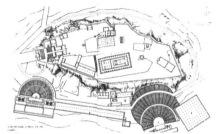
図I-53 アクロポリスとディオニュソス劇場 [G-9]

図I-54 ル・コルビュジエのアポロ/メデューサ [L-16]

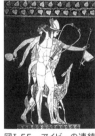
図I-55 アイビーの連続模様(ギリシャの壺絵)

　アクロポリスの南東斜面下にある、すり鉢状の野外劇場のディオニュソス劇場（図I-53）で、毎年3月の下旬から4月にかけて催される大ディオニュソス祭には、ディオニュソスに奉納する悲劇を上演した。例えば三大悲劇の詩人の1人のエウリピデス編の最後の傑作であるディオニュソスの「バッコスの信女」（原題は「バッサイ」）も実演された。今日ではアクロポリスの入り口近くの完全な半円形のヘロデス・アッティコス古代音楽堂（オディオン）で、夏のアテネ・フェスティヴァルの会場として有名であり、演劇やコンサート・バレエ・オペラなどが公演されている。清家はこの音楽堂でギリシャ悲劇を見たのである。

　ニーチェはアポロは理性、抑制、光を、ディオニュソスは非理性、情念、闇を特徴とした。清家は単に理性（ロゴス）の人ではない。つまりアポロ型と決めつけることはできない。コリント式柱頭に装飾性の象徴を見ていたように建築家として「ディオニュソス型」の面も持っていた。清家が飲酒しないからといって狂気とか陶酔を知らない「反ディオニュソス的」でもなければ、理性の支配者でもなかったが、もちろん非理性というわけでもない。

　ディオニュソス的なギリシャ悲劇を見て、「これでもいいのだろうか」と考えた清家は、あまりにも理性的なギリシャ建築のシンメトリーのアポロ的なものは、「ギリシャ建築の冷たさにあるのではなかろうか」と結論しながらも、ギリシャ悲劇のディオニュソス的への願望を感じているのである。それが清家の感じた「割り切れなさ」である。

アポロンとディオニュソス

　建築家にとってディオニュソス型芸術は重要な意味を持っている。清家の師であるW・グロピウス[W-4]は、

　　美術と建築の情緒的風土というものは、永遠の振子のように、ディオニュソスの極からアポロンの極へ、つまり恍惚と混沌から個々の芸術家でさえ自分自身と絶えず闘い続け、これら対立する両極をバランスさせるべく努力しているのです。物質主義的な技術の力と釣り合わせるため、市民は文化のシンボルとしてアポロンの力を回復させるよう要求されているのであります。

社会民主主義の建築家であるW.グロピウスでさえ、ディオニュソスとアポロンの呪縛から闘い続けていた。つまり「アポロン」＝「理性」と「ディオニュソス」＝「官能」の相克である。

4. アカンサスとアイビー・清家の二元性

ル・コルビュジエと清家の二元性

ル・コルビュジエの『人間の家』L-28)の巻末には自画像と考えられる半面が太陽で、他の半面がメデューサのスケッチ（図 I-54）がある。『ル・コルビュジエ作品全集』L-14)の第四巻の「ユルバニスム」にも再録されている。『全集』に付けられたテキストには、「現代の災厄か。空間の完全な自由か？」とあり、「太陽」が「自由」で、「災厄」が「メデューサ」である。C・ジェンクスは『ル・コルビュジエ』L-16)で、太陽（アポロ）を理性、メデューサを官能的なディオニソス的なものとし、ル・コルビュジエの悲劇的な二元性を象徴している。C・ジェンクスが付けたテキストには、「すべてを理性的に考えることは、世界を凍りつかせる」と合理主義にはアポロとメデューサの両面があると書いている。

清家にとって、技術（テクノロジー）の意味はその初源的な形としての、「技」（テクネ）と「理」（ロゴス）の合成語であって、それはまた「芸術」（アート）と「わざ」（クラフト）にも関連する。

清家は二元的にロゴスとアートの間を意識的に「対象」化するが、他にも清家の二項対立には、「建築」、「数学」、「キリスト教」からの関連事項として、次のようなものが考えられる。

1. 「ロゴス」（合理性）ドリス式柱頭と「アート」（装飾性）コリント式柱頭
2. 「よい加減」（量）シュムメトリアと「格好よい」（質）エウリュトミア
3. 神殿（豪奢）と住宅（清貧）
4. 西洋と東洋―洋風と和風
5. House（家）・ハードとHome（家庭）・ソフト
6. 「建てる」と「築く」
7. 自然と人工―重箱のスミ―
8. 対称（シンメトリー）と非対称（ア・シンメトリー）
9. 死と永遠
10. テクネ（技術）とアート（人工）
11. α（アルファ）とΩ（オメガ）
12. アイビーとアカンサス
13. substantial（実部）とempty（虚部）
14. 帯状シンメトリーと環状シンメトリー

15. 0（ゼロ）と∞（無限）
16. 棟持柱（棒）と洞穴（器）
17. 数学と神

ル・コルビュジエのアカンサス

『建築へ』[L-1]の「見えない目・Ⅱ・飛行機」でル・コルビュジエは、「住まいの標準」に、住宅の「造り付け戸棚」について、「なぜアカンサス装飾の本箱、飾り戸棚なのか」と述べ、それらを「ガラクタ市の室内」としている。アカンサスは室内の過剰装飾のサンプルである。他にも同書の「建築・Ⅲ・精神の純粋な創造」には、パルテノンの柱頭の写真を掲載し、コリント様式を「よい寸法も趣味もないアカンサスの柱頭と装飾帯壁」とした。「アカンサスの葉飾」はル・コルビュジエにとって、過去の「無償の情熱」としての装飾であった。

アイビー＝フィボナッチ級数

清家は、「続・私の家」の窓下の建物が大地と接する部分にもアイビーならぬアカンサスを植えていた。そして後には、サニタリー・コアのコンクリート外壁に貼った焼き杉板の上をアイビーで覆うのである。より断熱性は高まっている。それ以前に、「私の家」の壁からアルミ屋根までアイビーが這い登る。後には屋根上のコンテナまでも、現在は道路に面する塀までも、「All houses covered with ivy」である。

清家邸のアイビーの葉は少し大きく、葉の端に「浅裂」、つまりギザギザの「裂け目」がある。

清家の小論文「シンメトリー」[S-6]にも、蔦の葉の姿図に、「自然界がフィボナッチの数列あるいは黄金比に順応している」例として、「1・2・3・5・8・13…の数列は美の数列として知られていた」と、主葉部の葉脈の分枝と両端部の葉の浅裂の距離の数値をフィボナッチ数列に喩えている。アイビーはモジュールとしての象徴であり、「調和」の自然現象でもある。しかし清家にとってアイビーはもう一つ他のメタファーでもあった。

アイビーは「並進シンメトリー」装飾模様

「新約聖書」の「コリント信徒への手紙・1」(9:25)に古代ギリシャのコリントの競技祭で選手はアイビーの冠を求めて競い合った。月桂樹やアイビーは、つる性植物であり、つるの先が巻きつくように回旋運動をする。それが模様として装飾化された。

古代ギリシャの陶器の壺絵[Q-9]（前490年頃・ベルリン国立博物館蔵）の半獣人は頭部にアイビーを巻いている。その上部にはハート型の葉と小さな黒い果実も付いたアイビーのシンメトリーの平行移動の連続装飾帯が描かれている（図Ⅰ-55）。

清家はアテネの博物館で「確かにこの眼で、三千年前の美しい彫刻、可愛らしい土偶、素晴らしい壺を見たし、」と多くの壺絵を見ている。「私の家」の書斎の窓先の机上にこの壺の写真もある。「私の家」のハブマイヤートラスに侵入し巻き付くアイビーの写真を掲図して、トラ

スとアイビーに共通する対称性を例示しているのも象徴的である。
　アイビーは西洋では平行移動型の繰り返し模様（帯状シンメトリー）に用いられてきた。反対にアカンサスはコリント式柱頭のような環状シンメトリーである。ル・コルビュジエは装飾を研究するより数学、特に群論と整数論を学べと清家と同様なことを書いている。
　清家は装飾デザイン的な面からではなく、実利的な計画原論的な建築の物理的な環境条件の工学的効果のためにアイビーをその対象とした。

アカンサスとアイビーの二元性

　清家邸の庭に立つと、私はケヤキの大木の他には、やはりアカンサスとアイビーに関心がある。それは直接目にみえる視覚的な対象というより、多分に心的な現象としての二つの植物である。それは共に古代から建築物の装飾として繰り返し模様の「シンメトリー」として用いられてきた。そしてアカンサスは常緑で繁殖力が旺盛である。清家先生から株分けして戴いたアカンサスは我が家の玄関脇に植えてから十数年経つが未だ枯れ葉を見たことがない。アイビーもそれに負けずに強い生殖力を持っていて、枯れるのは日本種の夏蔦だけである。壁のどんな割れ目にも入って行く匍伏性（ほふく）もある。そのまま放置しておくと、庭はアカンサスで、そして建物はアイビーで覆われることになる。
　しかし建築学的にはこの2つの植物は、二元性（2項対立的）があり、図式化すると、次のようになる。

アカンサス		アイビー
環状対称性	⟵⟶	帯状並進対称性
建築装飾的	⟵⟶	建築計画原論的
感性（官能的）	⟵⟶	理性（合理的）

　以上のような対立する事象について、清家が深く関与したことから、私は本論のサブタイトルを〈アカンサスとアイビー〉とした理由である。それは感性と理性の相克でもあった。
　それに＜アーティチョーク＞も後に加えることになる。

第Ⅱ章
アクロポリスの丘の美しい夕日
―パルテノン行―

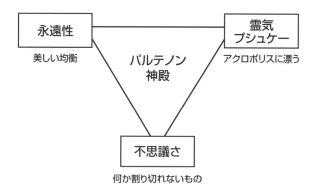

1. 清家清のパルテノン行 ―「永遠」と「霊気」―

　1955年8月、清家はW.グロピウスの招きによる米国のボストンのTACでの「留学」を終えて、帰途にはロックフェラー財団の基金を受けて、途中までW・グロピウスとともにヨーロッパに渡りデンマークのコペンハーゲンでイタリア製の150ccのスクーターのランブレッタを355ドルで購入し、欧州大陸を南下する旅に出た。まず西ドイツに入り、そこを根拠地にしてオーストリアやスイスにも行った。そしてドイツのハンブルグからフランクフルトを経てパリへ、東京美術学校の同級生が多くパリに居て、その一人の北岡文雄を後ろに乗せてパリ市街を走り回った。「おかげで愉快に過ごせた」と清家は語っている。パリから南下しマルセイユ、コートダジュールを経てイタリアに入り、ジェノバ、ミラノ、ヴェネチア、ラベンナ、フィレンツェ、ローマを経て、ナポリからアマルフィを経てイタリア半島の東側の長靴のかかとにあたるブリンディジという港町から船でギリシャのアテネに渡った。夏から晩秋にかけて4か月3万キロのロング・ツーリングであった。そしてアテネの外港のピレウスでスクーターを船便で東京へ送る（図Ⅱ-1）。清家の旅はさらにベイルートより、エルサレムからヨルダン河を渡って、アンマン、アズラク、アルルトバー、バクダットとシリア砂漠を横断した。第1次イスラエル戦争が終わったばかりのころで、イランからの援軍もシリア砂漠に幕営し、ベドウィン族も幕屋で生活をしていたS-11)。清家は、そこから日本へ帰るというルートをたどった。そのスクーターは、現在も自宅に残っている（図Ⅱ-2）。

　この旅については、清家は「ぼくの青春にバイクがあった」S-44)に、「復興時代の欧州スクーター見聞録」および「バイクはタイムカプセル」S-43)として掲載した。この旅の主目的をル・コルビュジエ作品の見学とする等の清家の述懐があるほどで、パリでは当然サヴォワ邸（1929-31年）他多くの住宅、マルセイユではユニテ・ダビタシオン（1945-1952年）を見たのは事実だが、完成間近のロンシャン礼拝堂（1950-1955年）も清家は「サント・マリ・デュ・オー巡礼拝堂」という正式名称を使っているし、旅のルートの途上にあるから、見学した可能性は高い。

　しかし、清家はその旅について「建築史にも載らなかったような建築だと思うんですけれどもね」と、例えばロマネスク建築のような中世期以前の建築が好きで見学していたことが解る。

　そしてイタリアのナポリ南方のパエストウームでは発掘中のパエストウム神殿を、ギリシャのアテネではパルテノン神殿を視ている。パルテノン見学については「アクロポリスの夕ばえ」S-22)、「東と西の交差点―イドラ島にて」S-81)に詳説されている。

　　アテネの街には七つの丘があるが、アクロポリスの丘は、アテネの街の鎮守であるアテナの神をまつった百尺宮（ヘカトンペドン）があって、まつりごとの中心であった。百尺宮は現在ではパルテノンと呼ばれているが、その美しい均衡は永遠の建築と呼ばれている。その回廊のドリス様式の柱は、堂々として美しいプロポーションを持っていたから、後世の建築

1. コペンハーゲン
2. ハンブルグ
3. フランクフルト
4. パリ
5. マルセイユ
6. モナコ
7. ジェノバ
8. ミラノ
9. ヴェネチア
10. サンマリノ
11. フィレンツェ・ピサ
12. ローマ
13. ナポリ
14. ブリンディジ
15. アテネ

図II-1　清家の旅行のルート図（筆者作成）　[S-44]

図II-2　清家清と「ランブレッタ」のスクーター [S-43]

家の規範となっている。

　アテネの街は西南西にあるピレウスと言う外港で海に接しているが、他の三方は山にかこまれた要害の地である。それだけに、特に冬の日没はその太陽が海に沈むのだから美しい。

　だれもいないこのアクロポリスの廃墟にたたずんで、この夕陽をながめていると、このアクロポリスの丘全体にはらんだ霊気というか鬼気というか、そういった何かふしぎさと、旅にある哀愁をしみじみと感じ、アメリカから出発して、歴史を逆に歩いてきたヨーロッパの長い旅の終着地に立って、もう一度考えを深めていた。

　昔は白く美しかったであろう大理石の列柱も、今は長いあいだ雨にさらされて変色している。それが夕陽にはえて、さらに哀愁を深めているようであり、よく澄んだ空に、沈む冬の太陽の美しさが、アテネの文明の象徴でもあるかのように思われてならなかった（1959年4月）。

　アクロポリスの丘から冬の太陽が沈む美しさへの感動をル・コルビュジエも、「パルテノン神殿はこの風景における、まさしく真珠なのだ。なんという輝き！」[L-7] と書いた。それは1911年のアテネ旅行で、「この場所から海とペロポネソス半島が見わたせる。海は燃え上がり、山はすでにかすみはじめ、やがて日輪に侵食されようとしている」とある。アクロポリスの夕陽は誰にも美しい。アクロポリスの丘から眺められるプロピュライア（入口）の彼方のサラミスの海に落日は壮麗である。

　清家の「アクロポリスの夕ばえ」[S-22] は、実は初めて訪れた1955年から4年後の1959年にロサンゼルス国際見本市日本政府館の展示と指導のため、アメリカに出張した帰途の第二回目のパルテノン行での記録である。

　この前にギリシャに来たときは、さらに若くもあったし、スクーターという足もあって、今見ればなおさらだが、しかし、そうしたよく保存された建築、例えばパルテノンもそうだが、厳しいシンメトリア、あまりに論理的なコンポジション、一点一画もゆるがせにしない曲線、それらは確かに建築であるのだが、そうした威圧するような建築は、ニューヨークの

摩天楼でたくさんだというような気もして、静かにギリシャの島々で、青く澄んだエーゲ海に浸って、反省の時を持つ気になった。

この島はイドラ島であるが、清家はル・コルビュジエのようなパルテノンのまったくの賛美者ではなかった。あまりにも厳格で、論理的で、威圧的な建築について疑問をいだいている。

パルテノンの「霊気」

清家のパルテノン理解には「アクロポリスの丘全体に孕んだ霊気というか鬼気」による「不思議さ」にある。この文は清家の建築思想・パルテノン観を知る上で重要である。清家はまず西欧文化そのものの根元がギリシャ文化につながり、「西欧文化がキリスト教文化に支配されているとしても、『新約聖書』がギリシャ語で書かれていたことは、ヘブライ文化のギリシャ的な展開と見ることもできるのであって、最もヨーロッパらしい文化をギリシャに求めることは、だれも異存はあるまい。」と、西欧文化の始源をギリシャに定めていた。そしてパルテノンの「美しい均衡」を「永遠の建築」として、後に「シンメトリー」論[S-6]が書かれる。

しかしこの「アクロポリスに漂う霊気」には、初期ギリシャ哲学における物質概念が見られるが、清家の建築思想を解読する重要な一つのワードである。

清家の「気」論[S-39]は、小玉祐一郎との協同稿で、その「天地正大の気」の章には、

「気」の語源は、やはり空気にあるらしい。それは生きるために欠かせないものであると同時に、肉体に吸い込まれて精神活動を動かす精気でもあった。ギリシャの「プシュケー」のように、気もまた、心の周囲からでている見えない、波長のようであり、天地自然に充満しているばかりでなく、肉体や精神の中に入りこんで作用し、肉体が滅んでも存在する得体の知れぬものである。

「気」とは自然の営みの中で物質と生命が循環し、すべてのものは、生命が有機的に関連して世界をつくり上げてゆくための潤滑油でもあった。そこには生成→使用→還元のプロセスが必要であった。

初期ギリシャ哲学では、この「プシュケー」（生命＜いのち＞の息吹で「魂」）と、「プネウマ」（宇宙における自然の気息で「霊」）との間は不可分離と考えられていた。つまりギリシャ語の「プシュケー」は、生命体を生命体たらしめる＜無定形で不可視な生命力＞のようなもので、「魂（たましい）」と訳されるが、何かあやしげな霊魂のようなものではなく、「いのち」のことが含意されている。サイコロジー（心理学）の語源である。

ウィトルウィウスの『建築十書』[G-1]の第8書の序には、「肉体は気息（いき）が溢れていなければ、すなわち後からと流入する気が絶えず満干を生ずるのでなければ、生命を保つことができません。もし身体の中にたまたま気息が不足するならば、それを回復するのに諸元素の

うちから気が充当されて万事うまく運びます」と、「空気」（アエール）のような「気息」のことで、「気」の建築設備における「新鮮空気」（フレッシュ・エア）の概念の、人間の肉体への適用事例である。清家がアクロポリスで感じた「霊気」は「プネウマ」である。清家の「気」論[S-39]の「気とエコロジー・システム」の章には、

> 壮大な自然の営みを支配する「気」の概念は、……、多くの不可知的な、神秘的な面を持つ。あるいは、それは感覚的には非常に理解しやすくても、容易に定量化できるものではなく、非科学的なそしりを免れないか、一方、近代以降の科学技術は、定量可能なものだけを抽象し、そのような要素の分析・操作だけを科学的として重要視する傾向は否定できないようである。

　この論理は清家研究室を物理的な、水・音・光・風・緑そして熱などの現象を対象とする研究に向わせたし、その考え方は清家に『家相の科学』[S-73]を書かせ、小玉は「家相」を「science behind taboo」と訳し「エコ・ハウジング」の研究へと導くことになる。
　清家がアクロポリスの丘で「霊気」を感じて以後もその体験を重視し「気」の研究をギリシャ哲学から延長して日本の建築学に適用すべく継続していたのである。それが『家相の科学』として結実するのだが、この種の建築家は奇異で、清家の建築思想の特殊性が窺える。
　小玉祐一郎は、「巨匠の残像・第7回清家清」[S-89]に、清家研究室は、

> 意匠系の研究室なのに、デザイン論ではなく、みんな気流や音なんかを研究テーマにしていた。でもそれは、建築空間を追求しようという姿勢の表れだった。人間の快適性を科学的に示すには限界があると知りつつも、何か定量的に示せる手法はないかと模索していた。

　つまり「気」を定量的に「快適性」から分析しようとしていたのである。
　清家は日常生活においても、住宅の「気」に注目していた。『知的住居学』[S-15]に、「＜居は気を移す＞といわれ、人間が住まいをつくるように住まいが人間をつくる」、「愛着をもって住めるかどうか、……そういうものがかもしだす生活のにおい（註記：「気」）がわれわれにやすらぎを与えてくれるのである。」など、それは「母性的なもので、心理的なやすらぎ」であると、「気」について述べている。清家はその「気」を「何とはなしに生れ出た秩序」つまり「エトス」だと、またギリシャ語の概念で言っている。
　谷口吉郎の『雪あかり日記』[T-2]の「うすら寒い日」には、設計者の作風として「造形には必ず作者の意匠心が発揮される」として、次のように述べられている。

> そんなわけで、私は街をぶらぶら散歩する時にも、そこに漂う気配を気にする。その気配から、それを設計した者の作風を問題にした。

谷口の「意匠心」には「気配」が発揮される。清家がアクロポリスの丘で感じた「霊気」は、古代ローマ人がゲニウス・ロキ（土地の守護霊）と呼んだものだとも考えられる。

パルテノンの「永遠」性

1955年、清家がボストンにあるグロピウスのTAC事務所での生活を終えて8月にイタリアから海路ギリシャのアテネに渡った。資金を出してくれたロックフェラー財団への報告書として帰国の2年後に『ぱるてのん』[S-4]（図Ⅱ-3）を出版するが、パルテノンの体験は清家の建築哲学を養う重要な契機となっている。

『ぱるてのん』には、パルテノン神殿（図Ⅱ-4）の美学についての永遠性の考察が書かれている。

　　PARTHENONが古いから貴重であり、永遠の建築であるという意ではない。……しかしPARTHENONや桂のうちに永遠の建築が潜んでいるし、それ故に、PARTHENONに潜む永遠の建築を信じたい。信じるというのは論理ではないから。PARTHENONにしても桂にしても、それが永遠だといわれるのは、そこに偽りがないこと、建築に於ける心理、永遠性を秘めているからだ。我々がPARTHENONから学ぶ建築はDORIA式のオーダー（ORDER）ではない。その比例（RATIO）でもない。その空間の均斉（PROPORTIONS）の背後にある洗練された造形性である。PARTHENONにはそのゆるぎがない、航空機の翼形にも似た冷厳な美しい線をつくりあげている。そうした限界の造形のうちに永遠の造形が存在している。

幾度も「永遠」という言葉を用い、「冷厳で洗練」された線の「均斉美」の造形としてパルテノンを賞揚している。

清家はパルテノンに永遠を視ているが、具体的にはル・コルビュジエと同様に、パルテノン神殿とパエストウム神殿の「エキヌス」— 円柱の頭部と「アバクス」四角いドリス式プレートの間にある部分（図Ⅱ-5）— の曲線を比較して、パルテノンの「航空機の翼形にも似た冷厳な美しい線を作り上げている」エキヌス曲線に永遠を感じている。それは「流れる水にも似た建築のうちに絶えることのない永遠性を求めたい」と無時間的な流体の抵抗を少なくする曲線としての流線形にも「永遠」を見出している。

清家の小論文「シンメトリー」[S-6]に、それはパルテノンの形に「永遠」を見ただけでなく、それはギリシャ哲学のの根本である「永遠なるもの」は、「それでもなお滅びざるもの」への希求なのである。

　　あまりに厳正なシンメトリーは、何か冷たい無気味な不安を与える。それはあまりにも安定した死と静寂の世界のようにも思えるからである。たとえばそれが動いているとはいえ、左右対称に振れる振子は、最後の静止—死に向って振れているのである。非対称が、左右対

図II-3 『ぱるてのん』表紙(撮影:清家清) [S-4]

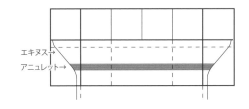
図II-4 「パルテノン神殿」の柱頭詳細図の解析 [S-4]

称の死ぬほどの美しさの対照として、そして対称でないもの自体が、また広い意味、または古典的な意味でシンメトリアとして存在していると考えることは正しいと思う。

非対称が対称の美しさの「対照」であるとしてに注目している。例えば日本庭園はシンメトリーが欠如しているとされるが、それは自然との「調和の取れた対照」、つまり「contrast」という意味である。「対称形の対照としての非対称であることを忘れないようにしたいものである」と、そして対称形の「無気味な不安」と、さらに「安定した死と静寂の世界」とは「死の欲動」にあり、したがって「タナトス」の生起は、「神秘性」にあるとした。

谷口は『雪あかり日記』[T-2]の「雪ばれの日」に「パルテノン神殿」の「美的形式原理」について「各部分の数量的比例は、健康な人間の人体の如き美しい比例」によるものだとシュムメトリアについて言及した。さらに視覚的な「錯覚」による「形の修正」がエンタシス、「溝彫り」、中央部の湾曲などについても「人の目」に対する注意を説明している。それは後に清家の研究対象となった。

ギリシャ文明の「何か割り切れないもの」

清家は二度目のアテネ行の夜、アクロポリス東南麓にあるヘロデス・アッティコスのオディオン（音楽堂）に行く。1961年に修復されて以来、実際に使われているディオニューソス劇場で、古代ギリシャ悲劇を鑑賞している。それは紀元前330年代に石造に改築されたが、ローマ時代になり大幅に半円形型に修復された。

　一夜アテネの古代劇場で上演されるギリシャ劇を見ながら、『これでいいのだろうか』と考えて見た。私の疑いというのはこのギリシャ時代の偉大さを否定するものではないし、確かにこの眼で、三千年前の美しい彫刻、可愛らしい土偶、素晴らしい壺を見たし、建築にしても信じ難いほどの、造形力をもって追ってくるのを見ては、その偉大さと一緒になにか割り切れないものが残っている。それが、なにかということは今でもまだよくわからない。

清家はギリシャ悲劇を見ながらの「これでいいのだろうか」という疑問としては、ギリシャ文明の中に「何か割り切れないもの」を感じているが、その実体を認識できないでいる。清家の思考方式は比較的に疑問から問題に入るのである。現在、ギリシア国立劇場などでは古代アテーナイとは違って、仮面なしの現代ギリシャ語による夏の夜間興行がある。この清家の杞憂はギリシャ悲劇の内容にあるのか。
　紀元前五世紀のアテーナイ社会は市民（男性）中心の排他的イデオロギーに立つ閉鎖社会で、女性を排斥する政治理念に立つ男性（市民）自らの在り方を問うという人間感覚の悲劇の固有性にあった。そしてこの悲劇の上演がディオニューソスに奉納された神事であったから、人間の存在を「永遠の相の下に」見る視点が本質的にあった。

イドラ島―生活の発見―住宅設計の原点（図Ⅱ-6）
　ここに清家の建築家としての表明があり、「ギリシャ建築の冷たさ」に対する反撥も投映されている。一方で、イドラの漁村の魅力を清家は語る。

　　長い間建築というものは、住み手というか、持ち主の威を示す手段に使われ過ぎていた。しかしイドラの漁村に限らないが、住居には憩とやすらぎがある。住居と神殿は本質的に機能と目的が異なっていると言えばそれまでだが、建築と彫刻の違いはそんなところにある。神殿は彫刻だと言い切ればそれでもよい。また事実ギリシャの神々は死んでしまったから、いまは神々の棲み家でもなく、ただの廃墟であるから、人が現実に住んでいるイドラに魅力を感じるとも言えよう。
　　だがそれだけ、なぜこのイドラの漁村の小さな路地のほうが、スニオンの神殿よりも我々に迫るのだろう。ドリス式の列柱の厳しいシンメトリアと、この漁村のデタラメな造形とを比べてみて、少なくもルネッサンス以来の伝統を教え込まれた建築家なら、ドリス式の列柱を採るにちがいないのだが、その建築家の私が、イドラにいて、心の静まる思いがするというのは何故であろうか。さきにデタラメな造形と言ったが、粗雑だが十分に美しい白い壁と、窓、階段、扉、などなどその造形は本質的に神殿に負けないにちがいない。ギリシャの村々、島々はひとつひとつアジアに近づいている。ギリシャがアジアの国として、中世的に維持され、さらにエーゲ海の諸島が、点として散在して、不連続な独立をもっていたことが幸いであったともいえよう。ギリシャの島々が、東と西との交差点であった。今我々の国のうえに同じことがくり返されようとしている。

　清家はル・コルビュジエと同様に、パルテノン神殿を「彫刻」としているが、建築家が青年期にパルテノンをはじめ西欧の古典建築と出会う体験は重要で、その後の建築の道を決定してしまう程に影響は強い。
　清家の師である吉田五十八もルネッサンス建築を見て、西欧建築に比肩するには、日本の伝

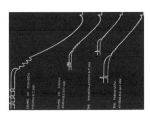  

図Ⅱ-5 「パルテノン神殿」の「エキヌス曲線」 [S-4]　　図Ⅱ-6 イドラ島（撮影:清家清） [S-146]　　図Ⅱ-7 「旧日本帝国大使館」の谷口吉郎のスケッチ [T-2]

統的な建築を新しく解釈する他はないと「新数奇屋」と呼ばれる建築へと、「日本的なもの」に回帰してゆくのである。同じく清家の師である谷口吉郎は、ドイツに滞留期間中にパルテノン神殿を見ることを幾度も試みるが、「転向」ともされた少々複雑な対応の道を選んだ。

清家が、住居派建築家となったのはこの「東と西の交差点―イドラ島にて」[S-81)]がその回答である。

> アメリカで、しかもアメリカの中である意味でいちばん近代的なロサンゼルス、またそれと対称的なニューヨークで、仕事をして、ウンザリしていただけに、エーゲ海の小島での二週間はホッとするものがあった。
> そんな気で、エーゲ海の小島で暮らしながら、西と東の違いを考えてみた。西と東の交差点―それは一方では太平洋であり、他の一方では地中海なのだが、そのひとつの端の国の男が他の端で、東と西の結びつきを客観的に見ることができた。
> まして、ほとんど残っているアクロポリス（アテネ）の丘の美しさにはすっかりほれこんでしまった。

清家はギリシャ建築文化の歴史と「日本のなかにある東と西との結びつき」をイドラ島で「暮らしながら」考えていた。

西欧の建築はギリシャから始まり、パルテノンのような「厳しいシンメトリア、論理的なコンポジション」の「冷たい」建築の延長に、ニューヨークの摩天楼があることを清家は反省し、「東の端に生まれた男（清家）」が他の端の西の端の交差点であるここイドラ島で、東西建築の違いと結び付きが明瞭に見えてくる。清家はモダニズム住宅作家の最後の人とも言われ、「新日本調」として、「洋」と「和」を融合したと評価されていることとも無縁ではない。小さな漁村のイドラ島の斜面の上の集落に、「安らぎ」と「憩い」を感じている。その「白石灰を乱石積みの上に塗りこめた」民家の前の「狭い石段の通路」を歩いて、「厚い石壁の隣室から、かすかに洩れるラジオや人の声」に「ニューヨークの仕事に疲れた心身」を休めていた。

ここイドラの漁村の住居や路地の"デタラメ"で粗雑な造形だが美しい白い壁と窓、階段、

扉などは本質的に神殿の造形に負けていないと、清家は、「神殿」派の建築家になるより「住居」を設計する建築家になる自分を発見する。同時代的な建築家である丹下健三が「神殿」的な国家的建築家になるのと対極的に、清家清は「住宅」派の庶民的な建築家となる道を歩む。

2. 谷口吉郎のパルテノン行 ―シンケル憧憬―

　東京美術学校の清家の師である吉田五十八と共に清家の恩師と言える人は谷口吉郎である。
　1938年、谷口は東工大の助教授の時、東大時代の指導教官であった伊東忠太の推薦で、ベルリンに建設中の日本帝国大使館（図Ⅱ-7）の日本庭園の設計監修のために外務省嘱託建築家として派遣された。
　谷口のベルリン滞在日記である『雪あかり日記』T-2)の、「どんよりした日」に、以前は「新衛兵所」であったが世界大戦にて戦死した将士をまつる霊堂として改造された「無名戦士の廟」を訪れている（図Ⅱ-8）。谷口がパルテノンに原型があるとするギリシャ神殿風の外観をもつ正面玄関には鉄兜の番兵が立っていて、谷口は、「設計者シンケルの鋭い眼が、日本の建築家である。この私を睨みつけているように見えた。」と、シンケルの作品に誘導されてゆく。
　カール・フリードリッヒ・シンケルは19世紀のドイツ古典主義建築家として「ギリシャ的なものと、プロシャ的なものを、しっかりと結びつけた」と谷口は評価しているが、20世紀の合理主義的建築論からすると古典からの模倣主義とされている。谷口は「シンケルは、私にとって〈ギリシャの教訓〉を身をもって教えてくれる一人の建築家であった」と、「聖なる形式美」から「ドイツの魂がこんこんと湧出する」と、述べている。
　谷口のこのベルリン滞在中の強い願望は、シンケルのようにギリシャのアテネへの建築視察であった。後に『雪あかり日記』の続編といえる『せせらぎ日記』T-2)が書かれたが、そこには1939年8月21日の日記の「戦争の足音」の中で、ギリシャの旅へ向かったが、バルカン半島を南下して途中ハンガリーのブダペストでの記述には、

　　夜、ブダの丘にのぼる。このブダペストに私がはるばる来たのは、ギリシャのアテネに行きたいと思い、ウィーンを経てここに立ち寄ったのであるが、国際情勢が急変したので、これから先、途中はどうしようかと考える。ギリシャ行きはこの春にも計画したのであったが、その時は、イタリアのアルバニア攻略が始まり、バルカン地方の旅行は危険となり、残念ながら、ギリシャ行きは断念した。
　　その次に、夏の前、イタリアに行った時も、半島の先端から海を渡ってアテネへ行きたいと思ったが、ベルリンに仕事が待っているので、ギリシャまで足を延ばす日数はなかった。それで、こんどこそ是非アテネに行き、八月の烈日に輝くアクロポリスの丘に立ち、パルテノン神殿を仰ぎたいと出かけて来たのだが、突然に独ソの接近（註記：独ソ不可侵条約）が発表され、また国際情勢の雲行きが急にあやしくなってきた。もしかすると、ベルリンに帰

図II-8 シンケルの「新衛兵所」の谷口吉郎のスケッチ [T-2]

図II-9 「萬來舎」(慶應義塾大学第2研究室) [T-4]

図II-10 東京工業大学水力実験室 [T-3]

ることが困難になるかもしれぬ。そうなると大変と、足もとに鳴く虫の声を耳に聞きながら、ひとまずウィーンに引きかえして、情勢を見ることにしようと考える。

谷口は、この1939年には、春・初夏・盛夏と三度も、ギリシャへ行くべく計画したが途中まで来て、たびたびの理由で断念させられている。その強い熱情は、谷口の師の伊東忠太がパルテノンを「世界第一の美建築」として、1904年1月末にアテネを訪れてその「絶対の美が絶対の真なる」建築を視ようとした同じ「意匠心」であった。しかし谷口はその後、生涯にわたってパルテノン神殿を見ることができたのであろうか。

谷口は『雪あかり日記』の「雪ばれの日」に、ベルリンの博物館にある小アジアのペルガモンで発見されここに移設された「ゼウスの祭壇」について、

　昔、この壇にのぼると、遠くにエーゲ海が望まれたことであろう。夕方になれば、海に沈む太陽が海面や空をあかあかと染める。日が暮れるにつれて、空は紫紺色となる。祭りの夜には、祭壇の周囲に「かがり火」が焚かれ、基壇の彫刻は、その火に照らし出されたにちがいない。めらめらと燃える焔の火が動くたびに、巨怪たちの像はものすごく表情を変化させたことだろうと、そんなことを想像しながら、私はいつまでも基壇の上に立っていた。

まるでまだ見ぬアクロポリスの丘に登りパルテノン神殿でエーゲ海に沈む西日を見ることを想像しているような文章で、清家の場合と比べると興味深い。

1951年に慶応大学三田に建築された第二研究室である「萬來舎」は谷口吉郎の設計である。設計に着手する直前に三田山上の敷地を視察した。谷口の、「彫刻と建築」[T-4]（『新建築』1950年10月）によると、

　私が、イサム・ノグチ氏と共に、三田の丘に設計した新「萬來舎」の建物は、「彫刻」と「建築」の協力による試作である。その故にこそ、イサム氏が三田の丘の上に立った時に、氏は私に向かって「アクロポリスだ」と叫んだのである。

アクロポスの丘に例えた三田山上での建築はシンケルの啓示を受けて「萬来舎」のファサードは堅長窓の連窓である。谷口が水平連続窓を早期に止めて、堅長窓の連窓にしたのも、国際様式からの離脱であった。「萬来舎」は現在、三田の南館の3階の屋上のテラス部に南ウィング棟のイサム・ノグチが設計した玄関ホールと談話室の部分（図Ⅱ-9）が2005年に改築された。

谷口の『雪あかり日記』の中で、私も最も好きな部分は「花火の日」に森鷗外の小説『舞姫』を思い出し「あの物語の女主人公はエリスと言った」と「クロステル巷」の古びた横丁を訪れる箇所であった。私が東工大の学部生の頃、谷口先生は既に講義を受け持たなくなり、廊下ですれ違いに姿を拝見するのみであった。

3. 清家清のベルリン行 ―谷口吉郎追慕―

1981年の初冬、清家はドイツのベルリンを訪ねた。前年の1980年に「東京ドイツ文化センター」で行われた「W・グロピウス展」の日本での開催が成功裡に終了したお礼に、ベルリンのバウハウスアルヒーヴ（バウハウス総合資料館）の館長への表敬訪問と、1938年に谷口吉郎が工事監理を行った、在ベルリンの旧「日本帝国大使館」（註記：清家は「帝国」を付加している）の調査と視察が目的であった。

清家の「風土と建築」[T-11]の「ベルリンと金沢」に、ベルリンはまだ東西に分かれていた時で、清家は西ベルリンで谷口の『雪あかり日記』の追体験が、清家の今度の旅行の主題であった。まず谷口が渡独し監理した「日本帝国大使館」を訪れて、「若き日の谷口先生と直に向き合うようで、感慨深いものがあった」と清家は言っている。この旧「日本帝国大使館」によって「シンケルに溯るオーソドックスな西洋建築に対する目が開かれたのではないかとまで想像は広がる」と、さらに東工大の水力実験室の初期のインターナショナル様式が以降の作品から影をひそめた「谷口先生の後年の作品群のルーツはここにあるのではないか」と思いながらホテルへの道を辿っている。

東工大の水力実験室

谷口は、東工大に赴任してきて「建築衛生」の講義の担当となり、東大の「伝染病研究所」の講習を受け防疫の「細菌学」の実習も準備した。谷口は専門外の勉強にも熱中していたが、東工大では専門の建築に関して「屋内空気の自然対流に関する模型実験」を進めていた。粉塵の流動や暖気流の研究など「建築物の風圧に関する研究」として、日本建築学会学術賞を1939年に受賞している。その実験をしたのが、東工大の「水力実験室」（図Ⅱ-10）で、「復興部工務課」の設計を一任され、落成は谷口が28歳の1932年、自邸の2年前で、デビュー作となった。白い箱型の美しい建物であった。実験に起因する水銀汚染により2003年に解体されて今は残されていない。

清家は篠原一男との対談[S-62]に、

清家：　谷口先生の「東京工業大学水力実験室」は凄いね。
篠原：　でも先生、それはモダニズムですね。
清家：　モダニズムの最たるものです。バウハウスそのもの！

日本の近代建築として白い箱型のモダニズム建築はこの「水力実験室」から始まるのか。清家が東京工業大学の谷口の謦咳(けいがい)に接した[T-11]のは1941（昭和16）年で、

　先生のデビュー作と目される工業大学水力実験室（昭和7年4月）は、私はこの水力実験室が好きで、工業大学へ入って谷口先生の教えをいただこうと決意するきっかけとなるほどの感銘を受けた作品である。たまたま私の家が工業大学の近くなので、絵具箱をかついでは、この水力実験室をモチーフにさせていただいた。
　インターナショナルスタイルの白い建物と、導水管、貯水槽、樋門、そしてそのすぐ隣を走る目蒲線のガントリーなどのメカニックな環境が、いやがうえにも現代風な景観を呈し、冬の夕日に刻々と色を変えてゆく印象はまことに鮮やかで、その印象をなんとか額縁に切りとりたいものと、繰り返し繰り返し足を運んでスケッチした。その頃は富士山がよく見えた。

「水力」のあった場所は、現在は図書館が建っている。清家は引き続き、

　水力実験室は考え方によっては、インターナショナル様式、的確な場所に出ているキャンチレバーのバルコニー、庇のない大きなガラス面、白い壁面など、バウハウスのボキャブラリーを駆使した鉄＋ガラス＋コンクリートの箱、全く以って科学的、合理的で合理主義建築の典型のような姿＝エレベーションを持っている。
　にもかかわらずなぜこの「水力」が先生の出発を飾る記念碑的作品として当時も世評高く、また私にとっても印象深い作品として記憶に止められたのであろうか。
　思うに、それこそ谷口先生の持つポエジーではないだろうか。一見合理主義的であり機能主義のかたまりであるかのごとき建築に、劇的な演出をもたらし、建築を容れ物としての単なる箱ではなく、生活の装置たらしめる在り方を充分心得ておられたのではないか。

この清家の言う「ポエジー」（詩情）を、谷口自身は「意匠心」と呼んでいる。このポエジーについては、「私たち若き建築学生を魅了しおおせた先生のポエジーは生得のものであろう。舶来の合理主義建築を理解する上にも、機能主義の根元まで届く眼があったからこそ、そこにポエジーを謳うこともできたのであろうか。」と、郷里金沢が育んだものであろうとしている。それは、建築の造形に志向する心の純粋な感受性のことで、つまり「意匠心」で民族や国土の

魂の表現にまで及んでいる。この「水力」を設計中に「清らかな意匠」に気付いたと谷口は書いている。

『雪あかり日記』の金沢とシンケル

清家はベルリンの夜の闇を歩きながら「突然これは金沢だ！と気がついた」[T-11]と、「ベルリンの風土、自然に仮託して郷里金沢への郷愁を語ったのが『雪あかり日記』[T-2]で、『雪あかり日記』は金沢をキーワードに解くことができる」と清家は考えた。その金沢への回帰は、「日本的なものへの回帰」であるとしながらも、「先生の眼前に聳え立ったのが、ギリシアにまで遡るシンケル等の古典主義建築の数々であった」と考え、ベルリンに着くと、まず『雪あかり日記』の中で最も印象深く、また多く言及されているシンケルの「無名戦士の廟」を訪れようとした。ところが東ベルリンにあるのでベルリンの壁に隔てられ、「今回実見する機会を得なかったのが心に残った」と、再訪を期待している。清家は「『雪あかり日記』とシンケル」[T-11]に、

> 先生は無意識に御自身をシンケルに擬していらっしゃるのではないかとも思った。シンケルの西洋古典主義の建築に向き合うことによって、風土と伝統に開眼された。その思いは痛切であったろう。シンケルは谷口先生にとって、ニュートンの林檎であったかもしれない。

それが戦後の第1作の「藤村記念堂」として結実する。この記念堂の前の小さな休憩所の設計に加わっていた清家は、「創造性の故に、機能性と合目的性が存在するということを私は先生から教えていただいた。幸い私はよい師とよい伝承とよい国土、風土、自然を持った」と結んでいる。

谷口―清家―仙田への「環境建築」の系譜

清家は＜「真っ黒なスケッチ」と「清らかな意匠」＞[T-1]では、東工大谷口研究室の卒業生である仙田満との巻頭対談で、

> 清家：谷口先生はそういうの「構造的サイエンティフィック」が好きだったね。だから、水力実験室で風水を全部やった。風洞とかも含めてね。最近の環境問題なんていうのを先取りしている。
> 仙田：そうですね。谷口先生の本を読みますと、景観的な配慮だとか、あるいは設備的な配慮だとか、室内環境含めて、そういう科学的な部分とか、環境的な視野を非常にもっておられましたね。

この谷口―清家―仙田の東工大建築学科のデザインを担った3人は共に環境建築に関心が深かった。谷口の名著、『清らかな意匠』[T-5]の「環境の意匠」がある。

「科学技術」も美に対して無関心であり、造形を意識せずにいるならば、人間の生活環境は、そのためにかえって醜悪化を増進することになるであろう。科学と技術こそ、二十世紀の新しい造形の立役者とならねばならぬのに、その自覚を放棄していることでは、新しい環境美はいつまでも実現されない。

谷口のこの「清らかな意匠」の末尾を飾る環境論は、「人間の生活環境」は、現代芸術が日常生活と無縁であることと、科学技術こそが「技術」(テクネー)としてその信頼に答えていないという「白痴的症状」によって、「新しい環境美」として実現されていないと指摘し、重ねて「美を守護し、美を創作することをもって、自ら天職とする人たちが、＜環境の設計＞に対して白痴であったり、放心であっていいのだろうか」と、「建築家」こそがその任に就かなければならないことを喚起している。

谷口の環境論には美的側面が強いといえる。しかし単に「生活環境」だけではなく、1938年から39年のベルリン在住中には「風土」に注目し、帰国後の1941年に、「国土美」を書いた。単に駅前空間の景観だけではなく、日本国土の美意識に基づいていた。和辻哲郎の「風土論」の影響が濃く表れている。この風土としての「国土美」と環境工学的な研究の間には、「工学技術のもつ大きな造形力こそ、本当に国土の姿を樹立し、国民生活を意匠するものである」と、技術に基づく「意匠」を必要とした。

清家も日本の建築界において、かなり早期から「環境志向」の建築家であった。「棟持柱の家―ひとつのawareness―」 S-14)の冒頭で、

建築の設計をするということは、人間の生活が環境の中でどのように関わり合うかということについて計画することである。特に、住宅の設計というものは家族生活という人間生活の最小集団が、その住宅という建築環境のなかで近隣関係とどのようなアメニティを構成するかということを考えるプロセスであろう。

この住宅環境の論理には、ソフト的な意味では、住宅の「建築環境のなかでの近隣関係」を作るためには、『ほんものの居住学』S-17)の「11.新しい地縁と共同体が生まれる」に清家は「"隣は何をする人ぞ"でよしとする人は、その代わりに都市の中に差別された孤独感をも引き受けることになるだろう」と、「子供の存在が中心となって近隣のコミュニティを形成していくパターンも少なくない」と地縁を生み出す可能性を指摘している。

谷口の「環境問題の先取り」と「環境の意匠」について清家と対談した仙田満は、東工大を卒業し菊竹清訓建築設計事務所を経て1968年に独立した。「環境建築家」としての理念の根底にあるのは「人と環境との関係が重要なのです。そういう意味では環境デザインとは関係のデザインだといえます」G-34)と、その関係性を「空間的」、「時間的」、「社会的」関係として

デザインだといえます」G-34) と、その関係性を「空間的」、「時間的」、「社会的」関係として総合することで環境の創出と、再生させる技術が「環境デザイン技術」である。仙田の環境論は「子ども」から「地球」環境まで、その領域は拡大している。

谷口-清家-仙田と続く3人の東工大教授による「環境」は、今後いかなるプロセスを東工大で経るのか注目したい。谷口の仙田への影響については、仙田は進士五十八との「次世代を育み、未来をつくる」G-35) の対談で、「私の恩師である谷口吉郎は、1948年に『環境の意匠』G-37) というエッセイを書いています。まちの景観悪化について、それを許しているのは分断化した自分たちと、自己批判的に言っています。これが私に大きく影響しました」と、難しい言い方をしている。そして仙田は日本建築学会の起草委員長として「地球環境建築憲章」（2000年6月）を作成した。

4. 清家清への谷口吉郎の影響 ―慶応義塾幼稚舎と谷口自邸―

谷口吉郎のル・コルビュジエへの評価

谷口は「コルを摑む」T-9) で、「今の自分の心を引き摑んで離さない」のは、「何がそこに存しているのか」と、自問する。

> 彼の建築の経済観に到達したのである。それは如何に安価に、衛生的健康なよい建築をつくるべきか？そうして新しい材料による新住宅の民衆化―大衆の幸福を求め、必要型、機能型、目的型、家具型の探求、標準の決定、工業による連続生産等を意図するものである。

ル・コルビュジエの建築の本質を「衛生的健康な建築」としてとらえている。「コルを摑む」の末尾を、＜コルの告白は我が友前川國男の訳による。彼は今コルのもとで働いている。友よ、コルを摑んで帰れ！＞と結んでいる。

しかし翌1930年の「ル・コルビュジエの検討」T-10) では批判的な方向に転じ、「ガルシュの家」（1927年）（図Ⅱ-11）の曲線の乱用を、「貴婦人化」したと、谷口は冷静にル・コルビュジエの平面構成を否定的に分析している。

谷口吉郎のモダニズムの原点

槇文彦は『記憶の形象―都市と建築の間で』G-36) の中の「幼稚舎周辺」に、

> 私の子供の時代、もっとも想い出の深かったところといえば、やはり現在天現寺にある慶応義塾幼稚舎であり、その周辺の情景であったといえよう。
> 私が幼稚舎の二年の三学期、昭和十二年の初めに、新装なった天現寺のこの建物が、旧い木造の三田の校舎から移ってきた時の興奮はいまでも忘れることはできない。当時、東洋一

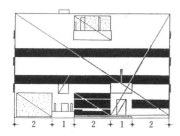

図Ⅱ-11 ル・コルビュジエ「ガルシェの家」の基準線

図Ⅱ-12 「慶應義塾幼稚舎」校舎　出典:『DOCOMOMO選・モダニズム建築100+α』(河出書房新書)

　モダーンな小学校といわれたこの白亜の建物は、故・谷口吉郎博士の建築家としてのデビュー作になったものである。そして以後四年有余、人生の形成期にあって貴重な教育と経験を与えてくれた場として、また後年、漠然としてではあるが、やがて自分でもこんな建物をつくってみたいという、建築家を志す動機を与えてくれるようになったものとして、天現寺の幼稚舎は、私にとって二重に重要な意味をもっている。

　建築家・槇文彦にとって子ども時代の原体験となった慶応幼稚舎(図Ⅱ-12)は、「健康・衛生」的な観点とともに、やはり空間構成の「遊び」の多様性であった。「とにかく子供にとって、いろんなところで遊べる場所が充満している環境だったということです。さまざまな想像力を子供心にも喚起してくれました」と槇は述懐している。
　清家が東工大の水力実験室であったように、槇文彦にとって「白い箱」のモダニズム建築に対する主として谷口吉郎からの影響が語られている。

谷口吉郎自邸 (図Ⅱ-13) ─「家庭のサナトリウム生活の実験室」─
　谷口の品川区小山の自邸は木造2階建て126m²(1935年)で、「自余の弁」T-6) の「通気」に、ガラス窓におけるヒートゲインのコントロール装置として庇や雨戸を利用するとか、暖房としてパネルヒーティングを採用している。

　　夏季の夜分には暑熱が反って室内に停滞を余儀なくされるような破目にも立ち至っていた。それで、一階の広間の天井は一部を二階まで吹抜けとして、更に屋根の排気塔に直結したのは、室内の空気を常に新鮮とする予防医学の定説に従った。天井排気口には水平移動の扉を設け、更に排気塔の中にはダンパーを取り付けて、それらは紐によって二階書斎から調節自在にした。
　　医者によって確立された空気療法の定説は、サナトリウム内だけに限られる問題ではなく、それを一般日常生活にまで押し広め、予防医学を徹底せしめるのは建築家の役目である。窓も必要に応じた所に欄間を設け、二階寝室および南側の縁側(日光浴室でもある)の窓は、

られていることであるが、それを住宅にも適用したのは以上の意味に基づく。それで我が家の寝室は、家庭のサナトリウム生活の実験室でもある。

　谷口がサナトリウムの「空気（大気）療法」を予防医学として採用した自邸は健康住宅のモダニズム建築であった。モダニズムはその大きな開口部から射入される熱線の放熱は、「言語道断な建築気候を助成しながら、新興建築家顔をした設計者が合理的言辞を弄しているなどは全く漫画建築といいたい」と、以後はその理由から縦長連続窓に変化してゆく。それはモダニズム建築の無批判的流行を形式主義とした谷口の「転向」の原因となった。大開口部に対しては清家とは必然性の点で相違があったのである。

慶応義塾幼稚舎―「健康第一主義」―
　谷口自邸の衛生工学的なモダニズム建築は、槇文彦が通った「慶応義塾幼稚舎」（註：小学校）として1937年に引き継がれる。同じく「衛生と健康」が大きなテーマで環境工学的な配慮に基づいている。1999年にDOCOMOMO100選に指定された。東京、広尾の天現寺橋の畔に現存する。谷口は、この「幼稚舎」について設計主旨を、

　　私はまず自分の設計に対して、児童の「健康第一主義」に徹底すべきことを根本方針として、それを設計の信条とした。そのために従来のありきたりの方法にとらわれず、むしろ衛生的な建築と設備を通して、小学生の新しい生活を作りだすことを設計の眼目とした。
　　近来の不健康な都会生活は、多くの児童を「虚弱児童」たらしめている。同時に児童の頭脳を詰込式授業の容器たらしめている。それに対して、私は学校建築を児童の健全な成長のために衛生的な機関たらしめ、それによって出来れば校舎に、健康そのものの明快な「美」を発揮せしめたいと願った。

谷口はそれを健康美への「実験的な試み」として、具体的かつ詳細に証明している。

- 日光の照射―校舎だがサナトリウムのような「治療医学」に基づいて「日光」と「外気」を受けるべく「開放的」に窓のサッシュは開放率を100％とした。
- 外気の通風―人間の口から出る「群集毒素」の換気のため屋上の換気筒から排出し、自然換気方式とした。
- 低温輻射暖房―床の温水パイプによるパネル・ヒーティングで衛生的な暖房で、結核療養所で試みられている。
- 雛段式テラス―教室の南面の前庭は開放教室の効果を有効にする。

　以上の「幼稚舎」の特徴は、清家の「私の家」にも間接的な影響を与えている。

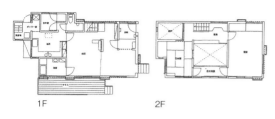

図Ⅱ-13　竣工時の谷口吉郎自邸　1・2階平面図　[T-15]　　　図Ⅱ-14　東京国立博物館東洋館　[T-1]

　以上の「幼稚舎」の特徴は、清家の「私の家」にも間接的な影響を与えている。
　清家の「私の家」の南面の前庭は「Living・Garden」と呼ばれている。谷口の「テラス」をこの「Living・Garden」と考えれば、すべて幼稚舎の衛生・健康についてのコンセプトは、そのまま清家の「私の家」に当てはまる。まさしく清家は谷口の弟子であった。谷口は、

　　　だから装飾は、何一つない。即ち、設計者として実現したいと思ったのは、ただ「健康」
　　そのものの明快さであった。はじめ、この幼稚舎の設計の話が私にあった時、理事の槙智雄
　　先生は「幼稚舎お建築に魂を入れてほしい」と申された。ご注文はただそれであった。

　この槙智雄理事の息子が建築家の槙文彦で、この幼稚舎に学んでいてその思い出を詳細に語っている。

日本のパルテノン
　谷口の「東京国立博物館東洋館」(1968年)(図Ⅱ-14)について、私はパルテノン神殿の「和風」版と思えるほど、その影響を感じるが、杉本俊多は谷口吉郎展のシンポジウム「いま"モダニズム"について考える」の基調講演で、

　　　これは東京国立博物館東洋館です。展覧会の方では大きな写真になって出ていますが、
　　これも私の目にはこういう構造的な美学と映ります。柱梁という美学を日本的な発想で改め
　　てつくり直したのではないか、それは先ほど言ったシンケルが新古典主義の時代につくろう
　　とした美学と、精神的には共通しているということです。

　杉本の鋭い意見である。私はよくこの東洋館の前を通るが、常に谷口のシンケルへの共感とともにパルテノンへのその趣向を柱と梁の構造に感じている。

第Ⅲ章
清家清の建築思想の原点

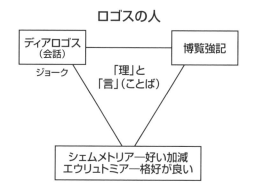

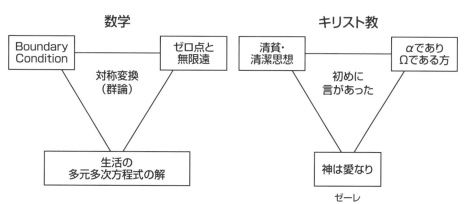

1. 清家清と数学 —対称・変換・群論—

点と留数

清家の長男、清家篤の「家庭の人としての清家清」[S-1] には、

> 家に居るときも駄洒落を連発していたから、改まって何か教訓を垂れるといったこともしなかった。少し大きくなってから、「点というのは位置のみあって大きさがない」という幾何学の点の定義を何度もうれしそうに話していたのも忘れられない。亡くなる前年の秋に、父の最初の学生さんである佐藤正己氏が見えて、父にバニシングポイントの打ち方を最初に教わったのを覚えていると言われた。そのとたん、それまでうつらうつらしていた父が、「そう、バニシングポイントは消えてしまうものだから大切なのよ」と、うれしそうに語ったのが、父らしい語り口でわれわれと会話を交わした最後の機会であったように思う。

「バニシングポイント」は、単なる透視図法における「消失点」のことではなく、人間の命の行き着く涯のことである。

清家は、玉川平安教会の聖壇の中央の十字架の直交したクロス部の中心を、消失点・バニシングポイントであると指さして教えていた（図Ⅲ-1）。そこはゼロ点でマイナスの無限大である。人間の視点より少々高い位置のクロス部はやはり神の宿る無限遠の点であった。

デカルト座標のX軸とY軸が交わる「ゼロ点」(0, 0) は原点であるが、1596年にフランス中部に生れたルネ・デカルトはイエズス会士として教育を受けた。カトリック教会はゼロと無を強く斥けたが、数直線の中心にゼロを置き、デカルトは神の存在の証明を無と無限に探し求めた。複素解析や代数幾何学において、「方程式の解」と呼ばれるものを幾何学的に取り扱う際に、この「ゼロ点」という表現が使われる。

清家は「東工大での講義は面白かったよ。私は、渡辺孫一郎先生のもとで、整数論をやったんだけどね。整数論で、レジデューっていうんですか、留数っていうのが特に面白かったね」と語っている[S-32]。

複素関数論における「留数」(residue) は、孤立特異点の周りで挙動する複素数である。つまり周囲積分した場合、そこに留まっている数である。清家はこの「0にならず、消えずに留まり残った」孤立特異点の「留数」について特別の興味を持っていた。

無限遠（平行） —「非ユークリッド幾何学」—

清家の「講義用メモカード」の一枚に、「ユークリッドの幾何学公準」がある。東工大の百年記念館の地下の「博物館」の「清家清コーナー」にはこのカードが展示されている。この「公準」は紀元前350年頃に書かれたユークリッドの『原論』の第一巻で、平面

上の直線、円などをユークリッド幾何学と知られることになる定義や公準（公理）の体系である。

「平行線公準」は、「2方向に無限に延長したとき交わらない直線」と定義したが、無限に遠くで交れるかどうか、ユークリッド以来約2000年にわたって、この問題は解決されなかった。しかしガウスは、ユークリッド幾何学と異なる、矛盾する幾何学に導かれるのを証明した。これは後に「非ユークリッド幾何学」と呼ばれる。後にガウスの弟子のリーマンは「1直線外の1点を通り、この直線と交わらない直線は一つもない（すべて交わる）」という別の非ユークリッド幾何学を考えた。このリーマンの楕円幾何は球面上の幾何に例えられる。つまり地球上の地表面のような曲面上のような大きな空間での現象と考えた。つまりユークリッド幾何学は、じつは唯一の真理ではなく、清家はそのことを教えたかったのである。自邸の居間に清家は常に「リーマン球」に見立てた地球儀を置いていた。

図Ⅲ-1　玉川平安教会『創立五十周年記念誌』の表紙（1986年10月）

生活という多元多次方程式の解

清家の「建築家と数学」S-32)の平面（図Ⅲ-2）に、「ギリシャ人は幾何学的な比例—プロポーションを大切にした。ギリシャ語のロゴスはロジックの語源だが、レシオ（比）の語源でもある。はじめにロゴスがあったというのはギリシャ語で書かれた新約聖書のはじめのことばである」と、聖書の「言（ことば）」もロゴスだが、数学こそロゴスの精髄である。清家は、

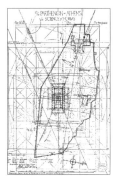

図Ⅲ-2　アクロポリスの丘とパルテノン神殿の平面図 [S-32]

　私は数学が好きだが、趣味として考えている。ほんとうは建築家の仕事など最も数学的な仕事のような気がしてならない。私の専攻する分野なども幾何学的に解くことができそうだ。例えば住宅の設計ができあがるということは、生活という多元多次方程式のひとつの解をもとめることとも云えるのであって、現在時点で数学に乗らないにしても、建築家はもっと数学的な考えかたを進めるべきだと思っている。

数学を建築に、単に構造力学に援用するという意味ではない。建築を設計することは清家の言う「住まい方にはこれこそベストだという方法はない」が、「生活という多元多次方程式」の解を求めることで、それは数学的考え方によって「生活」をシステム化することだと言っ

ている。清家の「すまいのつくり―住宅設計における私の方法」[S-34] の「おわりに」に、

　　2次方程式でさえ根がふたつある。まして多元多次方程式の住宅の解がひとつであるはずはない。ここに記した方法もあるひとつの解決にしか過ぎないのは残念なことだ。

建築、とりわけ住宅は「複雑な方程式の完璧な解」であるとする。

建築空間は複素数的である
　清家は著書『ぱるてのん』[S-4] に、

　　空間を造形することは空虚なる空間、いいかえれば虚なるもの、NEGATIVEなものの造形である。それは付け加えることでなくて除去することである。

この種の話はよく講義で聞いていた。建築を実部と虚部に分けて考える建築家も少ない。さらに清家の「すまいのつくり―住宅設計における私の方法」[S-34] には、その「形」の項に、

　　建築というのは実質というかsubstantialなものであって、空間のようになにもない場所のことではない。しかし、さらに考えてみるならば、われわれに必要なのはこのなにもない場所であって、われわれはそのなにもない空間があるからこそそこに住めるのである。だから建築というのは空間を規制する甲羅だと思うのだが、そういう堅い部分と、その甲羅でおおわれたやわらかな部分、さらにそのやわらかな雰囲気に包まれた容器、空虚なemptyな空間のすべてを含んでいるといえる。しかしわれわれが常識的に建築として考えているのは堅い部分だけのようであるのだから、建築の形を云々するときには、その甲羅を云々するというここである。

複素数において、$a+bi$ の a を実部、b を虚部というが、$b=0$ のとき実数で、それは彫刻のような物体で、$a=0$ のとき虚数となり囲われた空間である。このとき a はsubstantialなもののような部分で、b はemptyもしくはnegativeな場所のような部分である。虚数単位の i はその場所を「空間」にする因子である。

　このsubstantialな部分の「甲羅」については、清家の「構」[S-3] に、

　　建築物に限らず、動植物のような生機能を持った生物は、角皮（クチクラ）で体制を保護している。角皮は水分が蒸発しすぎて生体が乾燥しないように保護したり、節足動物では体制の構造にもなっている。甲殻類の成長の過程で脱皮しなければならないが、脱皮した当座は軟体動物同様グニャグニャだそうだ。建築物はそれ自体は生物ではないが、内に人間生活

を持っていて、生機能を持っていると考えてもよかろう。建築も生き物だと考えることは現代では常識となっている。

そして「成長しないモニュメントのような建築」は、「甲殻類型の建築」として、カニ等の甲殻類のような建築の構造が適当であるとしている。しかし、螺旋構造を持つ巻き貝は成長する時に、脱皮せずに、建て増しをしながら拡大していく構造を可能としている。

ル・コルビュジエも、ロンシャン教会の屋根の構造を、蟹の甲羅をモデルとしている。実部が甲羅で、虚部がそのORGANとしての内臓（ミソ）である。清家の場合は、虚部は「舗設」としての、家具と言ってよい。

「虚なる」、「Empty」な住空間のシークエンス

清家は「インタビュー／時代と背景」[S-5]に、

> 「建築は凍れる音楽だ」とは、ヴァレリーの言葉ですが、なかなかいい言葉だと思います。音楽というのはずっとシークエンスとして流れる。凍った途端にシークエンスが止まってしまう。音楽が止まっているんです。建築物というのは不動産だから止まっている。だけど私は、そこは音楽と同じように動きがあると思うのです。それは人と時間が動いているからです。
> 西山夘三先生の食寝分離なんて言葉がちょうど同じ時代に出てくるわけです。食寝分離というのは、食事は食堂に、就寝は寝室に機能を固定することです。それよりも、食寝をワンルームの中で時間のシークエンスのなかにおいた方が、私はプロレタリアートとしては正しいと思う。

「時間のシークエンス」としての空間の機能を「移動式畳」などを使って「私の家」では「茶の間」のようにフリーにし多用することを清家は考えていた。「舗設」は複素数 $a + bi$ の i とも考えられる。したがって「舗設」には場を設定する概念と時間のファクターが存在している。清家の「＜すまい＞一考」[S-67]に、

> 日本語の間「マ」といい、建「タ」てるといい、いずれも日本人の住宅ないしは建築空間に対する考え方がよく表現されている。こうした空間や時間的なシークエンスの構成方法はさまざまな日本的な空間をつくり出している。園遊式の庭園などの時間的、空間的うつり変りなど、そのよい例かもしれぬ。

日本の「茶の間」でも、そこは「時間のシークエンスの中で自由に空間を置き換えていくところにあった」とする。

清家清と数学者たち

清家の「清家清―わが軌跡を語る」[S-3] で、

> 住宅をつくるにしてもまず間取りを考えるだろう。間取りというのはひとつの幾何学である。また重力の場が建築される以上、建築は力学に逆らうわけにはいかぬ。建築が数学からは逃げられないのではなかろうか。

建築はロゴス的である数学から自由ではない。清家は「建築家と数学」[S-32] に、

> 戦争も終りの頃、私は海軍機関学校の数学教官室に在籍した。清家中尉は幾何学のようなものを担当していた。もし戦争が終わらなければ、私も或は数学者として戦死する光栄を持っていたかもしれぬ。

「ロゴスの人」清家の思考の核には建築の前に数学があった。

清家の住宅の施主に多数の数学者たちがいた。「数学者の家」（1954年）の東大教授の三村征雄は、戦後の数学界の指導者であった。

「坪井教授の家」（1955年）（図Ⅲ-3）と「続・坪井教授の家」（1968年）は建築構造学者の坪井善勝の家である。数学者でもある。

地球物理学者の坪井忠二と清家清などの共著に『右と左‐対称と非対称の世界』[M-10]（1980年 サイエンス社）があり、清家は「シンメトリーと建築」[S-37] を掲載している。

清家が小論文「シンメトリー」で引用している、『シンメトリー』（図Ⅲ-4）の訳者の遠山啓は東工大数学科の助教授から教授を勤めた。その在任期間は1944-1970年であり、清家は同じく建築学科に1950-1979年に在任し、2人はほぼ同時期に東工大で教職に就いていた。交流があった可能性も高い。1962年に遠山を顧問として『数学セミナー』が刊行されたが、清家は同誌の1966年2月号に「間取りはひとつの幾何学である」との随筆を寄せている。

1960年に日本で世界デザイン会議が開かれたが、建築・工業デザイン・グラフィックデザイン界の大規模会議であった。杉浦康平は、「整合された関数関係を媒介にして、物と物、人と物との結合を計る。自然界に充満する調和＜構造＞を純化し、止揚と展開を行った」と、『数学セミナー』（1980年1月）誌で記録している。清家はこの世界デザイン会議の会場の設営、展示計画のデザインをしている。清家の『住まいのシステム‐知的生活への着眼』[S-51] の表紙の装幀は杉浦康平であった。

遠山は数学の〈構造〉を、建築の「構造」に譬えて、特に建築の設計を例証して説明している。

そして「建築の場合ではこの相互関係は設計書、もしくは設計図によって示されている。」と、遠山に建築の〈構造〉を教えたのは清家であろうか。

「構築と構成の論理を微妙に調整し、構造の装飾化を図ることによって、リアリティを超え

図Ⅲ-3 坪井教授の家(棟持柱) [S-1]

図Ⅲ-4 『シンメトリー』の表紙 [M-1]

た独自の建築的虚構の世界を生み出している」と、清家について佐々木睦朗は「構造から見たモダニスト・清家清論」[S-1] で述べている。さらに「私の家」の「ハブマイヤートラスの梁は、清家にとって＜構造＞としての構造というよりも、むしろ理想とする家族生活のための仕掛けとしての構造である。」という。「＜構造＞としての構造」の括弧内の構造は群論としての＜構造＞である。

平衡（シンメトリー）と均質（ホモジニアス）

「住宅設計の思想・棟持柱の家─ひとつのawareness」[S-14] の「シンメトリアの意味」に、

　建築物が構造的にホモジニアスというか、偏りがないというか、そういう状況のときには外力に対しての応力の分布が一様であって、偏心的な捩れや特異な振動を起こすようなことがないから、柱や耐力壁を均等に分布させた平面計画は、偏心的な平面計画よりもはるかに強く丈夫な構造になるわけで、もしその構造の均質化がシンメトリーを招来するという論理が成り立つなら、シンメトリーは意匠論の問題だけでなく、群論としてもまたエンジニアリングとしても重要な要素を提供することになる。

この清家のシンメトリー論で重要なのは、「ホモジニアス（均質）がシンメトリアを招来する」という事象と、「シンメトリーは群論としても重要な要素を提供する」という2点の数学的根拠である。

バウンダリー・コンディションとイテレーション

　清家の、「建築というのは多元多次方程式を解くこと」の例証の「バウンダリー・コンディション」とは、数学語で、重要なキーワードである。
　数学で、「boundary conditions」とは、直訳すると境界条件のことで、常微分方程式で境界線上で解が満たすべき条件をいう。方程式の解の条件を満たすことを求められることである。
　清家はこの数学用語を用いて「室内における自由」[S-30] で、住宅空間における部位を3つに

分ける。
- ＜空気・ATMOSPHERE＞中に住む人間の側にいちばん近い部分、室内に拡がっている。
- ＜限界・BOUNDARY＞人間からいちばん遠い壁、天井、床というような建物の部分である。
- ＜ORGAN＞その中に納まっている「家具什器の類」で、「舗設」のことである。

そして「われわれが室内の拡がりのバウンダリーとして視覚的な認識をするのはこうした壁面である」、つまりVOIDな部分が接するSOLIDな壁のことである。建築設計ではこのBOUNDARYの条件の解が求められるまで繰返される。

そして「あまり小さい住宅ではFUNCTIONに室のBOUNDARY CONDITIONが喰いこむので、例えば浴室は割愛されることになる」。実際に「斎藤邸では、広大な縁側に固定的な生活空間のほとんどすべてが溶解され、便所の位置が妥当でないばかりか71㎡の住宅に浴室が作られていなかった」と、林昌二は「清家清と現代の住居デザイン」[S-68] で、それを指摘している。浴室を作らないことが「解」であったのだ。さらに清家は結論として、

　このよい空気（ATOMOSPHERE）を容れたよい空間—いいかえればよい室内（INTERIOR）というものをつくりあげられるものは、結局はそこに住む人たちであるにしても、それを規制する基礎条件（BOUNDARY CONDITION）をつくるのは室内設計である。

建築家が平面設計する時に、BOUNDARY CONDITIONを設定することにより解を求めることが概念化し表現されている。

清家の『ぱるてのん』[S-4] に、

　PARTHENONの必ずしも幾何学的でない構成に対して次のような答えを出している。ギリシャの建築家は先ず建築家の感覚で造形する。それから、幾何学的に計画する。そうして寸法をギリシャ尺で測れるような数値に調整し、又その次にこれを建築家の視覚に訴えて修整するという、くりかえしを何回となく続けて、多元方程式をITERATIONで解くように漸近的に設計を進めたと述べている。幾何学でなくて人間が建築をつくるという鉄則は現在も亦真理であろう。

「ITERATION」とは、「シュムメトリア」に合致するまで、設計作業をシャッフル、つまり「繰り返し」、「反復」することで、数学的にもそれは方程式の「解の置換」のことである。コンピューターでは同じ「互換」と「巡回」の操作をひたすら繰り返すことになる。

浜口隆一による清家の「構造」へのコメント

「日本現代建築における清家清の位置」[S-6] に、浜口隆一は平良敬一との対談で、

清家さんの作品をみていると、日本の現代建築がぶつかっている構造の問題に対して、彼が、アカデミックというか、系統的な意味でぶつかっているというふうに私には思えない。彼の構造に対する感覚は鋭いんだけれども、むしろ感覚からはいっていってしまう感じで、現在の構造学の持っているシステムというものを勉強をして、理解をして、そこを自分の建築の中に論理として入れて使うというやり方とは違うとおもう。

　あの美しさの中にある手ごたえのようなものは、さっきの宝石の譬喩が少し当たっているような気がするんです。宝石というのは美しいけれども、単一体です。そういう意味では一種無構造的なものです。もちろん分子構造とか原子構造までいけば、構造があるけれども、清家さんのデザインは、アカデミックな意味での建築構造というところでは、あまり手応えがない。やはり、部分の構造というか、比喩でいえば分子構造のところに手応えがある。要するに清家さんの場合総合の論理というのは、ちょっと弱いような気がしますね。そういう意味で、ストラクチュアというのを総合の論理と考えれば、清家さんの作品はストラクチュアが弱いということになる。

　浜口は、W・グロピウスが日本に来た時（1954年）に清家を紹介した人であるが、「個々のそういう切り口みたいな感じは、ほんものの堅い宝石みたいに素晴しい。だけど全部それをまとめ上げるときに、清家はいったい何を考えているんだろうと、わからなくなっちゃう（笑）」と、印象としては不適確である。

　そして「現在の構造学のシステム」を勉強して理解しているか否かとも指摘するが、そうであろうか。清家は住宅設計の根幹に群論としての「構造」を置いていたのである。

　浜口は、「何か清家さんの頭の中にある社会像みたいなものに、ぼくは非科学的な感じを受けるんですよ。」と、「だけど清家さんには、彼なりに鋭く豊かな感受性がある。ファンクショナルというか、合理的なところもある」と言いながら、「非科学的」とか、支離滅裂であるが、そのオリジナリティは「国際的に一級品」だとしながらも、「彼はそういう点では、いわゆる思想的に考えないタイプでしょう。しかし、そこがまた魅力のあるところだと思う。清家さんは感覚が確かなんです」と、つまり感覚が鋭く優れているからという理由で思想的でないという結論に至ってしまうのは短絡的である。

　シンメトリーは「意匠論の問題だけでなく、群論としてもまたエンジニアリングとしても重要な要素を提供することになる」と数学的な論理を展開できる人が「思想的に建築を考えない」建築家なのであろうか。思想というのはイデオロギーだけではなくロゴスなのである。

「構造の発見」

　清家の「シンメトリー」を単なる形だけの対称性とせずに、設計プロセスにおける群の対称置換だと気付いていた人が林昌二である。

　「清家清と現代の住居デザイン」[S-7]の「構造の発見」は、「数学者の家」の工事中の頃で、

近代主義の中では、構造的合理性がその一つであろう。近代主義の中では、構造的合理性は、架構の経済性として認識されている。この経済性に裏付けされた構造的合理性を、戦後単純に平面計画の方法論として出発していた住居計画の中に持ち込んで、これを建築化への可能性として開拓したのが、空間の創造につぐ清家清の第二の成果である。

　そして林は「不健康な発展要因」という言葉で「清家を構造の迷路へ誘惑して、平面との低次の結合や、構造的なアクロバットに導きはしないであろうか」と危惧している。清家は、

　　住宅を家族生活の容器と考えるなら、甲殻類のような外骨格の内部の生活機能を保護しているような構造になっているのが良いではないかと密かに考えています。
　　当然構造体が表に出すぎて目立つというわけです。もし構造が目立ち過ぎるとすれば、その構造を覆う皮膚が間に合わなかったということで、時間的制約・経済的制約があったと思います。

　清家はこの構造の「経済的制約」を「対称性にすることで、平面がコンパクトになり、むしろ機能的でさえあることが多い」と「コンパクト」にすることを、「構造」で獲得していた。実は平面のグリッドプランという合理性を初めて採用したのが清家であると言われている。

動的なシンメトリー「群の対称変換」

　正方形を45°回転させてから水平軸を中心に鏡映させると、対角線を中心に鏡映させたのと同じことになる。回転対称と線対称の2つの操作をして部分群をみつけている。
　清家も設計中の平面図をこの種の置換を行い、対称軸を換えながら対称性の中で変らぬものを求めて動かして、耐震壁などの位置と量の考察を行っていた。清家の住宅の平面に正方形プランの多いのもその理由からである。それは正しく「シンメトリー」を探して変らぬものを求める作業であった。その実証が小論文「シンメトリー」[S-6]である。

　　幾何学は図形を動かすという操作の上に築かれている学問であり、設計図（空間）はその中を図形が自由に動きうるような容器である。この意味でシンメトリー、とくに線対称は幾何学にとって基本的に重要な操作であるだけに、われわれが建築を設計するうえで、立体図形を含めての対称図形を利用することは、ずいぶん役に立つ方法である。

　「図形を動かす」という「操作」によりなりたつ幾何学によって、「図形が自由に動きうるような容器」である「空間」を設計する。「操作」という言葉も数学的用語からの引用である。空間における連続的並進に対する物理法則の永遠の不変性から運動量保存則が導かれ、時間に

ついての物理的法則の対称性（シンメトリー）、つまり不変性からエネルギー保存則が導かれる。それは「振り子」のようである。続けて、

> あまりに厳正なシンメトリーは、何か冷たい無気味な不安を与える。それはあまりに安定した死と静寂の世界のように思えるからである。たとえそれが動いているといえ、左右対称に振れる振子は、最後の静止──死へ向って振れているのである。

死は静止つまり「永遠」である。清家は『ぱるてのん』[S-4]で、

> 私はPARTHENONに潜む永遠の建築を信じたい。信じるというのは論理でないから。PARTHENONにはそのゆるぎがない航空機の翼形にも似た冷厳な美しい線をつくりあげている。そうした限界の造形のうちに永遠の造形が存在している。

パルテノン神殿は淘汰の結果として「もう変化しない」、「限界の造形」つまり時間の停止ではなく無時間制へと「永遠の不変性」として振り子のように左右に等しく振れ続ける。清家の建築はそれを目指していたのである。「振り子」天秤は清家邸の居間に常に置かれていた。

入れ替えても変わらないもの ──「対称性」群Pは「合同」・群Σは「相似」──

清家は小論文「シンメトリー」[S-6]で、ギリシャ美術の比例、均斉という意味から、左右対称（鏡映）から平行移動、回転、螺旋などまでその対称性の要素を拡大している。

> 建築家であるわれわれがこれを理解するのには、パースペクテーブの空間を考えてみればよい。簡単のために平行透視について考えてみたいが、画面上の図形を平行移動しても画面上の図形は合同であって形は変らない。この変位をあるリズムでやれば、あるきまった模様ができるだろう。これが群Pである。もし、「形」を画面以外の空間で移動すると、その画面へのパースペクテーブは合同なズラシ模様ではなくて、だんだん変化する群Σを形つくるだろう。したがってこのような群Pや群Σを含めて広い意味のシンメトリーと考えてもよさそうだ。

数学で「変換」というのは、図形では、回転、平行移動、反転（線対称移動）、拡大、縮小などの写像（対応）を意味している。そしてある図形の「対称性」というのは、その図形を不変な量に保つような変換のことである。何もしないという恒等変換ではなく、変換操作しても「変わらないという変換」である。群Pは「合同」、群Σは「相似」といえる。柴田昌宏は「私の家」の立面における「合同」と「相似」を解析している。そして任意に図形について、この図形を不変に保つような変換全体を「対称性の群」という。

遠山啓は『現代数学入門』[M-9]で、「解剖法と打診法」に平行移動模様の図を掲げ、

　模様の構造の研究に群論を使うということが、最近になって行われています。デザイナーにも群論が必要になってきております。10年以上前ですが、ぼくはあるデザイナーの若い人のグループに行って、二、三回、群論の講義をしたことがあります。その中には、今では有名なデザイナーがたくさんいます。群論が何かの役に立ったのではないかと思う。要するに、模様は動かしてみることによって性質を知ろうという考えです。
　群論がそこに使われているということを知りたい方には、ヘルマン・ヴァイル著の『シンメトリー』[M-1]という本があるので、興味のある方は読んでごらんになるといい。これは絵だとか模様といったものの中に、群論がどう使われているかということをわかりやすく説明してあります。群というのは構造を動かすことによって知ろうという打診的な方法です。

　この若いデザイナーの一人は杉浦康平である。清家は小論文「シンメトリー」[S-6]に遠山啓のこの本から多くを引用し影響を受け、「群論は対称性の言語である」と言われるくらい、群論について書かれている。清家は住宅の平面設計にこの群論の考え方を用いた。
　清家の「構造の発見」（林昌二）[S-5]には、「森博士の家」、「斎藤助教授の家」、「数学者の家」などの平面に耐力壁は太線で、一般壁および間仕切壁は単線で表示している。林は「森邸においてさらに構造の導入に成功した清家は、斎藤邸においてさらに構造性の洗練を示す。ここには構造的不完全さもなければ、グリッド・プランの行き過ぎが平面を歪曲する不自然な主張もなく、例えば耐震壁の巧妙さは空前の成功を示す。」と、そして「斎藤助教授の家」の構造システムについて、X・Y軸に関してそれぞれ対称になるよう、バランスよく構造壁（耐力壁）を配置しながらプランニングを進めるという大原則」に基づいていた。
　林はこの小文のタイトルに「構造的な〈構造〉」と付けているのは、〈構造〉に基づいて建築の「構造」を決める作業が、X・Y軸を想定して「対称」になるように配置することであり、清家がその方法で設計していたことが判る。
　清家における平面設計とはこの系に加える「変換」作用のことで、耐力壁と非耐力壁の「同一の状態に移る系」への作用である。それは清家の用語で言うと、〈構造〉の発見作用であった。その系に加える作用（シャッフル）が直交するX軸とY軸という仮想直線である対称軸に対して行われる。後にそれは、正三角形の格子グリッドだと判明した。
　建築設計上では「変わらない」のは形ではなくて機能のことであり、逆説的に言うと、機能が「変わらないように」、平面を「変える」のである。この「変換」はトランプのカードを「シャッフル」（混ぜる）するように集合の要素を入れ替える「イテレーション」することである。「対称性」とは最近の物理学の「ケージ理論」では、数学的〈構造〉を用いて、「私たちの世界では一見するとお互いのつながりの関係を見い出せないような「力」のあいだに、もう一度対称性を回復して、異質と思われる「力」を探し求める研究が行われている。つまり、一連の変換

を行うことで同じ＜構造＞をもったもの、つまり対称性が発見されるのである。清家はそのような設計作業を進めていたのである。最近では神話や習俗研究にも使われている概念である。

リダンダンシー・「適正規模住宅」・ゆとり

小玉裕一郎は＜「間」にひそむ清家清の美学＞ S-69) において、

> 合理的な工法であるほど、巧みな「逃げ」をもつディテールが必要であると述べ、「逃げ」の設計こそ建築の本質だと語られていた。……、redundancy（冗長度）は、清家流建築哲学のキーワードといってよいだろう。

川添登の『建築家・人と作品』（上巻） S-70) に、清家清の「その主張と魅力」について、

> つい先だって、清家清に、住宅を設計するにあたって最近とくに中心のテーマとして考えているのは何か、と尋ねたところ、彼はリダンダンス（Redundannce）だと答えた。リダンダンスとは"ゆとり"のことである。リダンダンスこそ、かつての「最小限住宅」にかわる、今後のテーマであろう。その頃、彼は「最大限住宅」の研究をするといっていた、「最小限住宅」があるとすれば、「最大限住宅」もあるはずだと彼はいった。「最大限住宅」という言葉は清家の得意とする冗談で、正しくは「適正規模住宅」ということで、その頃から彼は、適当なゆとりのある住宅を求めていたのだ。そこで私は、リダンダンスという言葉の正確な意味はどういうことかと尋ねた。彼によれば、数学などで、はっきりした定義のある言葉だそうある。

「リダンダンス」など、清家の論文の言説には数学用語が実に多い。
Redundancyの訳語は「冗長性（ゆとり）」だけではない。現代のシステム工学では、「システムの信頼性を増すために、＜余分＞な構成要素を準備すること」であり、「冗長とは、システムの一部に何らかの障害が発生した場合に備えて、障害発生後でもシステム全体の機能を維持し続けられるように、予備装置を平常時からバックアップしてそれを配置、運用しておくこと。」を意味していて、「安全機能」の点が強調されている。そこには置換しても変わらないという対称性の特性としての「余裕」があることが窺える。「室内における自由」S-30) に建築のリダンダンシーについて詳説している。今日になって、特に注目され始めた概念である。清家がよく引用する「いい加減は好い加減である」との言葉も、この「冗長性」とある意味では関係がある。

平面のシャッフリング ─ 「変わらない変換」＝対称性 ─

統計学者のダイアコニスは、トランプのカードの順序を「良く混ざった状態」ランダムにするには平均でも７回以上シャッフルする必要があることを証明した。

建築の設計をトランプのシャッフルと比較するのも無理な話だが、しかし同じ「対称群の置換」という行為からすると検討の余地はある。7回前後で急に、定常分布（cut-off現象）つまり均一の状態になるということは、清家の「均質」空間のイメージに近い。

　清家が具体的に住宅の平面図作成のための設計作業については、藤岡洋保の「清家清の建築そのモノづくりが問いかけること」[S-1]に、「斎藤助教授の家」の設計途中の平面図3枚の計画案が掲示されている。床面積の縮小が主目的で、間口（桁行方向）より奥行（梁間方向）の縮小が主作業である。つまりX軸よりY軸の変換である。つまりY軸方向にシャッフルしている。

　そして、70㎡の住宅ではあるが浴室は消滅し、便所・台所部分のサーバント部分も縮小している。計画案1～3から実施案を見て、その「対称性」（変らないもの）は、畳敷の居間と、板敷の居間、そして縁側との位置関係である。それが〈構造〉で、そのための構造は開放的な空間を実現するために、ひたすら柱を抜く。そこに耐震性が問題になってくる。清家の「融通無碍」なやり方の結論は「好い加減」を求めての操作である。

　「斎藤助教授の家」について、林昌二は「清家清と現代の住居デザイン」[S-7]において、木造の柱梁システムの「グリッド・プラン」（柱を格子的に規則的に配置した平面計画）の対称性が「破れ」ているように感じている。

　居間と食事室の間にある一本の円柱（図Ⅲ-5）は藤森照信によってM・F・D・ローエとの関係性から類証されている。彼は「木造で造ったバルセロナ・パヴィリオン」とまで言う。しかし林は「グリッド・プランの行き過ぎが平面を歪めたが不自然な主張も無く」とその合理性を「空前の成功」とする。東工大の奥山信一は、外壁の柱列のモジュールと内部空間のモジュールの不一致性と「アンバランスな壁の配置の不思議なバランス」を指摘する。

　具体的には南面の独立柱と建具（窓）割りとの不一致、つまり建具の召し合わせ部と柱が合わない。極めて奇妙なモジュールとなっている。

　つまり「外は外、内は内」とし、清家は多分「ウフフ…」と笑っていたに違いない。私は、それは平面の「シャッフル」から生じた内部空間の定常状態で、清家の設計システムの「シャッフル」効果である。その後、それは三角形の格子グリッドから解析できた。

「建物は動くもの」

　「現寸で考える」[S-71]に清家の「建物は動くもの」がある。

　　　建物は剛体が組み合わさって出来ているのでスタティック（静的）なものです。しかし、その中での生活そのものはたいへんダイナミック（動的）なものです。物自体も動くわけです。その動いている「間」というものもディテールに大きく影響をするわけです。

　建築をディテールを含めて「ダイナミック（動的）」なものとしてとらえている。次章の「建築はつなぎ合わせてつくるもの」では、

図Ⅲ-5 「斎藤助教授の家」の居間（撮影:平山忠治）[SH-3]

図Ⅲ-6 「私の家」—折り紙建築（筆者撮影）（八木ゆり提供）

　木組みの仕事もそういうことでしょう。木材の継手、仕口というようなものは一つのメトーデ（手段）なのだということになってくると、建築の根源にあるのは、いかに材料をつなぎ合わせるということになってきます。その剛体を組み合わせることが建築の仕事だとすると、剛体の材料でこしらえていく限りは、その継手、仕口をどうするかということに尽きるといえましょう。

　「仕口」を「部材の接合装置」という観念から、地震・風という外力に触れずに、建築のダイナミック性を語っている。清家の東工大の卒業論文は「木造隅角部の衝撃破壊」で、爆風などの衝撃による継手、仕口の壊れ方の実験と解析が、「ダイナミック論」である。清家の「建築ダイナミック論」には数学の影響を強く感じる。遠山啓の『現代学入門』[M-9]の「動的体系」には建築の構造について、

　　本来の構造というのは動かない。空間的ではあるけれども時間的ではない。ところが、実際のものは構造を持っていて変化する。つまり時間的に変化する。だから構造ということだけを考えてゆくと、どうしても空間的な面だけが強調されて、時間的な面がおろそかにされるという傾向は十分にあるのです。

そして「何かの構造を知るためにそれを動かしてみる。ある操作でそれを変化させてみる。そうして、どう変化するかを見て、そのものの構造を知るというやり方です」と、群論の解剖法と打診法である。

折り紙（オリガミック）建築

　「折り紙建築」の研究者である茶谷正洋は、清家の門下生である。1981年から「Origamic Architecture」などの数多くの著書がある。
　茶谷の折り紙建築はヤマとタニを中心軸の折れ線で曲げて、直交した二つの面により模型を

立体的に構成している。建築の起こし図である。折り紙を幾何学の一つの分野として研究したスンダラ・ローの著書『折紙の幾何学的演習』(1896年)が出発点となり、折り目の幾何学とユークリッドの作図との関係が注目され、折り紙における数学的方法の分野が広がった。

私の机の上に八木ゆりから戴いた白い薄紙で作られた「私の家」の「折り紙建築」がある。清家清のサインと角印があり、「建築家清家清展<<私の家>>から50年・2005.7.23-9.25」[S-10]と記入されている（図Ⅲ-6)。庇下に「移動式畳」や台所の窓下に小さな池も表現されている。茶谷の製作したものである。やはり庇を出す作業が難しかったと八木幸二は話している。

篠原一男は「1950-60年代の建築とその言説空間」[S-72]のインタビューで、

> 清家先生は家でスケッチしておられて、研究室ではそういうスケッチの過程は見せなかった。スケッチでも小さな紙に小さなスケッチ、「私の家」はマッチ箱ぐらいの大きさ。先生の「小さい方がいいの」というような言葉を覚えていて……。

「私の家」の折り紙建築は100分の一の縮尺である。すると清家が作った「マッチ箱ぐらいの大きさ」は、折り紙建築の２分の一ぐらいの小さなものである。

2. メソジスト派のクリスチャン

清家清の清貧・清潔思想

インタビュー「身近な家族環境のなかでの清家清」[S-12]の中で八木ゆりは、

> いまでいう清貧の思想というものを、みなさんが持っていてくださったということ。すごく父は幸せだったと思います。彼の生き方もかなり清貧の思想だと思うので、ここの家（註、「私の家」）は、清貧の思想とかではなく本当に貧乏だったんですよ。本当にお金がなかったから、一生懸命考えたら、こういう家になったんだと思います。ですから、少し余裕ができて、「続・私の家」になって、次に「倅の家」を建てたんだと思います。

「私の家」の屋根スラブの仮枠ベニヤの野地板への転用について、野沢正光との対談の中で、清家も「そのぐらいしないと安い家は建たないんですよね。貧乏人の知恵ですね」と、やはり、「清貧の思想」による住宅の作り方をしたことが感じられる。清家は、「すまいのつくり一住宅設計における私の方法」[S-34]で、「ついの棲み家というものがあるとすれば、それは痩せるだけ痩せた住宅ではなかろうか」と住宅の理想像について述べている。谷口吉郎は村松貞次郎との対談（『建築の心と技』新建築社、1976年）で、「清貧ということも一種の豊かさだと思うのです。貧だけではないのです。貧の上に清というものがつくのが豊かさなんです。"清らか"というものは何かそういうものではないかと思うのです」と、つまり＜高雅な意匠心＞を指し

ているようで、まるで清家を意識して言っているのである。

　清家は1950年に受洗したメソジスト派のキリスト教徒で、その思想の建築への影響も「痩せるだけ痩せた住宅」に感じられる。

　イエスの「金持ちが天の国に入るのは難しい。」(『マタイ福音書』19・23)の話に、弟子たちは驚いている。八木ゆりは、それが思想ではなく実際に貧乏であったとするが「金持ち」を否定する「聖書」的な「貧乏論」として「清貧思想」であったようにも思われる。

　「貧しい者は幸い」とイエスは宣言したが、貧しい者が幸福であるという客観的な真理ではない。しかし、清家は住宅は「家族の容器」として、「過度の装飾と過分の余裕」としての建築空間は必要ないと言っている。イエスは「幸い、貧しい者」の次に、「神の国は彼等のものとなる」を加えている。つまり「神の国は貧乏人のものなんだ。きっとそうなる。」という意を含んでいた。

　聖路加国際大学名誉理事長の日野原重明は「清家清先生を偲んで」[S-1]に、

　　私は清家一家とは、長い間のお付き合いです。清家先生のご尊父の清家正は、神戸市の高等工業学校の教授をしておられたとき、私の父の日野原善輔が牧師をしていた神戸栄光教会の熱心な信者であったことを、私の中学時代からよく知っていました。その後、清家先生も、私の父も職場が変わって上京し、終戦後間もなく東京都世田谷区奥沢に日本キリスト教団所属の玉川平安教会を建てたころ、先生のご家族はその熱心な会員となり、私たち家族もご一家と親しくしていました。清家清先生の結婚式は、私の父の司式により銀座教会でなされたと記憶しています。この木造の玉川平安教会はその後、耐震建築とするために改造しなければならなくなったので、設計を清家先生が引き受けられ、1981年に竣工するに至りました。

　玉川平安教会は、1937(昭和12年)に、日本メソジスト田園調布教会として。銀座教会より独立し、1941(昭和16年)に日本基督教団平安教会と改称された。その後、清家により1981年に鉄骨造で白色を基調として簡素で清々しい建築として改築された。

　清家の「私と聖書」―アルファでありオメガである方の恵み―[S-1]には、

　　「わたしの名のために、あなたがたはすべての人に憎まれる。しかし、最後まで耐え忍ぶ者は救われる」(マタイ10・22)。下の掛け軸は、本多庸一先生が私の父、清家正のために書いてくださった、マタイによる福音書の「終わりに至るまで恒(つね)に忍ぶ者は必ず救いを得るなり」の聖句である。父はそのとき中学3年生、母を亡くして失意にあった。……父の母、すなわち私の祖母は禰宜(ねぎ)の孫娘であったが、明治維新の廃仏毀釈(はいぶつきしゃく)のとき、クリスチャンになった。

　本多庸一(ほんだ・よういつ、1848-1912)は、日本メソジスト教会の初代監督(ビショップ)であった。明治期におけるキリスト教主義教育の先駆者で、青山学院の第2代院長とし

第Ⅲ章　清家清の建築思想の原点

て、1890年から17年間にわたって青山学院を指導した。渋谷区代官山に本多記念教会がある。本多は、質素粗食の人望家で、率直淡白な人であった。この掛軸はいつもは「続・私の家」の居間の壁に掛けられている（図Ⅲ-7）。

　メソジスト派とは、18世紀英国で、ジョン・ウェスレー（1703-1791）（図Ⅲ-8）の死後、聖公会（英国国教会）から追放された信徒によって興された「信仰覚醒運動」であった。清潔で規律正しい生活を送り、「メソジスト」とは渾名で、「メソッド」つまり方法とか形式とか型ということに「イスト」が付いた、「超真面目人間の集まり」で、つまり「几帳面屋」という皮肉を込めて呼ばれた。「聖書に命ぜられた規則に従って生活する者」であった。

　ウェスレーのメソジズム運動は、イギリスの産業革命期において劣悪な環境と生活にあって苦悩する労働者、とりわけ炭鉱夫達に福音と生活改善をもたらした。産業資本主義の圧迫の下に無関心、粗暴、不潔になっていた大衆を覚醒させる、中下層階級の生活の信仰復興のための、組織的、方法的（methodisch）な改革であった。

　そしてウェスレーが出版した健康医学の抜粋集には、「健康を維持するすべての者は、家でも、衣服でも、また家具でもできるだけ清潔で、なくてはならない」ことが必須で、メソジストとは「規律正しい人」という意味から依拠している。

　ウェスレーは、メソジスト伝道を霊的健康ならびに肉体健康のためと捉え、貧困者への医学的治療施設を開設した。治療法を与えるだけでなく、食事制限（ダイエット）や運動療法などの健康の維持にも関心を持った。病気は罪で、悪霊が去れば病が徐々にいやされていくのを「聖化」と考えていた。

　林昌二は、「清家研究室の想い出と傑作＜私の家＞」[S-5]に、清家は甘党で、「禁酒・禁煙・禁ダンス」が先生の生活信条である。」と話している。「禁ダンス」とは「ご想像のとおり、先生が建築家には珍しく？女性はゆき夫人お一人を守られたことを意味しています」と、禁欲的で、禁酒・禁煙も、食事制限、そして「清潔指向」もメソジストの規範である。

『聖書』の人 ―清家清―

　清家は1943（昭和18）年9月に東京工業大学を繰り上げ卒業し、海軍技術見習尉官として中国の山東半島の青島に赴任するが、入隊時に母親から『新約聖書』を持たされる。戦後、昭和21年4月遠戚の埼玉県北葛飾の岩本ゆきと日本キリスト教団銀座教会で、日野原重明の父の善輔の司式により結婚式をあげ、1950（昭和25）年にメソジストとして受洗する。

　清家は、海軍において、

　　聖書など持っていっても検閲で廃棄させられるという話も聞いていたが、ダメなら棄てればいいと思っていた。ところが、何のお咎めもなく、半年ほどの訓練の間の暇ツブシに、とうとう新約聖書を読破した。

「聖書虫毒と呼ばれるように、紙魚が衣類を食って生きるように聖書によって自らを養い育てた」のはメソジストの特徴である。清家の「私と聖書 アルファでありオメガである方の恵み」[S-1] に、

> ギリシャ語のヨハネによる福音書は、「初めにロゴスがあった」で始まる。……「私はアルファであり、オメガである。最初の者にして、最後の者。初めであり、終わりである。」（ヨハネ黙示録22・13）そして「主イエスの恵みが、すべての者と共にあるように。」で、黙示録は終っていた。

清家は「ヨハネ福音書」の冒頭の「初めに言（ロゴス）があった」を幾度も引用し、そして「わたしはアルファであり、オメガである」の章句も好んで書いた。共にキリストのことでもある。「ロゴス」については、建築に対しても「理性」として、清家の建築思想を常に支配した。本論のサブテーマを「ロゴスの建築家」としたのも、その理由からである。

図Ⅲ-7 「続・私の家」の居間の掛け軸（本多庸一の書）[S-1]

言（ロゴス）とキリスト教と建築

清家は『建築』[S-6] に、

> ヨハネ伝の第一章に、「はじめにことばありき」とありますが、私たちは言葉でものを考えます。そのへんはアナログなのか、デジタルなのかよくわかりませんが、ひとつのコンセプトです。コンセプションは英語で、「妊娠」という意味もあって、さかんに励んだからといって妊娠するとは限りませんし、そういったことがものの文化にあると思いません。

この冗談（ジョーク）の「妊娠」を「受肉」もしくは建築のコンセプトの「発現」と考えてよい。

ウェスレーは「理性ができることは、全く理性にやらせなさい。極限まで、理性を働かせなさい」と。しかし清家も「聖書」を理性的に読んだが、そのロゴスには他の一面があった。清家の「建築家と数学」[S-32] では、「ギリシャ人は幾何学的な比例—プロポーションを大切にした。ギリシャ語のロゴスはロジックの語源だが、レシオ（比）の語源でもある」と述べている。

図Ⅲ-8 ジョン・ウェスレー [C-7]

図Ⅲ-9 清家清葬儀の讃美歌集（342番・343番）

清家は建築家としてギリシャ哲学でのロゴスを、「分離派建築会」の森田慶一や滝沢真弓の著書から学んでいた。それは幾何学や数学のロゴスでもあった。清家はロゴスの人である。

「人はパンだけで…」
　私は学生時代に小玉祐一郎に連れられて、清家研究室の助手の後に建設省建築研究所に勤務していた瀬尾文彰の「アトリエ・エラン」に顔を出していたが、その瀬尾が書いた『環境建築論序説』S-68)の序文に清家清は、

　「人はパンだけで生きるものにあらず」という旧約聖書のことばは、マタイによる福音書にも、ルカによる福音書にも出ているし、ヨハネによる福音書では更に詳しく、そのパンについて述べている。西洋的な物質至上主義というよりも、パン＝ものに執着する西欧的なコンセプトを、イエスがどれほど心配していたかがわかる。瀬尾さんをイエスに譬えるのは、いささか残酷ではあるが、人間の適度の恣意性を否定しながら、その否定の中に復活を予見している。

　清家は、環境建築論を「環境」の「復活」と捉えているが、物質を至上とする「イエスのパン」つまり「西洋の物質に執着する」姿勢の否定から建築論も始まっている。
　清家の「すまいのつくり―住宅設計における私の方法」S-34)の「住宅機械」には、『旧約聖書』の「申命記第8章には、人はパンだけで生きるのではないと記してある。」とパンを例にして、

　ひとつの方程式は、住宅は住む機械である。そしてもうひとつの方程式は、人はパンだけで生きるのではない。このふたつの方程式をいっしょに考えるなら、住宅というのはパンだけでは生きられない人間が住む機械であるということになりそうだ。

　人間の物質生活と精神生活との関係において、キリスト教の「貧民心理学」をもって解釈しようとした賀川豊彦のように、清家の「パン」は、「精神生活はどこまでパン生活を超越して存在し得るのか。」の問題を、住宅を「生活機械」であるという方程式で解くためのキーワードにする。
　賀川豊彦は「我等は人間はパンだけで生きるものにあらず。味覚によって生くるものである」と言っていたが、この「味覚」は感覚のことで建築では「美」のことで、清家も結局、「住宅は"美しい住む機械"である」と「美」を付け加えた。

清家と讃美歌 ―貧しく低き木工―
　八木ゆりの「父清家清の愛用品」S-10)には、

父の愛唱歌はたくさんありますが、なかでも讃美歌が多くあります。よく「私の家」に教え子さんたちが見え、多勢でクリスマスパーティーをしました。そんなとき、教文館で買いそろえた『讃美歌』を、皆さんに差し上げていました。

「教文館」（1933年）はA・レーモンドの設計であり、今でも銀座四丁目にあり、3階でキリスト教関係の書物を編集、販売している。
　清家清の葬儀の祭壇には移動式畳の上に『讃美歌集』が開かれていた[S-1]（図Ⅲ-9）。清家の「聖書―イエス・キリストの誕生」[S-116] に、「この国（註：日本）でも、職人とか職工というのは蔑称」、としながらも、「愛唱歌でもある」讃美歌122番「主イエス・キリストの生涯」（日本キリスト教団出版部）を掲げて、その1、2には

1、みどりもふかき　若葉のさと	2、その頭には　　かむりもなく
ナザレの村よ　汝がちまたを	その衣には　　かざりもなく
こころ清らに　行きかいつつ	まずしく低き　木工として
そだちたまいし　人を知るや	主は若き日を　過ぎたまえり

　なぜ「木工」（たくみ）は「貧しく低き」なのか、清家は「聖書と住まい」27―大工の子イエス―[10] の中で、「イエスの父ヨセフは、建築を請け負う技術者であって、決して貧しい家庭ではなかったはずだ。建築家としてのイエスの姿を探る」が、聖書にはヨセフの家が、「貧しく低き階層」に属していたという記述はどこにもない。
　『マタイ福音書』ではヨセフの職業は「テクトン」であり、この語は必ずしも「大工という意味はなく、製造業であって、ギリシャ語の＜テクトン＞を、現代用語でいえばテクノロジー全般にわたっていると考えてよかろう」、アルキテクトンを英語でいえばアーキテクトであるとして、清家は以下のように続けている。、

　　アーキテクトというのは、洋の東西を問わず名誉職であり、大工などというコトバ、棟梁などというコトバも決して差別用語ではない。土方なども普請方、作業方などと共に有職の家であって、名誉ある職名である。

　ヨセフも建築技術者として決して貧しい家ではなかったと清家は、建築家である若き日の自己を重ね視ている。
　岡本太郎、柳宗理等との対談「芸術家とアルチザン（職人）の問題」[S-106] の中で、清家はアーチスト（芸術家）と較べて、「われわれ自身もアルチザンでなければ作品ができないと思うのですよ。そういう点から考えると、柳さんと私たちの仕事は、もっと職人の方に近いので

はないですか」と述べている。

　清家は若き建築家として「私の家」の頃の家庭を思い出して、『建築知識』[S-47]の野沢正光とのインタビューの中で、

　　家族というのはそういうものだということで、子沢山のブタ小屋ですね。ウサギ小屋という説があるけれど、ブタ小屋というのが、オープンなだけにあってね。……家族全員がみんないるんですよね。ゴチャゴチャと暮らしているのです。貧乏人だからね。

　藤岡洋保が「清家は、戦前の中産階級が生んだ建築家として見ることができる。」（「清家清の建築、そのモノづくりが問いかけること」）[S-1]の指摘のごとく、「貧乏人」ではなかった。ただメソジスト者としての「貧者（まずしき木工）」で、自身を「プロレタリアート」とも言っていた。
　「木工」をはじめ他の土建業、建設作業に係る、技能ある職人達への愛情ある清家の態度である。鳶職人が神社や寺の屋根に上って作業することができるのは、「あれは人ではなくて鳶という鳥のような存在である」との冗談を清家は私にも言っていたが、それも差別観としてではまったくない。「奴隷も自由人もなく」、平等の思想で、イエスの家が嗣業を継承していた「アルキテクトン」であったからか。私の父も大工であったことから、「君はイエスと同じだ」と冗談を言われたことを懐かしく思い出す。そして私の就職先として東工大で清家と卒業論文を一緒に行った同級生の渡辺幸蔵が横浜で経営する建築会社を紹介された。それはジョークではなかったのである。イエスもジョークや喩えが上手であったが。

清家の「スラム」住宅の定義

　清家の「スラム」[S-22]に、スラム化の3要素の1つとして飲酒が関係することを強調して、

　　ボストンのスラム改良を手伝ったことがありますが、外からみるとどこがスラムかと思うような立派な住宅地なのに、人口密度が高いこと（オーバーポピュレーション）、修繕（メンテナンス）の行き届かないこと、そして酒屋が多すぎることがスラムの証だというのです。スラムとか不良住宅というのは建築材料や建築技術の貧しさよりも、住まい方の貧しさ、あるいは精神の貧しさにかなりの原因があるように思えます。酒屋さんには悪いけれど、酒屋の少ないところを住宅地にお選びになるようおすすめします。

　W・グロピウスに招かれて米国のボストンのTACに勤務（清家は留学と言う）していた頃の「レッドフェザー」という名のセツルメント活動をしていた体験である。不良住宅化の原因の飲酒による住民のモラール（勤労意欲）の低下を強調している。あまりにも嫌酒家的な記述は、清家のキリスト教がメソジスト派であることが判明してそれが理解できた。

禁酒禁煙
　清家は食事制限やヨットやスキーなどの健康の維持に努力していたので、タバコをすわず酒も飲まなかった。『「私の家」自書』S-5)の「あとがき」の「戦後小住宅ブーム」について、

　　この戦後小住宅の底流には、一方でアメリカの住宅、住まいについての考え方が色濃く反映していたともいえる。アメリカ人の住宅観の中には、かつて新大陸に移り住んだピューリタンの生活と精神への深い憧憬がある。

　アメリカの戦後のモダニズムにはピューリタン（清教徒）による影響がある。何よりもメソジスト教会の伝道者の教理は禁酒よりむしろ禁煙とも関係するウェスレーの「キリスト教徒の完全」の教えである。
　ウェスレー自身も体が弱く、自分で治癒（ケア）しながら馬に乗り伝道した。そのために健康にも注意深く、そして湿気のない清潔な住宅に住むべきだとした。

清家とエビ・カニ・タコ・イカ ―「カシュルート」―
　八木ゆりは「『私の家』のこと、父のこと」S-1)の中で、

　　父は視覚的なところから食べ物に入っていったのか、見た目がよくないものは好きではありませんでした。エビ、カニ、タコ、イカ全部だめ。

　彫刻家の澄川喜一は「グラデーションの妙」S-1)で、清家との旅先での思い出話として、

　　先生はなぜかいつも昼食を召しあがらなかった。四国、九州、山陰とご一緒し、魚がおいしい地方だったが、先生は魚類は召し上がらなかった。手違いで夕食が魚料理店になったことがある。しかたなくビーフステーキを注文したが、魚屋のステーキがはたしてどんな味だったろうか。それでも先生は「とてもおいしいよ」とおっしゃった。優しい先生だった。

　メソジストである清家は、エビ、カニ、タコ、イカを食べなかった。
　『旧約聖書』の「レビ記」の11章の、「清いものと汚れたものに関する規定」に、「主はモーゼに、イスラエルの民に告げてこう言いなさい」と、

　　水中の魚類のうち、ひれ・うろこのあるものは、海のものでも、川のものでも食べてよい。しかし、ひれやうろこのないものは、海のものでも、川のものでも、水に群がるものでも、水の中の生物はすべて汚らわしいものである。これらは汚らわしいものであり、その肉を食べてはならない。死骸は汚らわしいものとして扱え。

第Ⅲ章　清家清の建築思想の原点

清家は鰭や鱗のある一般的な魚は切り身が好きでサケなどは好んで食べていたとの八木幸二の証言がある。甘いものも大好きで間食もしていたから、二食ですんだとの小玉祐一郎の述懐がある。その他に清家が昼食をぬいた二食である理由としては、食事の回数を減らして妻の家事労働を少なくする目的から、「私の家」の台所のスペースも狭く、流し台およびレンジも小さく調理動線も短くして、調理台の前に立つと手を動かすだけで体はそのままで、ゆき夫人の疲労を軽減する配慮を強く感じる。
　「清家清に問う」S-3) には、

　　住宅を家族生活の容器として考えるなら、住宅というのは甲殻類のようなもので、クチクラの外骨格が、内部の生活機能を保護しているような構造になっているのが良いのではないかと、密かに考えています。

　清家が蝦・蟹などの甲殻類を単に宗教上の食の禁忌の対象としていたが一方で、建築の構造のモデルとして注視していたことが解る。「クチクラ」とは、生物の体表の細胞から分泌してできた硬い層の総称で、体の保護、水分蒸散防止などに役立つ。節足動物（昆虫類・多足類）では蛋白質を主成分として、外骨格を形成する「角皮」という。小玉によると清家が蟹を食べない理由は、例えば脚の長い蟹は格好が悪く蜘蛛のようだと嫌っていたという。蜘蛛は節足動物で胸部に4対の歩脚があり、分類上は昆虫より蠍に近い。
　『旧約聖書』の「レビ記」11章に、やはり「汚らわしいものとして食べてはならない」ものに、4枚の羽があり6脚の足で動き、群れをなす昆虫はすべて汚らわしいものである。蜘蛛に似た足の長い蟹類を清家は禁忌の食としたと推定される。
　エビ、カニは手足8本、タコは8本、イカは10本である。それらは甲殻や厚い肉質の外套膜で内臓をおおっている。確かに八木ゆりも言う「見た目がよくない」という表現は、この足の異様な多さは蜘蛛と同等である。
　それにしても興味深いのは清家の蟹への食の禁忌という回避性と、それと反対に建築的に甲殻類型の構造に強い興味をもつという二律背反性である。蟹の甲羅の表皮構造は、後に「続・私の家」のような鉄骨箱型（ボックス型）住居となった。鉄骨柱間の建築的な外界との皮膜は、甲羅のようである。そして内部の「がらんどう」の一室空間を守る、甲羅の内部では、学者にとっては内臓（オルガン）ともいえる書物の類は、「私の家」でも扉のない収納棚に納められて中身が丸ごと見えるが、「続・私の家」では居間の大きな机の上には書類・書籍が満艦飾のごとく並べられている。

清家正のメソジスト信仰
　清家清の父、清家正は1914年に東京高等工業の機械科を卒業し、1923年に神戸高等工業

の教授に就任した。

　清家の特にキリスト教の信仰継承など父からの影響は強い。その清家正については、清家が書いた＜ビールと「しごき」と＞ S-113) の中で、

　　父は電気機械が専攻で、失敗に終った電気自動車の研究もあるし、ドイツのカールスルーエの工業大学に留学中の論文で、後にウィーンで出版され好評を得た誘導電動機に関する著書などもある。しかし世間で知られている父の業績は、むしろ電動機をつくる前の機械設計や、プロダクトデザインのような基礎的な研究と、いわゆる清家の製図論である。

　清家正の製図論の著書は多くあり、ベストセラーにもなった。清家は続けて、

　　まず製図学のパイオニアとして、第三角図法にしてもそうであるが、いまでこそあたりまえになっている第三角図の表現を初めてこの国で提唱し、100年以上も第一象限で問題を解いてきた図学を第三角図法に書換えてしまった。まじめな人だから、文字通り一生懸命やっているうち、初志の電気機械はたな上げになって、それの基礎研究の「清家の製図」で一生を棒に振ってしまった。

　父の謹厳実直な性格を適確に表現している。そして「電気屋」として「安全工学と職業訓練」へ貢献したと記録している。そして最後に締め括りとして、

　　近頃は、こうしてわれわれのいうことを聞いてくれるほど甘くなったが、自分自身に対しては、相変わらずきびしく錬成しているようにみえる。本多庸一先生が若い日の父のために書いた「至終恒忍者而得救也」─終りに至るまでつねに忍ぶ者は救をうるなり─という語が彼の座右の銘になっている。

『マタイ福音書』10章22節のこの書が清家正の真骨頂になった。
『工への変革─清家イズムの研究』（1996年、柳千秋）には、神戸高等工業教授時代には、「なにに動かされたのか日曜日になると神戸栄光教会に通った。次に鮫津（註．東京都立工業専門学校）の開校後も皆勤とは言えぬものの努めて玉川平安教会へ出席していたらしい」と、極めて熱心な信徒であった。
『清家正の製図論と思考様式』（1997年 森貞彦 パワー社）は、その製図教育論で、その3.7「清・整・礼の教育」について、

　　勤労教育が「清」である所以は、「"これでもか""これでもか"と根気よく続けて行く禅僧に課せられたあの清掃の形を会得せしむる事」に始まって、身の廻りは勿論、清掃から、節

約に始まり、公私混同をせぬ様、公のものには特に注意をし、身を粉にして働き得る事、八方に気をくばる事を体得せしめ、最後に早出・残業・休日出が笑顔で出来る様になって始めてこの事が完成する。」という点にある。整備教育が「整」の教育であることは文字から直ちにわかる。

　すなわち、この教育は、1.歩調を合せる訓練、2.統制に服する訓練、3.共存共栄の正しい信念、4.服装の整備に始まるすべての整備、5.黙々として作業に専念する能力、6.持続・執着・規律の永続、7.一歩一歩やり遂げる確実さである。

　著者の森貞彦は結論として、「現実に対する批判に立脚して高い理想を掲げ、それの実現に向けて大いなる努力を傾けるという生き方が、清家正の場合、何に由来するのかはまだわからない。もしかすると彼の母が信仰し、彼もそれを受け継いだキリスト教からの影響があるのかもしれないが、これは今後の研究課題として残される」との課題に対する解答は、メソジスト派のウェスレーの影響である。息子を「清」と命名したのも、清家がよく言っていた「上から読んでも下から読んでも同じ」からではなく、「清」く「整」えるのが「礼」であるとの勤労教育論とキリスト教からと考えるべきである。
　逆に、『工への変革―清家イズムの研究』には、清家清へのヒアリングによる父の清家正の信仰が書かれている。

　清家正の母は愛媛の多度津の神職の孫娘であったが、明治維新の神仏分離令で混乱したときキリスト教に帰依し、清家正自身にも幼児洗礼を受けさせている。プロテスタントとしての側面と武士道と、そして儒教精神とか、矛盾なく共存し得たのか非常に不思議であり、異文化を雑多に受けいれ同化する日本的風土は簡単に説明できるものではない。

　清家正は、校長時代も、非常に厳格な人であった。私生活では、柔道、水泳、スキーの手ほどきを清家清は父から受けたが、その「シゴキ」を記憶している。そして「冬になっても毛のシャツを着ないとか、上着を着て学校へ行くという＜態＞のことを実行しているという＜練成＞の人」であった。清家の「日本的なもの」の原点は父の正の影響による。

同伴者と「共に」―ゼーレ―
　清家清の「建築家よ、ゼーレを語れ」[S-48]は、興味深いタイトルである。72歳の時の建築論で、「家族がいるから家に帰る」の項に、

　家族というのは、そこに心を映せる相手がいるということだと思う。ゼーレ（Seele）という語があるんですが、心という意味なんです。……家には心、ゼーレがあるんだと思う。それは家という抽象的な概念にも、また具体的な家にもあると思うのです。その心の中心に、

いろいろな家族のつながりや個人の生活が組み立てられていく。そのとき設計者としての建築家は、そのゼーレを理解しなくければいけないでしょうね。やはり胸のときめくことが、根源的に必要なんじゃないでしょうか。

「独り者でも家に帰るのは、家族があるんですよ」と、その「家族」とは「家へ帰って、花に水を遣るとか、カナリヤに餌をやるとか」などのことでもあり、したがって独り者でも、「その種」の家族を持っている人は長く家を空けられないとしている。つまり「家族」とは「近親者」のことだけではなく、「花」、「カナリヤ」などの「心を映せる他者」のことである。その「心」が「Seele」なのである。「Seele」とは、ドイツ語で<心・精神・魂・霊魂・人間>のことで、その必要性を説いた建築家は清家の他にいたであろうか。森鷗外はこの「Seele」について多言多記している。

家の中の「Seele」について、清家は例えば『知的住居学』[S-15] の、「5.性格のにおいがやすらぎを生む」に、

　生活のにおいのする家というものは、極めて母性的なものであり、そこへ入ってしまうと寅さん（註：『男はつらいよ』の主人公）ならずとも、人間は子どものようになってしまうものである。家には本来、そうした人間も包み込んでしまうような母性が備わっているもので、それが心理的なやすらぎになってゆくのである。

清家が「Seele」と言うのは「母性的な生活のにおい、やすらぎ」のようなものである。
　心を映せる相手の対象としては、パウロのローマの教会に宛てた手紙で『新約聖書』に次の一節がある。「喜ぶ者と共に喜び、泣く者と共に泣きなさい」この「共に」という言葉は、ギリシャ語で「アガペー」と言われる「キリスト教的愛」の精髄である。それは清家には「ゼーレ」なのである。この「共に」は、キリストと「共に」、つまり「人間の永遠の同伴者であり、人間がいかなる思想を持とうと、実はその魂の奥で、変らざる同伴者を秘かに求めているからである」（『キリストの誕生』遠藤周作 新潮社）。八木ゆりは、清家はカソリック教徒である遠藤周作と親しかったと私に教えてくれた。
　清家の「私と聖書」[S-1] の「アルファでありオメガである方の恵み」の結論に、

　そして「主イエスの恵みが、すべての者と共にあるように」で、黙示録は終っていた。

この清家が傍点を付けた「共に」は、「アルファでありオメガである方」つまりキリスト者で、共に、「恵み」を享受するのである。

「神は愛なり」― 「聖ヨハネ修道所」（伊勢原）―

清家の＜「私の家」のチャペル＞^{S-49)}には、ゆき夫人の葬儀は、

> もともと、日本の家は冠婚葬祭を含めた、誕生から死に至るまでの生涯の住まいとしてつくられたものです。私の家では、両親（83歳死去）も老妻（70歳死去）も晩年は年令相応の終の棲み家に過ごし、そこで人生の幕を閉じました。「私の家」のチャペルは、和室の続き間の襖をはずし、チャペルの室礼（しつらえ）をして家族で葬儀を致しました。

ゆき夫人の葬儀は、「続・私の家」の「西側、もともと亡くなった父母のための居室として増築された続き部屋」で行われた。それは「わが家の小さなチャペル」で、葬儀の聖壇には正面に夫人の写真が設けられ、右側の壁の鴨居に「神は愛也一九八四年七月 百歳」（図Ⅲ-10）と書かれた額が架っている。この額が書かれた時、清家は66歳、ゆき夫人は58歳であった。誰が書いたものであろうか。他にも本多庸一の書も架けてある。

八木ゆりに問い合わせて「神は愛也」の額の筆者を教えていただいた。その人は二瓶要蔵（東泉）で、無教会派の牧師で『イエス伝』（二瓶要蔵著作集Ⅰ 河出書房新社 1985年）や、『人の子那蘇』（警醒社書店 1921年）などの著書がある。

八木幸二、ゆり夫妻は婚約式をキリスト教で、この二瓶牧師により行った。

この額が書かれたのは、二瓶が明治17年5月生れであるからこの年は事実百余歳であった。1884（明治17）年5月に会津若松に生まれ、1907（明治40）年、同志社神学校を卒業し、1918年より米国や、英国の神学校に学び、1921年に帰朝し東京の巣鴨教会の牧師となり、1945年に東京烏山の「聖ヨハネ教会」を創設し、さらに1966年には神奈川県伊勢原市東富岡に「聖ヨハネ修道所」を創設し、修道所長となる。この教会（図Ⅲ-11）を設計したのが清家清である。八木ゆりは「この教会は父の清家が設計した中でも好きな建築で、訪れた時は高所の丘の上から遠方に、1964年に開通した東海道新幹線が走るのが見えた」と話された。

2014年3月の末日の雨の日に、私は伊勢原駅に降り立ち、大山の麓にあった修道所を探したが、見つけることはできなかったが、しかし近くの新しい「伊勢原教会」がその継承教会であった。「聖ヨハネ修道所」に架けたイコンが「伊勢原教会」に残されていた。女性の牧師さんの話では、「聖ヨハネ修道所」は小高い丘の林の中に7年前まであったが、東名高速道路の拡張工事のため、解体されていた。現在は丘の上には何もない。提供をいただいた当時の写真では、寄棟屋根の木造でほぼ正方形プランの内部は板貼で、障子が入っていて、壁には清家の好きな銀揉（ぎんもみ）紙が貼られた簡素な建物であった。しかし清家の作品集には掲載されていない。

野蛮人の家族の愛

清家は住宅の個室化の社会状況^{S-34)}に対して、

図Ⅲ-10 「神は愛也」(二瓶要蔵筆) [S-49]

図Ⅲ-11 「聖ヨハネ修道所」(伊勢原教会提供)

　個室化が良い意味・悪い意味で西欧的なエゴイズムを助長しているようです。他（ヒトだけではなく森羅万象を含めて）に対して思いやり―西欧的なコトバでいえば「愛」―を個室で育むことは、木に寄って魚を求めるようなものです。大自然の魑魅魍魎と共棲する原始人の家族では、老人は長老として敬愛され、子供たちは神与の宝として愛撫される。むしろ私はこの愛と自然に包まれた野蛮人の家族・コミューンが理想です。個室化の普及に伴うエゴイズムの傾向には、衆寡敵せず敗退ということでしょうか。

　キリスト教的「愛」だけではなく、「原始人や野蛮人の家族」には戦後の下町の親密な「茶の間」のあるバラック住宅における家族愛すら感じる。
　私事であるが1973年に清家御夫婦の御媒酌で私は結婚式を挙げたが、先生は、そのスピーチで「家族の愛」、特に互いに相手方への父母への愛の重要性についてお話されたのを今でも思い出す。この文章を書きながら重ねてその清家の「愛」を深くかみしめている。

清家のイデオロギーへの反発 ―民主主義―

　浜口隆一は「日本現代建築における清家清の位置」[S-6)] の平良敬一との対談で、

　　何か清家さんの頭の中にある社会像とか、全体像みたいなものに、ぼくは非科学的な感じを受けるんですよ。彼は、マルキシズムなどというと毛嫌いしちゃうんです。ああいう科学的社会主義という意味での、そういう考え方はなかなか持てないタイプじゃないかな。

この浜口の清家のイデオロギー感については、メソジストとしての清家がいる。
　ジェイ・グルドという英国の歴史家は、「英国のメソジストの布教運動にこそ革命を回避する社会的進化を準備した」と、下層階級の人たちのメソジスト運動が、福音信仰に基づいて生活改善を行い、民主主義の基本と言われる英国を作ったという歴史的評価であり、それは社会主義的イデオロギーによるのではない。

若山滋は、『建築家と小説家―近代文学と住まい』(彰国社)に、叔母の篠田桃紅に連れられてW・グロピウス邸を訪れた際のエピソードを語っている。グロピウスの死後も、ボストン郊外にある清家清もTAC時代に寄寓していたモダニズムの極致ともいえる住宅に、その時80歳を越えて居住していたイセ・グロピウス夫人はまだ矍鑠(かくしゃく)とした美しい人であったが、若山に聞いたという、

　「最近は日本でも、装飾的な建築が復活しつつあると聞きましたが本当でしょうか。それは許してはいけません。私たちは民主主義の建築を守るために闘わなくてはいけません」

　若山は、モダニズム建築は「装飾」との闘いであると同時に、

　まだこんなにも熱く、モダニズムの思想原理を語る人がいることに感動するとともに、バウハウスがヒトラーに弾圧されたという史実が実感された。時の彼方に霞みつつあったが、やはり彼らにとって、機能主義とはファシズムに対する民主主義の闘争だったのである。グロピウスもミースも、ナチの弾圧を逃れてアメリカに渡り、このことによってインターナショナル・スタイルという概念が確立されるのであるから、国際化の反動として国家主義を生み、その国家主義が国際主義を生んだともいえる。

　モダニズム的機能主義、つまりインターナショナル・スタイルは、「民主主義の闘争」であったとの指摘は重要である。ウェスレーのメソジスト運動がイギリスの民主主義に貢献したように、清家はそのキリスト教精神や、W.グロピウスから建築の民主主義についても感化を受けたといえる。W・グロピウスの著書に『建築はどうあるべきか―デモクラシーのアポロン』W-4)がある。それは「民主主義(デモクラシー)社会における美の創造」が主題であった。

清家と教会建築 ―主の体なる「祈り」の場―
　「玉川平安教会創立五十周年記念誌」(1986年)に清家の書いた「私たちの教会堂」には、

　「あなたはペテロである。そして私はこの岩の上にわたしの教会を建てよう。」(マタイ16・18)と聖書にあります。ペテロ或はペトラというのは岩(あるい)という意で、ペテロの信仰のように強固な岩盤の上に、揺るぎない教会を建立しようという、大工さんだったイエスの技術者らしい決意でもあるのです。
　ローマ時代、キリスト教が非公認の頃、信者の住宅が礼拝所として使われました。私たちの初代教会も吉岡さんのお宅が教会でした。実体=ハードウェア、或いは建物としての教会堂よりも、信仰=ソフトウェアとしての教会のほうが重要ということでしょう。この教会もそんなつもりで次の世代、また次の世代に完成すれば良いということでスタートしました。

しかしこれから何十年、或は何百年経つうちに、ハードウェアとしての教会堂の姿、型もそれぞれの時代を反映して変貌するでしょう。「（主の）からだなる教会」を建立するということは、人知の考え及ぶところではないかも知れません。しかし、もとは大工さんの主のことですから、きっと私たちの信仰/岩の上に完璧な主の教会を建てて下さることを信じています。それが私たちの教会です。

　清家のプロテスタントとしての教会は、「万人祭司」、「万人建築士」ということで、「教会/教会堂の建立は、教会員全員で参加して頂いたのです」と、教会がゲマインシャフト（共同体）としてのソフトウェアであることを強調している。清家の教会堂建築論が強く反映されている。清家の「聖書と住まい」[S-11] 26の「初代教会の教会堂」[S-11] に、

　　神さまにとっては、天幕であろうとキンピカの神殿であろうと、あまり大きな違いはない。それと同じように、われわれもあまり教会の建物に目を奪われないようにしよう。たとえ建物は貧しくても、それが神のみこころにそうときに、神の客となることを知っておきたい。

　清家は教会堂という建築物には、装飾により神性を付与させることではなく、むしろ神をあがめるための「祈りの場」として重視した。
　ウェスレーは「屋根の下よりも野外伝道」を好み、「山上の垂訓」を「一つの美しい顕著な野外説教の先例」とした。そして教会の内部は醜さで汚されないように清潔に保つように、かつ贅沢を求める欲望を意図的に抑制した。伊勢原の「聖ヨハネ修道所」も小高い丘の上にポツンと建つ簡素な木造の建物であった。
　つまり説教チャペルであったから神の像、絵は求めずに、キリストの心と行為、つまり聖餐式、礼拝に求めた。ロンドンの下町のシティーロード通りに、ウェスレーの活動拠点である「ウェスレーチャペル」の2階にウェスレーの祈祷室がある。その祈祷台には聖書一冊とローソク立てと地味な腰掛があり、それ以外何もない。張出し燭台の外に「私はこれ以上、またはこれ以下の装飾をしようとは望まないのです」と、小さな部屋であった。清家の伊勢原の「聖ヨハネ修道所」の写真に私はメソジストを感じると共に、清家の建築がその時、理解できた気がした。
　八木ゆりから『日本の教会堂　その建築美と表情―児島昭雄写真集』に清家の「神のエートスの満ちるところ」との全文があると提供を受けた。

　　私はヨーロッパの壮大なカテドラルをいくつも見ているが、何がいい教会堂であるのかということをよく考える。一言でいえば、神のエートス（気）が感じられる場、教会の言葉でいえば聖霊の満ちるところ、それが私は一番いい教会堂だと思っている。
　　そもそも人はなぜ教会堂を建てるのか。建築家の私がこんなことをいうのは自己矛盾かもしれないが、教会堂のよさは、教会堂の建築それ自体の良さとはあまり関係ないのではない

第Ⅲ章　清家清の建築思想の原点

かと思っている。

　教会堂は、無論神の御言を聞く場所である。神のエートスにふれ、神の臨在を実感するために、人々は教会堂に集う。その意味で、建物の美しいステンド・グラスも、歌もオルガンも、説教者すらも、そのための装置、道具立てにすぎない。

　空っぽという意味のガランドウは、大伽藍のガランに由来する。教会堂は本来文字通りのガランドウである。そこでまことの礼拝をつくるのは、会衆であり、御言であり、祈りである。

　その意味からも、まさに、教会堂をつくるのは建築家ではなく、会衆、教会の一人一人なのである。その人々のまことの礼拝をささげるための器が、先ほどものべたように建物でありまたオルガンや歌声、さらには説教ということになる。

　清家の教会建築についての思想が平易に語られている。教会の主機能は「祈り」であり、そのための「聖霊」つまり「神のエートス」として「神の御言（みことば・ロゴス）を聞く」場所である。したって「ガランドウ」であれば良い。装飾は、はたして「祈り」のために、ステンドグラスやパイプオルガンのような「道具立て」の装置として必要十分であるかを問うている、主人公は建物ではなく会衆の信仰心なのである。しかし「十字架」つまり象徴性については触れられていない。

　この考え方は住宅建築にもあてはまる。住宅は美しさより「生活と密接した営み」が求められている。教会ですら装飾は「無用の用」ではない。清家も「住宅は美しい住むための機械」としたが、飛行機には「飛ぶ」ため以外の何の装飾、装置すら必要がない。教会堂も「祈る」ため以外の何の機能も必要としない。

3. 総括・ロゴスの建築家

清家清のロゴス

　本稿のタイトル頭註に、清家を「ロゴスの人」と名付けたがその理由は、ロゴスとはギリシャ哲学では言葉と理性のことである。清家は建築家としてロゴス（理性）を、パトス（熱情）やエロス（官能）等の感性より上位に考えていた。

　ル・コルビュジエは、「芸術は＜理性―情熱＞の方程式の産物であり、私にとっては人間の幸福の拠りどころであるのです」（『プレシジョン（上）』[L-10]と、「理性」と「感性」との間を揺曳した。清家も「シンメトリー」[S-6]に、

　　建築家はその作品をつくる手段として、その場限りの流転する知覚のイメージ（註記：感性）の代りに、もっと確実なイメージ（註記：理性）を抽象化することで、科学的な性格ともいえる印象を幾何学的な様式あるいは主題としている。

その場限りの知覚によるイメージより、幾何学的な「シンメトリア」が主題であることを表明している。その結果、「シンメトリア」としての「結局プロポーションがロゴスだと思うんですね」と、ロゴスとしての「シュムメトリア」に帰結している。

『ウィトルーウィウスの建築書』[G-1]の第1書第1章の16には、「幾何学者にギリシャ語でロゴス―オプティコスと呼ばれる視覚に関する論議がある」とし、しかしこれ以上の説明がされていないものの、視覚もロゴスに内因することが述べられている。『プラトンと遠近法』[G-42]の「遠近法」もしくは「透視画法」には、無限の空間を幾何学的に把握する「理性」(ロゴス―オプティコス)と、それを個々人の有限な視点からの眺め、表現する「感性」があり、つまり感性の理性化、知覚の感性化が「遠近法」の魅力であるとしている。

清家はギリシャ建築等における「錯視」や「透視図法」に関する研究を行っている。それもギリシャ建築のロゴス性の一端といえる。

キリスト教徒として清家は、『ヨハネ福音書』第1章第1節の「初めに、ことばがあった」に、「神の言葉」である「ロゴス」を学び、ギリシャ建築の「理性」としての「ロゴス」へと伸延して行った。

ギリシャ語で書かれた『聖書』から学んだロゴスは常に清家の建築の原点であった。人間の無力と不安に対する新しい知のかたちがロゴスであり、それは後に「ロゴス中心主義」と言われた。

言葉(ロゴス)―清家研究室

恩師清家との会話には確かに陶酔感もあった。ギリシャ哲学者の田中美知太郎の表現を使えば、清家の「美しい(楽しいと言ったほうが良い)言葉を聞きながら、その語る人を目のあたりに見て、言葉と行為(しぐさとも言うか)との美しい調和に、最高の音楽を聴くような思いがした」と表現してもよい。それ以上に師である高名な建築家との会話を無難に持続し、成立させなければならないという思いで必至であった。清家のロゴス(ことば)を聞き、受け取り、逆に返答できるか、つまり自分にそのロゴス(言語能力ないし推量能力)があるのか、つまり清家のロゴスを「一貫して守り通し会話を続けられる知力が自分にあるか」に常に気を配っていた。小玉祐一郎も同様なことを、<「間」にひそむ清家清の美学>[S-12]に、清家のロゴスの発現状態について貴重な記録を書いている。清家の研究室での様子を、

> 篠原一男や林昌二といった大先輩がいたころの研究室はどうだったのだろう。暗々愕々の議論が飛び交っていたのだろうか。直接聞いてみたいと思いながら果たせないでいる。
> 提案した案がボツになるときは、「格好が悪いね」という最後通牒でカタがつく場合が多かったが、その背後にはもちろん特有のロジックが潜んでいた。研究室のメンバーにとっては、そのロジックが読めないことも「格好が悪い」ことであり、「読めないこと」が恐怖であっ

清家清語録のロゴス
人間＝理性的動物（animal rationale）

ヨハネ福音書の「初めに言があった。言は神と共にあった。言は神であった。」を「初めに住まいあり、住まいは家族（神）と共にあり」と喩えている。（清家清『ゆたかさの住居学』情報センター出版社　1998年）

言葉（ことば）	理（性）	神（性）
清家は、ギリシャ語原典のロゴスはラテン語ではウエルブム、英語ではワード、ドイツ語や日本語の新共同訳聖書などの<u>大勢はコトバと訳されている</u>中で、漢文の「有道」、カタカナの「カシコイモノゴザル」など、ロゴスを東アジア的に解釈して、私どもの神学に疎い者にも親しみやすい。（「聖書とすまい」第19『信徒の友』）	清家は、ヨーロッパの場合でも<u>建築はロゴス</u>だと思うんです。パトスではないと思いますよ。たしかにパトスやロゴスも中に入っているかも知れませんが、主流はエロスの様な気がしますね。（中略）私はそれがアートだと思うんですよ。<u>結局プロポーションがロゴスだと思うんですよ</u>。（『現代日本建築家全集』16・清家清）	清家は、ヨハネ伝の第一章に、「はじめにことばありき」とありますが、<u>私たちは言葉でものを考えます</u>。そのへんはアナログなのか、デジタルなのかよくわかりませんが、ひとつのコンセプトです。コンセプションは英語で、「妊娠」という意味もあって、さかんに励んだからといって妊娠するとは限りませんし、そういったことがものの文化にあると思いません。（『建築』1962年11月清家清特集）

（下線筆者）

（1）ディアロゴス（対話、問答）
（2）ユーモア・ジョーク
　　　（座談の名手）
（3）博覧強記（語源・物知り）
　　　（辞書を引いて調べよ）
（4）独語（無声の言語・自問自
　　　答）、沈黙（否定）
（5）イディアとソフィア
（6）言表不可能
　　　（言葉で説明できない）

（7）パルテノン神殿
（8）幾何学的比例（ratio）
（9）モデュロール（黄金律・螺旋）
（10）プロポーション（均斉）
（11）シュムメトリア（均衡）
　　　（シンメトリー・対称）
（12）「良い加減」「格好いい」
（13）点（バニシングポイント）
（14）直角（重箱のスミ）
（15）数学（群論）
（16）ロゴス・オプティコス
　　　（透視図法）
（17）合理主義建築

（18）神の存在の証し
（19）ロゴスである神の子なるイエス・キリスト（先在のロゴス）
（20）神の似像
（21）『ヨハネ黙示録』（終末感、都市悪）
（22）メソジスト派のキリスト教徒（清潔・禁酒・禁煙・清貧の思想）
（23）教会建築とは「祈りの場」
（24）「アルファでありオメガ」

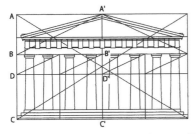
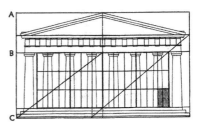

（「パルテノン神殿」　出典[S-6]）

たといえるかも知れない。冗長なほど、漫談ならむ雑談を楽しむ先生だったが、時に沈黙することもあった。沈黙こそが、不満足の最大限の表明であった。

注目すべきは清家の会話の様子である。「沈黙こそが不満足の最大限の表明」つまり、「沈黙」が「ロゴス」の中断であって、それが「妥当」でない、つまり「否定」を意味するからである。私も清家との会話の中でのこの種の中断、空白の恐怖を幾度も体験した。その時私は清家の顔の表情から何かを知ろうと努めていた。しかし清家のロゴスの対象を知ろうとすることが、清家の建築思想の核心に迫れると解りつつも、それが自分と矛盾対立する場合、これを融合するのが対話者の立場であった。

例えば清家が「日本の空間構成方法として、茶の間とか居間という言葉の＜間＞（ま）は空間というほどの意味です。ウフフ・・・」と語った時に、私たちはそれこそ＜間＞を置かずに、「間にあったなどという時間も意味するのですか」と、答えを返せればまずまず合格で、清家の「間」論を全く知らないと、「沈黙」という「恐怖」に陥ってしまう。実は清家はその時に自己の建築思想の中核の「ロゴス」を話しているのだから、それに同調する回答をするのか、恐れながらもそれと矛盾対立事例を返すことで応答する「ミソロゴス」（対話）を提示するのは、学生や青年では至難の業である。

しかし答えの内容で弟子は師から建築家、学者の資質の有無として、門下生であるか否かのスクリーニングにかけられているのである。合格すれば「学弟」として認められるのである。なごやかな会話でありながら、厳しい試験を受けているような体験で足が竦むこともあった。「心と言葉との間の嘘、つまり心と言葉の不一致」、それは「心にもない嘘」などを返答することは許されない。

「ロゴスは個人的心情の上のことではなく、万物の生成がそのロゴスに従って、ロゴス通りになされるか」の建築的な「善美」として、「当否かの判断」をしているから、清家は黙考しているのである。そして相手の言葉を待ち、対話を成立しようとしていたのである。その場合、「不満足の最大限の表明」、つまりほぼ「否定」の場合が多いのである。

以上のような「沈黙」を含めて「対話」（ディアゴロス）が成立する条件として、「人と人が互いに偏見や先入観によって相手の言葉を素直に聞こうとせず、相手の言葉の内を気にする（ミソゴロス）」の場合には、「心と言葉の不一致」が生じるのである。しかし「人が真にその語るところのものにふさわしいような知と徳を備えている場合」に限り、「対話」（ディアロゴス）は成立するのである。

篠原一男は「1950-60年代の建築とその言説空間」としてインタヴュー[S-72]で、清家について多くを語っている。清家は研究室では個別的な建築論はせずに、

> 建築空間にかかわる非常に肉体的あるいは生物学的と言える根元的な事柄を、先生独自の言葉として軽妙な表現を使って話された。清家先生はもっと直接感覚の事物について、われ

われに議論としてではなく話された。つまり、議論をしなくてもできるということがある。私はそれを大切なことだと思います。

「議論」ではなく「対話」（ディアゴロス）で伝えられた清家のロゴスは確実に篠原に伝わっている。この清家の「肉体的あるいは生物学的な事柄」とは検証に価する。清家は「機能主義＝物理学＋生理学」と定義していたから、あるいはこの「生理学」のことであったかもしれない。
　一方、清家研究室員たちも「ロゴスを取扱うにも、人間を相手にするにも、これに処する心得のないロゴスを悪む者（ミソロゴス）」ではなかったから、研究室では打合せの光景からは対話が成立していたことが、私には感じとれるのである。清家の会話にもキリストの口から発せられた言葉も「喩え話」に変えたロゴスが多かった。
　このようなロゴスを建築設計の主要素として用いる日本の建築家は清家の他に少ない。その具現例が「ディアロゴス」的会話による設計プロセスで小玉の記録でも明らかである。
　清家が東工大の助教授時代からの研究室の様子は、林昌二が書いた「清家清と現代の住居デザイン」[S-7]の、設計作業について、

　　5人もの構成をもちながら、設計の上で協同らしい協同を行っていないのは、他の大学研究室や設計事務所に較べてこの研究室の際だった特色である。清家の作品は清家自身が他のスタッフの作品もそれぞれ担当者自身が、折衝から詳細図まですべての作業を殆んど単独で負担する。ここでは協同の意義は、建築以前と、作品完成後のディスカスに置かれている。設計の開始から完工までの間担当者が、清家をはじめ、周囲のメンバーからの直接的影響から解除されて作業することの結果、各々の作品には、担当者の個性がかなり鮮明に表現されることになる。構成員も共通の建築意識によるというよりは、清家を核とした人間的なつながりによって結ばれているように見える。

清家は協同のディスカッションは行うが、設計作業はman-to-manの対話形式で行ったことが解る。それが「デザイン・システム」であった。
　この時代の清家研究室には、篠原一男、山田雅子、番匠谷堯二、宮坂修吉の4名がいた（図Ⅲ-12、13）。清家の「森博士の家」（1951年4月）、「斎藤助教授の家」（1952年2月）、「宮城教授の家」（1953年4月）が完成していて、「私の家」（1954年10月）直後の研究室の状況であった。
　ロゴスの発現状況について田中美知太郎は、

　　われわれはただ「ある」ことをわれわれ自身に向かってひそかに語るのである。そして既にこの私語は未だ口外できぬロゴスなのである。まことにわれわれの思考は見聞されたもの、思い浮かべられたものに就いての私かなる自問自答であって、われわれはこの無声の言語を

図Ⅲ-12 清家清、平井聖(平井聖先生提供)

図Ⅲ-13 清家研究室の人々　左より篠原一男、山田雅子、清家清、番匠谷堯二、宮坂修吉　(撮影:土門拳)
[S-1]

用いることなしには考えることが出来ないのである。思考は常に独語である。

　これは吉本隆明の言う「言語の自己表出」のような独語としての「つぶやき」の前作用のような「無声の言語」を「神のロゴス」として、建築家Architect＝Godであり、神に代って地上を汚すことを許された人として、清家はその声を私(ひそ)かに聞いていたのかも知れない。
　「わたしにではなくロゴスに聞いて、同意する」というように、「ロゴス」はまずそれを「聞く」べきものとされていた。そして清家の口から語られたロゴス(言葉)を受け手が聞いて理解し応答するのもロゴスである。
　私たちは清家の言葉を受け止めようとするのが会話である。応答するロゴスはその清家の言葉を解釈し理解し、また話す能力であった。その力が無い場合、「対話」(ディアロゴス)は不成立に終ってしまうのである。ロゴスの語りかけにはロゴスが応答する。これを哲学では「理性」といい、それに合致することを「合理的」と言うのである。

清家のロゴス的建築感の総括

　清家のロゴスから発展する建築思想をチャートで示す(前掲102頁参照)。
　ギリシャでは技術(テクネ)と芸術(アルス)は観念的に未分化の状態であったことや、清家は東京工業大学(テクネ)と東京芸術大学(アート)を共に卒業していることを、ユーモラス話にしていた。
　清家は「芸術も技術もそんなに変わらないと思います。ギリシャのテクネをラテン語でアルスと訳したのに、技術(テクノロジー)のルーツは「テクネ」、芸術(アート)のルーツが「アルス」というだけの話のようです。そして「不自然」がアートであり、「プロポーションやリズムがロゴスであり、テクネのロゴスによって統合されるもの」とした。したがって清家にとって「建築」は「芸術」(アート)ではない。
　清家が「ロゴス」に見たのは論理もさることながら、「摂理」(キリスト教で世界のすべてを導き治める神の意思・恩恵)のように私には思える。建築および設計という行為のためには「ロゴス」はまず「天啓」のように着想され、「アルス」と「テクネ」とに大別され、その他に「デ

ザイン」を加えている。清家は設計、デザインを語源的に「designae」としてシグナル（信号）を出すまえの「人間の仕事」を意味するが、講義でよく話をしていた。(『建築雑誌』1958年5月)

「イデア」と「感性」の間の幾何学

　ロゴスの人・清家の建築設計の方法は、ロゴス（幾何学）による。「哲学的思惟よりも、素直に考えられる幾何学や関数論が好きなんです」と、「幾何学好き」はギリシャの建築家にも見出している。『ぱるてのん』S-4) に、

> ギリシャの建築家は先ず建築の感覚で造形する。それから幾何学的に計画する。そうして寸法をギリシャ尺で計れるような数値に調整し、又その次にそれを建築家の視覚に訴えて修整するというくりかえしを何回となく続けて、多元方程式をITERATION（註記：反復）で解くように漸近的に設計を進めた。幾何学でなくて人間が建築をつくるという鉄則は、現在もまた真理であろう。

　清家がパルテノン神殿を見た成果としてのロゴス（幾何学）的建築論としての設計手法である。この『ぱるてのん』の序文を書いた滝沢真弓の「ギリシャ人の芸術観」G-59) から、清家の「幾何学」を考察する。
　清家も先ず「感覚で造形し、それから幾何学的に計画する」と述べている。つまり「幾何学」とは清家の感性とイデアに連結し、ギリシャ尺で計れるような数値、比例に変換する。
　『ウィトルーウィウス建築書』G-1) （第一書）には、「むずかしいシュムメトリアの問題も幾何学の理論と方法によって明らかにされる」とする。この「シュムメトリア」も「釣り合い」とか「均斉」という意味がある。清家が視覚の修整を通して、多元多次方程式を解きながら「幾何学」により設計図を整えている。

> ギリシャ人にとって「技術」（テクネ）とは、天才の仕事でなしに、世界的に平明であり、特に創造ではなく「模倣」であった。つまり芸術の創造性だとか、「芸術」の自律性だとかいう考えは、如何なる誇大妄想の下においても、未だギリシャには存在しなかった。

　つまり「恒常不変」で「絶対的な真実」の世界である「イデア」を「模写」することで、我々の現象世界は成立しているのに過ぎない「第二次的な相対世界」である。「イデア」自体も元来「形」を意味する「エイドス」から転化して来た語であり、滝沢真弓はこの方法を「模倣の弁証法」と言って、この「模倣」の否定的機能予測があったからこそ「イデア」も「芸術」として、その姿を表わすことができると結論している。清家は滝沢真弓の建築論から多くを学んでいた。
　しかし「聖書」からの影響も強い。神の「似（に）像（すがた）」としての「模倣」である。

「清家清に問う」S-3) に、

> 神は自分の「に姿」に似せて人間をつくったと創世記にありあます。神でさえイミテーションというよりは自分の中にある文字通り神髄を伝えて人間をつくったのだから、わりと気楽に考えていい。神自身だけの創作（すなわち神髄を伝えないもの）は、あまりカッコよく出来ていません。人間にしても耳だとか定形がまだできてないものは、いろいろなバリエーションがあってカッコ悪いものが多いです。定形フォルムというものは長い間かかって洗練されてうまくできているようです。これも伝統、因襲とでもいうものでしょうか。これはイミテーションでなく伝承遺伝です。

清家の「格好悪いね」の根本義が説かれている。ロゴスとしての神の「似像」による、つまり人間の「人智」（ソフィア）が無いと、「格好良い」ものは作れないという清家の創作論の極致である。

清家のロゴスを指摘したただ一人の建築学者―村松貞次郎

建築家・評論家・史家で、清家のロゴスについて言及した人は村松貞次郎だけである。「建築家としての丈夫ぶり」―鮮やかな切り口を見せるロゴス的意匠―S-3) に、清家を「ロゴス的意匠」を見せる「丈夫」（ますらお）であるとしている。しかし私はこの論文から清家を「ロゴスの人」とした訳ではない。

村松は清家を「丈夫」としながらも、「マルキシズム嫌いで"思想的"に建築を考えない"タイプ"だ」と、「清家さんに生硬な"思想"などは不要である」等、イデオロギー的な「思想」など清家には全くないような書き方である。しかしその一方で、「清家さんの育ちの良さとも関わり、また材料を直接に、手を汚して建てることの少ない清家流のロゴスの創作活動にも結び付くものだろう」と、「清家流ロゴス」の発現の記述も適切でなく、清家に「思想」がないとまでいう。「ロゴスの創作活動」とは思想行為であるのに、村松は清家のロゴスの根元ではなく現象だけを見て、つまり反面を真実として

> 清家さんが泥くさく手を汚して現実にものをつくっておられないからではないかと思う。材料にしても架構にしても、きわめてロゴス的に建築を構築するのだが（それ故に、技術に心を売ることもなかったわけだが）、モノへの思い入れ、パトスに欠けているからだろうと思う（註記：谷口吉郎の文学と詩へのおもいいれと較べて）。ところが清家さんには、そうしたものを聞かない、見ないのである。

清家のロゴスの現象を村松は述べているが東工大の建築技術研究所にいて材料を研究していたなどの基層には至っていない。「理性」が勝って「アート」としてのプロポーションと比例

によるロゴスの具象化に止まり、パトス（感情・官能）の欠如を恩師である谷口吉郎の「詩情」と較べている。清家の技術（テクネ）は"高い"次元にあるのだが、ロゴスによるテクネの総合は、機能だけのものに陥っていると、「清家流ロゴスの創作活動」について専ら述べている。しかし清家のロゴスの出所・原点について未既述に終っているが、清家の思想の核にロゴスを見た只一人の評者である。

清家の合目的性「合理主義」

　清家はキリスト教徒・ロゴス主義者として「神のロゴス」と「理性のロゴス」を共に創作の核とし、その間に「永遠」を視たのが特徴である。藤岡洋保は清家を「合目的性の合理主義者」S-1)とするが、藤岡の言う清家の合理性は、「工業材料への合理精神」とか、「与条件を前提に個々の敷地に適合するあり方は、何かという課題設定の範囲内での合理性」つまり、「目的の枠内」での狭義の合理である。しかしモダニストの「建築」と「機械」とを同一視して、それによって新しい美を求めようとした通常の「合理」主義ではなく、清家の「合理」の「理」はロゴスであった。
　「住宅設計の行きづまりをめぐって」S-29)の対談に、清家の考える「合目的合理主義」について、清家は、

　　この機能主義と同時に合目的ということばがありますね。合目的というのは何かというと、その目的というのは人生の目的であったり宇宙の目的であったり、たいへん高遠な問題であると思うんですよ。ところがそれに対するファンクション（機能）というのは、なにか生理的なねばねばした、粘液がでてくるとか、胃液がでてくるとか鼻汁がでてっくるとか、そういったものであって、……ですから合目的な住宅といういい方をするときと、機能的なファンクショナルな住宅といったときとでは、なにか本質的に違うと思うんですよ。なにかもっともっと動物的な本能的なものにまでなってくるようなきがするんですね。合理主義といいましょうか、合目的ということが大変いわれた時代があるんですね。

　「合目的」とは「機能主義」の「ねばねばした胃液や鼻汁のような粘液」とは異なり、生田勉はそれを「合目的性」＜ツヴェックメーツィヒカイト＞（Zweckmβzigkeit）という、実用性のことで昔の機能主義というのがそれでしょうね」とする。

「ミニマリスト」から「シンプルライフ」へ

　清家は「大きな住宅は悪徳だと思うんですよ。悪徳というのは目的が悪いんだと思うんですよ。大きい家に住みたいと思う目的そのものが」と、「住宅というのはだいたいおのずから限度があるんじゃないかしら。そうするとその限度を超えて暮すということがやはり悪徳のような気がするんだけれどね」。それは「ミニマム・ライフ」から「シンプルライフ」へというこ

図Ⅲ-14 「続・私の家」の清家清と家族 [S-1]

図Ⅲ-15 「続・私の家」の居間にて （対談:清家篤／清家清） [S-92]

とにもなる。清家は「ミニマリスト」であった（図Ⅲ-14）。

CIAMの1929年（昭和4年）の国際的テーマは、「生活最小限住宅」であった。ル・コルビュジエは1931年に一人あたり $14m^2$ の最小限住居の平面を「Biological Unit」あるいは［細胞］という名で発表した。ル・コルビュジエの理論では「最小限のディメンショナルな基準」であるとし、それは「公共的な健康と安全を主眼としたものであって、他のすべてを殆ど除外した」のである。そして、「生理的・心理的必要の解決を含めた」と、「新しい時代に不可欠な社会的道具である」「最小限住居」は、当初から健康が主目的であった。

「私の家」への引越の日に誕生し以後も長く住んだ、清家篤は、父・清との対談「シンプルライフの設計図」[S-92]で、

> 昔は誰もが貧しくて、シンプルに生きるほかなかったわけでしょう。シンプルライフを強いられた時代は、家族が肩を寄せなければ生きられなかった。私はシンプルライフでもけっこうだけれども、同時に贅沢ができる人はしたっていい。個人がどれだけ好き勝手できるかということ、好き勝手というと言い方がわるいかもしれませんけれど、どれだけ選択できるかが大切なんだと思うんです。

経済学者になった篤が「私の家」で過した「ミニマム・ライフ」は、この対談の時にはすでに日本経済の成長とともに「シンプル・ライフ」へと移行していた（図Ⅲ-15）。

イエス・キリストは「ミニマム・ライフ（最小限生活）を満足し得る人であった」とキリスト教者の賀川豊彦は書いている。清家はそれを「リビング・ミニマム」と呼んでいる。それもロゴスであった。

第Ⅳ章

「私の家」再考
―ギリシャのオイコス(家)、オイキア(家族)への愛―

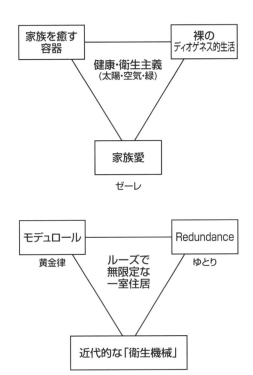

「私の家」要素の分析

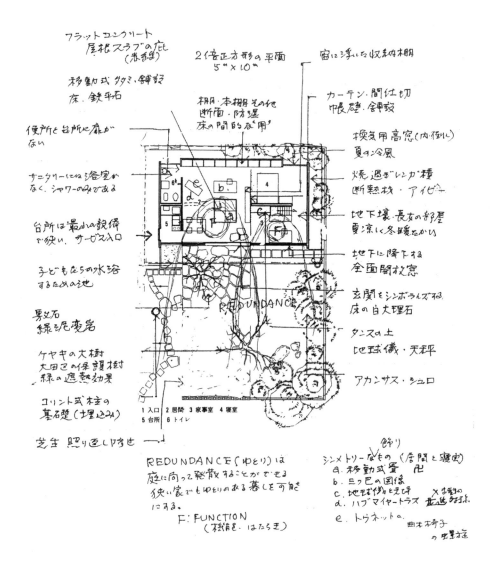

スケッチ
[筆者作成]

1. 序論・モダニズムの健康住宅

「私の家」は、南面を大きく庭に対して開き、太陽光と新鮮な空気を室内に取り入れた。暖房は室内空気を攪拌しない温水フロアヒーティング方式である。清潔のために、室内の床は畳敷でなく鉄平石貼とし、内壁は人研石の小叩仕上で、結露の水滴を防ぎ、湿度を低く抑えた。ル・コルビュジエは、『建築へ』[L-1]（樋口清訳）の終章、「建築か、革命か」に、

> われわれの住んでいる機械は、結核菌で一ぱいの古馬車である。誰もが今日、太陽、暖かさ、新鮮な空気、清潔な床が必要なことは知っている。誰もが今日、ハード・レーバー（重労働）による筋肉と脳の緊張を解くため、知的な気晴らしや身体の休養、体育が必要であることを感じている。

現代の「住宅は醜悪であり、かたつむりの殻である」から、「建築の概念の革命」を必要とし、「社会は、このように自ら滅びるであろうことに恐れをもって気付いている」と、ル・コルビュジエは具体的にパリの不良街区のスラム住宅の改良などを例に説明している。

清家は形態デザインではなく、モデュールや、工業製品化、衛生住宅などについてル・コルビュジエの思想の影響を強く受けた。「ル・コルビュジエと身体イメージの行方」[L-24]には、屋上庭園において、ボクシングをしているムキムキの男性が描かれている（図Ⅳ-1）。とにかく「裸のル・コルビュジエ」の写真が多く残されている。人間的な尺度と数学を組み合わせたル・コルビュジエの寸法体系「モデュロール」でも、肩のがっちりとした男性（モデュラー・マン）の身体を基本的な単位として考えていた。『伽藍が白かったとき』[L-13]の「第二部Ⅱ　私はアメリカ人です」には、

> 女たちも男たちも清潔で、はちきれそうに健康だ。清潔は、アメリカの国民的な美徳である。垢も埃もない。……事務室は清潔だ。レストランやバーは眩いばかりだ。使用人たちは、真白なワイシャツの袖をまくっている。食物は、ぴかぴかの光るセロフィンに包まれる。実際の埃も象徴的な埃もなく、すべてが新しく綺麗である。

戦後の日本建築において、モダニズム建築の汚れのない「白」く清潔なイメージは、それまでの狭小で不潔な、衛生思想の行きわたらない庶民住宅を改革するための目標であった。

R・ノイトラの「健康住宅」（図Ⅳ-2）

R・ノイトラに好意的である清家は著書『リチャード・ノイトラ』[S-61]に、

> 環太平洋の海流が、極東と極西をどのように結んだかはわからぬが、ノイトラの作品をみ

図Ⅳ-1　空中庭園でボクシングの練習(ジュネーブのヴァネル計画、1928年)　[L-16]

図Ⅳ-2　ロヴェル邸(健康住宅)　[S-61]

ていると、極西というか、極めて西洋的な工業所産のなかに、極めて東洋的な宇宙の運命に忠実な建築を見ることができるような気がしてならない。

　空・風・地・火・水という五元の発想は東漸して太平洋を渡り、アメリカ太平洋岸に到達し、ノイトラの作品に凝ったといえば語弊はあるとしても、ノイトラの作品が現代的な工業の所産でありながら、生々流転する宇宙の諸行無常をわきまえての建築であるというのは、むしろそれがあまりにも工業的な所産であるからといえる。方丈記には「その家のありさま、世の常にも似ず。広さは方丈高さは七尺が内なり。所をおもひ定めざるが故に、地をしめて造らず。」とある。

　ノイトラは方丈記を知っていたのではなかろうとさえ思える程で、前記の方丈記のセンテンスはプレファブリケーション住宅の発想であり、増改築も容易であるというようなことに至っては、西洋では、ノイトラによって漸く開発されたアイデアである。文明の坩堝としてアメリカを捉えたとき、最もアメリカ的な建築家はノイトラではなかろうか。

　R・ノイトラの建築と方丈記を比較するのは牽強付会(けんきょうふかい)であるが、R・ノイトラのロヴェル邸は細い鉄骨造で、4日間で軸組が建てられた。外壁はボード貼のラス下地のスタッコ仕上で、いわゆる白い箱型の「ハリボテ」建築である。東洋的なプレファブのような「軽さ」が清家の共感を呼んだ。ノイトラは来日したことがあり谷口吉郎もその懐旧録を書いている。

　この「健康住宅」には、太陽光を浴びるためのパティオ、水泳プールやテニス、ハンドボール、バスケットボールのできるプレイコート等のスポーツ施設(図Ⅳ-3)もある。施主のフィリップ・ロヴェル博士は、自然療法の主唱者で、運動やマッサージ、水泳、温浴、戸外での睡眠、日光浴などを提唱し、健康維持のための住宅をR・ノイトラに依頼した。ロヴェル邸が「健康住宅・The Health House」と呼ばれたのは、外観の清潔性と実用的な快適性もあるが「バイオ・リアリズム」(生態的な現実主義)、つまり「建築の形態はすべて健康に結びつく」というR・ノイトラの主張によるもので、最初のインターナショナル・スタイルとしてのモダニズム住宅はここから「健康」というコンセプトを内在していく。

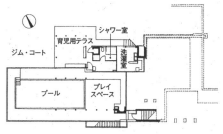

図Ⅳ-3 「ロヴェル邸」の平面図 [G-15]

図Ⅳ-4 「ヤン・ダウカーゾンストラール・サナトリウム」
出典:『モダニズム建築その多様な冒険と創造』建築思潮研究所

家庭の「サナトリウム生活の実験室」

　清家の師の谷口吉郎は自邸（1936年）について、「我が家の寝室は家庭のサナトリウム生活の実験室でもある」と述べているが、「家庭のサナトリウム生活」とは何のことであるのか。

　『モダニズム建築―その多様な冒険と創造』[G-16]の中ではヤン・ダウカーのゾンストラール・サナトリウム（図Ⅳ-4）について、

> 結核は19世紀に成長した工業都市に襲いかかる悪を象徴するようになったのである。なぜなら、サナトリウムは病気に対する戦いを文字通り証すものだったからである。第一、太陽光線は結核菌を死滅させることができる。だから太陽光線に当たることは直接的治療効果があるとされた。機能主義を信奉する建築家にとって、これは温室に似た建物を建てることを正当化する願ってもない理由となった。

　谷口の家族に肺結核関係の病者がいたのではなく、谷口が東大から東工大に移ってきてから当初、細菌「衛生学」を講義していたことに関係する。「ゾンストラールは、モダニズムの発展に重要な役割を果たした」が、当時この建築に最も影響を受けた建築家はアルヴァ・アアルトであった。当時、A・アアルトはパイミオで「結核サナトリウム」（図Ⅳ-5）を設計し、後にモダニズムに影響力を発揮した作品になった。片持梁構造、ガラスの大きな南面の水平に連続したサッシュ、広いテラス、白い外壁などが特徴のモダニズム建築の原点はこのY・ダウカーやA・アアルトのサナトリウムにあった。モダニズム建築の大きな窓や広いテラスは、特に呼吸器系や神経系の疾患を持つ者にとって健康に良い空気やエネルギーの対流をもたらした。もはや病院など治療を目的とした施設に限らずに、モダニズム建築における建築の治療的特性は拡大された。

太陽、空間、緑

　ル・コルビュジエの『輝く都市』[L-4]の、「住居単位、住宅および住宅の延長」には、

図Ⅳ-5 「パイミオ・サナトリウム」外部テラス　出典:
『建築雑誌』2015年11月

図Ⅳ-6　シンドラー自邸　[L-35]

　宇宙の環境と人間の生物学的現象との間に有用な関係を確立する一つの容器だということである。多くの生物学的必要が、明確な条件——太陽、空間、緑——を要求する。人間の肺臓には上等で清潔な空気が、その耳には充分な量の静けさが、その眼には適当な光が必要なのである。

　ル・コルビュジエのマルセイユのユニテ・ダビタシオンは、この"輝く都市"理論の最初の実現作品であり、清家も1955年に見学している。
　「私の家」ではモダニズムの「健康」思想が核となっていた。清家の「新しい傾向」[S-22]には、

　建築家のなかには、そとからみた建築の形に凝って、建築の大体を見失うことがあるが、それは美容院でいくらお化粧しても、本人自体が不健康であっては何の目的も果たし得ないのであって、建築というのは、健康な美しさをもった建築であるべきである。

　清家の建築における普遍的な「健康」志向が明示されている。

アメリカのモダニズム
　清家は「1980年のレポート」[S-5]で、

　戦後間もなくアメリカでは花の1950年代であった。その頃の日本がどうであったかは他稿に譲るとして、現在時点1980年に至る約30年間の「私の家」は方丈記の冒頭を借りると、「よどみに浮ぶうたかたの」のように生々流転し、池亭記を借りれば、「これ天の然らしむるか、人のみずから狂せるか」という背景の中での「私の家」の記である。

　ロスアンゼルスのシンドラーの自邸（図Ⅳ-6）は独立後の最初の作品であり、開放的な欄間のあるガラス戸を通して庭との一体感が居間に続いている。隈研吾の言うように清家の「私の家」と共通性を感じる。シンドラーの自邸も天井の低い、日本家屋を思わせる水平観を強調し

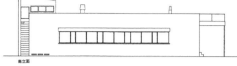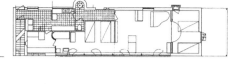

図Ⅳ-7　ル・コルビュジエ「小さな家」の南立面と平面図　[L-20]

た外観であるが、「プレキャスト・コンクリートの同一寸法のパネルを、地面から建て起こす簡潔きわまりない工法」は、清家が「私の家」で試みた「ティルトアップ」工法であった。

　ノイトラとシンドラーは互いに影響し合いながらインターナショナル・スタイルを南カルフォルニアで展開していた。当時のアメリカ西海岸は、フィラデルフィア万国博覧会からの神社や茶室・数寄屋などのジャパネスク建築熱が充満していた。

　清家の「私の家」のモダニズムは、アメリカのジャパネスクからのモダニズム建築からの広い文脈でとらえる必要性がある。

　アメリカの学校での家庭科の教育は、清潔をいかに実現して、家事労働を軽減し合理化することで女性を解放しようとした。住宅や自動車だけではなく家電製品も改良された。1935年にR・レイモンド・ローウィがデザインした「白い冷蔵庫」の外観は、人々に衛生意識を強く認識させた。モダンデザインは誰もが健康で豊かな生活を実現するために、住宅、車、家具、日用品の改善、改良を求めてグローバル化していった。この清潔の美学が、電車や飛行機などの「機械」のみならず、近代的な建築にも衛生的なイメージが強調された。「汚れ」が鮮明に見える白い外観が、衛生や清潔の美意識としてモダンデザインの大きな要素となった。

　1920年代に労働者用集合住宅の衛生状態を改善のため「Light and Air for All」をスローガンにした。それは肺結核に対する自然療法でもあるが、抗生物質がまだ作られていないこの時代、結核という病気は死を意味した。産業革命の進捗により生じた都市化に起因する結核は悪の象徴であった。

戦後の日本のモダニズム住宅

　日本の近代住宅において、谷口吉郎、清家清の他に「健康住宅」を考えた建築家はいたのだろうか。池辺陽は戦後の住宅史において清家清と併称されるモダニスト建築家である。清家とは畏友で互いに認め合い交流があった。清家は、「池辺さんというのは私とたいへんに意見が違うんだけれども、たいへん尊敬できる人ね」[S-6]（清家と平良敬一の対談）と語る。

　池辺は東大の生産技術研究所を拠点とし、住宅の工業化に関する多面的な研究を展開した。それまでの家父長的な家庭生活からの婦人の解放は、「家事労働の減少」と「衛生条件を高

める」ことにあり、それを合理主義・機能主義と呼んだ。家庭生活における婦人の動線の縮小は労働の軽減などの生活の改善に他ならない。清家もそれなどか「私の家」の主なテーマであることを述べている。W・グロピウスも最小限住宅について、「人間の必要とする空間、空気、光、熱についてのミニマムの問題」とする、最小のもので最大の効率を上げるという経済的な衛生合理主義であった。

　モダニズム（近代主義）建築運動とは、19世紀までのブルジョア階級のための様式的建築に対抗して、民衆（プロレタリアート＝労働者階級）のための新しい建築を作り出そうとする運動であった。その意味で、モダニズム建築運動の背景にマルクス主義的思想があったことは確かであるが、清家の場合はメソジスト派としてのキリスト教思想があった。

　清家は、「住宅平面の傾向」[S-26]に、戦後の住宅デザインについて

　　裸の国民が求めているものは、TOP-MODEのDRESSではなくて、腰に纏う一片の布切れであり、我々の住居もまたこの最低限のデザインに出発している。主題のありかたは、このような立場から、貧困のMODE即ち、建築家の考える健康で文化的な最低限とはこれであると、国に要請する「貧困のFASHION」について読者の御高察を祈って筆を執る。

　この「貧困のFASHION」という表現に、キリスト教徒としての清家の住宅思想が明確に反映されている。

(1) ル・コルビュジエの衛生論の影響 ─太陽・空間・緑─

　私の東工大学生時代に清家研究室の助手をしていた本間博文が、64歳位の清家先生と放送大学の教材の作成をしていた時に、何かの端緒でル・コルビュジエへの熱情を清家が語ったという。「この1982年8月23日から15回にわたって、関東域の放送大学の実験番組で住居学を放映しています」と、この時のことである。

　清家は東京美術学校の学生時代から、当時はまだ高価であった『ル・コルビュジエ作品集』を購入していた。1955年にW・グロピウスの招待で米国のTACで働き、帰途にロックフェラー財団の資金提供を受けてヨーロッパ大陸を南下縦断する旅は、ル・コルビュジエの建築作品を見学することも主目的であった。その旅の出発前に米国の建築家の友人たちから何故にル・コルビュジエの建築などを見に行くのかとの質問をされていた。米国でル・コルビュジエの評価が高まったのはその少し後であった。

　その旅はまず、コペンハーゲンで中古のランブレッタを買いドイツを経てフランスに入り、ル・コルビュジエの作品を多く見た。マルセイユで竣工直後の「ユニテ・ダビダシオン」（1955年）の「モデュロール・マン（人体比例図）」と呼ばれているコンクリートのレリーフの傍らでベレー帽をかぶり直立した御満悦の清家の写真がある[S-5]。「モデュロール」を適用した最初の作品である。「モデュロール・マン」の身長は182cmで、その比較のために傍に立つ身長176cmの清

家の茶目っ気が面白い。清家はこの写真を、本間にそのとき与えたが、それは「自己の建築史への証言」という意味なのか。しかし本間は重要な写真と気付き、直ぐに返却したと私に話した。

「私の家」の原型は、ル・コルビュジエの両親のための「小さな家」(La Petite Maison)

　ル・コルビュジエは、画家の理想的なアトリエとして「私の家」＜ Ma maison＞（1925年）を設計した。この「私の家」の名称は、後に清家は「私たちの家」であると言いながら「私の家」にも使われることになる。

　清家は『ル・コルビュジエ作品集』にある母親のための「小さな家」の頁を開いて、本間に自分の「私の家」（1954年）には、このル・コルビュジエの「小さな家」への共感が強く反映していると、その影響を話されたと言う。

　この「小さな家」はスイスのレマン湖畔東端に建つ、ル・コルビュジエの両親のための床面積60㎡の家で、1925年に完成した。「白い時代」の作品で、平面には機能に応じた広さが4m×2.5mユニットが6つ各スペース毎に厳格に配置されている（図Ⅳ-7）。ル・コルビュジエの『小さな家』L-12)にはそれは"住む機械"（マ・マシン・ア・アビデ）であると、

> 最小限の実用性が得られるように、適切な寸法をもつ簡明な機能を分かつこと。さらに空間が有効に活用できるように、それらを効果的に組織すること。各機能には許される限り最小の面積を充てること。この家の高さは2.5mである。最小の規定寸法になっている。これは地表に横たわる細長い箱である。それから太陽は、日中ずっとこの家の前面を移動する。こうして、太陽、空間、緑……が獲得された。

　「小さな家」はアルプスとレマン湖の景色を大きく取り込んでいる長さ10m75cmの水平連続窓のある南立面が横に長い一室空間で、自然採光を最大限に確保している。そして「風光は冬でもあたかも庭園に居るごとく＜そこに在る＞、だから毎日はもはや、物悲しくはない。明け方から夜まで、自然がその変化を展開する」のであるL-12)。

　清家の「私の家」も、「内部と戸外とを有機的に結びつけ、生活を大気の中に溶け込ませて、狭小住宅の解決を計っている。内外の生活をオーバーラップさせるためのLIVING-GARDENは厳冬の数週間を除いては有効に働いている。建物の南面は全部解放して戸外と接触できる」S-5)と、前庭があっての狭小住宅である。そして内部は「小さな家」でも、「移動式間仕切り」（カーテン）によってベッドを隠し、急な来客への対応を図っている。

　清家の『知的住居学』S-15)（1979年）の「カーテンは室内演出の主役」には、1000年も昔から日本では几帳、帳台などが帳（とばり）として使われていた。カーテンは光を遮断すると同時に保温の役目をはたす。帳台構えというのは寝所のことで、書院造りの重要な構成要素である。

　ル・コルビュジエは"よき住宅設計はカーテンレールに始まる"と言っている。清家の「私の家」

も同様で、「居間と寝室─仕事部屋を区切るカーテンが唯一の間仕切り」として「それを年中行事や生活に合わせて舗設─しつらえる」のである。カーテンは帳壁として清家の言う「舗設」の一種である。

ル・コルビュジエは「この小さな家は、長年にわたって働き続けた私の両親の老後の安らぎの日を想定したものである」L-12) しかし父親はこの家で暮らしたのは一年有余であったが、母親は1960年に100歳で死去するまで住んだから、「母の家」とも呼ばれている。同じように清家の「私の家」も、

> コンクリートの離れのようなものを建てて、あわよくば両親をこの新築の離れのほうに移し、われわれが母屋を乗っ取ろうと計画した。ところが、頑迷な老人はこの新居には移りたくない、こんなへんな家はゴメンだ、自分達は古いままでよいと言い出したので、我々がこの50m²の新しい家に入らなければならなくなってしまったというのが、私の家を新築することになった顛末である S-5)。

清家の親孝行のための主家の乗っ取りの策略はル・コルビュジエの場合と異なり失敗したのである。

ル・コルビュジエの「小さな家」は、レマン湖畔に築堤された埋め立て地なので、護岸壁から湖水が浸み通り、リューマチになる人が多かったが、ル・コルビュジエによると L-12)、

> リューマチだって？ 例えば、片手鍋でお湯を沸かしてみればよい。湯気はどこへ流れていくだろうか。鍋の上方に立ち昇るが、決して鍋の側面には回らない。通常"湿潤性リューマチ症"（単なるリューマチも）は、標高50mないしは100m前後の丘陵地に多く見られる。なぜなら、湿気は常に片手鍋の上方に漂うのだ。

湖畔の湿気により母親がリューマチになることを心配している。ル・コルビュジエも特に住宅の温度・湿気・清潔に常に留意していた建築家であった。

住宅はサナトリウムやスポーツジムのように太陽光を受けるようになると共に清潔を志向するようになる。谷口が「住宅はサナトリウムの実験室である」と言明したのはその象徴であり、近代モダニズム住宅の理念すら動かしたと言える。清家はより直接的に、妻の肺湿潤という病気に対して「私の家」で対応せざるを得なかった。

(2) モダニズムの衛生主義

清家は『ゆたかさの住居学』S-19) の「86」に、

> どのような住まいでも、日当たり、風通しというのが最も重視すべき要素である。この二

つの条件を満足していないようだと、家族のなかに病人が出たりするだけでなく、構造体としての家そのものも蝕まれることになるから御用心。

住宅では「日当たりと風通し」の二条件の欠如は人および容器としての建築も蝕む。
ル・コルビュジエも住宅の衛生対策に関心を示した。それは「太陽と緑と新鮮な空気」をもたらす「機械」であった。「住宅は住むための機械である」と言ったが、清家はその「機械」が強調されて理解されているとして、「住宅は住むための美しい機械である」と「住むため」(live in)の「in」が重要などとして、「美しい」も付け加えた。
ル・コルビュジエの「清潔」の概念については、森山学の優れた研究がある[L-30]。

何を意味しているのか？それは電球、放熱器、換気設備、洗面器、便器、ビデ、ほうろう製の浴槽、水栓、シャワー、給湯設備、運動器具、真空掃除機、電話機、蓄音器、タイプライター、車庫によって構成される複合機械としての住宅である。彼のこうした考えは、一年を通して摂氏18度に管理される施設を生みだす。彼は建築のなかに都市の汚染された空気も虫も侵入させない完璧な（はずの）機械ユートピアを実現した。彼は都市計画家として都市の空気浄化を謳いつつ、一方で建築家として都市の空気を拒絶する、それは、機械に充ちている「新精神」でもって建築を建てよということだ。それによる調和を建築にも求め、水平連続窓や屋上庭園やピロティを導入した住宅。そこでは病気の住人を清潔にし治療する。

清家も「都市―＜機械＞―住宅」の清潔性について同様なことを言っているが、清潔をイズムとする近代主義（モダニズム）建築の登場と一致する。ル・コルビュジエのユルバニスムは衛生の必要条件として人間の生物学的な要素に、「太陽・空間・緑」と清潔な空気に満たされた住宅の実現を望んだ時、モダニズム建築が始まったのである。それは病める都市の崩壊を救う解放であった。
森山学の論理からは、病院は「治療のための機械」となり、住宅は「健康のための機械」となる。従って谷口吉郎が自邸を「サナトリウム生活の実験室」としたことも必然的に理解できる。清家はそれを「癒しの容器」と称していた。

「正確な呼吸」作用 ―太陽と清潔な空気―

ル・コルビュジエの『輝く都市』[L-4]に、住宅には、「明確な条件―太陽、空間、緑―を要求する。人間の肺臓には上等で清潔な空気が、その耳には充分の量の静けさが、その眼には適当な光が必要なのである」と、まず「太陽の受光」の必要性について、「人間は光を皮膚から、精密な共鳴器のように光の振動に協和する無数の乳頭嘴を通じて、直接吸収する。しかし現実は闇、煙と埃に痛めつけられた都市の病める光は、結核、佝僂病、神経衰弱を潜在している」と、戦前のパリでは「太陽と清潔な空気」の不足が、「結核」を生じることを重ねて指摘している。

図Ⅳ-8 山口文象邸のプール 出典:『現代日本建築家全集11・山口文象とRIA』三一書房、1971年

図Ⅳ-9 レーモンド事務所の庭のプール 出典:『現代日本建築家全集1・アントニン・レーモンド』三一書房、1971年

図Ⅳ-10 若狭邸のプール 出典:『現代の建築家 堀口捨己』鹿島出版会

公園の緑など「自然」を導入した都市とは、＜肺＞という＜呼吸器＞が与えられた都市であった。

「現在アメリカ合衆国は、日光浴室によって結核と戦って勝っている」と、日光浴とスポーツを、ル・コルビュジエ自身も日常生活にも取り入れていた。

ル・コルビュジエの「水平連続窓」は、「＜窓は採光のためにあり、換気のためではない＞つまり換気には換気装置を使おう。これこそ機械主義であり、自然の法則にそったものである」と、採光と換気を別々の窓で行う機能分化とした。それは「アエラトゥール」(換気窓)という縦長窓で新鮮な空気を取り込むために設けられたアイディアであった。清家の「札幌私立高等専門学校」(1990年)の嵌め殺し窓の隣に開閉できる窓がある。これが「アエラトゥール」である。

ル・コルビュジエのデザインを単に形態(フォルム)だけで考えてはいけない。ル・コルビュジエは「清らかな空気」、「正確な空気」の必要性からの「住宅＝衛生＋機械」という観点が重要であるという。

モダニズム建築とプール

近くの大田区の久が原の山口文象邸(図Ⅳ-8)のように「なぜプールがないのか」と子どもたちが言っていたことについて清家は記録している。しかし＜「私の家」のこと、父のこと＞[S-1]では、八木ゆりはその事情について、

> 台所の脇にある水場は子供たちのプールとして作ったもので、父はご近所の山口文象先生の家にあった大きなプールにあこがれていたのだと思います。いつも「山口先生のところにはプールがあっていいな」と言っていました。

しかし清家は、家の周囲の水たまりや池やプールについて、その湿気について危惧していた。藤森照信は、「戦後すぐにつくられたプール」[G-23]について、あまり指摘されていないとことわりながら、「モダニズム建築とプールには関連性があり、A・レーモンドの軽井沢＜夏の家＞にも堀口捨巳の＜若狭邸＞にも庭に小さなプールが設けられていた」として、「モダニズム

が求めた健康性と関係がある」と述べている。

A・レーモンドの軽井沢の「夏の家」（1933年）の他に西麻布にあった自邸兼事務所（1950年）にも南の芝生庭に深いプールがあった。盛夏になると所員が泳いでいるのをレーモンドは眺めていたが、実は消防署の指導で作られた防火水槽も兼ねていたのである（図Ⅳ-9）。

堀口捨己の「若狭邸」（1939年）（図Ⅳ-10）はコンクリートと木造の混構造であるが国際様式の完成した姿をしている。白いモザイクタイルの外壁、フラットな屋根と屋上庭園、大きな開口部、庭園の細長いプール、それ等は「水泳とフェンシングの好きな」施主夫人の「ハイカラ」なライフスタイルに合わせている。

裸のディオゲネス ─「リビング・ミニマム」─

ル・コルビュジエの1920年代の「白の時代」には『今日の装飾芸術』[L-11]の「真理の精神」に、

> 石灰乳！ ディオゲネス！　建築の時！　真理！　真理の観念！
> ディオゲネスは彼の椀を投げ捨ててつぶやいた。
> 「この子供は俺がまだ余分なものをもっていることを教えおった」余分なものを判別してこれを投げ捨てるのだ。「余分なもの」とは、「役に立たぬ物」のいわれである。
> 人間を感動させるすべてのものは有用であり、一切の妨害となるものは無用である。では何が「余分のもの」でないか？

「ディオゲネス」（412－323 B.C.）とは、古代ギリシャの犬儒学派の哲学者で、粗衣粗食で放浪し大樽の中に住んだ。いわゆる＜樽のディオゲネス＞である。樽は「住宅の最小単位の理想型」で、いっさいの物質的虚飾を排し、「余分なもの」を持たない最小限の生活必需品だけで生きる自然状態こそ、人間にとって最高の幸福だとし、衣服を着ないで、靴もはかず、野犬のように街頭に寝泊りし、樽を棲家とした。「無所有」こそ、いっさいの苦しみ、葛藤から逃れる秘訣とし、後のストア学派の先駆けとなった。

清家は人間の最小の持物について、フィリッピン・ルパング島で戦後も24年間潜伏した後に生還した元陸軍少尉の小野田寛郎を例に[S-2]、

> さっき小野田（寛郎）さんの話をしていたんですけどね。小野田さんの持ち物20キロだったそうですね。全部寄せて。20キロというのはたいへんおもしろいと思ったの。そのへんのところに住宅の機能といいましょうか。そういったものの限度があるのかもしれない思っているんですけれど。

清家はそれを「リビング・ミニマム」と呼んでいた。「ディオゲネス」的生活、つまり人間の生活の所持品で「余分なもの」とは何であろうか。

『清家清―やすらぎの住居学』[S-16]（情報センター出版局）の「88」には、

> 私が考えるいちばんいい収納のベスト・アイディアは、物をもたないこと。これにつきると思う。無駄な物を持たないのが、いちばん収納に役に立つという普遍の真実をまず胸によく刻んでほしい。

まるでディオゲネスのような言致である。しかし、実際の清家は、林昌二の述懐でも逆に何でも取って置き、物を捨てられない人であった。資料や書籍も「私の家」の屋根上のコンテナに収蔵していた。

ル・コルビュジエは、「建築の裸体主義者」で、カップ・マルタンの休暇小屋カバノンでの裸の写真がある（図Ⅳ-11a）。

ル・コルビュジエの「裸体主義」というのは、「無装飾主義」のことで、『今日の装飾芸術』[L-11]では「高貴な蛮人」として、「丸裸の人間！刺繍の胴着を着けぬ彼は、考えることを欲する」と、つまり「近代的な都市人間」は、「無装飾な知識人」である（図Ⅳ-11b、11c）。

何故に「建築を白く塗りつぶすこと」で住居の「余分なもの」がなくなる「ディオゲネスの十字軍」になるのか、その説明は、ル・コルビュジエの「石灰乳、リポラン法」[L-11]に、

> われわれに次の二つの法律、すなわち、リポラン法、石灰乳法、を課したならば、市民のすべては壁紙に換えるにリポラン塗料の白色の塗装をもってするだろう。市民の家には不潔な暗い一隅は姿を消して至るところ清潔であり、一切がありのままの姿を現わす。
>
> 石灰乳の白さは絶対であり、そこにもしも不潔な物を置くならば、それはたちどころに人の眼を刺激する。石灰乳の白は恐ろしく道徳的である。もしもパリのすべての部屋を石灰乳に塗るべき命令が布告されたならば、強力な警察力となり、崇高な道徳の宣言と言い得るであろう。石灰乳こそは、富める者、貧しき者の共有の富であり、全人類によって占められるべき富である。ちょうどパンと牛乳とが奴隷と王の共通の富であるように。

ル・コルビュジエは、ギリシャのキクラデス諸島では、出入口の石段などに、毎土曜日、真白の「石灰乳」を塗って、「島々は、日曜ごとに清潔さと純白の中に目覚め、生活はこの証によって讃美されるのだ。」[L-11]という。当時は、リポランを塗ることが「道徳」であった

リポラン（Ripolin）はエナメルペンキの最初の市販塗料でフランスの工場で製造された。そして近代建築が白く塗られるのは中世からの脱却を目途していたが、実際には中世の「伽藍は白かった」[L-13]のである。ル・コルビュジエの「白の時代」のはじまりは、

> 戦争が終って私たちはパリに帰って、ディオゲネス主義の時代を過ごし、パリの中心地マドレーヌ寺院の近くに転居した。そのアパートメントには、歪んだ花や粗悪なモールディン

図Ⅳ-11a　カバノンでの裸のル・コルビュジエ　[L-30]

図Ⅳ-11b　ロングアイランド海岸のル・コルビュジエ　[I-38]

図Ⅳ-11c　パンツ1枚で設計に励むル・コルビュジエ　[L-30]

グがついていた。私はこれらのくだらないものをきれいに削り落とし、上から下までアパートメントを石灰で真白にしてしまった。これは私が「真空掃除時代」とよぶ、建築における削除過程の最初の徴候のひとつである。

「歪んだ花」にはアカンサスの装飾品も含まれていた。ル・コルビュジエはその一掃作業を「ディオゲネスの十字軍またはキャンペーン」と呼んだ。そして白く塗られた「白い箱」型モダニズム建築となっていった。

清家の「白」―地中海―

　青年丹下健三はバウハウス派の戦前の「白い箱型モダニズム」のデザインを「白タイル派」とか、「衛生陶器」と揶揄した。白い矩形を組み合わせた国際主義建築（インターナショナル様式）に、ル・コルビュジエの言う「衛生」主義が加わった。

　1930年代に「日本インターナショナル建築会」により「衛生」について議論が多くされた。当時のモダニストは清潔で衛生的な白く滑らかな表面を持つ建築こそ近代建築であると信じ、ル・コルビュジエの「白い箱」型住宅もその推進力となった。

　清家は日本のモダニズムはインターナショナルではなくて「西欧的」なものとしてアメリカからの波及現象としてのリージョナルなものであるとしている。それは戦後のモダニズムの経験からである。

　清家は、アテネからの帰途に、外港のピレウス港から半日の行程にある小島のイドラに寄っている。「東と西の交差点―イドラ島にて」S-81)には、ハゲ山の急斜面につくられた漁村の「デタラメな造形」、つまり「粗雑だが十分に美しい白い壁と、窓、階段、扉、などなどの造形は本質的に神殿に負けはしない。ギリシャの村々、島々は一つひとつアジアに近づいている。東と西との交差点であった」と、神殿にはない「住居の憩とやすらぎ」を、「デタラメな造形」に見ている。それは「白い石灰の造形」であった。清家は後にこの「白」について篠原一男に語っているS-62)。篠原は清家からル・コルビュジエについての話を引き出そうと懸命であるが清家は老獪にもそれを軽く往なしている。

清家――地中海では建物を全部白く塗っているでしょう。カサブランカとは「カサ・ブランカ」＝「白い家」という意味です。人が住んでいる間は白く塗っているの。住み手がいなくなったら、そのまま放置されて、白が剥げてくるんですよ。面白いのは、白く石灰を塗ることを「ディステンパー」というのね。「ディステンパー」というのは犬の病気でしょ。その白い塗料は生石灰で、貝殻からつくるの、生石灰を水に溶かして、ほうきみたいなもので日干し煉瓦に塗るんですよ。そのときに生石灰が空気中の炭酸ガスを吸収して、炭酸カルシウムになり水にとけなくなるの。壁のただの日干し煉瓦がそれでカバーされて水に溶けないようにされているの。単純なことですけど、「ディステンパー」っていうのは犬の病気だけだと思っていると大違い。辞書を引いてみなさい。ちゃんと書いてあるから。

「白い家」の「白」を犬の病気のディステンパーと結び付つけている。その論理のコンテクストは特異である。ロゴスの人、清家は辞書を引いて、その語源を確認せよと言っている。「白く塗る」ことで清潔にするという関係性に注目している清家の視座がある。篠原一男の住宅に「白の家」（1967年）という名の住宅がある。

(3) 大気・安静・栄養 ―フロアーヒーティング―
便所だけでなく家中に扉がない

ル・コルビュジエは入浴が好きで、浴室は病気を防ぎ健康を保つため本格的に取り組んだテーマであった。バスルームは、一つの住居の「器管」（オルガン）つまりそれ自身が構造、形態を持つものとして考えていた。寝室のドアは開け放し、そこからバスルームがよく見えている。自邸には居間や食事室からも見える円筒状のシャワーブースもあった。

清家の『やすらぎの住居学』S-16) には、

> 欧米では、寝室の近くに、浴室、洗面所、トイレを置いている。家族だけで使うプライベートな部分と他人を迎えるパブリックな部分を分け、プライベートな部分は寝室を中心にして作られている。この考えは合理的で使い勝手もよいので、取り入れてみるのもよいだろう。ただし、湿気や湯気に注意する。

清家は「私の家」の場合でも、居間からは便器や他の衛生陶器は見えはしないが、扉はなく空間は連続していた。「便所に限らず家中にドアがないというのは家内安全をを象徴している。家庭生活では家族間に何も隠し立てをすることもない。攻撃されることはない」と、それがドアのない理由でもある。

居間と便所は接するがその境界は「分節化」しない。しかし便所は不潔な湿気が発生する空間で、換気用の窓の欄間もあったが、臭気が居室内に流動してくることも予想されるが、それ

でも便所に扉を付けることはなかった。しかし、清家の「自由な空間をつくりたい」[S-33] に、「浴室が寝室に隣接していれば、風呂に入るには都合がよいかもしれないが、それよりも寝室に湯気が侵入しないように、むしろ寝室から遠く離したほうがよいとさえいえる」と、「私の家」は浴室はないが湿気を嫌う主旨で設計されている。「私の家」のサニタリー・コア内には、浴槽はなく、洋式便器、洗浄器（ビデ）、スロップシンク（洗濯用）、洗面器、シャワーなどの多くの衛生機器があるが一部の臭気は排気されずに、居間の空気に拡散・融合させる場合もあったかもしれない。

「この家の最大の実験はどのくらい扉なしで暮らせるだろうかということであった。これは家人に関する限り成功している」[S-5] と、清家は書いている。

初期の平面スケッチには便所（サニタリー・スペース）の居間側にはスウィング式の扉が描かれていたが、設計の途中で消去された。その時、便所の外部に面する北側壁には、外に開く大きな扉が付いていた。「北側は夏の通風のため内倒しの欄間が西隅にある」[S-5] と、それが実質の換気窓である。

『河童が覗いたトイレまんだら』[S-20] の「清家清さんの巻」に、妹尾河童は清家のコメントとして、

> ドアをつけてなかった理由は、なにも悪いことをしているわけではないのだから隠さなくてもいいのではと、ドアの開閉のために必要なスペースや労力が節約できますしね。それと、家の中の空気が動かなくて閉鎖的なのが嫌なので、"気が通う家"をつくりたかったんです。ドアがないとフン囲気がいい。そこで考えたウン蓄を仕事に活かすわけです。

最後はいつものジョークで終わっている。

しかし清家は「気動」つまり「気が通う新鮮なフレッシュエア」が動くことが好ましいが、ただ単に空気を循環させて塵を空中に分散させる空調方式を嫌った。

清家の「続・私の家」の建築記録[SH-8] には、

> 「私の家」の失敗の第1は、靴をはいたままで暮らそうと企てたこと。それで、当時いいふらされたことばだが、玄関というような封建的な所産を排除するという意味もあって庭からじかにという試みをしてみた。ところが招かれざる客だけでなく、ゴミ・犬・騒音etc.が遠慮会釈なく侵入してくるのにはおどろいた。それで、こんどの家（註記：「続・私の家」）には立派な玄関がついている。

靴ばき方式の床の失敗を告白している。「私の家」考[S-1]（『ARCHITECT清家清』）には、「室内で靴をはいているという習慣は何となく西洋式でもあるし、当時はアメリカかぶれだけでなく、戦争中は帝国陸軍にあって、靴を脱いだことがなかったという習慣からも、靴をはいたま

まで生活してみようと思った」のであるが、清家は海軍から復員後に、湿気の高いこの国で一日中靴を履いていて水虫になったから「靴のままで家の中を歩き回るシステムは3年ほどして取り止めになってしまった」ので、その後は足袋をはいていた。後に「私の家」に住んだ八木幸二も同じく足袋を愛用していた。「実は家人はその前から家の中では靴を脱ぎ、鉄平石の床の上にペッタリ座る生活をしていた」と清家は話している。しかし「私の家」の床の鉄平石は「やはりつるつるした方がよかった」のだという S-6)。

それは「実験」材料として床の仕上材を鉄平石の粗面にしたのが失敗であったようだ。

　ひっかかりますね。それと掃除に問題があるんです。汚れるんです。埃がひっかかるわけですね。年に3回くらい水洗いしています。けれども、冬になると水洗いはできないでしょう。春と夏、それと秋の初めころ、3回ぐらいしかできないんです。

八木ゆりは、<「私の家」のこと、父のこと> S-1) に、

　家の掃除が一家の年中行事でした。床の石は洗うときれいになるので、年に2回くらい、室内を水洗いしました。ベッドのほうまで水が行くと困りますから母が雑巾と古いタオルで防波堤をつくり、石けんをつけて、子供たちはタワシを持たされてみんなで洗うのです。それぞれお気に入りの形の石があり、家族総出の床洗いは楽しかったことを覚えています。

清家が寄寓していたW・グロピウス邸の屋内「Porch」の床も粗面の石の乱貼であった（「日記のなかの建築家たち」W-6)）。清家は「斎藤助教授の家」でも当初は浴室を付設しなかった。「私の家」でも、

　わが家には風呂がなかった（笑）。シャワーはトイレといっしょにありましたが、結局、かなり湿度が高くなるので、とうとう使わなかった。ビデがあるからそれで大体はすみました。それからスロップシンク、洗濯用の深いやつね。あれが一つありました。子供達はそこにお湯を溜めて入浴していました。

清家は部屋の湿度が高くなるのを極度に嫌い、シャワーでさえ使用を回避していた。母屋に浴室があったことも「私の家」には浴室を作らなかった遠因である。建築当初の防空壕であった地下室の浸透水など、清家は家の中の湿気による結露を特に嫌っていた。
『やさしさの住居学』S-18) の「91.身体も住まいも不調になる湿気の弊害―結露」に、

　冬の結露も、湿気の弊害の一つだ。結露とは、部屋の内外の温度差が大きいときに室内の水蒸気が冷えて吸湿性のない壁や窓ガラスなどにできる水滴のことで、浴室や冬の寒い時期

のマンションなど気密性の高い建物に発生しやすい。問題は、結露をそのままにしておくとカビが発生しやすいことだ。

「私の家」では、平坦な面は結露しやすいので、内壁を設計途中からコンクリートの打ち放し仕上を変更して、「粗いテクスチャは結露し難いので、室内にはよい。」と工事作業も大変な人造石小叩仕上としている。しかしカビは発生しやすいようだ。

清家は、浴室の「湿気の高い空気は、乾いた空気より蒸気圧が高いので、湿気はどんな狭いすきまからも侵入してきます。しかし部屋の戸をよく閉めておけば、湿気の侵入はかなり遅れる」S-144)と「森博士の家」のように、浴室の別棟化を奨励している。

「私の家」の設計テーマ ―主婦の家事労働の低減―

ル・コルビュジエはマルセイユのユニテ・ダビダシオンについて、「夫妻が一緒に過ごす時間」を増やしたいが、「今日は妻は家事に押し潰され、重労働が割り当てられている」と、女性の家庭内労働の負担の軽減の必要性を主張しているL-34)。

その一つが「合理化された住宅での労働を軽減するキッチン」である。ル・コルビュジエの「小さな家」では、母親が腰が悪くなっても家事をしやすいように台所や流し台は低めに造られ、棚は手を伸ばせば届くように設置されている。清家も「洗面台は低い方がよい」と話しているS-8)。清家の「私の家」でも、やはり夫人の「健康」S-24)のために、「最小限のhouse-keepingですむように設計したから、台所にしてもおそらく最小の台所」に、「それでいて、パーティのときは誰かが手伝えるように」設計したのだという。

篠原一男は「空間の思想化」で、「貧しい小さな住宅はその狭さのゆえに逆に、ワンルームにでもしなければ住宅作品にならないという事情があったことを見落としてはいけない」と、それは「戦後の日本文化の歪みのひとつ」であると指摘している。

清家の『やすらぎの住居学』S-16)の「37」に、住宅の適正な広さについて、家事労働の面から、主婦がひとりで毎日掃除できる面積は最大でおよそ30平方メートルから50平方メートルまでである。正しく「私の家」の床面積が50㎡である。それは金融公庫の融資の限度額でもあった。

清家が自分の1日の食事の回数を2食としたのも単にキリスト教の断食とかの戒律のためからだけではなく、妻への思いやりという私的事情と、建築家としての「婦人の家事労働からの解放」という戦後の住宅革新の中心課題の実践でもあった。

米国でW・グロピウス邸に寄寓していた頃は、朝食はW・グロピウスと2人で作り、イゼ夫人の家事労働を分担していた。

清家は、「私の家」の主婦の労働S-5)について、

家が狭いなら、もっと広い家を建てればよいという説もあるが、それには経済計画の伸びがなければ仕方のないことだし、だいいちウチの主婦（註記：ゆき夫人）が反対している。

子供達の部屋は、君臨すれども統治せずというわが家の家憲によって彼等自身が片づけてくれるから主婦の管理外である自治領で、それが広くなることには君臨者として反対ではないのだが、居間、台所、寝室などの直接主婦に主権がある室はなるべく狭いほうがいいというのが妻の意見である。この意見には科学的にもうなずける。私が実験したことだが、家の掃除をすると、そのあと労働の疲労で脈拍が多くなる。この脈拍が掃除がすんでから何分経ったらもとになるかを測定してみたのだ。現在のわが家では約15分経って全くもとの状況に還るのをみても、このくらいの広さの家が管理上疲労が蓄積しないちょうどよい具合といえるのである。無論、狭ければ無駄に家の中をバタバタ歩き回る必要もないという特長もある。一目で家のすみずみまでが見わたせて、家父長としても君臨する実感がでてくるわけである。

ゆき夫人自身が主婦として、なるべく「狭いほうがいい」と主張したのは「最小限住宅」を試みる建築家の妻として出色である。

「私の家」は近代的な「衛生＋機械」

清家は「私の家」の重要な設計テーマ[S-5]として、

この鉄平石の床にパネルヒーティングの配管が当初から設置してあったのですが、ボイラーを買うお金がなくて冷たい石の上に三年も生活していました。クリスマスのパーティで、お客からは「また、今年もはいりませんでしたね」と言われたものです。さすがに寒かった（笑）。でもまだ若かったからね。かみさんがその少し前に肺浸潤になったので、「大気・安静・栄養」をテーマにした家でもあるのです。だから開けっ放しです。親父がよく「この家は寒いね」って感心してました。

「私の家」は「大気・安静・栄養」をテーマとした家「でも」ある。この「でも」が重要で、大きな要因であることを告白している。

このキー・ワードは、近代的サナトリウムを唱導した19世紀英国のボディントンによって始められた結核の一般療法でドイツで発達した。「気候療法」の一種で温度は15℃から20℃の間が最も適当で、湿度は50〜70％、「乾燥気中に在っては、諸種の細菌を減殺し、湿気が培養を助け伝染病の蔓延に余地を与うることを忌避する」ためであった。

つまり、ゆき夫人の健康への配慮が清家清一家が「私の家」に住むことになった主な原因であるらしい。単に清家の父が「こんなヘンな家に住むのはゴメンだね」と言った理由だけではない。ゆき夫人の健康が心配されていて、つまり病気を癒すことが目的の谷口吉郎の言う住宅は「家庭のサナトリウムの実験室」であった。

当時の結核の治療法の主流は、戦前から「徹底的な大気開放、日光浴、高栄養食」であった。近代モダニズム住宅はその「白い箱」の形態だけでなく、衛生意識としての「Light and Air for All」で、全ての人に「太陽光と新鮮な空気を」であり、肺結核の治療のテーゼでもあった。サナトリウムでは冬でも暖房のない病室の窓を開放し、患者の湯タンポを毛布で包み寒気を凌いでいた。清家が床暖房用のボイラーの敷設を急がなかったのも結果的にはこの理由もあるとも考えられる。

　室内の空気を清浄に保つのは空気調和機ではなくて、空気を動かさない床の輻射熱暖房が適している。それ以上に、清家が室内の湿気を厭ったのは妻の呼吸の容易さの求めに応じていたからである。

　『やすらぎの住居学』[S-16]の「71.冷暖房の効率とエコロジー」に、

　　北の国の暖房として私が奨めているのが床暖房。表面温度で体温ぐらい。室温は18度ぐらいにしか上がらないが、それでいて決して寒くはない。採暖、赤外線とかさらに波長の長い遠赤外線暖房の輻射採暖。梅雨の終わるまで運転していると、室内が乾燥する。

同じく「81.暖房方式に決め手はあるか？」に、

　　ケチで有名なウチのカミさんにいわせると、CH（セントラル・ヒーティング）のパネル・ヒーティングが一番良いという。なんといっても「気持ちよくて、快適だ」ということ。だからすこしくらいコストが高かったとしても、その快適さを買いたい、とのことだ。燃料の灯油が家計に響くほどではないらしい。

清家は「私の家」の科学的側面について[S-5]、

　　「私の家」を建てる少し前に、森於菟先生、宮城音弥先生の住宅を設計させてもらった。これは私にとって住宅についての興味をかきたてる大きな契機になった。偶然、両先生とも医学博士で、森先生は鷗外のご長男という血統から見ても文学・芸術にご造詣が深かったし、宮城先生も、もとを正せば文学士、科学者であると同時にその近代科学のつい見過ごしたり軽視しがちな文学や芸術をしっかり見つめているという生活であった。建築は本来そうした形而上的な存在をひとつの調和ある個体として形而下的というかフィジカルな存在として獲得する技術であろう。特に住宅について言えば、医学がそうであるように生理学や心理学の問題が物理学以上に必要であると言えそうだ。

清家は建築主の森於菟や宮城音弥などの医・心理学者の影響を受けて、ハード的には「私の家」＝「衛生＋機械」で、ソフト的には「私の家」＝「生理学＋心理学」でその全体を「家族の容器」とも定義した。『やすらぎの住居学』[S-16]の「92.室内空気汚染にこまめな風通し―換気」に、

人間が生活していくうえに必要な空気の量は、1人あたり20㎥といわれている。たとえば夫婦で6畳の部屋に8時間寝るとして。12時間に3回の割で空気の入れ替えがされないと寝ていて心地よくないという。室内の空気は、主として人間の呼吸によって吐き出される炭酸ガスや炎の不完全燃焼による一酸化炭素などによって汚染されている。これらの汚れた空気は、和風の木造住宅なら自然換気で十分だった。

　清家は「人が生活していくために必要な空気の量を＜気領＞という。その恕限度（最低基準）は20㎥であり」、「密閉された空間にいると文字どおり気がつまる」とジョークを言っている。「私の家」は6畳（約10㎥）の約5倍、つまり50㎥であるから、8時間の就寝中に、約1回の空気の入れ換え量で良いということになる。清家ほど住宅室内の空気衛生について関心を持っていた建築家は少ない。続けて、

　　最近は、住宅の気密性化により、換気の必要性が一段と高まっている。また冬に自然換気をしようものなら寒風が吹き込むため、人工換気を上手に使い分ける必要がありそうだ。

　その他、室内空気中の粉塵、ホルムアルデヒドなどの刺激性ガス、有機溶剤、微生物などによる「シックビル・シンドローム」、咳き込んだり、風邪のような症状を起こす社会問題まで言及している。浴室のカビ対策、ふとんのダニやハウスダスト退治、湿度のコントロールの必要性をすすめている。

　「私の家」の「1957年のレポート」[S-5]には、「人工的な快適さは不健康である」として「建物を戸外と有機的に結びつけ、生活を大気の中に溶け込ませて、狭小住宅の解決を計っている。建物の南面は全部開放して戸外と接触できる」と書かれている。

　また同じように、「環境が許すなら、ゆったりとした庭のある平屋に住んで、お天気のよい日は庭に出て太陽をいっぱい浴びて暮らしたい」（図Ⅳ-12）と、庭は狭さを解決するためだけではなく「日光浴」のための室内の延長「リダンダンス」（冗長性）でもある（図Ⅳ-13）。それは外気を最大限に取り入れる大気療法（open air）でもあった。

(4) モダニズム建築の衛生論
地下におろす窓―全面開放―
　ル・コルビュジエは、『建築をめざして』[L-2]（吉阪正訳 鹿島出版会）の「課題の設定」に、

　　＜窓は明りとりとして、少しは、大いに、一寸も、また外を眺めるのに役に立つものだ。＞寝台車には気密に閉まり、自由に開けられる窓がある。近代的なカフェの大きくとった開口部には、ハンドル操作で、地下におろしてしまうので気密にも、完全開放にもできるものがある。

図Ⅳ-12 「私の家」の南側外観 [S-5]　　図Ⅳ-13 「私の家」の庭への延長──リビング・ガーデン [S-6]　　図Ⅳ-14 「私の家」の地下室から昇降するガラス戸と雨戸 [S-5]

　この「ハンドル操作で地下におろす窓」は、清家の「私の家」にもあった（図Ⅳ-14）。「南東隅の仕事部屋のガラス窓は枠が地下に潜ってしまうから、開口がいっぱいに開く。台風などの非常時にはガラスの窓の更にその外側に防護扉が地下室からせり上がってくる」。この窓は幅3.6m、高さ1.6mで、サッシュごと腰壁の中に降りてゆく、「視界から消えてしまう窓」で、地下室にある大きなハンドルを回して、ウォームギアで上下する。清家は「建物の南面は全部解放して、生活を大気の中に溶けこまして」と、とにかく引き違い窓等ではなく大きな全面開放の換気窓を欲していた。
　林昌二の「孝行息子」[S-1] に、この「地下に沈む窓」について、

　　南から向かって右端の窓。1枚ガラスがスーッと地下に下がってゆく、あの窓のことです。あの鮮やかさはただものではありません。あのために地下室をつくったのかと思われるほどです。感心して過してきた数十年後、私は、チェコはブルーノの「チューゲントハット邸」（1930年）を訪れる機会に恵まれました。さまざまな経過をたどったのち、現在は財団の管理になっていて見学のできるM.V.D.ローエの名作です。あの大きなガラス窓が、下の階へ下がると聞き、お金を払って下げてもらいました。手動ですから容易ではなく、半分ほど動かす程度で終わったのは残念でしたが、それを見てハッとしました。あの窓！清家先生に、ブルーノに行かれたことがありますかと、無遠慮にお尋ねしたところ、見事にはぐらかされて終わりました。

　清家の会話における回答の歯ぎれの悪さまたは無言は、「否定」を意味し、この場合、実はM.V.D.ローエのこの住宅ではなくて、ル・コルビュジエの『建築をめざして』の寝台車の窓にも、「私の家」の窓の発想の原点はあったといえる。

空気汚染と実験住宅
　清家もル・コルビュジエと同様に、都市の住環境の悪化の原因として西欧文明が既に頽廃期

図IV-15 ル・コルビュジエとピエール・ジャンヌレ
（アルカション湾にて、1978年）[L-16]

図IV-16 海に入るル・コルビュジエ [L-22]

にあることを指摘し、その「都市戦争に生き残りたい」と地下壕住宅まで後退してシェルター住宅をも提案している。「私どもの周辺で起きている日照権の問題とか、低周波の問題とか、大気汚染、水質汚濁を含めての環境破壊など、いわゆる公害問題の大半はそのルーツを西洋文明に由来している」と、そして「その悪条件の環境を人工的に改善しようとする動きが、かえってさらに悪条件な環境を作り出している。それを象徴的に戯画化すれば空気清浄化装置をつくるための工場で、汚染空気を吐き出している」、したがって「新建築にはテクノロジーアセスメント（技術点検）がどうしても必要になってくる」と、「現代住宅の住み心地の悪さがすべて、もとを正せば技術革新、技術開発の結果であることが多いのである。住宅は住むための機械である」しかし、その「機械」の「有用の用」が効力を失せ過剰になり「無用」どころか「悪用」になっていることを指摘している。

人間の呼吸によって吐き出される炭酸ガスによって室内空気は汚染され、またガスや石油の不完全燃焼による一酸化炭素やタバコの煙も汚染の原因となる。

「石油やガスの火を室内で燃やす式のストーブは建築家としてあまりすすめたくない。それはNO_2、NOが発生し、健康上有害である」[S-64]と、都市ガスボイラー給湯方式によるパネルヒーティングをすすめている。

その悪い結果として「大気汚染地域の病気に呼吸器病」[S-65]と、そして「住宅では換気不充分の一酸化炭素のガス中毒」[S-65]の発生の事例がある。以上の清家の室内空気環境の考えは、直接に「私の家」に反映している。

ル・コルビュジエと清家清の健康スポーツ

ル・コルビュジエは、『エスプリ・ヌーボー（新精神）』[L-9]誌の寄稿者で運動療法で知られるパリ医科大学外科医長の医学博士ピエール・ウィンターの指導により、週二度のバスケットボールを欠かさず、「新しい建築」に「新しい肉体」を持った人間としての「高貴な野蛮人」を対置した。『ル・コルビュジエ』[L-16]の註記には、

集合住宅の空中庭園におけるボクシング。身体運動の思想は、ル・コルビュジエのすべて

図IV-17 「東工大自動車部」「建築師匠・清家清先生」[S-1]　　図IV-18 清家の愛用車 [S-5]　　図IV-19 家族とヨット [S-5]

の建築に浸透して強調されている。テニスとフットボールはそれぞれの住居でロックの足下で行われる、と同時に競走路は屋上にも用意される。

高層住宅では「ロック・足下（低層部）のスポーツ化」が試みられた。P・ウィンター博士はル・コルビュジエを建築家、画家、詩人として、そして知られざる側面として生物学者、予防医学者、スポーツマンの部分を紹介するとして[L-14]、

　私は健康な人間についての話をする機会をもった——体操をしなさいと。彼は私の処方を全部は受け入れなかったが——ある夕方体育館にやって来た。16年来彼は決して欠席せずバスケットに情熱をもって、ぶつかり——週2回を課したのだった。——そうしているうちに彼は走れることがわかり——走ることが好きだったと知り、最近は水泳も上達し、一人で長距離にいどむ。これらはル・コルビュジエの生物学者としての成長に若干関係がある。

　ル・コルビュジエは若い頃は痩せて神経質であったが、後にスポーツ愛好家になった、従弟のピエール・ジャンヌレと、海辺で水着姿でパイプをくわえ、ボクシングのポーズをする写真（図IV-15）や、パンチングボールでトレーニングするスケッチはル・コルビュジエ自身の姿である。カップ・マルタンの海に向かう裸のル・コルビュジエの後ろ姿の写真もある（図IV-16）。
　ル・コルビュジエの「自分という機械を通常機械がやっているような清掃、手入れ、修理をする」姿は、自己の肉体をも、衛生機械として近代的な「高貴なる野蛮人」として健康の回復と維持（メインテナンス）のためにサイボーグ化する建築家の姿であった。
　清家の自動車やスキーのみならず特にヨット等のスポーツ好きについて林昌二は[S-5]、

　「動くもの好き」は清家先生の隠された一面で、東京工業大学自動車部の部長を引きうけておられたこともあります。当時のことですから、車は揃ってオンボロで木炭車を整備しての珍道中が、しばしば目撃されたものです（図IV-17）。先生の「動くもの好き」は地上に限ったことではなく、元海軍将校にふさわしく、ヨットを操るのもお得意でしたから、研究室は

しばしば葉山の一色海岸に移動、集結していた感がありました。

清家の愛用車の写真には運転する帽子をかぶった後姿が見える（図Ⅳ-18）。
清家は「1960年以降、トヨタの２ドアのステーションワゴンに始まり、ずっとワゴン車で、ジャリトラと称して愛用しています」と、子どもを乗せるというジョークである。
ル・コルビュジエが自動車と船舶の愛好者であったことも清家と共通する。
吉阪隆正は、清家の『家相の科学』[S-73]の推薦文に、

　清家氏は、たいへん行動的趣味の持ち主である。なかでも、乗り物専科と自称するだけあって、ヨットと自動車は、アマチュアの域を脱している。ヨット歴は三十年をこえ、現在はOPディンギー級の関東水域委員長というボスの座におさまっている。

海軍軍人であった清家は江の島で、

　わが家では夏の湘南で、長さ4m25cmのシーガル型ヨット、オメガ丸で遊ぶ、…篤もすでに一人でスキッパー（艇長）になり、子供たちが私たちをのりこえていくようなった。父親のよろこびでもある（図Ⅳ-19）。

　江の島ヨット・クラブに属し、海軍帽をかぶりヨットの手入れをする子どもを眺める清家は、小型船舶操縦士免許を取得していた。所有するヨットに、「オメガΩ（終末）丸」としたのは海の好きな清家が、海の混沌が終息したとして名付けたのだろうか。この「オメガ＝終末」は単なる終りではなく、つまり「現在世界が終って新しい世界がはじまる時」で、清家の時代から子供達への継続の意をもった「始まりであるオメガ（Ω）」（『ヨハネの黙示録』21-6）であり新しい「アルファ（A）のはじまり」でもある。
　毎年、清家研究室では夏休みになると葉山の寺でヨット合宿を行った。私も小西敏正に連れられて参加し、ディンギーのヨットの操作術を教えてもらった。海辺は明治末期から健康づくりに良い場所であると勧められていた。湘南は特に都会人の海水浴や療養の場所であった。

(5) 衛生学と「癒しの容器」
白色モダニズム ―「衛生と健康の器」―
　谷口吉郎は30歳、東工大助教授の時、品川区小山に木造２階建126㎡の自邸（1935年）を建てた（図Ⅳ-20）。モダニズム建築で、「銀鼠色」の単純な箱である。
　採光と通風のための中央の吹き抜けの天井裏の排気塔により熱を逃したり、ガラス窓の遮熱対策として庇や雨戸を設け、外壁の断熱性能を高めるために三層の空気層を作っている環境工学的建築である。居間の吹き抜けの２階南側には、ブリッヂ状の「日光浴室」（図Ⅳ-21、22）

図IV-20 谷口吉郎自邸（1997年）[T-1]

図IV-21 同（左）断面図「日光浴室」[T-1]

図IV-22 同前、居間吹抜け・日光浴室 [T-1]

がある。「温泉宿の浴室のように南面に広い窓を開け放した風呂場、それに付属した、寝室を、裸体で横臥できる日光浴室」と、「家庭のサナトリウムの実験室」に擬しているのは、「快適で健康な日常生活」のために、病院で用いられていた風の流れによる「空気療法」を一般住宅にまで「予防医学」を延用した「衛生と健康の器」であった。

清家は、「谷口先生のご自宅は一見、インターナショナルな姿はしていても、本質は金沢に伝わる日本の伝統が脈打っていた」と、評価している。それは「国際様式の背後の風土」と呼ばれている。息子の谷口吉生が1964年留学から帰ると自邸は増改築され家の姿はまったく変わっていた。

<「真っ黒なスケッチ」と「清らかな意匠」>の清家清と仙田満の対談[T-1]では、清家は谷口の影響を随所に語っている。「谷口自邸」については、清家は「いつ行っても同じなんだな」、しかし後に谷口は増改築を繰り返し行っている。「わが家のフロアヒーティングも谷口邸の影響が多いのよ」と、そして「谷口先生の研究にはシュリーレン方法というのがありまして、熱がどういうふうに動くかを陽炎を発生させて調べる、その実験が随分ありますよ。暖房装置でどういうふうに気流が動いていくかという実験などね」など、谷口邸の「環境工学的な通風」についての見解が語られている。

若山滋による『建築家と小説家』（彰国社、2013年）「白色のモダニズム『風立ちぬ』の章」には、堀辰雄の婚約者の節子が八ヶ岳山麓のサナトリウムで暮らす部屋が描かれ、「すべて真っ白に塗られたベッドと卓と椅子」と書かれていたが、小説上でも白いモダニズムであった。それは「高原の空気の清浄さを反映し、結核の療養と結びついて、何かしら死を予感させる白色のモダニズムに染められている」のだとして、若山は続けて次のように記述している。

　実はこの1920年代後半から30年代前半、ヨーロッパにおいて、すべてのモダン建築が、サナトリウムと化したかのように、白一色に染められたのだ。ル・コルビュジエの住宅作品は「白い機械」であった。もちろん日本のモダニズム建築家にも反映され、機能主義（国際主義）といえば「白」という時代であった。

モダニストでもあった清家は、しかしバウハウス調の「白い箱」型（ホワイト・キューブ）住宅は決して作らなかった。
　1920年にル・コルビュジエ等が創刊した『エスプリ・ヌーヴォー』[L-9]誌は、機械主義時代の「新精神」を探究する。

　　それは第一に、機械に充ちている。「新機械」でもって建築を建てよということだ。機械のような問題提起と論理的解決、それによる調和を建築にも求め、水平連続窓や屋上庭園やピロティを導入した住宅。そこでは病の住人を清潔にし治療する。

　「住宅機械」は「病気の住人を治療」する。つまり「住宅は住人を清潔にし治療するための衛生機械である」と言ってよい。
　モダニズム建築＝近代主義建築の「主義」をこの「二つの側面」と考えてよいが、篠原一男は、1950年代の日本の機能主義に対して、

　　その時期の機能主義は日本的な機能主義であってヨーロッパ的モダニズムの開拓者が発信した機能主義と同じものだとは思われない。しかし、機能主義あるいは合理主義というひとつの思想を表明した以上、できるところまで追うべきだと私は思うんです。

　清家と同じく日本的な機能主義は「リージョナル」、つまり日本特有のものだと言っている。しかし篠原は1960年代に入り、日本の機能主義、合理主義の限界を感じ「病理学的な装飾」空間を志向することになる。
　西欧からアメリカに移住した建築家のモダニズムと共通する日本の「衛生主義」建築を作ったのが、谷口吉郎の自邸と清家の「私の家」である。

住宅＝人を癒やす容器
　『無窮と建築』[S-84]（瀬尾文彰著 創樹社）は瀬尾の遺言ともいえる企画で作成された。私も学生時代に小玉祐一郎に誘われて瀬尾の「アトリエ・エラン」という研究会で数度お会いした。瀬尾は近代建築思想の分野の俊英で、清家についての重要なコメントがある。

　　清家清はぼくの恩師です。学生時代、「私の家」にはなにかといえば伺って、奥様にもよくしていただいたものです。清家は既にたくさんの斬新な住宅を作り世に問うていました。清家は学生たちに、住まいは、芸術とは異なるなにかだということ、人を癒す器だといった主旨のことをよく話していたものです。最近はやりの癒し論ではありません。40年も以前のことです。生命のエネルギーは＜無界＞からやってきます。なにか確かなものが＜身体＞にみなぎったと感じるとき、それは＜無界＞との接触の瞬間です。そこへ行くと清家は、い

かにもさりげないのです。日常のなかにcomfortありpleasantnessあり、そして＜無界＞の隙間からpleasureの輝きが時には瞬いてくれる。清家の「癒す」という言葉が暗示したのは、ボルノウのいう深い意味での庇護性であったかもしれません。とても複雑な関係を抱え込んでの「さりげなさ」です。≪詩≫と同時に≪愛≫でもあるという、絡み合った局面を思い描く必要がありそうです。

清家の「住宅は人を癒す器」であるという定義は重要である。この「ボルノウの庇護性」とはO・F・ボルノウの思想で「護られている感じ、安定感」であり「希望の哲学」とされている。「癒し」とは、単に病気をなおすことだけではなく、庇護されているという安心感のための「人間の容器」のことを清家は「癒し」という語で表現した。公共衛生の観点からは近代病院は病気の「治癒のための機械」である。その論理からすると住宅は健康的視点からの「癒しのための機械」と言ってよい。

清家の『ゆたかさの住居学』[S-19]の「99」に、

　環境保護のことをエコロジーと言う。エコロジーのエコはエコノミーのエコと語源は同じくして、ギリシャ語の「オイコス」から来ていて、家＝ファミリー（家族）という意味である。ロジーもノミーも、どちらも科学（サイエンス）のこと。環境保全も生活保全も同じ、生活をどのように護るかというジャンルの科学である。家族を大事にすること、自分の家を大事にすること、家のまわりの生活環境を大事にすること、自然や地球を大事にすること、すべて同一線上にある。

清家にとってギリシャ語の「家族」（オイコス）という概念は正しく、ロゴスの人 清家清の面目躍如である。家および家族の「生活をどのように護るか」の保全の科学が建築である。清家は「築く」[S-6]の末尾に、

　現代都市はどう考えても美しくもないし、騒音やよごれた空気が充満している。太陽でさえドンヨリとしてみえる。西沢文隆氏は、「よい眺めを期待して建てた小住宅の前に突如高層のアパートが出現して景色のみか、太陽の光からもすっかり遮られてしまう」（『新建築』1962年10月）だからコートハウスを建てるのだというような嘆きを述べておられるが、同感であって、私は更に地下壕住宅にまで後退して、この熾烈な都市戦争に生き残りたいと思っている。

清家も「西田博士の家」（1961年）（図Ⅳ-23）や「銀杏を囲む家」（1961年）（図Ⅳ-24a、24b）のようなコートハウスを設計している。私の同級生の村田靖夫は「コートハウス」に関心が高く、息子の村田涼もそれが博士論文になった。清家はやはり隈研吾の言うシェルター（防

護室）の住宅を作る「沈むモダニスト」^{S-1)} であった。

「パン」＝「パフォーマンス」

　清家と本間日臣（虎ノ門病院呼吸器科顧問）との「対談・建築と健康」^{S-119)} を司会した小玉裕一郎は、この対談の最後に、

　　清家先生が1950年代におつくりになった住宅は、すごく健康的な気がするんです、たとえば素材を生かすとか、構法が適正だとか、丈夫で長持ちするような配慮があったと思うんです。そういう目からご覧になって最近の建築はいかがですか。

清家の初期住宅が、別の意味で「健康」的であるとの小玉の質問に対して清家は、

　　私たちが1950年代に作った家は、焼け跡の何もないところに造ったから、これに住んで生きているんだ、健康を享受しているんだという意識があったんでしょう。
　　すべてのものがそうなんですけど、エネルギーが投入されますとエントロピーが増大して、最終的には聖書にあるように人間もチリとゴミになるんです。要するに消費が行われるわけですね。最終的には死んで平衡状態に到達するんですけど、それはやむを得ないと思います。だけど、子どもたちもそうですが、少なくとも自分が生きている間はその家は使われてほしいという意識はあったと思います。

「エントロピー増大の後の死の平衡」については、清家がよく口にしていた鴨長明の「無常感」がにじみ出ている。続けて小玉が「その関係を伺いたかったんです」と答えかけると、

　　機能主義といっても、単なるファンクションだけではなくて、人はパンだけで生きるのではないということで、もっと心の問題を考えてみることだと思うのです。機能があって性能が発揮できるのですから、どのような性能、パフォーマンスが引き出せるかということを追求してきたと思うのです。パフォーマンスがファンクションの変節に対して適応性があったと同時に、機能主義それ自体がさまざまなパフォーマンスを引き出せたということなのかも知れません。

清家の初期住宅は「様々なパフォーマンス（性能）」を引き出せたことにある。つまり戦後の民主主義的な「近代主義（モダニズム）」が生活に対して適格な性能を住宅に提供できた。それを清家は「超克」と称した。戦後の「パン」つまり、住宅の復興建設のみならず、「心」の問題、「癒し」について、清家はよく聖書の「人はパンのみによって生きるにあらず」を引用したが、ヒューマニズムにより近代化アメリカナイズされた性能（パフォーマンス）を充分

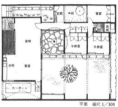

図Ⅳ-23　西田博士の家　[S-1]　　図Ⅳ-24a　銀杏を囲む家　[S-1]　　図Ⅳ-24b　同前、平面図　[S-1]

に住宅に反映させられ得たことを言っている。

2.「一室住居」の心理学的考察 ── Redundanceと「気」(プシュケー) ──

宮城音弥は清家が設計した自邸の「宮城教授の家」^{SH-5)} について、

> 人間の性格を内向性、外向性のほか、精神病をもとにして分類することもあるが、分裂質のものは、恐らく、より内密で閉鎖的な住宅をよろこび、躁鬱質(そううつ)(愉快になるときと憂鬱になるときはあるが、社交的で、他人との為に隔てをおかない)の人間は開放的な住宅を好むのではなかろうか。

清家の「一室住居論」^{S-9)} は、清家の重要論文で「私の家」と、「宮城教授の家」の平面図を比較している。住宅思想を精神病理学を使って解析する必要から、「一室住居」の住人の適性について清家は、

> 一室住居は躁うつ気質の人でないと住めないし、逆に分裂気質の人には一室住居が不適当のように思える。仮に躁うつ型には一室住居がいいと決めても、家族全部にわたって、一室住居がいいともいえない。だが、夫婦そろって躁うつの型の傾向が強いなら、一室住居、Living-Dining、Dining-Kitchen、Multipurposeというような多用性のある空間組織が気にいるだろうということはいえる。私は躁型の躁うつ質で、妻はうつ型の躁うつ質である。したがって子供も躁うつ質のようだ。だから、私の住居は一室だが、みんな気に入って暮らしている。

清家は「モノがすべて見えていないと気がすまない」気質であった。家族も同タイプであったから成立した「私の家」は「特殊解」であり、「私小説」的であったといえる。事実「私の家」の棚は単に書棚としてだけでなく、当初は生活のための物品の扉のない収集棚でもあった

らしい。本も神棚も仏塔も十字架もあり、またおもちゃ箱も納まっている（図Ⅳ-25a、25b）。さらに寝室の「行李には、家具一切も収納されている。正しくオープンな収納箱である」[S-6]。実に開放的な住居であった。清家は「宮城教授の家」の本棚の写真の註記に、

> 床の間というものが要るとか要らないとかいろいろ談義されているが、学者の家の床の間としての本棚のもつ意味は大きい。

「私の家」でも、本棚は、床の間の代用であった。つまり本棚は「有用の用」のある床の間で、清家も学者で教授であることを象徴していた。小エッセイ「もの入れ」[S-96]の中で、「私の家」の大きな戸棚について、

> 住宅と鳥や獣の巣との大きな相違は、住宅はものを格納する必要があるということで、ものを持っていない鳥や獣と、ものを持っている現代人の相違である。

「私の家」では縦の戸棚に収納された本が、後に「続・私の家」では、大テーブルの上に、本類や資料が整然と横積みされていたのを私も実際に目にしている。

そして清家の「みんな気に入ってゴチャゴチャと住んでいる」という表現には、清家の「Redundance」論に重要な視座を与える。清家の「一室住居」の関数Fは、F＝機能（Redundant）×疲労性×性格（躁うつ質）×「間」が成立する理論で、加えて「気」が最後のファクター（因子）である。「ホーム」というソフトウェアーを作るための「気」としての「場」論が必要である。

躁うつ質・分裂質そして「一室住居論」

清家は「宮城教授の家」[SH-5]について、

> プライバシーというのは外部に対して……内部の問題でもあるわけだが、もちろんプライバシーは必要であるとしても、完全にひとりで逼塞したようなプライバシーはかえって寛げないのではなかろうか。家に帰るのは外的なストレス・ストレスインを開放して寛いで、あすへの活力をつくるのが目的だとすれば、むしろ家族とともにあるというやすらぎのほうが、充分の寛ぎを得られる。プライバシーの問題を考えるときのひとつの立脚点だと思う。

宮城音弥自身も躁うつ質的性格であったが、当初の宮城自身の自邸の計画案は、開放的な一室空間とは全く異なるものであった。清家は建築上の汎用性のある「開放的な住宅」を目指すために、宮城博士の教示により、「一室住居論」[S-9]での「Redundance」論を用いて、

> 分裂気質の人と躁うつ気質の人でRedundancyの大きさに差があるようだが、大体

図Ⅳ-25a 「私の家」の常用の家財一切を納める戸棚と移動式畳

図Ⅳ-25b 同前、拡大図　[S-6]

Redundancy 自体の定量的な測定がされていないから、いまはどの位の数値をとるのか完全に答えられない。しかし分裂気質のほうが狭い室でも我慢ができるようだ。

清家は分裂気質の人は躁うつ気質の人と較べて、「はたらき」（Function）の中核の場の面積、そして「Redundancy」（余剰）の面積が共に狭くてすむから個室が向いているとの理論を展開している。

つまり分裂気質の人は常に自分と相手や周囲の人との出来事が「気になる」状態になっており、相手の動静に「気づかい」している。そして発病し分裂症になると「自閉」したり「離人」したりして自己を縮小したり、抹殺させようとして、この「Redundance」の輪を常に縮小させるベクトルが働いているのである。他との距離を絶対的に無くするために個室または小空間に篭り、周囲と隔離しようとする。したがって分裂気質の人が家族と共に住む場合には個室が必要になるのである。

躁うつ気質の人の場合には「Redundancy」や「Allowance」が互いにオーバーラップしても機能的（精神的"気"）にも障害を及ぼさないのである。従って「一室住居」向きなのである。しかし分裂気質の人は逆で、それを極端に嫌悪した。続けて清家は同論文で、

　また、プライバシーについても一室住居はいろいろな問題をもっているが、日本人の生活習慣の中で、視覚に関してのプライバシーは性的なものを除いて殆ど必要としていない。したがってわれわれの一室住居が夫婦ないしは性的に極めて未熟な幼児だけで占められている限りでは、視覚的にほとんど問題ではない。
　またかりにそれが露出過度の行き過ぎになり勝ちならカーテンその他、チヨットした遮蔽方法はいくらでも可能であろう。従来からの障子・ふすまの間仕切りや、舗設（しつらえ）などと称えられてきた居住空間の設定、機能分化の方法は、壁で仕切られた多室住居を一室住居のほうへ軟化させる中間的な方法として、中間気質のひとにおすすめできる。

篠原一男は「最小限住宅という用語があるが、それよりももっと極限的な一寝室住宅という

夫婦二人のための極限住宅」を提唱している。それを「から傘の家」（1962年）で実現している。
　清家は『ゆたかさの住居学』^{S-19)} の「6.＜夫婦一体＞の夫婦にプライバシーはない」に、

> マタイによる福音書（19・5）によれば、「二人の父母を離れて夫婦は一体になる」とある。さらに一体となった二人を引き離してはならぬと続く。だから結婚した二人の間にはプライバシーは関係ない。一体となった夫婦の間には、洋の東西を問わずお互いにプライバシーは無くてよい。そのように考えると、外に対してはバリアを築いて非常に排他的でも、内側にはバリアフリーの親密な関係を求めるというのが家庭の本質なのかもしれない。

　夫婦だけなら「極限住宅」は可能である。清家の長男・篤は、「私の家」（1954年竣工）の完成の年に誕生し、中学卒業まで15年間をこの家で過ごした経験から、「一室住居」について、

> ある心理学者の研究では人間というものは物理的な壁がないと、心の中に壁をつくる。まったく間仕切りのない家というものは、無条件で賛成はできませんね。

　篤は現実的に「一室住居」に住んだ体験からその問題性を指摘している。子ども達はどこで就寝をしていたかという質問に清家は、

> 幼い子供たちも同様に自分の体を動かして、自分にとっていちばん居心地のよい場所を自分のテリトリーの中に見い出すようだ。

　そして学習については、篤が小中学校の頃に、「私の家」のどこで勉強していましたかとの質問に、清家は「勉強？どこかでしてたと思いますよ」（笑）と答えている。父親の清家清は、

> 竪穴住居の昔もそうであったろうと思うが、やや、動物的はあるにしても、一室で親子がゴチャゴチャと住んでいるということは、何ともいえない温かさのあるものだ。一室住居の大きな欠点は雑音の多いことだ、この（noises）それ自体私にとっては、私自身が生きているのだという自覚を与えてくれる点で一室住居に感謝している。

　反対に人間の「防壁の弱さ」から、その「心」の壁の構築を清家篤は語っているのである。分裂病者のように壁を作るまでもなく、「ゆとり」という「自己を自己自身へと向ける対自性」という「内的差異」として備蓄を持っている限り、内面と外面とが「むき出しの無防備性」という形で直接に接触することもある。
　これは、清家の「Redundancy」理論における「Redundance」（余剰）とか、「Allowance」（余裕）ということに近似する「ゆとり」である。清家は性格、気質からの「一室住居」論を試み

ていたのである。

　建築は本来そうした形而上学的な存在を、ひとつの調和ある個体として形而下的というかフィジカルな存在として復原する技術であろう。特に住宅について言えば今がそうであるように、生理学や心理学の問題が物理学以上に必要である。

そして形而上学的な心理学の精神的なものを、形而下の物理的な建築への導入の研究を考えていて、「Redundancy」理論については「実験心理学的な手方」であるとした。
「私の家」は、設計者と住み手の家族が躁うつ質の場合で可能となった「一室住居」で、全くの、「特殊解」であった。しかし「宮城教授の家」の場合は、充分な「Redundance」つまり、重複も転用もない完全形の「一室住居」で、その「Allowance」（余裕）は渡辺力の設計による家具を「舗設」することで担保されていた「一般解」であった。床面積も100㎡で「私の家」の約2倍である。
　この方法を更に理論化する根拠としては、大多数の人の気質は「多分に分裂質だが、躁うつ気質もあるという人や、反対に、多分に躁うつ質的だが幾分は分裂的なところもあるという中間型の人がいちばん多い事は論を待たない」から、「従来からの障子・ふすまの間仕切りや、舗設（しつらえ）などの居住空間の設定、機能分化の方法は、壁で仕切られた多室住居を一室住居のほうへ軟化させる中間的な方法として、中間気質の人におすすめできる」この方法は「一室住居」からの「退行」のように見られるが、清家はそれを「Other・Direction」として、変型「一室住居」として脱「機能主義・合理主義」化つまり「超克」しようとしたのである。それが「佐竹さんの家」（1962年）であった。

「気」（プネウマ）論

　清家にとって空間は空虚な拡がりではなく「神々のスピリット（気）が充満している場」である。『ディテール』に、清家の「気」論[S-39]があるが、小玉祐一郎が協同した論文で、

　ギリシャの「プシュケー」のように、気もまた、心の周囲からでている見えない触手、波長のようであり、天然自然に充満しているばかりでなく、肉体や精神の中に入り込んで作用し、肉体が滅んでも存在する得体の知れぬものである。……「気」とは自然の営みの中で物質と生命が循環し、すべてのもの、生命が有機的に関連して世界をつくり上げてゆくための潤滑油でもあった。

ギリシャ哲学を引用しながら、「気」と「不可知論」から「エントロピー」、「エコロジー・システム」と関連する論理で、「気は定量的に分析できない面も多いのだから、気配を察して、気をつけねばならない点も多い」と、「気は心」で結んでいる。

しかし、宇宙が呼吸する物理量的な大気である「気」についても清家の『やすらぎの住居学』[S-16]の「71.住まいの〈気〉に気をつける」の中では、

> 現代的な住宅でも、密閉された空間の中で呼吸していると、文字どおり気がつまるわけだ。人が生活していくために必要な空気の量を気領という。その恕限（最低基準）についてはいろいろ説があって、いちがいにいえないが、住宅では気づまりしないために一人当たり20立方メートルは必要だろう。もちろん、気づまりしない広さというのは、空気の量だけではなくて、外の景色が見えるとか、室内にもそれにふさわしい雰囲気—これも気のうちだが、そういうもろもろの気を使って、はじめてゆったりとした気分になるということを考えなくてはならない。

「気」を住宅設計に採用した建築家はおそらく清家ただ一人であろう。当初、「私の家」の気領は、約110m^{3}で家族4人であったから1人当たり27.5m^{3}である。

庭へのRedundance —戸外の居間—

「私の家」の床は鉄平石だが前庭の芝生にも緑泥変岩を貼ったことについて[S-5]、

> 建物を戸外と有機的に結び付け、生活を大気の中に溶け込まして、狭小住宅の解決を計っている。内外の生活をオーバーラップさせるためのliving-gardenは厳冬の数週間を除いては有効に働いている。極端にいって、戸外を含めての完全な一室住居。風のない日は冬でも外気の中で生活できる。

清家にとって、この「庭」は「居間」の延長でもある。清家の『やすらぎの住居学』[S-16]の「98.庭は狭いほど発想が生かせる」には、

> 家庭という文字は、家と庭という字からできている。だから、ある意味で庭のない家は家庭ではない。子女の訓育、家庭での躾を庭訓というのをみても、家庭のなかでの庭の重要さがわかる。
> 室内と戸外の境界のはっきりしないのが日本的な住まい観で、日本人はいつでも自然の隣で暮らしてきた。だから私は、庭といえどもひとつの部屋と考えるべきだと思う。部屋なのだから、それぞれ自分なりの方法で使わなくてはならない。

実際に庭の屋根の有無にかかわらず設計意図としても「一室住居論」[S-9]に、

> 庭と屋内もできるだけ一体の空間をつくれるように南側には壁がない。戸外の居間という

べきだろう。一室空間はさらに発展して、「一（いち）空間住居」（外部の庭を含めて）というべきであろう。

「戸外の居間」だからこそ、緑泥変岩と石種は変えたが同じ石貼にしたのである。

「Other Direction」と「間」と「装飾」

　清家の「間」について、「住まいと『間』」S-86)に詳しく書かれている。重要なことは「間」という言葉は英語に翻訳できない。つまり英語の該当語がなく、「日本人だけの一つのコンセプト」としても、西洋人には理解することが難しい言葉である。その代表格が「床の間」で、「一畳の「床の間」として、すなわち一見むだな空間を持つことで、非常に狭い空間の中に宇宙を感じるような教養・文化を日本人は作ったわけですよ。」と、清家はこの二畳台目の茶室の一畳の「床の間」の「間」の「無用の用」を説いている。「日本の住まいの中に『間』というものは、無限の広がりを持つようなむだがあり、それが日本の住まいの良さになっているということが分かります」、つまり「むだ」と「無限の広がり」を「間」の特性としている。「空間」だけではなく「時間」のファクターもそれに関与し、「茶の間」のように「寝食分離」、分化されずに「寝間」にも使うという「一間（ひとま）を多目的に使い分ける」、「間」としての「時間のシークエンス」によって「舗設」（しつらえ）ていた。これが「間取り」である。「まわり」というのは、私たちの体のまわりのことで「一つの大きさ、広がり」のことであり、そこから清家はRedundance論を展開した。

　「戸や窓を開けて室を作るが、室も内側は空虚であるから、室としての作用をする。だからすべての物の利は無の用から起きるものである。老子」と、「空虚」の場、つまり「容器としての空虚な空間」が室内である。そこには＜空気・Atmosphere＞が充満している。

　この「佐竹さんの家」の「Other-Direction」こそが清家の「新しい提案」である。「間」には、「神々のスピリット（気）が漂い、その気を吸って人々が生活する。「間」は単に何もない空虚な空間ではなく、そこに神々の気が充満している場である」。つまり空間の「質」のことである。「場」とか「場所」は均質空間とはまったく対極をなす空間で、O・F・ボルノーの被護性を求めた「癒やしの空間」などはそれに該当する。清家の「空虚」には磁場があり、その「磁場」を実質的に造る「装飾」が関与する。清家は「室内における自由」S-30)の中で、

　　建造物としての建築と、人間の生活の間に挟まって、生活諸般を円滑に運転する潤滑油のような役割を果たすものが、室内の空気であり、それをかもし出すものが装飾といえよう。装飾というと語弊があるので、最近では使われないが、機能主義以前の場合でも工学的な進歩を考えなければ、建造物の躯体そのものは現在の建築と大差ない条件を持っていたはずだ。建造物の躯体を装飾して生活諸般を順調に運営しようとした当時の建築家の態度は、その形態が独創性を欠いたという点では責められても、生活の容器としての建築を住み良くしたと

  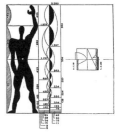

図IV-26　清家清「ユニテ・ダビダシオン」のレリーフの前で　[S-5]
図IV-27　ル・コルビュジエとのモデュラーマン
図IV-28　モデュラーマンとモデュロール　[S-25]

いう点では認められて良い。

　清家の「装飾論」であり機能主義からの考察である。1960年の初めの頃、篠原一男は、「合理主義や機能主義から非合理的なものへと勢力交替の必然を私は追跡していた」と、それを比喩的に「病理学的な空間」と呼び、合理主義の到達した領域の外側の室内の「空気」（Atomosphere）としての人間情念の活動によって作られる空間で、そのひとつが「装飾空間」であるとした。それを清家は「Other Direction」と呼んだ。清家に「装飾」[S-52]（『建築雑誌』1957年11月）というエッセイもある。それは「私の家」の庭にあるアカンサスであり、コリント式柱頭に象徴される。

　篠原は清家からは「感覚的な空間構成」を学んだと多木浩二に語っている。このような清家を単に「合目的的-合理主義者」と断定することは適さない。

3.「私の家」への黄金比の摘要（1）

パルテノン神殿の矩形

　清家は『ぱるてのん』[S-4]に1955年に訪れたパルテノンの写真と分析図を掲げて説明する（前掲図II-3、4参照）。全体形はΦ矩形（1：1.618）、つまり黄金矩形である。清家は、「パルテノンのプロポーションの分析は数多いが、これはJ・ハムビッチによったものである。立面図の点BはACの黄金分割の位置にある。柱間の矩形もまた黄金分割による矩形である」[S-6]。

　J・ハムビッジのパルテノン解析では、清家の指摘するように$\sqrt{5}$が関与している。パルテノンの妻側の立面には4つの小正方形と6つの$\sqrt{5}$矩形で構成されている。立面に$\sqrt{5}$矩形を見出したのは、平面が主として$\sqrt{5}$矩形で構成されているからによると考えられる。この$\sqrt{5}$矩形は清家の建築作品に表われるのであろうか。

モデュロール（Le Modulor、黄金尺）の適用　—トラセ・ダイアゴナル—

　ル・コルビュジエは「人体は、身長に対して臍の位置で黄金比に分割される」と考えて、そ

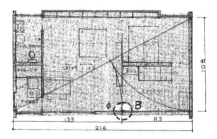
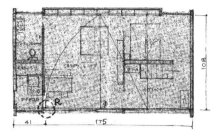

図IV-29 「私の家」の「青の系列のモデュロール」　　図IV-30 「私の家」の「赤の系列のモデュロール」 [S-5]

の高さを1.08m（1単位）、頭頂までの高さを1.75m、上げた手の先の高さを2.16m（2単位）とした。1.08mから引き出された数列を赤列（リボン）とし、2倍の2.16mを青列（リボン）とした。赤列の108:67≒5:3、青列の133:83≒13:8で、ともに3、5、8、13はフィボナッチ級数である（図IV-26、27）。

ル・コルビュジエはフランス人を標準として、1.75mを原基としたが、後にメートル法によりアングロサクソン人用として2.26mを採用した。清家は1.76mに近い1.76mのでフランス人寸法を用いた。

清家は、「しかしこの理論系は、数値、構成が複雑であったため国際的には採用にいたらなかったが、その後の現代的モデュールの考え方を導く貴重な基礎概念を提示した。」(3.7「モデュロール」)と、自身も設計に採用し、「私の家」南面の窓・戸の方立位置の決定に用いている。

清家清の「住宅2―平面について―」[S-25]の「7.平面の均質と分節」における引用図である「Le・corbusierのモデュール」（図IV-28）において、左図はモデュロール・マン（人体）と「黄金分割柱」で、右図は「黄金分割の初等幾何学的な実施方法」である。

この図の摘要には清家の2倍正方形の住宅の平面形への関心が根底にある。ル・コルビュジエは内法5mの2倍正方形の平面をもつ一室空間の「シトロアン住宅」以後は、5mと2.5mを規格化のために平面モデュロールとして使っていた。ル・コルビュジエのロンシャン教会も2倍正方形と格子グリッドでエスキースをしていた。

清家の「私の家」の平面や立面にはル・コルビュジエのモデュロールのトラセ・レギュラトゥール（規準線または調整線）の一部である対角線のトラセ・ダイアゴナルが用いられている。それが規準線として壁内法寸法や、またはサッシや壁の中心線、外壁面等に微妙に採用されていた。

ル・コルビュジエの場合には西洋建築の壁が厚いために部屋の内法に適用されているが、清家の場合には、それが混用されている。清家は『「私の家」白書』[S-5]で、

> 「森博士の家」も「私の家」も、黄金分割になっています。あの頃、モデュロール神話が流行った頃ではないでしょうか。吉阪隆正さんも、レーモンドも使っていますね。レーモンドはル・

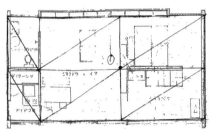 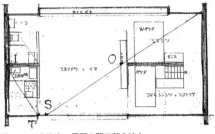

図Ⅳ-31　6つの黄金短計ートラセ・ダイアゴナル　　　　図Ⅳ-32　実施案―居間の間口部の拡大

コルビュジエの家を真似て「軽井沢夏の家」(1933年)などにも使っています。たまたま私の身長は1メートル76センチだから、モデュロールにぴったし合うのです。

実際に「私の家」では適用しているが、「続・私の家」では使っていないと言っている。

青の系列のモデュール (図Ⅳ-29)

　手を上げた指の先の寸法は2.16mで点Bは、83：133≒1：1.60…中点（Φ）であり、133：216≒1：1.62で外中比である。
　点Bは居間と書斎の間の方立の位置を決定するが、方立の書斎内側の角（耐震壁の西端）である。R－B＝175－83＝92で、実際の寸法は4.26mである。4,260＋230＝4,490（≒4,500）で実際の居間の間口となっている。

赤の系列のモデュール (図Ⅳ-30)

　人の頭までの175cmの中点として、67：108≒1：1.61…で、108：175≒1：1.62…で外中比である。
　点Rは、台所と居間の間の方立の位置を決定する。実施案との差は台所の方立との差は、23cmで、その分居間の間口が拡大された。

6つの黄金矩形　―トラセ・ダイアゴナル―

　大部屋の一室空間は4つの同形の黄金矩形で、便所と台所は同形の小さな黄金矩形で計6つの黄金矩形で構成される（図Ⅳ-31）。

実施案―居間の間口の拡大

　図2、3、4の東西方向の寸法線は外壁であるが、図Ⅳ-32は耐力壁の内法である。
　『「私の家」白書』[S-5]の「私の家」設計原図は、申請図面図であり、実施図面ともいえる。全体のトラセ・ダイアゴナルは少々変形されている。一室空間の中心Oは変化ないが、居間の

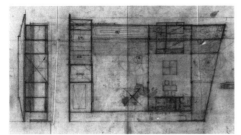

図Ⅳ-33 「私の家」初期計画案(Ⅰ)の平面図・立面図の解析 [S-5]

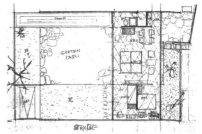

図Ⅳ-34 「私の家」初期計画案(Ⅱ)の平面図・立面図の解析 [S-5]

開口寸法がTとSの差として18cm拡張されている。壁の外面とすると32cmとなる。居間の面積を広く確保する目的であったと考えられる。台所、便所の間口がその分縮小されている。

初期計画案の平面図の解析 ─3角形格子グリッドからモデュロール─

「私の家」の平面・立面の解析には柴田晃宏の研究を準用した(図Ⅳ-33)。

1) 初期案(A)には、平面スケッチのモデュールとして1:√3の菱形格子(ほぼ30°)のメッシュが描かれている。このパターンは清家が特に好んでいた。分割された三角形には、尺寸法で居間には 13.5:8.0=1.687(≒φ)、8.0:4.5=1.777(≒φ)、8:4=2、16:13.5=1.185(≒1.2)、また寝室と書斎には、11:8.0=1.376(≒√2)、の他に√2や2などの2に関係する比率が多用されている。

2) 決定案(B)には、尺寸法がm寸法に変わっている。初期スケッチ(A)より奥行が1m拡張され、全体では間口が縮小されたが、書斎と寝室は間口も40cm程拡大されている。全体はほぼ2倍正方形であるが、黄金比が適用されている。モデュロール(青の系列)の解析をすると、寝室と書斎間の耐震壁の西端のK点はこの黄金比の分割点として間口のM点が決定されている。EM:MB=1.618:1となり黄金比となる。上記の理由により、居間と書斎の間口のプロポーションが決定され、それが立面図にも反映されて、「トラセ・ダイアゴナル」現象が見られる(図Ⅳ-34)。

⑥立面図におけるのトラセ・ダイアゴナルについての解析 (図Ⅳ-35)

南北立面図(1/50)のトラセ・ダイアゴナル分析で、建具の中桟まで転用している。

⑦断面図の解析 (図Ⅳ-36)

床の中心点から庇の軒スラブ下までの寸法3,700÷2,290(天井高)=1,615(≒1,618)で黄金矩形である。

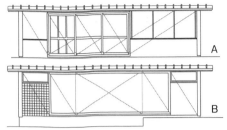
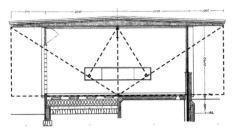

図Ⅳ-35　A.「私の家」の南立面図へのトラセ・ダイアゴナル分析（Ⅰ）
　　　　B.「私の家」の北立面図へのトラセ・ダイアゴナル分析（Ⅱ）
図Ⅳ-36　断面図へのトラセ・タイアゴナル分析

⑧ 「私の家」の天井高とモデュロール

　＜清家清「私の家」から「続・私の家」へ＞ S-74) の小文で清家は植田実のヒアリングに、ジョークを交えて、

> 前の（「私の家」）はどういうふうに天井高を決めたかというと、私が主人でいちばんエライんだから、我が家を全部コントロールするんだということで、私の身長を基準にしているわけです。私が手をいっぱいに伸ばすと、ちょうど天井に届くという高さなんです。電球も天井に直づけして私じゃなければ取り替えられないんです。（笑）。私は大きいほうだけれど、それでも2.24m。ちょっと（天井が）低かった。

　図面上の天井高は2.29mとなっており黄金比を断面図において適用して計算すると3.70m÷1.618＝2.286mとなり、確かに2.29mである。ハブマイヤートラス（つまり中心線）から庇先までの水平寸法は、清家自身が「その分を無駄にしないように型枠を使ったら、屋根スラブの長さは、2.50m＋1.20mつまり3メートル70センチだったんだよ。」と、それは棟からスラブ先までの寸法である。型枠の杉板の定尺から決まったと話している。
　ル・コルビュジエの初回のモデュロールでは身長1.75mに対し、手を上に伸ばすと2.16mとしている。清家の身長である1.76mはこれに近い。以後のモデュロールではコルビュジエの身長の1.83mに対し、手を上げた指先の高さを2.26mに再設定している。しかし清家は、「たまたま私の身長は1.76mだから、モデュロールにぴったし合うのです。」と語っている。この場合2.16mでは天井に指先が届かない。八木ゆりは清家でも手は天井に触れることは出来なかったと私に話された。
　東工大の山崎鯛介が模型作成のため実測した天井高は2.26mであった。しかし八木幸二は2.27mとしているそれを聞いて私は驚愕した。何と第2回目のモデュロールの、ル・コルビュジエが手を伸ばした寸法の2.26mではないか。意図的なものか、または偶然の一致か、今は不明である。

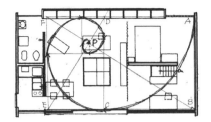 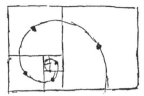 

図Ⅳ-37　黄金螺旋の収束点－神の国－　　　　図Ⅳ-38a　ル・コルビュジエの無限螺旋　　図Ⅳ-38b　同前、巻貝

黄金螺旋の収束点—「神の目」—

　実施案の一室空間（居間＋書斎・寝室）に黄金螺旋を適用する。赤の系列の正方形ABCDと黄金矩形ABEFのトラセ・ダイアゴナルは直交する。その交点Pが黄金螺旋の収束点となり、「神の目」と呼ばれる（図Ⅳ-37）。

　この点Pの場所は清家の製図机の上の書籍のある位置である。父親の住居にと考えていた際には移動畳がこの位置にあった。

　ル・コルビュジエの計画集の『直角の詩』＜B2・精神＞には画面の右上にモデュラーマンの上に巻貝が描かれている（図Ⅳ-38a、38b）。

4.「私の家」への黄金比の摘要（2）—やじろうべえ構造—

「リーダイス・ダイジェスト東京支社」との比較

　『「私の家」白書』の編集者の植田実は、「ある一夕の記憶から」[S-1]に、「三村邸」つまり「数学者の家」（1954年）の「一種異様な妻壁」について述べている。

　　東西両端に個室を配し、中央の居間・食堂のまん真ん中に厚い耐震壁を唐突に割り込ませた「数学者の家」のプランは「私の家」に比べて、シンメトリカルな形式性がより強く感じられる。その分だけ「私の家」におけるような一室空間の拡がりが弱まっている印象を受ける。
　　この家がもっとも純粋な形ででき上がったのは、仮枠がはずされ、中央の耐震壁を要として両妻壁と屋根、浮いている床（註：PCコンクリート）スラブが口の字型に連続している躯体だけの姿だろう。それほどまで完結した形はほかにない。

　「やじろうべえ」構造によって強い「シンメトリー」を獲得している。
　A・レーモンド設計の「リーダース・ダイジェスト東京支社」（図Ⅳ-39）（1951年）をレーモンド設計事務所内ではリーダイR.D.と呼んでいた。R.D.はA・レーモンドの代表的建築であると同時に、戦後の日本の総ガラス張りのモダニズム建築の先駆であった。

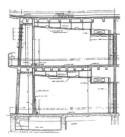 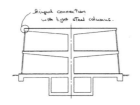 

図Ⅳ-39　リーダーズ・ダイジェスト社・東京支社の断面詳細　[G-11]

図Ⅳ-40　リーダーズ・ダイジェスト社・東京支社のやじろうべい構造
出典：『建築雑誌』(1952年)

図Ⅳ-41a　A・レーモンドの「フラットルーフの家」

　皇居の竹橋の前の敷地に、東西約60m南北17.66m長方形の2階建でスパンは11mあり、バルコニーの先端は、直径9インチ（≒228.6mm）の鋼鉄柱（註：FIRE PROOFINGで内部に140mmの構造用鋼管があり、その間にモルタルが充填されている）で支持されていた。平面形状は、構造コアではない機能上の「コア・スタイル」で、便所や物置、ダクトスペースなどの長い「センター・コア」に主構造である偏平である「やじろうべえ」の柱列が並んでいて、両側の梁はキャンティレバーで先端へ行くのに従って短くなり、少し内側に傾いた鋼管柱がピン接合状に接続されている。つまりT字形の「弥次郎兵衛」（やじろうべえ）構造であった（図Ⅳ-40）。事務室の内部を無柱空間とし、長辺方向の平入りの正面の窓を床から天井まで大きなガラスの開口部とするための構造システムである。短辺方向の妻壁は2階部分が柱梁フレームから外に持ち出されていて単純な耐震壁ではない。

　構造技術者はアメリカのポール・ワイドリンガーで、このバルコニー先端梁と鋼管柱の接合部の耐震性について構造家の間で、いわゆる「リーダイ論争」（1952年）が起った。その詳細は『アントニン・レーモンドの建築』G-43 に記録されている。

　この「リーダイス・ダイジェスト東京支社」は戦後初の近代建築の出現と言ってよい。

　A・レーモンドはこの建築について、

　　最良の時代の優れた日本建築の中に同じく見出される他の諸原則が、やはり私達のデザインを導いた。それは太陽と風とを利用する正しい方位のとり方であり、つまるところ自然への近接ということ、すなわち自然をどこからも眺めることができ、いわば家の中にまで自然を招じ入れることなのある。

　自然環境を「建築」の中に取り入れるという、正しく近代モダニスト建築家の太陽光による「健康・衛生」志向が述べられている。

　この考え方は清家の「私の家」（1954年）や「数学者の家」（1954年）にも影響を与えたと私は推測している。丁度R.D.の竣工後数年の時期であった。

　「私の家」は長手方向の中央部の耐震壁の中間部（居間）を大きく抜いてハブマイヤートラ

図Ⅳ-41b 同前、平面図

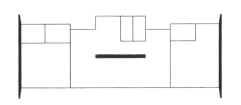
図Ⅳ-42 「数学者の家」の耐震壁

図Ⅳ-43 清家の製図版上のシンボル図と『高等数学』(平井聖先生提供)

スを架けている。南北方向の断面を見ると判るが、屋根のコンクリートのスラブの中央のいわゆる背骨トラス梁（キール）による柱のない「やじろうべえ」構造である。その結果南面に大きく庭に対して開いている。東西面の妻壁は耐震壁である。

「数学者の家」では同様にコンクリートの妻壁を少し勾配のある屋根スラブがR.D.の構造と似ている。そして居間の中央の長辺方向の厚い耐力壁は屋根スラブを支える柱にもなるが「私の家」にも使われた手法である。南面の開口部（間戸）を大きくするための外柱を用いない「やじろべえ」構造の手法である。

林昌二の「清家清と現代の住居デザイン」[S-7] は、「私の家」より1年前に完成している「数学者の家」が竣工した年に書かれているが、「構造の発見」の項に、

　　三村邸（数学者の家）では、清家は更に鉄筋コンクリートに挑んでいる。三村邸では構造壁だけがコンクリートで鋳造され、外壁の殆んど間仕切りすべてを木造として、内部の可変性を用意している。こうした空間の解釈はアントニン・レーモンドによって示唆されたことがあるが（フラットルーフの住宅、1950年）、さらに清家によって更に発展的な生命を与えられたと見るべきであろう。

A・レーモンドの「フラットルーフの家」（図Ⅳ-41a、41b）は1LDKの木造で左右の妻側の壁だけはコンクリートであった。清家は西麻布にあったA・レーモンドのアトリエを何度か訪れて来ていた。清家は「レーモンドにも興味はお持ちでしたか」との篠原一男の質問に、「わが家の近くにもレーモンドの設計した住宅が現存していますが、それ以外にもレーモンドの住宅はいくつか見せてもらったことはあります」[S-62]。その住宅を私にも教えてくれた。

「習慣と深度—1950年代の建築表現をめぐって—清家清×篠原一男」[S-62]（『新建築』2000年10月）には、

篠原：清家先生はレーモンド事務所には直接出入りされていたのですか？
清家：レーモンドのところに、私の美術学校の同級生（鈴木彰）が行っていたので、私も出

入りしていました。前川さんのところもそう。レーモンドには、ノエミさんという奥様がいらしたの。私はおばあちゃんとわりに仲がよくってね。

このミセス・レーモンドは前川國男がル・コルビュジエのアトリエに入る時に、前川にフランス語を教えた。

植田実が「数学者の家」・「三村邸」に特に注視したのは、その異様なレンガ積みの妻側の壁面で、コンクリートの床スラブは地上から浮き、妻側には少しテーパーの付いた切妻屋根スラブの端部が見える。躯体の仮枠をはずした直後の耐震壁と屋根スラブの写真もある（図Ⅳ-42）。床・壁・天井が口の字形を構成している。植田は「一種異様な家」として、

> 要するに、屋根・壁・床のシェルターを一体的につくってしまう。しかしそれは抽象的な面の構成体ではなく、屋根を壁を床を強く意識させるあり方でなければならない。その意図が最初に触れた妻壁の写真によく表わされていたのだろう。それが一種異様な家としてを感ぜられた。。

構造のためのシステムが優先されている危惧を林昌二も指摘していた。「清家清と現代の住居デザイン」S-7) で、

> 三村邸に見られる構造の形式主義は進展して構造的アクロバットへの転化を予見させ、あるいはその不健康な性格が日本的風土への合理的な適応から跳躍して、売笑的な意識的ジャポニカ（ゲイシャ・フジヤマ的日本風）に突入する可能性をもちはしないであろうか。

しかし以後も清家はその「ジャポニカ」や「構造的アクロバット」の道を選ばなかった。

5.「私の家」への黄金比の摘要 (3) ―「コの字形平面の家」にT・Dの摘要―

平井聖先生から提供された、東工大の研究室で製図板に向かう若き日の清家の写真がある。笑顔の清家が、ワイシャツの袖を捲り上げている。製図板上の図面は、林雅子が担当した「コの字形平面の家」(1953年)で、渋谷の南平台に建てられた。その図面の上部には植物の枝に鳥が止まるような画が描かれた小冊子が置かれている。その右の本は平井先生によると、福田正雄著の『高等図学』（図Ⅳ-43）昭和3年初版（1928年）である。清家は1950年頃から住宅に、ル・コルビュジエのモデュロールを摘用していたから、この「コの字形平面の家」の平面に黄金比を解析すると、実に多くのトラセ・ダイアゴナルT・D（対角線法）が見出された。それと大小いくつもの正方形が散在する（図Ⅳ-44）。それが次の「私の家」(1955年) へと準用されていく。

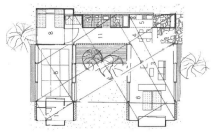
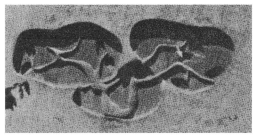

図Ⅳ-44　「コの字型平面の家」の解析図　　　　図Ⅳ-45　フランスのナント(レゼ)のユニテ・ダビダシオンのレリーフ

　ル・コルビュジエ設計のユニテ・ダビタシオン(「住居単居の統合」)は、マルセイユ(1945-52年)の他に、第2号としての西フランスのナントの郊外のルゼ(1955年)のユニテ・ダビタシオンは吉阪隆正の担当であった。清家は友人である吉阪からの情報を得ていたかもしれない。このレリーフは、上部に2枝の闊葉樹の画が、左下部には針葉樹の画が描かれている。次のベルリン郊外のハンザのユニテ・ダビタシオン(1957年)には、左下部に闊葉樹のレリーフがある。モデュロールのレリーフに植物模様が使われているのは、そこにフィボナッチ級数の存在があることによる（図Ⅳ-45）。

　ル・コルビュジエの『マルセイユのユニテ・ダビタシオン』L-42)(山名善之訳)（図Ⅳ-46）には、ユニテのメゾネットの部屋の断面と、「眼」、そして「太陽」と「樹木」と「espace」(空間)の文字が配置されている。これはナントのレリーフの説明図のようである。その説明文には、「一人一人のために一本の木があるだけでなく、広大な空地、つまり散歩し、ジョギングし、体操をするための広大な芝生の公園すべてを手にすることができる」と、地上を解放するための「緑の都市」の象徴が、〈太陽と空間と緑〉で、それは三位一体としての「輝く都市」のモチーフである。

　『ル・コルビュジエと私』L-37)(吉阪隆正集8)の「モデュロール是非論」には、ル・コルビュジエはパリのアトリエでは、所員の図面を見て、「何故、Modulorによらないのだ、Modulorがあるではないか？」と、モデュロールは「製図板の上で、コンパスの横に置くべき正確な道具」であると定義し、鉛筆や定規のように使え」と幾度も指示していた。本人も「常にModulorを刻んだ尺（リボン）をポケットにしのばせていた。」から、所員もそれを心掛けていた。清家も吉阪からそれを聞いていたのかもしれない。この時には「樹木」図像を製図板上の三角定規の脇に置いている。ル・コルビュジエは、『伽藍が白かったとき』L-13)の,「11.都市には木がない」で、樹木との親和について、

　　木、人間の友、あらゆる有機的創造の象徴。木、全体的構造のイメージ。春ごとに枝を増す枝の戯れ。葉脈の整然と引かれた葉。空と地の間にあってわれわれを蔽うもの。固い建築の偶然的な幾何学とわれわれの心臓や目のあいだに置かれた、快い比例中項。太陽、空間、木、

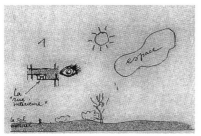

図Ⅳ-46 「眼」、「太陽」、「樹木」、「l'espace」(空間) [I-42]

図Ⅳ-47 「コの字型平面の家」の「連絡簀の子」 [S-6]

　それらを私は、都市計画の基本的材料、「本質的な喜び」と認める。

　建築と人間との「比例中項」こそが、木の「存在」であることを言明している。それがモデュロールのレリーフに樹木が描かれた理由である。
　「コの字形平面の家」の敷地には、「古い屋敷林の欅の巨木が約8本あったが、なるべくこれを伐らないように計画した、しかしとうとう1本だけは伐られてしまった」[SH-4] と、実際に直立する大木が敷地内にある「大きな欅の家」でもあったことを清家は書いている。老人夫婦棟と若い夫婦棟の2つのウイングの間の縁側（図Ⅳ-47）、清家はそれを「連絡の簀の子」と呼んでいるが、そこを2本の大きな欅が縁を突き抜けている。清家はそのスペースを「緩衝地帯」としている。正しくフィボナッチ級数のモデュロールの「比例中項」なのである。
　ル・コルビュジエは『伽藍が白かったとき』[L-13] で、米国からの帰りの（ラ・ファイエット号にて、1935年12月18日）に、

　　すなわちこの人間の住居、輝く住居は、人間の性質にとって不可欠のもの、すなわち本質的な喜びである、太陽、大空、空地、樹木に調和した恩恵でみたされる。

　新しい機械時代の「人間の精神」に必要な恩恵としての「太陽、空間、樹木」であった。
　これは1933年のCIAMのアテネ憲章によって定められた環境である。
　「コの字形平面の家」の場合は、清家の『知的住居学』[S-15] の「51.狭い敷地ほど楽しい庭のデザインが可能になる」に、

　　敷地は狭いが、どうしても中庭にしたいときは、坪庭にする方法がある。坪というのは建物で囲まれた土地という意味だ。四方を囲んでしまわず、コの字形かL字形に家を建て、庭をかかえこむようにつくればよい。

　この住宅の場合は、大樹を残すために、「坪」としてスペースをあけたことと2世代住宅な

図IV-48 宮城教授の家 [SH-5]

図IV-49 マヤの家（写真と平面図）、2006年 [S-1]

ので、両ウィング棟としたのである。

6. 正方形の家 ―「私の家」は２倍正方形―

清家の住宅の平面形には正方形が多く採用されている。「宮城教授の家」（1953年）（図IV-48）、「マヤの家」（1955年）（図IV-49）、「佐竹さんの家」（1961年）（図IV-50）「保土ケ谷の家」（1979年）（図IV-51）などである。

清家の「私の家」（1954年）は約5m×5mの２つの正方形を東西に連続した平面形であるが実際の長辺は10mより短い。同じく「続・私の家」（1970年）（図IV-52）は6m×6mの２つの正方形を南北に連ね、居間と食堂の間に階段を設けた緩衝ゾーンがある。立体的にも高さ6m（2階部を含む）のキューブである。清家は新旧の自邸を共に正方形を２つ連続した平面形としているのは単なる偶然ではない。その隣の「倖の家」の平面も２倍正方形である。

正方形は外壁の壁量は少なく、かつ構造的にもX軸、Y軸に対して対称で安定性がある。正方形には4通りの回転対称性と、4通りの鏡映対称性があり、つまり8つの対称変換がある「シンメトリー」を持つことがその主な理由である。

「宮城教授の家」の正方形

林昌二が、「宮城教授の家」を「前例のない建築」であり「自己完結型の建築」で、「あの時代の到達点」として「よくできていてすばらしい住宅です」と述べている[S-135]。林昌二好みの建築であった。

この住宅は10m×10mの正方形の平面の周囲のコンクリートブロックの耐力壁にハブマイヤートラスが井桁状に架構され中央に可動式トップライトの付いたフラットのコンクリートスラブ屋根がピン接合で載っている。清家は『新建築』の「宮城教授の家」の解説[SH-5]で、

> このすまいは、一枚の天井が高さを覆っているという実感の上に空間が舗設（しつらえ）してある。柱も壁もない平面は、はらわた（ORGAN）をみんなとり出してしまえば

図IV-50　佐竹さんの家（写真と平面図）、2006年　[S-1]

完全な一室になってしまうので、そこにORGANを入れることによって、FUNCTIONが発生し、ORGANIZATIONが成立する。どんなORGANをどう配置するかによって、そのORGANIZATION　の性質が決定されるわけである。渡辺力さんがそのよいORGANをデザインして下さった。健康なすまいが、健康なORGANIZATIONができ上がったつもりでいる。

「舗設」という概念をORGAN（はらわた）とする生理学的な表現であるが、「健康なORGANIZATION」が機能を決定する。清家は「機能主義の超克」の中で、「環境主義・自然主義・新折衷主義etc.と、機能主義の終点が間近く迫るにつれ、乗換えすべき新しい路線は何かという悩みは深い。私は機能主義を超克し得るものとして、機能主義＝物理学＋生理学であるとするならば、新しい建築＝物理学＋生理学＋心理学であると信じる」と述べる。心理学が加わったのは当然、宮城音弥博士の影響である。「機能主義の超克」という概念・コンセプトが使われている。

この「新しい路線」が「佐竹さんの家」で使われたコンセプトの、「Other Direction」である、つまり従来の機能主義に心理学が付加されたものといえる。篠原一男はそれを「病理学」という。

「宮城教授の家」の井桁状のハブマイヤートラスでは、中央部の「自由に光と外気を取り入れられる」可動のトップライトの四周部はトラスが一重のV字型、それ以外のトラスは外周部は二重のX字型である。そして寸法的にはトップライト部の平面形は一辺3.28mの正方形、それ以外の梁間は3.38mとなっていて、その全梁長は、3.38m＋3.28m＋3.38m＝10.04mとなっている（図IV-53）。つまりほぼ3分割で、9個の正方形の平面から屋根梁のハブマイヤートラスは成り立っている。

小野暁彦の「透けた明るさ、名作住宅の構造デザイン」[S-104]の第3回の清家清「宮城教授の家」に見る＜架構と舗設＞の中で構造解析を担当した橋本一郎は「ここで工夫が見られるのがトラスを井桁状に組んだ格子梁です。並列の梁だと一方向だけで頑張らないといけないのですが、格子梁だと二方向で頑張れるため、350㎜（梁成）で実現できるというわけです。格子梁というのは正方形プランだと一番効率がいいんです」と、正方形の平面形と格子梁架構の効率性を述べている。清家は阪神・淡路大震災（1995年）後に、トップライトの端部、つまり格子梁

図IV-51　保土ケ谷の家、2006年 [S-1]

図IV-52　「続・私の家」の平面図2006年 [S-1]

図IV-53　「宮城教授の家」のハブマイヤートラス、2006年　[SH-5]

の直交部の四か所にパイプ状の補強柱を、上下動（縦揺れ）を懸念して付加したという。

　架構だけではなく平面機能としての「舗設」も縦横3分割、つまり9部分のバージョンのORGANが収容されている。それは応接間、書斎、食事室（台所）、居間、寝室、作業室（家事）、予備室の9スペースそして子供室の機能がリダンダンスを保って舗設されている。浴室、便所が独立的に外に突出している。

　「宮城教授の家」の家具設計は渡辺力で、「清家さんと協働したというより、殆ど全部任されてしまいました」と、話しているが、W・グロピウスによって、家具の設計は清家のものではないと見破られている。

　「宮城教授の家」は、「一室の空間ではRedundanceをオーバーラップさせることができる。Functionのオーバーラップは好ましくないがRedundanceなら重ねても生活機能は損なわれない」（「空間の自由」）と、固定化されたFunctionつまりORGANの重積の醜悪さを、清家は説明している。

7.「最小限住宅」(1) ─和風「モダニズムの一環」─

建具 ─室内気候の調整─

　清家の住宅における建具や家具への執着は「舗設」（しつらえ）という概念によって支えられている。清家は平良敬一との「対談」[S-6]で、「できれば建具だけで家がつくれたら理想的だと思いますよ」と話し、平良は「清家さんの考え方はやはり日本的なんですかね。日本的というのは語弊がありますかね」と言っている。そして、宮脇檀の、「初期のモダニズムから＜森博士の家＞までの和風への転換のきっかけを教えて下さい」との質問[S-3]に清家は、以下のように答えている。

　　私としては、いわゆる和風を意識しているわけでなく、和風と皆さんがいって下さるだけの話だと思います。モダニズムの一環でしょうね。畳や障子にしても、何も捨てる必要はないわけですから。これらをデザイン・ボキャブラリーとして取り入れたというより捨てなかっ

たというだけのことです。モダニズムを「西洋風」という意味に解釈していただければ、それはそうかと言えるかもしれません。

当時の木造の最新住宅では、フラットルーフや畳・障子の使用は何も清家だけが独自という訳でなく、バウハウス系のモダニスト建築家やA.レーモンドも採用していた。
林昌二は、「清家清と現代の住居デザイン」[S-7] に、清家にとって住宅の建具というのは、「新日本調」云々というより、

> 日本の経済条件の下で機械的な暖冷房に代えて、多目的な移動壁によって室内気候の調整を試みようとしたガラリ戸、紙障子の組合せ等は、清家の果敢な創造力の生んだ成果である。

建具で「室内気候の調整」をするためには、欄間を含めて、特に天井いっぱいの大きな建具でなければ、受光と空気の代謝の効率は保たれなかった。それを清家は「モダニズムの一環」と言っているが確かに、戦後のアメリカの清潔で衛生的な社会思潮に則したモダニズム建築は住宅の「健康」を目指していたのである。清家にとって「西欧風」としてのモダニズムは、「健康」のために室内環境を整えるための日本の伝統的な「舗設」（しつらえ）であった。
清家の住宅作品の建築史的な評価は鈴木博之の＜「日本的感性の伝統」の最後の輝きとして「モダニズムのパイオニア」との融合である＞との言説が妥当である。
しかし当時の清家の住宅についての一般的な見解は、村松貞次郎によれば[S-3]、

> その先頭を切った「森博士の家」が、やはりこの一連の作品の原型であり、和風か洋風か、近代建築か日本建築か、といった戦前、戦中の固定観念を見事に打破して、障子やタタミの小さな木造平屋の住宅でも近代建築ができるということをいっぺんに示した。まことにこれは画期的だ、と評価する人もいるし、障子やタタミをあれほど近代的な感じで出されてしまうと、近代建築の思想が妙な方向にネジ曲げられてしまう、と感嘆ながらも嘆息をもらす評論家もいた。その評論家は障子やタタミは封建的なものであり、やがては追放されるべきものだとの生硬な"思想"を抱いていたのである。

この障子や畳を「封建的なもの」だとした評論家は浜口隆一で、来日したW・グロピウスを清家邸を含めた初期住宅に案内した人であるが、「あのころ私は障子なんていうのは封建的だということで攻撃していたときでね」と、平良敬一との対談「日本現代建築における清家清の位置」[S-6] で告白している。それが当時の一般的な見解であった。
浜口ミホは『日本住宅の封建性』[S-144]（相模書房、1949年）に、「床の間追放論」や「玄関という名前をやめよう」といった主張の他に、家事や育児のために負担を受ける婦人の労働解放主張と結びついた台所の生活空間を見直し、ダイニングキッチンを日本で初めて提案した。

図Ⅳ-54a 「斎藤助教授の家」の移動式畳 ［SH-3］

図Ⅳ-54b 同前、室内 ［SH-3］

　清家の住宅は日本の住宅の封建性を否定するものであったが、障子やタタミはその封建性の対象ではなかった。この移動式の畳は渡辺力の設計であるが「畳ストゥール」とも呼ばれ、「斎藤助教授の家」や「私の家」の居間に持ち込んだ時に激しい批判が投げかけられた。当時（1950年代）では封建性の象徴とされたのである。
　この移動式畳の背景には戦後の住生活様式への変革の中で西山夘三がとりあげたイスザ（椅子座）とユカザ（床面座）の問題があったが、「二重生活の完全な清算」をするための洋式椅子座生活が、完成されるべき起居生活として、鮮やかに推奨された。清家はその問題を「ジョーク」のように解決してみせたのが移動式畳であった。
　池辺陽は、「斎藤助教授の家」の「移動畳」の写真（図Ⅳ- 54a、54b）の脚注に、

　　オキダタミ（註：移動式畳）の形式を積極的に現代生活に生かそう、という試みは、快適ではあるが少し場所をとりすぎる。

しかし清家は、「移動タタミはもうひとつの部屋」[S-90]であるとの記事には、

　　こんな簡単で、しかも見事な装置が三十年のあいだに、一般化しなかったのが不思議なくらいだ。この移動タタミには、日本と欧米、家の内と外といった生活への解答のひとつが、早くも出されているのに。

　清家の「移動式畳」と「私の家」のハブマイヤートラスの参考例と推測されるC・イームズの自邸にも、「外国の住宅にも坐る生活は取り入れられていた。これはタタミの薄いものを使った例」として池辺陽は『すまい』にその写真を掲載している。

「最小限住宅」の「リダンダンシー」の必要性

　浜口隆一の『ヒューマニズムの建築』[G-44]の出版は、敗戦後２年を経た年の暮れであった。「廃墟を前にして、いち早く、戦後建築の指針を示すとものとして、多くの建築家にむさぼるよう

に読まれたという」。それは戦後の建築家の初心として、「理念としての機能主義とヒューマニズムを無媒介的に統合させた」日本の近代建築様式の問題であった。「何故、近代建築にいたって初めて＜最小限住宅＞が建築家にとって問題として出現したのであろうか」との問いに、浜口は、

> 近代において驚異的に向上した社会的生産力は貧しい人民の最小限の住宅をもとにかく一応高度なものとして作りうるような物質的条件を成立せしめた。一方ヒューマニズムの心情の向上は貧しい人民の住居について関心せざるをえないような精神的条件を用意した。

しかし「日本の最小限住宅は今のところ木造以外にはありえない」と、その難しさを指摘して、

> こうして日本の最小限住宅では成果として水準の高い作品を作ることは極めて困難である。もし敢えて無理にでも水準の高い作品、美しい作品を作ったとすれば、それは貧しい人民から遊離してしまい、本来的意味で最小限住宅ではなくなってしまうであろう。つまり美しい最小限住宅ということは日本の現実的条件の下では、どのような意味においても殆どありえないのである。与えられた条件であれば水準は低くなるし、敢えて水準の高いものを作ろうとすれば最小限住宅ではなくなってしまうのである。

「美しい最小限住宅」の木造の代表が増沢洵の自邸（1952年）で、3間×3間の正方形で2階建ての延べ床面積が49.5m^2であった。清家の場合でも1950年に公布された住宅金融公庫制度の融資で50m^2の最小限住宅を建てているが、苦しい社会状況を乗り越えた"美しい住宅"をそれもコンクリートで作り上げた。それが「私の家」である。

篠原一男は、ワンルームは戦後の貧しい小住宅の狭さゆえに成立する事情であって、「ワンルームが主題としてほんとうに成立する社会的条件は、もっと日本経済が回復して後の時期の大きな住宅のほうがふさわしい。」と浜口と共通の論理ではあるが、それは、M.V.D.ローエのファンズワース邸の場合である。

浜口は、「人間の社会学的機能と生物学的機能の最小限を追究し、それを形成するのが最小限住宅に他ならないのである。機能以外のだぶつきは徹底的に排除されるし、また機能はあくまで満足されねばならぬ。かくして機能主義ということは最小限住宅の問題の重要な性格なのである」。この「機能以外のだぶつき」を、清家は「Redundancy」理論で克服しようとする。

ル・コルビュジエは「ルシウール型住居」（1929年）の反省として、

> 最小限住宅には生活に必要なものは何ひとつ欠けたものはない。しかし、だだひとつ欠けているものがある。それは空間だ。

それは美的なものではなくて、「こう狭くちゃ、こうゆとりがなくちゃあ困るというわけです。つまり、あまりにも無駄がなさ過ぎるということを言ったものです」と前川國男は説明している。L-17) 清家の言う「リダンダンス」(冗長性ゆとり)の欠如について嘆いているのである。
　清家の「一室住居論」S-9) に、最小規模住宅について、

> 現代住宅は最小の価格で、最大の機能をもった住宅をつくることが望まれている。だから、床面積にしても、最大の機能をもつ最小の面積がよいに決まっている。しかし、どの大きさが最小の大きさだろうか。このような余剰(redundancy)の必要については……、いま、ある目的、たとえば食事なら食事という行為をするために必要な面積の最小限が存在することは容易に想像できる。同時にその最小限の面積よりもやや大きい広さのredundancyが必要であって、それとは全く別に室(room)または場所(space)が存在している。この場合、この室にredundancyを含んだ機能的な空間を容れるためにはさらにいくらかのallowanceを必要とすることになる。redundancyやallowanceはお互いにオーバーラップしても機能的には障害をおよぼさないことが多いから、少なくも2室に分割した場合よりも狭い面積で機能が果たせることは群論をもちだすまでもなく明らかである。
> 　一室住居のひとつのありかたとして、機能別につくられた教室の壁や扉が透明になって、消失したものが、一室住居であってほしい。

群論を持ち出してまでRedundancy理論が最小限住宅にも必要なことが理解できる。「私の家」で便所に扉がない理由が理論的に説明されている。そして住宅が最小になったから扉が消えたのであって、逆説的には面積が拡大してゆけば部屋間の扉が不必要とはならないのである。空間はいくら転用してもオーバーラップしてもかまわないからである。
　最後の「壁や扉が透明になって消失したもの」それを清家は、「半透壁」S-22) と呼称している。

8.「最小限住宅」(2) ―「未分化」で「ルーズな無限定空間」―

「私の家」が、戦後の家族の「スピリット」と「スキンシップ」という条件による特殊性と固有性があったことが、清家の告白にある。『「私の家」白書』S-5) の「あとがき」に、

> 外観は横長の箱型で、南側の一面だけを取り払ってガラス戸をはめただけのようなものだから、知らない人にはずいぶん変わった家と見えたらしく、口の悪い人からは「動物園の猛獣舎みたいだね」といわれた。住宅ならぬ獣宅だろうか。住まいは鳥獣の巣に原点がある。その意味ではわが家はいたって快適で、文字通りスキンシップの濃厚な生活であった。「私の家」の狭いスペースの生活は外の補完的スペースを利用することによって成り立っていたといえるし、あの狭い家そのものを快適にしてくれたのだといえる。この戦後小住宅の底流

には、一方でアメリカの住宅、住まいについての考え方が色濃く反映していたともいえる。アメリカ人の住宅観のなかには、かつて新大陸に移り住んだピューリタンの生活と精神への深い憧憬がある。故郷を遠く離れて広大な荒野に住み着くには、自分の心のなかにも、フィジカルな暮らしのなかにも、homeがなければ成り立たないというか、やりきれないものがある。それはいまでもアメリカ人の意識の底に根を下ろしており、homeとはいまでもアメリカ人には泣ける言葉である。敗戦の痛手から立ち直ろうとする当時、どっと流入したアメリカ流民主主義とともに、われわれもこのhomeという言葉と、そこに込められた深い意味への憧れを感じたのかもしれない。私が本格的に設計を始めたのはまさにこのような時代であり、住宅設計は私の原点となった。そして「森博士の家」をはじめいくつかの住宅に続いて「私の家」が生まれた。

極めて「スキンシップ」の濃密な「家族関係」について、「私の家」を、つまり「動物園」の「獣宅」ならぬ「鳥の巣」に清家は喩えている。そして戦後のアメリカ人の民主主義を支えたピューリタン派のスピリット（精神）に基づいた生活（ホーム）の影響を強く受けていた。

「無限定なルーズ」な空間

小玉祐一郎は「＜間＞にひそむ清家清の美学」[S-12]に、

Redundance（冗長度）は清家清建築哲学のキーワードと言ってよいだろう。

清家の「室内における自由」[S-30]に、「森博士の家」では、「Redundanceは縁側や庭に向かって発散することができる。狭い家でもゆとりのある暮らしは可能である」と、和室や居間から縁側を経て庭へ拡がる開放性がRedundanceである（図Ⅳ-55）。

「宮城教授の家」の「一室空間」ではRedundanceはオーバーラップしている（図Ⅳ-56）。「Functionのオーバーラップは好ましくないが、Redundanceなら重ねても生活機能は損なわれない」と、住宅での行為に伴う場の機能が重複することは不可だが、「ゆとり」の接触しない重複は、Tolerance（がまん）の許容範囲であるとする（図Ⅳ-57）。正方形に囲まれた部分が、例えば食堂というスペースで、Functionを中心とする同心円が、そのスペースに収容できるかということで、Redundanceが含まれずにはみ出してしまう場合、それをTolerance（がまん）とする。

「私の家」は「空間の機能分化」しないで、つまり「未分化」で「ルーズな無限定空間」を提唱し、いわゆる戦後の「モダンリビング」派とは一線を画した。西山夘三に、居間に多機能に持ち込むことは機能主義の進歩から後退するものだと批判されていた。しかし清家はまったく別種の理論に依っていた。それがこのRedundance理論であり、その実現方法が「舗設」または「室礼」（しつらえ）である。

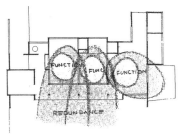  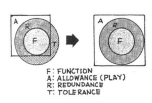

図IV-55 「森博士の家」の庭に向かって発散する REDUNDANCE ［S-30］　　図IV-56 「宮城教授の家」のオーバーラップ ［S-30］　　図IV-57 「TOLERANCE」（がまん）の許容範囲 「一室住居論」［S-9］

「斎藤助教授の家」の設計について藤森照信の「心にかけたことは何か」との質問に、清家はS-79)、

　「日本語で＜間＞って言うでしょ。物体じゃなくて、物と物の間であるもの。この家はその＜間＞をつくろうとしたのかなぁ」

「物体じゃなくて、物と物との間にあるもの」とは、空間つまり虚の部分としての「間（ま）」である。清家はそれを「ルーズな均質空間」と言う。この「ルーズ」な、つまり「しまりがない、だらしない」さま（様）というより「無限定」である「均質空間」とは、各Function間が、「均質」（どの部分にもむらがない）である、つまり何にでも使えるという概念を内包しているのである。
「清家清に問う」S-3)の嶺岸泰夫の「ホモジニアス」（均質）な空間とか、機能的にルーズな空間といった考え方の問いに対する清家の自解には、

　空間のあり方の中に、しつらえ（室礼）ということが含まれてくると思いますが、ホモジニアスな空間は、分節された空間、むやみに区切られた空間より、同じ面積でもずっと広々とします。だいたい狭い所を細分するのは大変ですから、なるべくそうでないようにするだけです。それがルーズでなまけ者的な、ということかもしれません。

「最小限住宅」の"貧乏なミニマリズム"から生まれた概念で、「室礼」（しつらえ）は、寝殿造りの衝立、几帳、御簾等の可動の障屏具で間仕切り、室内を整えた仮設的な調度により新しいFunctionを可能にする考えである。
清家が「無限定でルーズ」な空間と表現しているのは、「＜すまい＞−考」S-12)に、

　ここは書斎とか、ここは居間というようなキチンと極った西洋式の使い方ではなくて、和風のそれはなんとなく居間にもなっているし、書斎にもなっているというような、ルーズな

図Ⅳ-58 「親(ゆき夫人)と子(長男篤)の語らいの場にもなる「臨機応変型多目的畳」[S-5]

図Ⅳ-59 「私の家」外部の「移動式畳」[S-5]

使い方もあってよいと思う。和風のすまいかたのなかには、こうした無限定の空間に舗設─機能的な設営をすることで、現代的な意味での機能主義的なしつらえができるという伝統的な方法である。

日本の伝統的な和風の手法であり、例えば「茶の間」とか、「居間」という「間」は、「空間」という意味の他に、「寝る間」もないというように「時間」をも意味している。この清家の「無限定でルーズ」な空間の「使い方」には「時間的シークエンス」を構成する考え方において日本的でそれが「現代的な意味での機能主義(モダニズム)的」なしつらえ(室礼)といえる。Functionを一つに固定せずに、種々のFunctionに使用するという「時間的」なRedundanceの導入を清家は「ルーズな」と称えた。その「室礼」の「物」としての典型が「私の家」の多目的「移動式畳」である。渡辺力のデザインにより1m50cmの正方形の畳敷の台でゴムのキャスターが付いている。「畳ストゥール」とも呼ばれた。日本の伝統的な室内空間と家具の考え方を結び付けた。その畳の上に座ブトン・ウチワ・ボンボリを置いて、小さな「お座敷」にもなるし、本を拡げてゆき夫人と長男篤との親と子の語らいの場として、ほほえましい写真がある(図Ⅳ-58)。外部のテラスにも持ち出されて子どもの遊び空間にも変質するし、縁台や床几のようにも使われる(図Ⅳ-59)。

清家ゆき夫人は、「わが家の移動式畳」[S-93]について次のように述べている。

　　畳二畳の広さですが、半畳の畳を四枚使って、普通のものより薄く仕上げた特製の畳で、まわりに木枠をつけて、裏には車をつけてあります。私ひとりでも持運びができるんですよ。
　　家にはほかに畳の部屋がありませんので、この居間において子どもが昼寝をしたり、主人が横になったり、夏は庭に出して涼んだり、お茶を飲んだりして楽しめます。それから、私が着物の脱ぎ着とか、たたんだり、手入れしたりしますのに、どうしてもこの畳がないと困りますし……。冬はこの畳の上におこたをしてくつろげますし、ほんとうに応用範囲が広いんですよ。
　　家っていうものは、家族の構成とか状態によって変化できなければ困りますものね。育ち

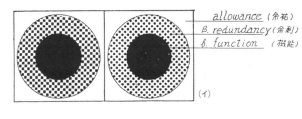
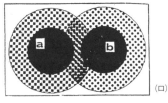

図Ⅳ-60a 「建築空間を構成している要素」[S-38]   図Ⅳ-60b 同前 [S-38]

盛りの子どもがいたりしますと、決まりきってしまった家では融通がつきませんでしょう。もう生活が変わる可能性のないかたが住まう家でしたら、それぞれの目的をはっきりさせた設計方法もできますが。そういう意味で、移動式の畳って、ひとつの融通性なのでしょうね。私はとても重宝しております。

ゆき夫人はこの「移動式畳」を「居間」と適切に呼んでいるが、正式には「臨機応変型多目的畳」である。建築家の妻として、「主人」の建築思想である「融通無碍」の精神を良く理解しての「主婦」の見解である。

住行為が未分化

清家は「住行為が未分化の総合された」単室住居とするが、それは何のことであろうか。戦後の機能主義には、家事労働の重視、個室の確保、男女平等の原則から、主婦の労働の場を南面させ、明るく働き易くすることが求められた。しかし清家は生活が複雑化してゆくのに、逆に単室化しようとする機能主義には限界があると、さまざまな用途に使う、つまり「無限定でルーズ」な空間を主張した。しかし硬直した機能主義者からは、この日本人の伝統的な生活様式である「茶の間」は、卓袱台（ちゃぶだい）の上での食事室として、また座ブトンを出して客間に、そして夜具を出して寝室にという「混用」は攻撃の対象となった。それは舗設による用途の使い分けは、新しい機能主義による改良を不明確にするという論理からである。

単室住居、つまりワンルームの有効性についての、清家の「一室住居論」[S-9]で、個室群の場合（イ）と、ワンルームの場合（ロ）について、「オーバーラップしての空間の転用」を否定するのは、西山夘三の戦後住宅の機能主義論からの反発への対応策としての同調のように私には思える。

この「ワンルームの空間構成」図から「未分化のままの統合」というパラグラフを読み解いてみたい。例えば、この「一室住居」の場合（図Ⅳ-60a、60b）の（イ）のように、機能が分化されているのではなく（ロ）にように重ね合う部分があり、「未分化」の状態といえる。

それは狭い室だから起こり得る事例で、広い室になると分化される傾向にある。すると、逆

に（ロ）のような状態の機能が統合されたのが「住まう」ことの本質であると清家は定義する。未分化（Ⅰ）から分化（Ⅲ）へ向かう時代の可能性を清家は読んでいる[S-10]。

清家は野沢正光との対談「私の住宅コンセプトはストラクチャーです」[S-47] に、

> ラウムーこの頃の人はみんな、空間というのをスペースなんていっているけれど、スペースというよりもラウムじゃないかしら。英語のルームより、ラウムのほうがもう少し広いかもしれません。日本語だと「間」という感じで、未分化なんだと思うんです。英語でいえばルームでなくてルーミーに近いんじゃないでしょうか。

ドイツのアドルフ・ロースの建築を考える上で重要なのが「空間」(Raum) である。ロースは、「カント以前には、人類は空間について考えることは全くできなかった。建築家は、トイレと広間の空間の天井高を同じにせざるを得なかった」と、ロースの「空間構成」(Raum Plan) [G-47] では、

> 我々人間が自由に分割し連結させることのできる「単位の空間」で、それは複数（Raume）として表わすことが可能な空間である。それは居間とか食堂とかの機能を持つ以前の「抽象概念」でむしろ単位としての三次元の拡がりといってよい。建築的に言えば、床・壁・天井によって区画された構成材料としての空間である。

この機能を持つ以前の「単位としての三次元の拡がり」が清家の言う「未分化」なのである。そして「空間構成」とは「その用途に合わせて切り取り、名づけられ室内（居間、食堂など）を互いに連繋させる」ことによって快適な生活を作る技術なのである。

それは清家の言う「間」という感じや、Roomy（ルーミー）「広い、広々とした」の意があり、「余裕」、「余地のある」空間ということで、「間」の英語訳とも言える。それが「私の家」で実現されている。

適正規模

川添登は、清家の住宅について[S-70]、

> 清家清の設計する住宅は、日本の家族主義―家長主義の上に立つものである。面積が大きければ家族の変貌をある程度、許容できることは確かである。しかし清家が求めていたのは、「適正規模住宅」である。清家がもっている流動するパターンは適正規模のなかに存在しなければ本当は意味ないのである。

この「適正規模」（ゆとり）については、同書で詳説されている。

清家邸となると、いっそう明確である、家長の父君である清家正の肖像が壁にはめこまれてあって（註記：居間の便所の表側の壁）、清家家の伝統を強調する。清家清の住宅は、日本の伝統を取り入れることによってある種の"ゆとり"（リダンダンス）をもちながらも、実は機能分化の一歩手前にいる。家長は"ゆとり"を生じるかもしれないが、奥さんの気苦労は"ゆとり"どころではないと想像させられる。そこでもう一歩進めてなにが清家にこのような住形式を採用させたのか、というと、それは彼の心の中に「家長主義的」なものがあるからだ、といえよう。機能的な"ゆとり"は新しい生活習慣の中で生みだすべきなのである。清家の設計にはそれが混在していたし、それが魅力でもあった。

　清家の住宅は戦後のモダニズム住宅の極致のように考えられているが、伝統主義的でかつ「家長主義的」であるとの鋭い逆説的な川添の分析である。

清家の「Redundance」理論のモデル
　W・グロピウスは『生活空間の創造』[G-4]の、「距離・時間・空間の関係」の中で、

　　われわれは、有限の枠のなかでのみ、空間とスケールを理解する。限定された空間こそ、―開放されていようとも、閉ざされていようとも―建築の媒介物である。そして、それが包含しているところの、建築の容量と空なる間（ま）との正しい関係が、建築においては最も大切な点である。

　W・グロピウスは、内部空間として「建築の容量」つまり「機能」（Function）を「包合」する「空なる間（ま）」（スペース）とを正しく関係させることを言っていて、清家の「Redundance」理論がこのグロピウスの空間論から影響を受けたと考えられる。
　清家はW・グロピウスからの影響について『別冊新建築　日本現代建築家シリーズ⑤清家清』[S-3]において、

　　グロピウス夫人からは、"清はこのよいアメリカの習慣を日本に帰っても忘れないようにしなさい！"と忠告して下さいました。グロピウスは私にとって偉大な教師でした。彼に直接に接することができてよかったと思います。その後の設計にどんな影響を与えたかというと、よくわかりませんが、いろいろな面で影響を受けています。自分自身はそれ以前も以降も、作品としてひとつも変っていないと思いますが、影響を受けたことは確かだといえます。西洋人のものの考え方をグロピウス夫妻からずいぶん勉強しました。

つまり、清家にはTAC勤務以前からW・グロピウスの建築思想に、同調するものがあって、

それが再確認、再認識されたということか。清家清にバウハウス及びW.グロピウスがどのような建築的な影響を与えたのか、より研究すべき課題である。

9.「好い加減」(シュムメトリア) と「格好が悪い」(エウリュトミア)

藤岡洋保の「清家清の建築―そのモノづくりが問いかけること―」S-1) で、

清家のモットーは「好い加減がよい加減」だったが、これも建築のひとつの本質を言い当てているように思われる。建築は、雑誌に美しい姿で紹介されるためにではなく、人間のためにつくられるのだから、デザインし過ぎることを避け、つくる側や使う側に自由度を残しておいたほうがいいという考え方である。

この「好い加減」が「よい加減」というコンセプト（概念）は、単に藤岡が「自由度」を残すという「考え方」とした定義では充分ではない。むしろまったく異なっていて、実は建築哲学的なロジックがそこにある。

「デザインシステム」の角永博も「好（よ）い加減」は「よい程合い、適当」であると、moderateでありながらも「両極端の相反する意味を表しています。この矛盾を、清家先生は見事にバランスを取り、時にはジョークでかわし」S-1) と、生活態度、でもあるとしている。
一方で1968年から清家研究室の大学院・助手であった小玉祐一郎は「＜間＞にひそむ清家清の美学」S-12) の「清家清から学んだこと」に、「格好が悪い」について、

そのころの研究室ではプロジェクトの担当者や学生同士の激論はあっても、先生を交えて口角泡を飛ばすといった雰囲気はなかった。次々にアイディアを出せばよいという雰囲気もあって、数多くアイディアを出す能力を評価したふしもある。提案した案がボツになるときは、「格好が悪いね」という最後通牒でカタがつく場合が多かったが、その背後にはもちろん特有のロジックが潜んでいた。研究室のメンバーにとっては、そのロジックが読めないことも「格好が悪い」ことであり、「読めないこと」が恐怖であったと言えるかもしれない。冗長なほど、漫談ならぬ雑談を楽しむ先生であったが、時に沈黙することもあった。沈黙こそが、不満足の最大限の表明であった。

清家の「沈黙」は「否定」NOの意味である。どのような場面で清家が「格好が悪い」と発言したのかが解る具体的なエピソードである。反対に「格好が好い」とはどういうことであろうか。「加減」と「格好」は異なる事象である。

「シンメトリア」＝均斉

　清家の言葉で「ギリシャ語のシンメトリアというのは＜釣り合い＞（均斉）という意味であって、広い意味での左右対称を含んでいる。例えば天秤の釣り合いのようなものから、現代語の比例やプロポーションのようなものまでも対称である」と、清家はこの「釣り合い」について黙考していた。つまり「均斉」かどうかである。清家は「私の家」や「続・私の家」の居間の家具の甲板上に、常にドイツ製のPendulum Scaleという「振り子式自動指示秤」を置いていたが、これは「均斉」の「シンメトリア」のシンボルであった。
　Logic（論理）よりlogos（秩序）としての「数的な秩序原理＝比例からくる調和」の「加減」を好んだ。清家のデザイン論の「シンメトリー」[S-6]に、

　　建築家はその作品をつくる手段として、その場限りの流転する知覚のイメージの代わりにもっと確実なイメージを抽象化することで、科学的な性格ともいえる印象を幾何学的な様式あるいは主題として表現している。その主題をその時代のシンメトリアと考えてきたと考えてはいけないだろうか。しかし現代幾何学で表現された左右対称のシンメトリーを含めて均斉が古典的シンメトリー同様に美しいことも事実である。

「その場限り知覚」とは、その人の人生の体験内での「感覚」の心象で、一方で「科学的」、「幾何学的な主題」こそが「神の理性」としての主なるロゴスだとする。古代から中世にかけて「理性」といえばまず人間のことではなく神のことで「神の理性」のことであった。
　清家の場合、表現主義的な「格好」としての「姿（すがた）」だけではなく、「頃合い（ころあい）」＝比例が、ウィトルーウィウスの言う「ほどほどの釣合い」の「ほどほど」を意味していた。つまり「よい加減」である。続けて清家は、

　　自然を見ていると自然があまりにも冷たく、シンメトリーそれは幾何学的な左右対称や古典語のシメントリアの意味した均斉とか、つり合いという意味を含めてシンメトリアに忠実であることがわかる。特にだらしないことにはかけては人後におちない私にとって、このシンメトリアは神の存在への証しとさえなるほどの意味をもっている。

　ル・コルビュジエの＜得（え）も言われぬ空間の奇跡＞と同種の、神の「存在の証し」の「理性」としての神の言葉（ロゴス）としての「シンメトリア」が書かれている。
　清家は、実際にはキリスト教徒としてイエスを神（ロゴス）とし、「シムメトリア」に自己を委ねていた。

「好い加減」＝「シュムメトリア」（量的）

　清家が常々「いい加減が好い加減」と口にしていたが、「いいかげん」と文字通りに「だら

しない」と解釈することは妥当ではない。デザインし過ぎることを避け、使う側には自由度を残しておいたほうがいいという考え方は、清家の「建築家はハードウェアとしてのHouseは作るが、ソフトウェアとしてのHomeは住み手がつくる」ということとまったく異なった論旨であるが、少しはその意味もあるのか。

「加減」には数字を加えたり減じたり「適当に調節すること（程度、分量）」とあり、つまり「分量」の意味がある。それは「シュムメトリア」としての「建築を構成する要素の各部分相互間および各部門と全体の量的寸法関係」の「秩序」である。

『ウィトルーウィウス建築書』[G-1]の第六書・第二章には、

> 建築家にとって、建物が一定部分に用いた比例によって割付けの正確さをうること以上に、これにも増して心を用いなければならぬことは何もない。それ故に、シュムメトリアの割付けが定められ、理論に従って計測が行われるのであるが、一方、土地の性状や利用性や外貌に予め眼を向け、加減によって調整を行うこともまた俊敏な人にとって特有なことである。尤も、シュムメトリアについて加減が行われるにしても、建物が正しい形になっていると見え、外観についても何ら不満がないように。

「加減」のword conceptの「比例による割付け」がギリシャ建築から始まっていることが解る。「割り付け」の正確さ、つまり「シュムメトリアの加減」と同時に、「外観の正しい形」、つまり「格好」の検討の必要性を示唆している。

この第二章は特に重要で、清家がパルテノンを視察（1956年）して以後のデザインおよび研究のテーマの端緒になった内容である。それは「シュムメトリア」について、「比例の正確さ」へと「加減（によって調整）を行う」ことであり、その一連のプロセスの一つが「視覚の補正」である。

「シュムメトリア」の検証＝パースペクティブ

篠原一男のインタヴュー「1950～60年代の建築とその言説空間」[S-72]に、篠原自身の卒業論文「視空間の構造」と清家研究室の研究テーマについて、

> 恒常視の実験装置が清家研のなかにあって、そっちに入りました。恒常視というよりも、矩計を吊ると、縦のほうが3~5％長く見えるというような実験のほうは、その後、役立ちました。正方形に見せるためには、この比率で縦を短くしておく（笑）。

篠原の清家との共同研究には、「スペース―特に長さの比較について」があり、

> パースペクティヴというのは、視点距離が2倍になると長さが半分になります。ところが

実際の見え方はそうではなく、距離が倍になっても半分以上の長さを保っています。恒常性と呼ばれている現象。外国に数学の非ユークリッド幾何学を取り入れた視空間の研究もありました。

清家は当時、「パースペクティブ」として正確には「逆遠近法」の研究と、「形と動作」の研究との二つを同時に進めていた」と篠原は証言している。「動線」（モーション＆タイム・スタディ）として被験者の両肩に豆電球をつけ、その動きを水平投影したものである（「日本建築学会論文報告集」No.22,57,60,61,63）。同時に清家は滝沢真弓などの著書からパルテノンの建築美→ギリシャの芸術理論→数学的・美学的理論としての「シュムメトリア」などの知識を得て自説として肉化して行った。一方で滝沢の「パルテノンの美」の解明のために、いわゆる「錯視」や「視覚的矯正」の問題にも延長していたが、以下の論文を継続している。
- 「視空間における高さの認識について」
- 「視空間の構成に関する研究1.2」
- 「室内空間の視覚的捕捉について」

他に清家の「遠近法」についての研究は、1950年頃の「日本建築学会研究報告集」に、
- 「遠い消失点をもった透視図を画く機械について」
- 「INVERSE・PERSPECTIVEについて」(2)
- 「逆パースペクティブに関する研究・3」
- 「非パースペクティブについて」
- 「Perspectiveの恒常性について」

清家は「パースペクティブ」（遠近法）の認識プロセスを踏まえて「格好」の「加減」を正しく認識することを試みていたのである。

「好い格好」＝「エウリュトミア」（質的）

再び『ウィトルーウィウス建築書』[G-1]の第一書・第二章3、4に、

> エウリュトミアとは、美しい外貌であって、肢体の組立てにおいて度に適って見えることである。これは、建築の肢体が幅に釣合った高さ、長さに釣合った幅、になっている時、つまり全体がそれのシュムメトリアに照合している場合、に成就される。同じく、シュムメトリアとは、建物の肢体そのものより生じる工合よき一致であり、個々の部分から全体の姿にいたるまでが一定の部分に照応することである。ちょうど人体においてのエウリュトミアの質が肱・足・掌・指その他の細かい部分でシュムメトリア的であるかのように、建物の造成においてもその通りである。

「シュムメトリア」（symmetria）とは、理性的な量的秩序の概念で、もともと美しい人体か

ら発する美の概念である。そして各肢体がシュムメトリアに適合しながら、その配置がよいリズムを感覚される視覚を通じて、美しい形姿の質的認識を「エウリュトミア」(eurythmia)と呼ぶ。「全体がシュムメトリアに照応」している結果として「エウリュトミア」が達成される。

ギリシャ人は元来、建築には美しさを要求しなかった。絵画や彫刻の原理には自然や人間の模倣の概念が、イデアの仮の象を迫真に示すこと、その「技術」であった。しかしローマ人は人間の感覚に関心を持ち、人間の感知する「芸術」性を実現するという構想力を作為する。ローマの建築家であるウィトルウィウスは「シュムメトリア」の次に、美しき建築の原理として「エウリュトミア」という各要素を組みたて快適に見える概念を定立した。

森田慶一は「内在的造形」として次のカテゴリーに分類している。清家にその相当概念を充当すると、「内在的造形」とは建築そのものの内から造形を規定するものである。

□量的秩序原理「シュムメトリア」　　⟷　　□質的秩序原理「エウリュトミア」
　　（ギリシャ的）　　　　　　　　　　⟷　　　　（ローマ的）
　理性的・視覚的適合性…「加減」　　⟷　　感覚的・配置の適合性…「格好」

清家の言う「好い加減」が数量的なシュムメトリアに相当し、ル・コルビュジエの場合は「モデナチュール」である。清家の「プロポーションは説明しがたいものである」という言説は重要である。「説明しがたい」＝「言表不可能」性にかかわらず、清家はロゴスの人として、それを「言表」せざるを得なかったのである。

ル・コルビュジエの「モデナチュール」─シュムメトリアからエウリュトミアへ─

清家の「好(よ)い加減」については、ル・コルビュジエの対象ワード、つまり相当概念としての「モデナチュール」(Mode'nature) とは通常、「古典建築の一種で、割り形の輪郭」を言う。『建築へ』[L-1] の「建築Ⅲ・精神の純粋な創造」に、建物の立体と平面は実用的な条件と建築家の想像力によって決定されるが、

> 建築家は、言おうとすることの表現手段として、光と影を操作する。モデナチュールで造形家が判別されて、技術者は退き、彫刻家が働く。モデナチュールは建築家の試金石である。モデナチュールによって建築家は逃れようもなく、造形家であるか、そうでないのかとなる。建築は光の下での立体の精通した正確な素晴らしい操作である。
>
> ギリシャではパルテノンが、この精神の純粋な創造、モデナチュールの絶頂を示した。情熱、心の寛さ、魂の偉大さ、モデナチュールの幾何学に刻まれたそれほどの美質、正確な関係に配分された量、パルテノン、それを作ったのはフィディアスである。フィディアス、偉大な彫刻家。

「正確な関係に配分された量」つまり「好い加減」という記述に、それが「シュムメトリア」であることが解る。また『エスプリ・ヌーヴォー』[L-9]の「モデナチュール」では、次のように説明する。

　モデナチュールは建物の輪郭であり、輪郭に関するすべてなのです。上を向いた鼻や鉤形の鼻を持った、平らな顔や中高な額を持った人間の横顔といった具合に。緊張した動かし難いその表現、すなわちその作品の真実の顔、輝く精神は、その輪郭の比例関係、モデナチュールによってのみ明確になり充実するからです。つまり＜比例＞だから＜量＞なのです。モデナチュールはレオナルド・ダ・ヴィンチの顔が動かし難く感動的であるように」、つまり簡単に言うと「モデナチュール」とは顔の輪郭に代表される。多くの人々に建築的感動を与える立面、パルテノン神殿等によってその形相が真価を際立たせるときなのです。

　つまり立面の輪郭が光り輝き感動する時の形相の状況なのです。つまり建築のプロフィールが人を感動させる感性的な洗練によって構成されているか、さらに言えば「霊感の決定的瞬間にある」と、「シュムメトリア」が「エウリュトミア」に拡張し転化していると、つまり幾何学という理性的方法の及ばない、感性によって自由に形態を彫琢しているかという造形的、芸術的側面まで語ろうとしていた。具体的な事例としては、美人が2人いた場合に、一人は目、口、鼻の形の各部分が均整で整っている。つまり「美形」でこれを幾何学的な「理性」的な「シュムメトリア」だとすると、他の一人の美人は、そのうえに顔の表情に、女優のような「嬌姿（きょうし）」というか婀娜（あだ）っぽい官能的な魅力を発散している場合に、それを「エウリュトミア」という。それは、清家の場合には「好い格好」に該当し、浜口隆一のいう「新感覚」の「耽美的な香り」がある。やはり感性が関係する。

　清家の「好い格好」は、「輝き」、「感動を与える」、「鋭い瞬間」ともなる。

　清家は、更に、浜口隆一に「鋭く豊かな感受性」、「日本的な情感」とか、さらに「清家の社会像は非科学的」とまで言われるような、デザインの鋭さを清家は示した。実際は工業大学の建築科の教授として科学的であろうと努めたのに、当意即妙な座談の名手として、「ディア・ロゴス」が成立していたが、その内容は、理性を感性により翻案した話が多かったといえる。それは篠原一男も証言している。

10.「シンメトリー」—構造の均質化—

『装飾の文法』とル・コルビュジエの「シンメトリー」の習作

　清家がこの小論文「シンメトリー」[S-6]で引用した遠山啓訳『シンメトリー』[M-1]には、オーウェン・ジョーンズの『装飾の文法』から図をいくつかとった」とある。この本は1868年に

図Ⅳ-61　ファレ邸外観　[L-31]　　　図Ⅳ-62　ファレ邸の正面詳細　　　図Ⅳ-63　芽の習作のスケッチ　[L-28]
　　　　　　　　　　　　　　　　　　　　　　　[L-28]

ロンドンで発行されている。

　後のル・コルビュジエとなるシャルル・エドゥアール・ジャンヌレ少年がスイスのラ・ショー・ド・フォンの郷里の美術学校で、教師のレプラトニエが美術の教本としたのもこの本で、ル・コルビュジエの最初の住宅作品の「フアレ邸」（1906年）（図Ⅳ-61、62）の装飾デザインに反映されている。清家とこの『装飾の文法』との奇遇の事実は私を驚かせた[L-28]。レプラトニエは自然の植物や鉱物をただ写実的にではなくて、本質的な形態を抽象化することを教えた。ジャンヌレのその時代の習作の、「幾何学的図案のある芽の習作」（1902～07年）の「幾何学-25」には、「対数螺旋」状のアーティチョークと同形植物の芽の側面図が描かれている（図Ⅳ-63）。清家の「シンメトリー」[S-6]には「渦巻き」状がシンメトリーであるとの説明がある。

　　このようにシンメトリーがもっている意味は古代と現代では大いに違っている。帯状の連
　　続模様をシンメトリーの範囲に入れることはちょっと躊躇するのだが、環状の連続模様も狭
　　い意味でもまさしくシンメトリーといえるだろう。

　それは清家の「帯状」のみならず、「環状の連続模様」への関心の証言である。

3次元の環状シンメトリー

　この「環状の連続模様」には「渦巻き」状もあり、シンメトリーであるから、清家はアーティチョークを「渦巻き」状に皿に並べたとも言える。同じく清家の「シンメトリー」[S-6]に、

　　自然界がフィボナッチの数列あるいは黄金比に順応しているという考え方は古くからあっ
　　て、ル・コルビュジエのモデュロールもこれによっているが、これは3次元シンメトリーで
　　ある。前に述べたいわゆる左右対称のような合同の対称は、これを連続して帯状や曲座標と
　　して環状につくることができる。この帯状の模様を透視図的に見ると図形は相似的ではある
　　が、合同ではなく連続する。これは単なる平行移動ではない。近くのものは大きく、遠くの
　　ものが小さいひとつの連続模様として群Σをつくることになる、左右のシンメトリーでなく

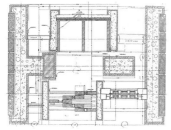

図Ⅳ-64 「私の家」の部分詳細図 [S-5]　　図Ⅳ-65 「台地の家」 [S-1]　　図Ⅳ-66 「数学者の家」[SH-7]

奥行きのシンメトリーである。

　「帯状の連続模様」は「合同」だが、「環状の連続模様」は「相似」の「奥行きのシンメトリー」で、そしてル・コルビュジエのモデュロールも同じく「三次元シンメトリー」である。『直角の詩』の「精神・B」[L-38] の巻貝の下の「モデュロール・マン」の傍の「モデュロール」の絵である。

　このモデュロールの最初の実施例がマルセイユの「ユニテ・ダビタシオン」（1952年竣工）である。モデュロールの勝利の記念塔として1階には「尺度の碑」があり、レリーフに「モデュラー・マン」と、入り口ホールのファサードは赤級数と青級数のリボンが形成されている。

　ル・コルビュジエの弟子である前川國男はこのモデュロールを、「人間の表層意識（合理）と深層意識（非合理）を貫いている一つの合法則性」の主張にほかならないとしながらも、「内心の気休め」としたが、清家は実際に「森博士の家」や「私の家」で黄金律を使用していた。

11.「重箱のスミ」（清家）＝「人工的アート」（芸術）

「重箱のスミ」＝「人工的アート」（芸術）

　「私の家」（1954年）の平面図において4隅の角部、東西の各耐震壁の隅部（**図Ⅳ-64**）が最大30cm位突出している。つまりコンクリート壁のコーナー部が「直角」に曲がっていない。清家にとって隅部は、極めて建築上の重要な部位であった。「私の家」の壁について、

　　隅が曲がってないもんだからいつでも都庁におこられちゃう。壁構造というのは、隅のところで曲げないといけないんですってね。平屋のときには曲げないでも許してくれるけれども、2階以上のときは曲げないと許可してくれませんね。

　当時の構造設計指針がL型、つまり直角の「矩尺（かねしゃく）形」のコーナーを指導していたが、美しくなかった。それは、「風邪の局部的吸引力は壁面の稜角部において著しく増大することにあり、この部分を補強することを要す」との、谷口吉郎の風洞実験の結果を踏ませ

図Ⅳ-67　東京国際見本市鉄鋼特設館のシートパネル　[S-6]

図Ⅳ-68　「直角の詩」の「G3・道具」　[L-48]

図Ⅳ-69　「直角の詩」の「A・3環境」　[L-48]

ての壁の突出で、結果的には美しくなったといえる。

「森博士の家」では、清家は「裏側の袖壁を単に衣装的なものではなく、天井あるいは床の室内通気の流線を整えるフッド（Hood）と道路や隣家からの見透かしに対抗する目隠しの役をしている」と、東工大材料研究所の西藤教授の外気流や通気換気や熱遮断の研究から示唆を受けている。清家自身の東工大の卒業論文は「木造隅角部の動荷重による破壊の研究」であり、爆風で壊された時の破壊状態の研究である。

「台地の家」（1959年）の主屋（洋室）も従室（和室）棟も妻側の耐震壁は長く1m以上も突出している（図Ⅳ-65）。「宮城教授の家」（1953年）でも、南面の左右のガラリ戸は、外側に袖を突出していて、開口部を大きくしている。それは「袖壁の持ち送り」といって、立面に陰影をつける。

その他に「数学者の家」（1954年）（図Ⅳ-66）のRC造の妻側の耐震壁は、南北方向に突出していて同じ手法である。対談会「すまう自然とつくる反自然」[S-2]の中で、清家は、

> そうですよね。重箱のスミというのがたいへん大切なわけですよ、重箱のスミというのはたいへん人工的な部分なんです。重箱のスミというのはたいへん重要なものを人間生活の中で持っているんでしょうね。そこが人間というものの意味であるような気がするんですよ。重箱のスミでないところというのはまったく自然なんですよ。重箱のスミのほうが人工的なアート、芸術であり得るようなところなんじゃないでしょうかね。直角になっているところですよね。

「重箱の隅（スミ）」は、「人工的なアート」である。つまり、「西洋人の考えるアートというのは人工」、つまり「自然でないものがアート」なのである。

同種のことを「建築家のつくった家というのは芸術だという時には人工だということなんですよ」と、清家の「建築＝不自然（アート）」説である。つまり「重箱のスミ」の「直角」部分こそが「芸術」ということになる。しかし清家は総体としての建築を「芸術」とは考えていなかった。「芸術」と翻訳された「アート」はギリシャの本来の「アルス」とは意味が異なる。

古代のギリシャで今日の「芸術」（アート）に相当する語は「技術」（テクネ）であり、「自然」（フィシス）に対しての人間の「わざ、たくみ」を意味する。

ギリシャ人にとって「テクネ」とは単なる「技術」であり、その行為は創造というより、「模倣」であった。清家もギリシャ的「アート」（不自然）＝「テクネ」説を言っている。「重箱のスミ」の「直角」の部分こそ建築家＝技術者が「テクネ」を現出できる「人間の存在」がある部分で、自然でない「抽象」を発見できる「第二の自然」であるから「模倣」とも言われる。「私の家」は、ティルト・アップ工法というカードボードとしてのPC版を組み建て起こすような構造でディテールは全部計画されたが、結果的には在来工法のRC造になったが、「壁と天井スラブとの継目など諸所にティルト・アップのディテールの痕跡がある」（「建築家の実験住宅」）。それは壁と天井スラブとのコーナーの壁目地で2cmの入目地になっている。それが「痕跡」なのである。清家は同じことを「僅かに人間の尾骶骨のようにジョイントのディテールがその痕跡として残っている。家は建てるものだというコンセプトに従って建て起し工法を採ったわけで」と、無理して壁の天井とのコーナー部の人造石小叩き部分を欠いてピン接合的表現としている。確かにそこは「重箱のスミ」である。それはPCの版的表現のための「部位」であった。

他にも「東京国際見本市鉄鋼特設館」（1961年）は、シートパイルを地面に打ち込んで掘立ての壁を作っているが、浜口隆一[S-6]は、

> このあいだ晴海でやった鉄鋼館、巨大な鉄の矢板を地面にぶっ刺してね。すばらしかった。はじめは清家さんのだとは知らなかった。鉄の矢板の根元のところに、ひな菊かなんか植えてあるんです。鉄の矢板は大きなものだし、そこのところにひな菊がずっと素敵でしたね。

これも鋼板の矢板という壁と大地の「スミ」のデザインである（図Ⅳ-67）。

「私の家」でも道路側の東面の煉瓦壁の下の地面にはアカンサスが植えられていたとの庭師の柴田悦雄の話もあるが、後に「続・私の家」のプロフィットガラスの窓下に移り、足元を隠すために植えられた。それも「重箱のスミ」である。

ル・コルビュジエの『直角の詩』

この19枚の石版画はル・コルビュジエのリトグラフの詩画集の『直角の詩』である（図Ⅳ-68）。上段から、A環境・B精神・C肉体・D融合・E性格・F贈り物（開いた手）・G道具と名付けられている。この「G3・道具」（図Ⅳ-69）に、「私は木炭をとり直角を描いた」[L-33]（廣部達也訳）の詩が添付されている。この図像は円の中に、手先が緑の十字形を描いており直角への讃歌のように見える。ル・コルビュジエは「建築における、新精神」[L-9]に、

> もし私が壁の上に何か物を描きたまえと言われたとすれば、私は、四つの直角からなり、何かしら崇高さをそれ自体の中に宿している一つの完全美であり、同時に私の宇宙の占有者

でもある一つの十字形を描いたでしょう。

　清家の「重箱のスミ」論は、ル・コルビュジエの「直角」論がその核芯にあるといえる。「直角」の部分から離れるにつれて、その「直線」は「人工」から「自然」に移行する度合いが増加する。つまり、「秩序」から離れて「無秩序」へと入るから、「明晰で、強い意志」がないと、「自由の表現」のためには「困難」な作業が伴うのである。「感覚」、「感性」の世界が背後に待ち構えていて、清家はその世界、コルビュジエ的形態には立ち入りたくないと言明しているのである。しかし、教会の十字架の直交する点には永遠を視ていた。

12. 清家清のル・コルビュジエ憧憬─シャルロット・ペリアン、坂倉準三と柳宗理─

　このタイトルは清家とペリアン、坂倉、柳の４人が親交し、共に映った一枚の写真[L-40]による（図Ⅳ-70）。清家は東京美術学校時代に、高価な『ル・コルビュジエ作品集』（1929年洪洋社）を購入したことなど、早期からル・コルビュジエに関心があった。

　「ル・コルビュジエには深い関心を持ちました」と告白しているが、しかしル・コルビュジエのデザインを引用、模倣することがないどころか、いわゆる「ル・コルビュジエ派の建築家」ではなく、清家はそのロゴス的─思想のみ感化を受けた稀有な建築家なのである。1955年のル・コルビュジエの来日時には、清家はヨーロッパ旅行中で、日本に不在で直接会っていない。しかしその人脈には坂倉準三や吉阪隆正などを始めとする「ル・コルビュジエ派」の建築家も多い。

　後に清家は1961年９月から10月に、インド産業見本市の会場設計と展示のためにインドに出張した。その時のことを「チャンディガールの議事堂」[S-108]（『新建築』1962年８月）には、ル・コルビュジエのデザインのインドの新首府のチャンディガールを訪れて、監理建築家として滞在していた従兄弟のピエール・ジャンヌレに会い、説明を受けた。

　清家清が"隠（かく）れ"コルビュジエアンとなった原因は東京美術学校での機縁があった。「柳宗理─戦後デザインのパイオニア」展のために清家清が書いたものには[G-50]、

　　柳宗理さんは、東京美術学校の３年先輩で、美術学校卒業後は建築家の坂倉準三さんの事務所に就職（1942年）されました。
　　坂倉さんはパリ万国博日本館（図Ⅳ-71）の設計（1937年）で広くその名を知られており、パリ万博の中で日本館は私のいちばん好きな建築でした。その坂倉さんを囲んで、麻布の三連隊の前の通りの龍土軒でデザインの話をする会「坂倉ゼミ」がありました。柳さんが始めたものです。当時、私はまだ東京工大の学生でしたが、柳さんのお誘いで、会に顔を出すようになりました。

　2011年12月25日、柳宗理は96歳で死去した。バタフライスツールで有名な工業デザイナー

図Ⅳ-70　左から坂倉準三・ペリアン・柳宗理・清家清（1954年）　出典：『シャルロット・ペリアンと日本』鹿島出版

図Ⅳ-71　「パリ万国博日本館」（1937）　[L-45]

であり、民芸運動の創始者の柳宗悦の長男で東京美術学校で洋画を学んだ。ル・コルビュジエを尊敬し、もう少し早く生まれて彼のアトリエで学びたかったと告白している。

清家が柳宗理を通して坂倉準三の知遇を得て、いわゆるル・コルビュジエ派（日本人でル・コルビュジエに学んだ人達）との交流の接点ともなる。その「坂倉ゼミ」には丹下健三や池辺陽、吉阪隆正も集っていた。清家は続けて、

> ル・コルビュジエの家具デザイナー、シャルロット・ペリアンがパリ博（1937年）のあとに来日（1940年8月）しました。ペリアンと坂倉さんが共同製作した、高島屋での日本伝統の展覧会がありました（1941年4月の「選択・伝統・創造」展）。そして上野池之端でのレオナルド・ダ・ヴィンチ展も、柳さんはペリアンの助手としてお手伝いしていました（1942年）。戦争が終わってペリアンが再来日（1953年10月）、その後今もって柳さんは前川國男さんの事務所の地下に事務所を構え、さまざまな独創性に富んだ「ヘンな」デザインに関わっています。95歳のペリアン女史が柳さんの展覧会をご覧になりたいとおっしゃっているそうです。パリに、この展覧会を持って行ってあげられませんかね。

ペリアンと坂倉の親交は柳宗理の介在から進捗したから、清家はパリに住む95歳のペリアンに「柳宗理―戦後デザインのパイオニア」展を見せたかったのである。ペリアンが96歳で死去する一年前のことであった。

ル・コルビュジエのアトリエで家具・室内装飾の仕事をしていたシャルロット・ペリアンと親交した坂倉は、フランスから帰国後に、商工省に働きかけ輸出工芸指導者としてペリアンを招聘し、1940年に初来日したペリアンは坂倉の協力を得て、柳宗理と共に山形県新庄など全国を視察したりした。ペリアンは、「モシ、モシ…」[G-51]で、坂倉について、

> ずっと後に、私は日本で彼（註記：坂倉準三）に再会し、彼のおかげで、この日本の国を知りました。私は彼を愛しました。彼の率直さとひかえめな変らぬ友情と、今では私の家族と同様な彼の家族を尊敬しました。彼の家族を知ったのは、戦争という困難な時代でした。

図Ⅳ-72 「私の家」の棚とトーネットの椅子
[S-1]

図Ⅳ-73 ペリアン(左3人目)を囲んで(右2番目が柳宗理、右端が清家清) 出典:『YANAGI DESIGN』財・柳工業デザイン研究会編

彼は決してくじけることなく、私が多分あまりに外人すぎるということを決して私に感じませんでした。私は決して彼のことを忘れないでしょう。

清家清の「インタビュー／時代と背景」[S-5]に、

> 昔ペリアンと話していて、リラックスしているのはどういう時かというと、やはり風呂に入っている時で、それが日本の風呂の一番よいところだというんです。私もそうだと思った。

天衣無縫な性格で人であったペリアンが富士五湖の旅で、突然、衣服を脱ぎ湖へ入ったエピソードも柳が記録している。その時の裸の背中を写した写真も残っている。ペリアンは日本の風呂が好きで、パリの家にそれを備え付けている。

清家は、坂倉準三やペリアンのディテールを参考にしていたことを告白している。清家は「森博士の家」のディテールにも、

> その頃、坂倉準三さんの設計された住宅のディテールも、うまいと思っていまでもときどき使わせていただいている。引違戸があると、両端に三井ボードか何かで薄い板を出っ張ったかたちに接着しています。そうすると、かなり強度が出ます。そのようなディテールを使わせて貰ったような気がします。坂倉さんではなくて、ペリアンだったかも知れないなあ。

「戸棚の引き戸が、両端にガチットした補強のリブを付けている」それがデザインとなっていて、「私の家」のカーテンの前の宙に浮いた棚(図Ⅳ-72)もその種のディテールである。

W・グロピウスが来日にしたのは1954年の5月で、6月にはペリアンはグロピウスとイゼ3夫人とともに千葉県銚子に遊んでいる。清家との出会いもこの頃6月2日である。

1954年の国際デザインコミッティーのクラブ関東のテラスでの写真にペリアン、岡本太郎、坂倉準三他の中に柳宗理の隣に立つ背の高い清家の姿がある(図Ⅳ-73)。他には亀倉雄策、吉坂隆正、渡辺力、浜口ミホがいる。

図IV-74 「シェーズ・ロング」(LC4)に座るシャルロッテ・ペリアン　出典:『シャルロット・ペリアンと日本』鹿島出版会、2011年

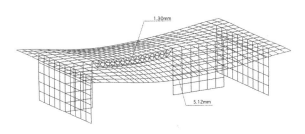
図IV-75　「ハブマイヤートラス」の鉛直荷重変形図　　[S-1)]

　清家はアキコ・カンダのモダンバレーの舞台装置としてペリアンがラ・ロッシュ邸のためにデザインした寝椅子、シェーズ・ロング（LC4）を用いている。ペリアン自身が壁の方に頭を向けて、足を高くあげて、「その女性的な特質を強調しつつ横たわる」写真（図IV-74）は美しい。ペリアンは1940年の来日時に、「私は1929年版のシェーズ・ロングをクロームメッキしたスチールの代わりに、柔軟な竹の加工技術を、その可能性の限界まで推し進めて使うことを思いついた。結果はすばらしかった」[L-44]といい、協同製作者のル・コルビュジエは椅子というものは「座るための機械である」と主張したが、『プレシジョン（上）』[L-10]によると「休息のための機械であった」のである。

　シェーズ・ロングは、現在八木幸二邸にあり、先日、ゆりさんが見せてくれた。それはペリアンとの思い出の品であった。

13.「私の家」のハブマイヤートラス ─帯状シンメトリ─

「構造体のオブジェ（装飾）化」─理想とする家族生活のための＜仕掛け＞─

　建築構造家の佐々木睦朗は、「構造から見たモダニスト・清家清論」[S-1)]に、「構造体のオブジェ化すなわち構造の装飾化」について、「私の家」のハブマイヤートラス（図IV-75）は、「構造原理からいえば矛盾しているが、審美的にはきわめて効果的であり、室内空間全体に不思議な緊張感を生み出している。」と、そして新たに構造解析すると、「この鉄筋によるハブマイヤートラスの梁は構造的にはほとんど利いていない」と、それは「構造体のオブジェ（装飾）化」で、むしろ「清家にとって＜構造＞としての構造というよりも、むしろ理想とする家族生活のための＜仕掛け＞としての構造」であり、この＜仕掛け＞は、「小住宅を非凡なものへと昇華させている最大のデザイン上の鍵となっている」と結論した。

　林昌二も「構造的外見を装ったオブジェだ」[S-1)]と、同じ指摘である。

　八木ゆりによる「子供の時に、弟や妹とハブマイヤートラスのX字型の鉄筋にぶらさがっていつも遊んでいたこと、クリスマスにはそこに飾り付けがなされたこと、そしてそれらを清家はいつも楽しそうに見ていた」との逸話が、ハブマイヤートラスが「理想的な家族生活」のた

図Ⅳ-76　イームズ・ハウスのハブマイヤートラス　[S-153]　　図Ⅳ-77　パルメット文様　　図Ⅳ-78　室内に侵入する蔦　[S-5]

めの＜仕掛け＞であることの傍証である。

「私の家」の構造計画を担当した佐藤正己は、清家は「チャールズ・イームズ自邸のハブマイヤートラスの写真を参考に示した」[S-12]と話しているが、イームズ邸のハブマイヤートラスは高い天井に架かっていて、単純な工業製品である（図Ⅳ-76）。私は、ハブマイヤートラスの考察中に、清家邸の庭の写真で見たある潜在光景がよみがえった。当初、「私の家」の庭先に清家がアカンサスを植えたのはヤシ科の棕櫚の下であった。「雑木の庭にして欲しい」と清家が庭師の柴田元之助に頼んだのに、雑木ではない洋木のシュロやアカンサスを植えたのは何か強い意図を感じる。私は直ぐにロータス（蓮）とパーム（ヤシ）だけでなく、スイカズラ（忍冬）文様を起源とする「パルメット文様」（図Ⅳ-77）を想起した。

アクロポリスのエレクティオンのイオニア式柱頭の首の部分には椰子の葉の形、「パルメット」とスイカズラの交った模様「アンテミオン」を彫った装飾が使われている。「私の家」のハブマイヤートラスにはシュロとアカンサスの連続文様が反映している。

ツタの並進対称性 —フリーズ模様—

「空間を決定づけたハブマイヤートラス・清家清邸」[S-58]のトラスの端部の拡大写真（前掲図Ⅰ-53参照）を見ると、トラスの2本の18㎜筋のラチス材の端部に、アイビーの茎が絡まっている。撮影時が6月頃で、「私の家」の外壁を覆っているアイビーは屋内まで侵入してきていた。

「私の家」の他の写真にも、「軒先のツタがスダレの代わりになってきた」と、書斎の窓から窓のカーテンの近くの天井のコンクリートの部分までツタが侵入し、ハブマイヤートラスまであと一息のところまで追って来ている。ハブマイヤートラスの端部は、ピン状に壁に収束している。それは物理学のシンメトリー論では「対称性の破れ」と呼ばれる特異な現象である。トラスの端部が何故その形状のまま剛接点として壁に進入し固定されないで、ティルトアップ工法的な端部の表現をしたかったのか。そして誰かが恣意的に、撮影用にツタをトラスに搦（から）めてセットしたとしたら、清家本人以外には考えられない。

「窓先のサッシュの天井には戸当たりも何もないので、放置するとツタが室内まで侵入して

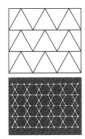 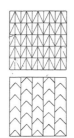  

図Ⅳ-79　トラス状シンメトリー［M-4］　　図Ⅳ-80　「タイリング」［M-6］　　図Ⅳ-81　「宮城教授の家」の「ハブマイヤートラス」［SH-5］　　図Ⅳ-82　「鉄と鉄鋼展」（1960年）の天井のトラス　［S-6］

くる」[S-58]と、南面する清家の書斎の窓は大型スチールサッシが腰壁の中に降りてオープンになるが、滑車仕掛けのハンドルで昇降する。現在はハンドル故障で動かない。サッシ上部のスポンジと屋根スラブのコンクリートとのわずかのすき間からツタが入り、屋根スラブ下をツタが這う写真（図Ⅳ-78）がそれを証明している。室内に侵入しトラスの端に自然と絡まってとも考えられる。

ハブマイヤートラス自体が「並進対称性」模様であるのに加えて、それに絡まるアイビーはより装飾性を強調した写真になっている。同じ形を等間隔に一直線に並べた模様を「フリーズ模様」といって「壁などの帯状の装飾」のことで、ともに「並進対称性」である。

A・デューラーの『測定法教則』注解[M-4]にも、ハブマイヤートラスの形状に似た三角形の帯状模様のデザインがある（図Ⅳ-79）。17種の繰り返しの壁紙（タイル）パターンの対称群の中の1タイプである。同形正多角形を使い、タイルを敷き詰めるようにして平面を充填することを「タイリング」という。その「部分正則」（デミレギュラー）タイリングはケルトやアルハンブラ宮殿などのイスラム模様にも見出される。その中にこのハブマイヤートラスそのものといえる模様がある（図Ⅳ-80）。

形と機能は別々 ―装飾架構―

清家には「メルクリンというドイツ製の鉄道模型を集める趣味」があったが、「オールド・ファッション・10」（『芸術新潮』1967年）[S-98]の「プレ・インダストリアル・デザイン」でクラシックカーのブガッティについて、

　　工業デザイナーによる流線形化がすべての機械を覆って、機械デザインのスポイルが始まった。流線形というのは流体力学が問題になる飛行機や船舶の型をつくるときにこそ理由もあるだろう。しかし時速80キロが最高というようなこの国で、自動車の流線形化がどれほど燃料の節約に貢献するか。

清家の小論文「装飾」[S-52]で、清家は自動車の形は1900年代に比べて根本的には改良され

ていない「装飾」であると、

　形が機能に従うという命題がありますが、この自動車の形は機能に従っているでしょうか。流線形にして速度感を出したいから、魚形にするということは、いかにも形が機能に従っているように思えますが、形と機能は全く別々で、自動車の形は単に機械の上に被せられた魚形のカバーに過ぎない。

　この小文は「私の家」の完成2年後に書かれた。この論法だと「私の家」のハブマイヤートラスは背骨（キール）であり、機能的な形をしているが、実は結果的に力学上では不用なむしろこの住宅では唯一の装飾であり、「理想の家族生活」を表象する＜仕掛け＞といえる。
　しかしこのハブマイヤートラスは、構造的にはほとんど力を負担していないという事実を清家は知らなかったのか。それとも意図的な＜仕掛け＞のための「装飾」であるとの「確信犯？」なのか。野沢正光は、インタビュー（『居住のための建築を考える』S-150)で清家からその心意を聞いている。

　この18mm筋によるトラスは、一本だけのシングルトラスではなくてダブらせてある。つまり半スパンずれている。さらに驚いたのは、トラス筋をずっと延ばすと、これも鉄筋の定尺なんだそうです。「一本の鉄筋をくねくねと曲げて、どこも切らずに全部使ってあるんだよ」と言うわけです。

　清家がハブマイヤートラスの構造計算をしたとの説もあるくらいだから、その力学的有効性を信じていたし、連続繰り返し模様を梁型のデザインとして意識的に用いていた。野沢正光は「＜標準化＞のためではなく、すべての建築は悠久の大地に較べれば、〈仮設〉である」との清家のメッセージを、ハブマイヤートラスに感じている。
　「私の家」（1954年）の先行事例として「宮城教授の家」（1953年）も、井桁にハブマイヤートラス（図Ⅳ-81）を組んでいる。この住宅の場合には充分に力学的である。そして清家は他にも展示会場のインテリアデザインとして天井に小さい梁成で長いエキスパンドメタル状のトラスを多く用いていた。例えば、「20世紀のデザイン展1957年」、「今日の美術展1957年」、「鉄と生活展1960年（図Ⅳ-82）」などがある。

ハブマイヤートラス ―「装飾の突然変異」―唐草模様―
　『ぱるてのん』S-4)には、コリント式柱頭を「この華やかな装飾を構成する植物の文様はギリシアの山野に野生する雑草（からくさの原型）を模式化したもの」と2枚の写真を掲載している。
　清家の「オールド・ファッション・6」S-59) の「唐草模様」に、

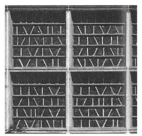  

図Ⅳ-83 「九州工業大学記念講堂」の窓 [S-1]

図Ⅳ-84 「小原流芸術参考館」の格子 [S-1]

図Ⅳ-85 「清家清＋池辺陽の共同によるユニットプラン」 出典:『婦人画報』1954年

　唐草模様は多くの異種交配・突然変異をした。だから、風呂敷の模様とアールヌーボーの間には一見なんの関係もないように思えるが、それは同じ祖先をもっていたようだし、今後もその突然変異が期待されている。模様について境があまりにも冷淡になって、模様のないものが現代的であるとさえ思われがちだが、唐草模様に対するノスタルジーは誰の心にも宿っているにちがいない。

　ハブマイヤートラスは、唐草模様のように清家のギリシャやパルテノンへのノスタルジーによる「装飾」性への「突然変異」だったのかもしれない。

　それにしても「アカンサス」と「ヤシ」とは深い関係がある。「私の家」の前庭の緑泥片岩の敷石の近くの塀の際にある四、五本の高木は、長針状で細葉が密集している。他の写真では、その樹下にも、ヤシではなくシュロが扇状で掌のような細葉と枝が写っている。

　清家は雑木の庭とし、「別に意識したわけじゃないけれどお金がないから何でも植えて、そういうのでいい」と話しているが、しかし意識的にシュロやアカンサスという古代から装飾的な植物を植えていた。

　清家の「帯状シンメトリー」の装飾的な建築への適用例は、他にも実に多くある。

① 九州工業大学記念講堂　1960年（図Ⅳ-83）
　　側面の窓はPC枠でクリスタルアートガラス5段積の連続模様。
② 小笠原流芸術参考館　1970年（図Ⅳ-84）
　　アトリエのファサードの、常滑の陶製の中国風の八角形の透かし模様。
その他に建築物の本体として、
③ 東京工業大学長津田計画　1974年
④ 伊豆・三津シーパラダイス　1977年
⑤ 札幌市立大学のスカイウェイ　1990年

以上いずれも3次元の平行移動的な帯状シンメトリーでブリッジ状のものである。

　清家の連続繰り返し模様には師の谷口吉郎との共通性がある。谷口吉郎は『雪あかり日記』T-2)の「凍てつく日」には、「ギリシャ時代になると、唐草文様が一層愛好されて、有名なギリシャの壺にも描かれ、家具や服装品の装飾にも広く応用された。神殿にも神聖な文様としても、軒の装飾に彫刻されている」。それが日本に渡ると法隆寺などの唐草模様を恩師の伊東忠太が「飛鳥文様」と名付けたことを書いている。谷口の建築作品にも「ホテル・オークラ」等に「帯状シンメトリー模様」が多く使われている。このギリシャの壺は「私の家」の書斎の机の上にもあった。

ハブマイヤートラス ＝「組み紐」・「縄・ロープ」の「群論」

　遠山啓訳『シンメトリー』M-1)の「平行移動の対称と回転対称・それに関連したシンメトリー」の章には、「組紐」に群論を見て、

　　帯状の飾りでよくあるのは、ある種の紐、糸または組紐で、その図案は一条の縄が空間でもう一本の縄と撚り合わさっている（縄の一部が見えなくなっている）ことをあらわしている。たとえば、飾りの平面で鏡映すると、平面のすこし上にある縄は、下の縄にかわる。このようなことはすべて、群論の言葉をつかって完全に分析できる。

　この「紐」や「縄」が「帯状連続模様」としての、ハブマイヤートラスの原形である。

　『装飾空間論』G-13)（海野弘、美術出版社1973年）の「組紐の数学」には、ハブマイヤートラス状パターンがある。紐を「組む」というのは、紐を斜めに交叉させるから交点はX状である。本例の4本の組紐の組み合わせでは11通りのパターンのうち5例を示した。美しいケルト文様もこの種で、群論の視覚的な装飾表現である。ハブマイヤートラスは一本の「組み紐」のようで、実際も1本の定尺7mの鉄筋を2本組に加工したものである。

　ル・コルビュジエの絵画には多くの「縄」がモチーフとして使われている。「女、船、艫綱1932年」。その他に「詩的反応を喚起するオブジェ」No.101（1929年）や、「二人の女性水浴者と平底漁船」（1937年）にも、女性と共に船や舳綱が頻繁に描かれている。

　清家の『芸術新潮』18)の「オールド・ファッション・7」S-100)には「ロープ・ワーク」がある。清家も海軍軍人でもあり、またヨットマンとして「ロープ」への関心は当然である。清家は、

　　ロープというのは人類が発明した最も古い発明であり、あるいは石器よりも古い発明なのかもしれないが、石器などよりははるかに知的な技術である。そのロープを運用する技術はオールド・ファッションの中のオールデスト・ファッションといえるであろう。

　「ロープワークは縄文時代のまだ昔からあったわけだから、その洗練された結索の運用はひ

とつの完成された＜芸術品＞といえよう」と、ハブマイヤートラスも、「私の家」で居間の中央の天井に使われた「芸術品」である。清家の「室内における自由」[S-30]（『建築』1962年2月）には、「建造物としての建築と、人間の間に挟まって、生活諸般を円滑に運転する潤滑油のような役割を果たすものが、室内の空気であり、それを醸し出すものが装飾といえよう」とある。

それは、「建造物の躯体を装飾する」もので、「空間のアクセント」として「空気」のような、「磁場」を形成し、「生活の容器を活性化する」ためである。清家はやはり「確信犯（？）」であった。

「私の家」のハブマイヤートラスの「ツタ状」模様もコンクリートの箱の中の空虚「Empty」を充たすための唯一の「装飾」といえるが、そこにはル・コルビュジエが否定した「無用の用」としての「用」が確かにある。

14. 池辺陽の自邸（No.17）との比較

清家の「私の家」（1954年）に対して、池辺陽の木造2階建て「立体最小限住宅NO.3」（1950年）がよく比較対象される。

池辺陽は戦後モダニズム精神を純粋なかたちで住宅を設計した建築家で、東大の助教授として戦後の小住宅のコンペに清家清や吉阪隆正とともに審査員として参加した。封建性からの婦人の解放として家事労働の合理化をテーマとして「住宅No3」は15坪で機能を分化した椅子式の生活を実証しようとした。

平良敬一によれば池辺の「立体最小限住居」については「反伝統主義と合理主義がつきつめていった住まいの極限を示すひとつの形式」であるとして評価が高い。

池辺は1954年『婦人画報』の企画によるモダンデザイン展で清家と共同でモデルハウスを提案している（図Ⅳ-85）。量産を想定した20坪の木造住宅で多くの人々の関心を呼んだ。

浜口隆一の「小住宅作家論・池辺陽」[G-47]には、池辺を「彼の仕事における社会性と合理性へ向う特質を一応とらえておきたい。そのためには彼とは「まったく対照的な作風を示す清家清の仕事と比較してみよう」と、

　清家清のもっとも特徴的な作品「森博士の家」は、朝鮮事変（註記：1950〜1953年）を契機として、戦後の日本の社会の民主化の進みが停滞ないし、逆行しだした時期、封建性の克服という問題が退潮し、国民的伝統ということが脚光をあびはじめた時期、そうした時期を背景として登場したものである。
　この住宅でもっとも注目されるのは、日本住宅の伝統的な要素—畳・障子・縁側等—が再び強い愛情をもって、しかも巧みに新鮮な感じをともなわせて、とりあげていることであろう。白い障子が思い切って巾の広いプロポーションと大きな間隔の桟割をもって使われているところなどは、眼を驚かすほどユニイクであった。一口にいえば新感覚主義的伝統主義とでもいうものか。人の目をひきつける美しさにみちている。

こうした清家清の作品と見較べると、池辺陽の作品はどことなくギスギスした感じを与える。と同時に、しかし清家清の作品に漂っている耽美的な香り〈悪くいえば臭気〉のようなものは感じさせない。

　浜口は清家の作品を総括して、「新感覚主義的伝統主義」として、「耽美的な香り」の表現も鋭く、清家の秘めた「装飾的指向」を感じ取っている。さらに浜口は２人を比較して、

　これに対して、清家清の作品では、そうした合理性は希薄であり、しかしそれだけに空間構成に一種のボーとした芸術的な味といったものが出てくることになるのかもしれない。清家清は森博士の家にみられるように、むしろ好んで畳の部屋をとり、同時に「寝室の確立」を放棄する。これは池辺陽の作品には絶対にみられないところである。彼はどのような場合にも、「寝室の確立」を強行する。この強行は多くの場合、小さな箱のような部屋（その中にベッドをいれた）をもたらすことになり、清家の作品にみられるような、寝室とも居間とも客間とも、何とも性格のはっきりしない、しかし、ひろやかさとみやびやかさとを持った美しい部屋とはまったく縁が遠くなる。しかし「寝室の確立」がわれわれの国の家族制度を封建制の悲劇から、ひき上げることのひとつの契機であると確信している池辺陽にとっては、これは已むをえないことなのである。
　同様な、徹底した、合理性と社会性への態度は、台所・食事室・家事室・サービスヤードなど主婦の家事労働を中心とする部分の緻密な配置構成の中にみいだされる。主婦の家事労働の能率化とより高い文化的ないし社会的生活時間への解放等がここでは意識されている。

　そしてふたたび浜口は、池辺を「設計態度が、清家清とは反対に理屈で説明などしようのない感覚的なものにはあまり意をそそがず、合理性、社会性への追求をするものだから、作品のあらゆる部分にわたって説明をつけようとすれば、いくらでもできるわけである」とし、その合理性は清家とはまったく異なっている点を指摘している。清家の合理の「理」はロゴスであったからで、それが「伝統主義」に見えたのである。
　篠原一男は「1950-60年代の建築とその言説空間」[S-72]では次のように述べている。

　池辺さんと清家さんは「両きよし」（陽と清）といわれていて、同じ世代の建築家。向こう側は機能主義、合理主義を前面に出して、こちら側は伝統的表現を含む感覚的な方向が前面にあって、とても楽しい交流でした。よく会合をしてお互いに率直に悪口を言って。

　私の清家研究室時代には清家先生は、東大の池辺研究室と藝大を含めた学生の交流のための「TOGEKO」（東・芸・工つまりトゲコ）という組織を作っていただき、数年の間交流した。東工大からは清家研究室の私と、東孝光事務所に行った村田靖夫、東大からは、卒業後に日建設

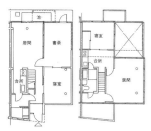
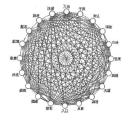

図Ⅳ-86　「住宅No.17」池辺自邸　出典:『新建築』1954年11月

図Ⅳ-87　「住宅No.17」(同前)平面図

図Ⅳ-88　「円形マトリックス」図　出典:池辺陽『すまい』岩波書店、1954年

計に勤めた村井敬であった。今も、その3大学の交流はあると言うが［TOGEKO］とは呼ばれていない。残念である。他にも清家は日本女子大で住居を専攻し清家研究室に所属していた山田雅子を中心に、東大の池辺研究室にいた中原暢子らとで女流建築家が集う「PODOKO」、つまり「ポドコ」を結成し支援した。「PODOKO」はエスペラント語で、「考察」、「評論」、「創生」の頭文字を取った。

池辺陽の自邸「住宅No.17」との比較

　池辺は1950年「住宅　No.3」を「立体最小限住宅の試み」[G-20]として発表したが、「最小限住宅」の代表作であった。清家の「私の家」は「最小限住宅」ではなく「狭小住宅」と称していた。ただし、必ずしも「最小限」ではなく「適正」を考えていた。「金融公庫から借金できる総額は償還年数の長いRC造のほうがたくさん借りることもできるということでRC造にした。また50㎡以下の小住宅は税制上の特典も多いので、2倍正方形の5m×10m弱という広さが自ずと決まった。
　清家の「もし自分の家を建てるなら」の「新しい住宅の傾向」の「小住宅へ」には、次のように述べている。

> 小さな住宅というのは窮屈な住宅のことではない。小さいとか、大きいというのは、物質的な大きさの問題であるが、窮屈ということばには、幾何学的な大きさだけでなく、何かそれ以外の感覚的なものが含まれているとするからである。

　そして、「最近の住宅の傾向は　小住宅でも窮屈さが減ってきた」とは、戦後の時代の変化による感覚的な評価(SENSORY EVALUATION)である。
　池辺は「住宅をつくり住宅を使う。そして住居は人間を支え人間をかえる」[G-20]に、「現代の住居でもっとも重要なことは、どうしたら小さくし得るのかということであるといってよく、また、そのために多くの技術が用意されている。」と、「人間を変えるための」小住宅であった。
　清家と池辺の住宅を比較するのには、自邸がもっとも好例である。ほぼ同時期(1954年)

に完成しているので比較しやすい。清家が「畏友、故池辺氏の自邸にも便所に扉は無かった」
S-5)（1980年のレポート・建築家の実験住宅）と回想するが、便所はセンターコアであった。
池辺のその自邸「住宅No.17」G-56)（図Ⅳ-86、87）は、2階建で池辺の初めての鉄筋コンクリー
ト造の58.9m²で、やはり住宅金融公庫の融資を受けた。池辺の友人の建築家の今泉善一との「連
続住居の試作」であった。2面採光の総ガラス張りのカーテンウォールであるがガラスに遮光
断熱材を取り付けて実験したり、夏期にはすだれ、よしず、竹網代などを使用している。1年
後の居住条件として、「結果は予想以上に良好」であった。池辺は全面嵌め殺し窓の自称「ガ
ラスの家」として、内部はコンクリート打ち放しで、「床を自然の大地としその感触をシェルター
として強く意識していた」と、3年後に語っている。東西面に囲まれた「庭は独立性を持った
庭としての居間の延長である」と「私の家」と同じことを言っている。

　間仕切りのない構成にした理由は、「池辺夫人が結核を患っていたこともあって、日射や通
風を積極的に取り入れることを重視した」G-19)からである。清家夫人も同病であったことも
奇縁で、それが健康住宅として自邸のデザインに強い影響を与えたことも共通していた。

　その後、池辺は2回増改築している。建設当初は、子ども室もなかった。一期工事でピロティ
下に増築されたが、二期工事で2階に移設している。2層吹き抜けの半屋外的な温室も作られ、
夫婦が長年かけて集めた植物が繁茂し、小動物のフクロウ、オウム、亀や蛙などが生息してい
た。ガラス窓下の池も室内に引き入れられ、蔦も外部からサッシ鉄骨の柱間や壁や天井から侵
入し、それを伝わって蟻や昆虫も忍び込んできた。清家の「私の家」と環境共生、健康・衛生
住宅としての特徴は近似していた。池辺は植物園のような温室の窓側の藤の椅子に座り、ウィ
スキーを飲みながら室内と庭を眺めるのが日課だった。

　池辺は『新建築』（1966年1月）で、自分と清家との設計手法の比較を、

> 紙障子の美しさは、それ自体完成されたそのものであり、それゆえ自分自身のデザインの
> 中にそれを持ち込もうとはしない。この場合、紙障子は一つの目標であり、そのような障子
> 自身の美しさのレベルの高さを他の材料に与えることができるか、ということが問題である。

　池辺はボード類などの新しい工業材料を素地のままで使用することを「デザインの鍵」とし
ていた。そして、「日本的なるもの」である紙障子や畳のような伝統的な素材は忌避したが、
自邸の寝室のベッドには、畳式つまり薄べりを敷いて、その下に物入れ箱を設けていて移動式
ベッドであった。「私の家」の移動式畳台のようである。

　池辺の設計方法のシステム論の集大成である『デザインの鍵』S-94)は、池辺の死去した
1979年2月の3か月後に出版された絶筆である。96の短い文章で構成されている。清家はこ
の本の書評を『新建築』S-94)に書いた。「池辺君が今でも臨席から語りかけてくるような気が
する。」と、その「マトリックス図」（図Ⅳ-88）について、清家は「私は東工大の1年生の製
図の演習にこの図を描かせることにしていた。50cmくらいの直径になるように画くと美しい。」

この図を見て、私は東工大の建築学科の初めての製図の課題で、烏口を使って墨で描いたことを思い出した。池辺の原案を清家が採用したのであった。

池辺を、当初から大学の建築学科の若手助教授の好敵手として、「いま、彼が居なくなると、心の中にパッカリと穴のあいたような気がする。反力がなくなったという感じである。便所に何故、扉が要らないかということで、公開討論会をした思い出などが走馬灯のように脳裏を横切る。」と、池辺を「反力」とするが共通する部分も多い。そして、書評の末尾に池辺の「マスターキー」として、「デザインとは、自分の身の周囲にあるものに何らかの価値を発見する行為である」という池辺の論を受けての引用がある。「私にとってはよいライバルを失ったことになる。合掌」と清家は結んでいる。

浜口隆一は、「日本現代建築における清家清の位置」[S-6]の平良敬一との対談で、

> 池辺さんは上の方で大きくシステムをつかむけれども、下に持っていくときにも、そのままスケールを縮めて持っていくだけだから、驚くべきことが起きちまう。モデュラー・コーディネーションというのは本当に池辺さんのためにあるようなものだ（笑い）。そういう点では清家さんの建築は、全体像としては弱いという気がする。エレメント、エレメントごとに感覚は鋭いし、確かな技術に支えられていると思うけれども、どうもエレメントごとに止まっている。

しかし、「エレメントの確かさは清家が一番だ」、「純度の高い本物のデザインの美しさと、技術的なものを両方きちっとつかまえている」と、評価は高いが「総合の論理」が弱いとする。「全体像」（目的）と「エレメント」（結果）についての比較と考えてよい。

15.「家」としての「行事」および「ファンクション」

清家の言う「ファンクション」は、「パフォーマンス」とほぼ同意味である（「清家清インタビュー・自邸訪問」[S-58]）。

> 我々建築家がやっているのは一体何をやっているかというと、ピアノを作るんではないわけで、音楽を創らなければいかんわけよ。それを我々はピアノのことばかり考えすぎたと思うの。最終的にはどのようなパフォーマンスというか、どのような生活というかが大事なのに、音楽のことを忘れて、ピアノのつくり方ばかり一生懸命やりすぎたんじゃないかと思う。楽器を組み合わせるだけでは音楽にならないわけです。それを演奏して生活を創る。

「音楽」こそがソフトの「生活」で、「ピアノ」はハードの「住宅・家」である。谷口吉郎が、よく「建築は凍れる音楽である」と言っていたと清家は述懐している（座談会「すまう自然と

つくる反自然」S-2)。
　清家は住宅の一般的な「機能」（ファンクション）としての生活の変化に対して、

　　住宅は家族の容れ物であるが、家族というものが変化してくると、それが持たなければならないファンクションというものが当然変わってくるわけです。ですから、家族のニーズをどのようにファンクショナルに受け止めるかということで住宅の形も変って、それが新しい住宅をつくり出す。

　その多様なファンクションを可能にするのが、「一室空間住居」であり、「均質」（ホモジニアス）な空間である（「住まいは家族の人生劇場」S-19)。「家族のニーズ」は多種多用あるが、より具体的に、

　　歳月のなかで人数も変われば、生活状況も変わっていく。その当然のことをなるべく忠実に対応していくプランがあったことが、私の昔の住宅作品は現在一応機能している最大の理由であろうと思う。逆にいうと、多かれ少なかれ変化が許容できない建築というものは、家族の人生劇場の移ろいやすい「場」の変化に適応できないということである。

　その「家族の人生劇場」の大きなイベントとして、「冠婚葬祭なんていうのは現在、存在している家族というものにともなうファンクションですね。」と、「とにかく、最低限に棺桶の出せる家で、結婚式も挙げられるくらいな冠婚葬祭ができる建築でありたい」と、それが「家（族）としてのファンクション」、または「ファンクションとしての住宅建築」で、祝儀不祝儀のできる家のことである。
　清家は「しつらい（室礼）」という言葉の「し」は「為（す）る」という古語のサ変活用系である。それに「舗設」という漢字をあてる。どちらもファンクション（機能）というか、パフォーマンス（行動）　意味である。つまり家族構成の変化によって住まいも舗設などでフレキシブルに対応することである。
　『ゆたかさの住居学』の「65・行事のためにも和室は欲しい」S-19) には、

　　正月にしても、鏡餅を供え、注連縄をしつらえるためにはどうしても和室がいる。通夜もまた然りである。しかし現代の狭い住まいの中にあっては、そのような一生の間に何回しか利用価値の少ない部屋（和室）を確保することは無駄なこと、ということで、徐々に姿を消している。しかし、住まいというのは、もともと、たった一度しかないそういう行事のために存在しているのではないだろうか。誕生に始まり、臨終に終わる人生の折目は人生のたった一度の行事である。お正月も雛祭りも、端午の節句も。年に一度のひとつひとつの行事のために、家というものが存在しているはずである。

『やさしさの住居学』5-18) には1996年9月、ゆき夫人の葬儀についてS-5)、

> 葬儀は私たちの信仰に則り、牧師夫妻と近親者だけで、私たちの家の西側の続き部屋で行われた。母が亡くなった時も父が亡くなった時も、同じ部屋で葬儀は行われた。……こうして小さなチャペルの舗設が聖霊に満たされた。

この「小さなチャペル」を「仮設チャペル」と清家は名付けていて、「舗設」としてのファンクションであった。清家自身の葬儀も「終の住処(ついのすみか)」である「私の家」の「和室」としての移動式畳の上に棺桶が置かれた。正しく「終の住処」であった。

そして、「とにかく和室が健在であるということは、家の中でこうした行事をするためのスペースや可能性を残している。」と、「森博士の家」や「斎藤助教授の家」に和室があるのも、単に「新日本調」のデザインのためではない。

清家は、「機能ということは動線だけがファンクションだと考えられているが、いかに暮らしをよくするかという働きがあるわけですね。ファンクショナルというのはその働きをいうんじゃないかしら。ファンクションというのはなにか生理的なねばねばした粘液がでてくるとか胃液がでてくるとか鼻汁がでてくるような気がするんです。」(対談「住宅設計の行きづまりをめぐって」S-29)) と、広くとらえていた。ファンクションを人間の生理的、生物的な働きの総体として見ていたのである。清家は、また建築とは「生臭く」有機的だとも言っている。後に清家は「ファンクション」を「パフォーマンス」と概念を拡張している。

16.「一室空間」(ワンルーム) を支える清家のキーワード

以下の基本的なキーワードにより、初期住宅から「私の家」(1954年) に到る「一室住宅」の系譜を明らかにしたい。

「貧困のFASHION・MODE」

清家の住宅設計の原点とも言うべき「住宅平面の傾向」S-26) は、「私の家」(1954年) が完成する直前に書かれた。その「はしがき」には、戦後の住宅は憲法第3章の基本的人権、特に第25条には、「すべての国民は健康で文化的な最低限度の生活を営む権利、公衆衛生の向上」等の保障が書かれているが、しかし実態は、戦後の早期に建築家として自力で「貧しい住居」とする自邸「私の家」を建設しなければならなかった。戦後の住宅には、住宅数の不足と共に最低限の住居水準の確保の問題があった。

> 裸の国民が求めているのは、TOP-MODEのDRESSではなくて、腰に纏(まと)う一片の布切れで

あり、我々の住居もまたこの最低限のデザインに出発している。主題のありかたは、このような立場から、貧困のMODE即ち、建築家の考える健康で文化的な最低限度とはこれであると、国に要請する「貧困のFASHION」について読者の御高察を祈って筆を執る。

「腰に纏う一片の布切れ」としての「最小限住居」を「貧困のFASHION」と形容している。清家の「貧困の住居」については、モダニズム（近代主義）の住宅思想の原点でキリスト教の影響もある。清家は「私の家」の頃は、「貧乏人だからね（笑）」と、話している。主婦の地位の向上により女性が占有する空間が前進し、「質的にも平面を均等化」する傾向を促した。

住宅がこの個室形式さえも不可能なほど狭小であるときは、止むを得ず家族の空間を夫婦空間にオーバーラップさせて生活している。このオーバーラップは空間の民主化、均質化、平等化ではなくて、空間の零細化、貧困化である。空間の目的別なオーバーラップは零細住宅の傾向としては一般的であって、夫婦を主体単位とする生活圏の均質化で一応解決されてはいるが、これは主婦の地位の向上というより、男性の地位を前時代の女性の地位に引き下げたことになってしまった。

夫婦空間のみを「最小限住居」より狭い「一寝室住居」と呼ぶ。「オーバーラップ」つまり「Function」（機能）単位の重複は、「貧困化」である。それを「均質化」により解決を計ろうとするが、戦後の主婦の地位向上によるジェンダー論まで及んでいる。

「主婦の地位の向上」は、具体的には住宅の平面において、「住宅の機能をますます複雑にしている。実例として挙げているいくつかの住宅でも、住空間の目的別な空間配分においてもその傾向がはっきりしている」との現象を指摘し、「男性の地位の低下」と言っているが、川添登は逆に「清家清の設計する住宅が日本の家族主義―家長主義の上に立つものである」S-70) と、

宮城邸や清家の自邸では、全部イス式であるから、ベッドこそ置いてあるが、寝室―正確には夫婦の個室はカーテンで仕切るだけなのである。ということは明確な個人主義の上に立脚したプランではない。極言すれば、子供室（註記:「私の家」には地下室が相当する）以外は、一家でもっとも力をもつ家長のものなのである。日本社会の貧しさが、このような形式をいまもって残存させているかもしれない。

このような川添の逆説的な指摘もあるが、戦後の住宅の貧しさの克服をめざした清家が、「私の家」では逆に「貧しさの残存」を指摘されているが、「貧しさ」の意味が異なる、そして、個室化することがはたして家族主義の止揚なのか。清家の論旨では、

プライバシーについても一室住居はいろいろな問題をもっているが、日本人の生活習慣の

中で視覚に関してのプライバシーは、性的なものを除いて殆んど必要としていない。従ってわれわれの一室住居が夫婦ないしは性的に極めて未熟な幼児だけで占められている限りでは、視覚的にはほとんど問題ではない。むしろ適当な夫婦間の性的な刺激は好ましいものではなかろうか。

「私の家」は実質は面積的にも「一寝室住居」であったから、親子間の性的問題の処理について私も疑問を感じていたが、清家は戦後のアメリカ文化の影響か、性的問題の解決のための具体的な見解を持っていた。しかし建築的な対応と解決方法としては、

　またかりに、それが露出の行き過ぎになり勝ちなら、カーテンその他、チョットした遮蔽方法はいくらでも可能であろう。従来からの障子・ふすまの間仕切や、舗設(しつらえ)などと称えられてきた居住空間の設定、機能空間の方法は、壁で仕切られた多室住居を一室住居のほうへ軟化させる中間的な方法として、中間気質のひとにおすすめできる。

既にこの頃から、「一室住居」に適した住人の気質に言及している。「舗設」は「機能分化」のための方法であった。清家の「住宅平面の傾向」[S-26]の「あとがき」には、総括として、

　現代日本住宅の平面計画は質的にはPRIVACYとOPENNESSの相互命題、量的には狭小性（経済的貧困）の解決に努めているようだが、いまだ解決の緒にもついていない。

住宅の狭小性を経済的貧困とするなど、戦後住宅の床面積の「量的」問題に言及した建築家は稀少である。それが清家を通称「最小限住宅」に向かわせたといえる。

「一室住居」のREDUNDANCE ―ウサギ小屋―

「私の家」は「狭くてもいいから」と食寝分化、分離せずに、「食寝をワンルームの中で時間のシークエンスのなかにおいた方が、私はプロレタリアートとしては正しいと思う」（「インタビュー／時代と背景」[S-5])と、その主意での「一室住居」であった。「時間のシークエンス」は正しく『方丈記』の庵である。「私の研究ではわが家くらいの家族は最低限75㎡以上の住宅が要ることになっている。それ以下ではなにかしらの生活上の犠牲が現れて、いわゆるスラムのカテゴリーに入ることになっているのである。だから、50㎡の住宅では私としては、いうことと実践がくいちがっていることになる」[S-99]と、清家は「私の家族―都市プロレタリアート」と自称しているとしても「スラム」のような狭さを指摘している。

　また、「私の家」はどのような体質・気質の人にも汎用性のあるものではなく、一般解ではない特殊解である。清家は「私の家」について、「私小説ということばがあるが、建築家の自分自身の家というものは私小説的な感じがする」と述べている。

その「私小説」は庭を含めて、清家の「私の家」[SH-6]には、

　建物の南側の約12m×12mはLiving-Garden、建物を戸外と有機的に結びつけ、生活を大気の中に溶け込ませて、狭小住宅の解決を計っている。寝室⇔居間⇔仕事部屋を区切るカーテンが唯一の間仕切、だから極端にいって戸外を含めての完全な一室住居。それを年中行事や生活に合せて舗設─しつらえる。

庭のエリアの設定まで12mの正方形である。この「Living-Garden」は、庭の狭い都心の敷地では不可能で、この点でも特殊解であった。その庭への視座が後に「銀杏を囲む家」（1961年）や「西田博士の家」（1961年）の「コートハウス」を生むことになる。

　機能主義以前の機能未分化の一室住居に逆戻りして、生活水準の低下をきたすおそれはある。一室住居は機能主義的な解決を前提としなければならない。一室住居は空間的には一室であっても機能を転用することであってはならない。一室住居は間仕切がない住居と称うべきである。

清家は寝殿造りのような「機能未分化」で、つまり転用を忌避するといいながらも「一室住居論」で、「竪穴住居の昔もそうだったろうと思うが、やや動物的な原始性はあるにしても、一室で親子がゴチャゴチャ住んでいることは、何ともいえない温かさのあるものだ」[S-5]と、つまり掘立小屋の弥生式住居を彷彿とさせる原始的な生活である。つまり篠原一男の言う「一寝室住居」なのである。それを清家は「若干バーバリズム的な発想でね。といって悪ければボーイスカウト的ね」と、植田実に答えている（清家清＜「私の家」から「続・私の家」へ＞）[S-74]。それは「バーバリズム」（野蛮な行動）としての動物のような半屋外的生活のことを意味するのか。

清家の「（海＋山＋庭）×四季の暮らし」[S-36]には、「私の家が動物園の猛獣舎形式といわれたことにはあわてたが、感心もした。というのは、この家を建てるとき私の考えていた家族の生活の図は、いってみれば動物の家族のように自然な姿でいきいきと暮らすということであったからだ」として、「できれば自然動物園が理想で」と結んでいる。それはむしろ動物園というより、野沢正光とのインタビュー[S-47]で「私の家」について、

　家族というのはそういうものだということで、子沢山のブタ小屋ですね（笑）。ウサギ小屋という説があるけれど、ブタ小屋というのが、オープンなだけあってね。それとブタ小屋には運動場がついているんです。ウサギ小屋というのは運動場があるのか、ないのか（笑）。家族全員がみんないるんですよね。ゴチャゴチャと暮しているんです。貧乏人だからね。

 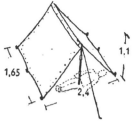 

図Ⅳ-89 「ナザレの庶民の住宅」　　図Ⅳ-90a 「テントは極小の生活空間」［S-25］　　図Ⅳ-90b 「原始の神舎」ル・コルビュジエ［L-22］

　清家は随所で、「貧乏人」を強調して、そのための多人数家族対応の「私の家」の狭い「一室住居」を強調している。また「私の家」を「この我が家は兎小屋か豚小屋、余程よくて犬小屋というところ。それがワンルームのワンルームたる所以であった」と冗談を言っていた。
　清家の友人である遠藤周作の『死海のほとり』（新潮社、1973年）で、ナザレの町でイエスが育った家の描写に、

　　大工といっても木工を手がけた大工だが、父ヨゼフが死んだあと、4人の従兄弟たちと彼とはこの仕事で家族を養っていたんだろう。当時、粘土で作った屋根の平らな一室しかない家に、家族が雑居していたことは想像できる。

　私にはこのイエスの家は、キリスト教徒である清家の「私の家」に見えてならない。清家の連載「聖書と住まい」[S-11]の「16.庶民の家」（図Ⅳ-89）に、当時の家は、「ベツレヘムのまちなみ、瓦葺きでなくて、陸屋根の住宅である」と、「イエスがしばしば訪れた、当時の人々の生活の場はどんなものであったのだろうか。旧約の時代から今日に至るまで、基本的にはアドベ（干乾レンガ）で築かれている」と、壁は四隅に石を積み、アドベを積み、継ぎ目のモルタルに粘土を敷くと、全くコンクリート構造のようになる。その壁の上に梁となる丸太を並べ、小舞を組み、粘土を載せ、フラットルーフを造る。これが当時の住まいの架構法であった。フラットルーフで、壁は断熱用の練瓦積みの「私の家」の架構をイエスの当時の家と同じではないかと想像してしまう。

17.「住行為（機能）が未分化に統合」、「分節度」

　「斎藤助教授の家」の「居間という名の空間」[SH-3]には、「ワンルーム（単室住居）の居間の住み方」について、

　　食堂とか寝室、或は台所等、室名が呼称されているが、食堂は食事をする所、寝室は寝る

表1　機能主義の拡張と限界

A．機能主義の拡張〈一室空間（舗設方式）〉	ノッペラボーなホモジニアス的均質空間＋舗設により一部は分節化する
・森博士の家	⟶ルーズ（汎用）な無限定空間
・私の家	⟶住行為（機能）が未分化
・斎藤助教授の家	⟶使用者は汎用、行為者の均等化
B．機能主義の限界〈other-direction〉	普遍的なユニバーサル空間＋住行為が完全に分節化
・宮城教授の家	⟶機能的に単一に分化
・佐竹さんの家	⟶行為者と行為が一対一に対応
・ファンズワース邸（M.F.D.ローエ）	⟶使用者と行為の分離・均質化（汎用）

所と云ってよいか、定義することが正しいかは疑わしい。家中で一番炊事によい所を台所と呼び、一番寝心地のよい所を寝室と称えるほうが機能的ではないかと思う。この意味でこの空間はLIVING-ROOM、WOHN-RAUM、即ち住まいの空間である。

　住まうということばは住行為が未分化に綜合されたことばであって、LIVINGとかWOHNUNGに対応している。この住の空間、LIVING-ROOMは、ただこういう風に使うと使い易いでしょう。とだけ説明して、あとは住まう人が勝手気ままに、使い易いように使う。この居間に関してだけ云えば、家具を適宜に「舗設」して、住機能に従った生活、未分化のままの単室住居といえる。

　この「勝手気まま」を「いい加減」と解釈することは安易である。住居の最小値としてのテント生活（図Ⅳ-90a、90b）は、就寝と格納が主な住機能であるが、外部で行われていた他の行為が住居内で行われるようになると、住機能は分化し多機能となる。「他の行為」とは摂食、家事、保健空間で、住空間に占有空間を獲得し、住空間は分化する。

　ヨーロッパがLiveとWohnungとの間に関連させる語感と、日本語の「住む」という語と、「居間」という語の間にある関連性とは相当ちがっている。これは日本語の「居間」という概念がヨーロッパに於けるLIVING-ROOMの概念より後に作られているから、居間がもっている語感のほうに住機能の分化が見られると見てよい。即ち「居間」のもつ概念のほうがLIVING-ROOMのもつ概念より近代性をもっているというのである。

　したがって清家は住宅の平面の書き入れに「居間」という用語を使っているが、「多目的」

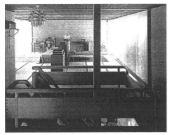
図Ⅳ-91 「続・私の家」2階寝室空間の「一室空間」 [S-1]

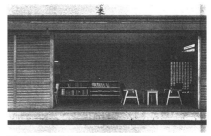
図Ⅳ-92 「数学者の家」の大きな開口部 [SH-7]

としての「居間」である。「私の家」は一室空間ではあるが、狭小性によりカーテンという「舗設」によって「分化」されるから家事室（書斎）とか寝室のように室名を書き入れている。

清家による「斎藤助教授の家」の「居間」の設計趣旨は「住行為の未分化」である。つまり「多様的」（Multi-Purpose）であり、「汎用」すなわち清家の言う「ルーズ」なのである。しかし清家はファンズワース邸は機能主義の行き着いた所として、つまり「行為」と「機能」が完全に分化されていて、客の「場」（スペース）も単独で備えられている。「客」（ゲスト）も「主人」（ホスト）も完全に分化されているのである。このような意味では清家とM.V.D.ローエの住宅は全く異なるのである。

清家はヨーロッパのモダニズムの問題について質問した野沢正光に答えて、「日本語だと＜間＞という感じは、未分化なんだと思うんです」と答えている。

「空間」の定義「Raum」（ラウム）から、「間」（ま）が「未分化」であるという清家の認識が重要である。すると「分化」とは機能が特定されるということになる。

無限定でルーズな空間 —舗設—

清家の＜「すまい」一考＞[S-67]には、日本人の「間」（ま）という概念には空間と共に時間をも意味していて、ここから「日本人の住宅ないしは建築の空間的や時間的なシークエンスを構成する方法」である。

「自由な空間をつくりたい」[S-77]の「すまいと私」に、日本的な空間について、

> ルーズな使いかたというとだらしないというようにとられるかもしれないが、そういう意味ではなくて、西欧式のここは書斎とか、ここは居間というようなキチンと極まった使い方ではなくて、なんとなく居間にもなっているし、書斎にもなっているというような、ルーズな使い方もあってもよいと思う。
>
> 和風のすまい方のなかには、こうした無限定な空間に舗設—機能的な設営をすることで、現代的な意味での機能主義的なしつらえができるという伝統的な方法もある。
>
> 限定された機能主義的な空間に馴らされた人たちにとって、ルーズな空間というものはが

まんならないシロモノかもしれないが、私はむしろこの無限定なルーズな空間こそ、機能主義のしつらえを可能とする空間だと思っている。

この「機能主義」の限界にある状況を、平安時代の寝殿造りに模した「舗設」方式の復活で計った。例えば「続・私の家」（1971年）の2階の広い畳敷の寝室（図Ⅳ-91）の写真には良く「無限定なルーズな空間」が表現されている。畳敷の「一室空間」の大広間のワンルーム中央の床の板敷の上には箪笥が置かれ、部屋を夫婦各々用として二つに「舗設」的に仕切られ、各々にベッドが置かれ、壁面には机、ミシン、書棚が設けられている。清家は、「2階の音が下階に響かないように畳敷きにした」と説明したが、この光景こそ清家の最も理想とした空間である。「舗設」という概念の導入により、清家の機能主義論は拡張された。

瀬尾文彰は、『20世紀・建築の空間』（彰国社、2000年）[G-14]で、

　日本の伝統建築は、外見やフレキシビリティの類似にもかかわらず、室内に明と暗の差異があり、風通しがあり、日溜まりがあり、しかも外の気候変動に敏感に影響され、フレキシビリティといっても、表・裏や上・下（座る位置の上・下関係）の意味的な制約が厳しく、ここでいう＜均質空間＞とは無縁である。

この逆が「均質空間」の定義であり、それはM.V.D.ローエのファンズワース邸の形容で、「私の家」はまったくその意味では「均質空間」ではない。それを移動式畳でもって「和風」の機能を導入している。

「均質（ホモジニアス）空間」と「分節度」

清家の用いる「均質空間」の「均質」を検証する必要がある。「住宅2―平面について」[S-25]の「7.平面の均質と分節」に詳説されている。複雑なので表にしてみる。

「均質」とは、使用者と行為が分節されていることを意味して、M.V.D.ローエのファンズワース邸は、究極の均質空間そのものである。使用者は独身の女性で、その行為以外は許容されていない。つまり行為者と行為（機能）、一対一で対応しているからである。グリッド（格子）プランの格子の桝目の中に1つずつ機能が分散しているような状態でもあるが、つまり「宮城教授の家」のように9つのグリッドに分節されている「均質空間」である。

その意味では「私の家」の居間も「斎藤助教授の家」の居間も「均質空間」ではない。しかし物理的に「ホモジニアス」的ではある。本文でもM.V.D.ローエのファンズワース邸を掲図して、

　機能主義の行きづまりによる住宅の均質化の傾向は、一方ではすでに終点に到着して、ローエのファンズワース邸を生んでいる。

「機能主義の行きづまりによる均質化」とは、前図表のAの段階からBの段階、つまり「いくつかの住行為が綜合」されずに「分散」した、空間が完全に「分節」された状態を清家は「機能主義の行きづまり」と称している。そして「汎用」には、使用者（行為者）が「いろいろ」居る場合（均等）と、行為（機能）が「いろいろ」である場合（均質）と２種類ある。

ファンズワース邸は「行為がいろいろ」である「汎用」の場合での「均質」である。従って清家の「均質空間」の定義は、機能（行為・Function）が、「食う・寝る・話す」など多用であることを意味する。それが全体一室の中に、徐々に拡大・分散し、単独に場を得る。それが終点に至っているのが、ファンズワース邸である。清家の「斉藤助教授の家」ではなく「宮城教授の家」の方が、ファンズワース邸に近いのである。

例えば、清家の「壁構造」[S-78]の「数学者の家」（図Ⅳ-92）（1954年）には、

> 住宅の耐力壁の配置は全平面に対しても均質でありたい。狭小住宅ではその均質性とかずい分窮屈なものになるが、将来の変更や、生活の変化を考えて配置したものだ。

この場合は、「構造の均質性（ホモジニアス）」のことである。耐力壁の効果的な配置を全平面に対しての「均質性」としている。この事象と類似の説明は、清家の重要論文である「シンメトリー」[S-6]には、建築物が均質であることは、地震やその他の外力に対して力の分布が一様であって、偏心的なネジレや特異な振動をおこすようなことがないから、柱や耐力壁を均等に分布させた平面計画は、偏心的な平面計画よりもはるかに強く丈夫な構造になる。もしその構造の均質化がシンメトリーを招来するという論理がなりたつなら、シンメトリーは意匠論の問題だけでなく群論としても、またエンジニアリングとしても重点な要素を提供することになる。

元来、均質（homo-geneous）という概念は物理的にも、数学にも適用されている。「均一」、「均斉」、「均質」と「均」の付くワードが列挙されているが、いずれも「相が同じ」で、「同相」という概念であるが、それは「よく似たしくみを持つものを同じもの」と見なす「パターン認識」から深化した。つまり「分布」が一様なのである。

しかし視覚現象的に「均質」を、「森博士の家」[SH-2]に、

> どこも天井高は内法８尺になっている。床、天井ともゾロで高低差はない。又欄間の上にある小壁もないから、室内の感じはノッペラボーな感じになる。このノッペラボーでホモジニアス（均質）な空間はパースペクティブが強調されるので、みかけの空間は奥行を増大し室の広さを大きく感じさせる。
>
> このホモジニアスな空気を撹乱させないために天井は竿縁もなく、分節度（不均質空間の度合）は極めて低い。

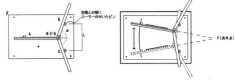

図Ⅳ-93 「横たわる裸婦を描く製図工」木版画　[S-56]

図Ⅳ-94 「曲率半径の大きい近似の円弧を画くコンパスを兼ね且つ遠い一点に収斂する直線を引く定規」（発明者は清家清）[S-158]

「ホモジニアス」な空間は「均質」であるから空気は攪乱させないから「パースペクティブ」が強調されていて、均質空間の奥行きを強く感じさせているのは、「分節度」が低い、「ノッペラボー」だからである。この場合、汎用としての均質とは意味が異なる。

清家には視覚構造と透視図法との研究（1949年）がある。つまり「逆遠近法」として被験者に視覚対象としてのカードを距離を変えて観察させ、実際の空間構造がどのように知覚された空間として認識されているかの研究である。この場合、汎用としての均質とは意味が異なる。

A. デューラーの「横たわる裸婦」

私が東工大の清家研究室に在籍していた頃（1965〜68年）、研究室の鋼製の入口扉を開けると、直ぐ眼の前のパーティション（隔板）に、ドイツのルネッサンス期の画家で版画家のアルブレヒト・デューラー（1471-1528）の木版画「横たわる裸婦を描く製図工」（図Ⅳ-93）が架かっていたことを思い出す。有名な線遠近図法の解説図で、素描者は机上の照準器に眼を固定し、対象の裸婦との間に、見取り枠の格子状の「窓」を垂直にセットし、画面に裸婦を転写している。

大机の上に横臥する薄衣をまとった裸婦は脚部を、素描者に向け、右手を机の上に降ろし、左手で薄衣の下の陰部を隠している。実に猥褻感のする構図で、この種の画が何故に研究室の入口の壁に架かっているのか、学生の身には不可解であった。しかし清家の単なる性的ジョークではない何かを意味していることは理解していたが、実は当時の清家の研究テーマに関係する画であった。

清家の『工業デザイン』[S-56)]には、デューラーのこの画についての解説が存在していた。私が研究室の入口で見たのもこの頃のことであった。

14世紀頃に透視図法（PERSPECTIVE）の技法は完成されたが、これは一つの投影画法である。一般的にいって、画法幾何学の投影図法というのは無限遠点よりのPERSPECTIVEといえる。透視図は視点と画面より成立っている。

アルブレヒト・デューラーが16世紀の中頃に描いたものだが、透視図法をよく示している。

図Ⅳ-95 「森博士の家」の透視図　　　図Ⅳ-96 「奥田博士の家」の透視図(B)　[SH-1]
(A)　[SH-2]

右手の画家は左手の裸婦をその中間にある格子（グリッド）の衝立を透して視ている。画家は裸婦の像を衝立の方眼の上に対応させ、それを手元の方眼紙に写しとることで、裸婦の透視図を作成する。透視図は、人間が停止して物を凝視した状況であり、もっと具体的にいえば、写真機で撮った画像である。だから、網膜上の像、あるいは写真機のピントグラス上の画像の大きさは物体が近ければ近いほど大きく見え、遠いものは小さく見える。

　実際に透視図を画いたことのある人の実感である。デューラーはイタリアで遠近法を学び、ウィトルーウィウスの著作に依拠し『人体の比例に関する四書』を書いている。美学的ではなく、幾何学的、数学的な論理に支えられていた。「遠近法という語は、＜通して視る＞ことを意味するラテン語である」と、木版画の「横たわる裸婦」においては窓枠状の「透写装置」で、＜透して視る＞「遠近法」の作図を行っている。清家は「森博士の家」でも視点が遠い場合の透視図に苦慮していたから、これ等の方法に注目したのは当然とも言える。清家は遠い消失点の透視図を描くのに苦労して、1952（昭和27）年に「曲率半径の大きい近似円弧を画くコンパスを用いて遠い一点を引く定規」で特許を出願して公告された。「私の家」の地下室の壁にその定規が掛けられていた（図Ⅳ-94）。

清家清の住宅透視図

　清家は住宅の透視図を自分で各画法で描いて彩色して『新建築』に発表した。

(A) 森博士の家　　　1951年8月　2点消失点（図Ⅳ-95）
(B) 奥田博士の家　　1952年9月　2点消失点（図Ⅳ-96）
(C) 斎藤助教授の家 1953年2月　1点消失点＋カヴァリエ（正面実形）投影（図Ⅳ-97）
(D) 私の家　　　　　1957年3月　0消失点・ミリタリー（平面実形）投影＋カヴァリエ投影
　　　　　　　　　　　　　　　（図Ⅳ-98a、98b）

(A)、(C)、(D) は自筆であるが、(B) は「設計 清家研究室」とあり自筆ではない。また (D)

図Ⅳ-97 「斎藤助教授の家」の透視図（C）[SH-3]　　　　　　　　図Ⅳ-98a 「私の家」の透視図（D）[S-5]

は彩色ではない。後に（E）「続・私の家」[SH-11]（『新建築』1971年7月）として継続発表されているが自筆である。<清家研究室の思い出と傑作「私の家」>[S-5]に、林昌二が当時の清家の透視図作成を語っている。

　研究室の中で先生は当時矢継ぎ早に、「森博士の家」、「斎藤助教授の家」、「宮城教授の家」など、後に歴史的傑作となる作品を送り出しておられたのでした。製図の現場に立ち会った覚えはありませんが、透視図の彩色をしておられるのを見て、驚嘆したことは印象に残っています。それは透視図の原図の上に薄美濃を貼り、色を塗る部分の薄美濃を厚さの分だけ安全剃刀の刃でそおっと切り抜き、ブラシと言って今日のような電動スプレーヤーではなく、豆腐掬いのような柄のついた金網に絵の具を浸した歯ブラシを擦りつけるという、熟練を要する手作業で色を着けてゆく作業でしたが、清家先生のそれは、さすが芸大仕込みの名人芸という趣きのものでした。

「森博士の家」では『新建築』[SH-2]の巻頭を飾る鮮やかな色彩の華麗な2消失点の透視図で、やや庭の上空から室内の奥行きを見せて、室内の板貼の壁は赤色系が塗られている。奥行きを表現するための色彩遠近法的な表現である。

　室内の紙を貼らない板壁はベンガラを基調にして塗ってある。外壁は日本色彩研究所監修色彩帳でNo40暗赤茶、室内の壁はNo18小豆色、巾木はNo21海老茶、建具はNo129錆縹（はなだ）色、天井窓廻りは明度70程度の明るい灰白色を用い、床、テーブル、柱は生地仕上げ、塗装は主として油性ペイントで室内は無光澤のものを使っている[SH-2]。

「森博士の家」がこれ程までに赤色系の鮮やかな色彩のあふれた、多彩色（ポリクロミニー）なので私は驚愕した。しかし八木ゆりに案内され見学した際には、その色彩は既に退色していた。後に清家は着色を止めて素材のままの仕上げを選んだ。
　しかしこの「森博士の家」の2点透視では和室の奥行きを表現するために、縁側の東西方向

図Ⅳ-98b 同前、(E) [S-5]

図Ⅳ-99 「Core+XHouse」 [S-3]

の連続感がなく縮小された感じで、均質空間を表現しえていない。

　次の「診察室と病棟をもつ奥田博士の家」(B) の透視図は2点透視図で南側の車寄せと診療室棟が手前に、遠方の住宅は南側のテラスの板貼が見える。端正なモダンデザインの外観であるが、清家の自筆とは考えられない着色が稚拙である。外壁の檜板は青色（5.4B7.2/4.2）、建具の框（かまち）の色は（7.5B3.0/2.9）で、この住宅もカラフルであった。

　「斎藤助教授の家」(C) も『新建築』の巻頭に掲載された簡素な美しい北側外観の1点透視図である。敷地全景を北側屋根上から俯瞰している。外壁の杉縁甲板貼で海老茶色（マンセル2.3RP3.5/3）で、雨戸は杉OPで濃い紺色（マンセル2.0PB/3.5/3）で彩色され、透視図では灰色に見える。北側立面を正確に計測可能に見せている。「森博士の家」の東西方向の歪みは是正されている。以後、清家の透視図から、いわゆる線透視図が消えると共に、色彩も少なくなるのである。

　「続・私の家」の透視図 (E) は消失点のないスケッチで、全敷地を南から北へ俯瞰していて、「私の家」の西側に両親の住宅が建っている。その「私の家」(D) だけを見ると、屋根はなく室内を南から北の本棚（実際は収納棚兼用）を建て、平面図の上に壁と家具をそのまま立ち上げた図である。消失点は無く、したがって東と西面の壁面は表現されていない。その後「続・私の家」の南側の、長男の寝室棟が解体され「俤の家」(1989年) となるが、「私の家」の屋根にコンテナが載る頃（1970年代）には、「続・私の家」の東面を描くため敷地全体が北に向かって遠方の消失点を持ち、庭や樹木に手が加えられる。

　清家の透視図の変遷は、外形の表現よりいかに室内の実形を表現し得るかを試みている。一種の軸側図（アイソメ図）的な手法であるが、「私の家」では計測的平面図の壁を建てる方法となる。つまり建て起こし「ティルトアップ」工法のようである。それはル・コルビュジエのピュリスムの静物絵画の図法を想起させる。清家の透視図から、消失点がなくなる方向へと向ったのである。

　ル・コルビュジエが遠近法を否定したように、多くのモダニスト建築家は、ルネッサンス的透視図に替えて軸側図を多用した。その始まりはバウハウスの初代学長のW・グロピウスである。1923年に開催された「国立バウハウス・ヴァイマール展」[L-36]で、

製図教室は、意識的に、旧来のアカデミー的な消失点遠近法を回避している。というのは、これは視覚的に歪ませ、純粋な表象を損なうからである。幾何学的製図法（計測的図）と並んで、バウハウスでは新たな空間表現が開発された。空間の描写的効果と測定可能（計測可能）な幾何学的図法を統一させるものである。それはまた大きさを直接測ることができるという長所を失うこともない。

　軸側図は計測的図である平面図、立面図、断面図と透視図の中間的なもので、双方の利点を兼備し、透視図の欠点である測定不可能性と、周辺部の歪みを補うことができる。
　清家はW・グロピウスのTAC勤務中にCore+XHouseという木造プレハブ住宅を担当したが、その透視図は上方からの2点透視であった（図Ⅳ-99）。

「ユニバーサルスペース」の解析
　日本人の畳敷きの部屋である「茶の間」は、テーブルを出して食事室に、客間に、そして夜具を出して寝室に用いられ、食寝分離されずに「混用」されたが、生活が複雑化し分化する機能主義に対して転用を余議なくされて、清家は「舗設方式の復活」を提案した。そのことを清家は「住宅2—平面について—」S-25) の「7.平面の均質と分化」に、

　　この耐用年限と生活方式のめまぐるしい変化のあいだをどのようにして埋めていくか、これも大きな問題である。私は舗設方式の復活を考えている。舗設というのは平安時代にさかのぼるが、当時の住空間設定の方法であって几帳とか、障子とか、そのほか種々の調度で生活空間を建築になじませる方法であった。これはあらかじめ住宅というより単に均質なCovered-Spaceが与えられていて、その中を大道具・小道具で空間をつくり、或は解体して行く方式である。

「舗設」される前のCovered-Spaceとしての原空間（ベース・スペース）、例えば寝殿造り的な「均質」だと考えていたことが解る。しかし、外見的にはそれは「ノッペラボーなホモジニアス（均質）空間であった。その例としてル・コルビュジエのPessac住宅を掲げている。清家は続けて、

　　プライバシーが要求されない空間についてはできるだけ空間を共有させて均質化し、狭小性の解決を計るとともに、プライバシーの必要とされる空間や、或は機能化・機械化の必要のある空間については、分節化の必要がある。

　清家はM.V.D.ローエのファンズワース邸を「機能主義の終点」に到着しているとするが、「他

方で性生活と子女教育問題との間にプライバシーの困難な問題」が発生することを指摘している。住人のファンズワースは、独身の女性で子どもはいない週末用の別荘であったが、ゲストがいる場合もある。トイレ、洗面、バスが家具化され、インナー・サービスコアの周囲に、ダイニング、リビング、スリーピングの各スペースのための場（ゾーン）が設定されている。M.V.D.ローエは「いくつもの部屋からなるワンルーム」という表現をしている。「場は単一に分化」されるが壁のない「部屋」に相当する。しかし図面には室名が記入されていない。機能は1つの「部屋」と一対一に対応している。したがって「ユニバーサル・スペース」（普遍空間）は均質空間と呼ばれる。しかし、清家の「均質空間」は物理的に「ノッペラボー」、つまり「分節化」されていないということで、いわゆる「ユニバーサル・スペース（普遍空間）」ではなく、機能が特定できずに多目的に使われる空間という意味もあった。1つの空間（一室空間）の中で、複数の機能がスペースを持ち、行為者の動き（アクティビティ）によって機能が表われて、連動し、時間がシークエンスとして流れる。均質化と分節化は「2つの矛盾する」命題である。

　清家のファンズワース邸についての記述は充分にその内実を稠出している。リビングとベッドスペースの間には＜舗設＞のようなキャビネット・クローゼットとして、移動式の家具を置いて、領域を別けている。「宮城教授の家」ではRedundanceは重複しているが、ファンズワース邸では機能はまったく分化している。

　清家清の（普遍的空間）ユニバーサルスペースの解析（AからBへ）については次の通りである。

18.「Redundance」（ゆとり）と「Organ」（はらわた）

　清家は建築＝物理学＋生理学＋心理学として、機能主義建築を超克するために、人体動作機能の「Function」（はたらき）を中心として周囲に同心円状に、「Redundance」（ゆとり）という空間要素の必要性を主張した（「デザインにおける『ゆとり』、『あそび』、『すきま』」）[S-154]。京都大学西山研究室の「清家清の住宅」[S-38]には次のように述べている。

> 清家も「機能主義」を全否定しているのではない。空間構成の核として「はたらき」（Function）をもっている点では、機能主義を肯定しているのである。この「はたらき」を核として、そのものではないが必要な空間を「ゆとり」とよび、ある場合は不必要と思える空間を「あそび」とよんでいる。「すきま」は無ければ無くてもよいが、必然的に付随してくる空間のことである。デザイン、すなわち「かたち」を設計するという「物」は、この「ゆとり」と「すきま」を含めた空間に境界「Boundary」を設定することであり、その結果が室（Room）または場所（Space）となるととらえている。

「境界」とは具体的には壁体や天井のことである。そして清家は「一室住居論」[S-9]の「ワンルームの空間構成」（前掲図IV-60参照）を引用して、ある2つの機能を、

一室の空間に容れるなら（ロ）、RedundanceやAllowanceは互いに、オーバーラップしても機能的には障害をおよぼさないことが多いから、少なくとも二室に分割した場合（イ）よりも狭い面積で機能が果たせることは、議論をもちだすまでもなく明らかである。しかし、こういう場合注意しなくてはならないのは、機能空間がオーバーラップして転用されることは極力避けるべきである。いかに狭い住宅でも空間の転用は正しくない。

この理論がRedundance論の核心なのである。例えば「宮城教授の家」の場合、「室内における自由」[S-30]のように、平面を天井のハブマイヤートラスによって$3 \times 3 = 9$等分し、各々に「はたらき」を設定し、「一室空間ではRedundanceをオーバーラップすることができる。Functionのオーバーラップは好ましくないが、Redundanceなら重ねても、生活機能は損なわれない」と、「住行為が分化」されている。

M.V.D.ローエのファンズワース邸と比較するなら「斎藤助教授の家」ではなく、この「宮城教授の家」である。

「宮城教授の家」 ―「ORGAN」―

清家は「ORGAN」について「宮城教授の家」[SH-5]に詳説している。

> 柱も壁もない平面は、「はらわた」（ORGAN）をみんなとり出してしまえば完全に一室になってしまうので、そこにORGANを入れることによってFUNCTIONが発生し、ORGANIZATIONが成立する。どんなORGANをどう配置するかによって、そのORGANIZATIONの性能が決定されるわけである。渡辺力さんがよいORGANをデザインして下さった。健康なすまいが、健康なORGANIZATIONができ上ったつもりでいる。

「ORGAN」とは内臓としての「機能」であるから、それが視覚化された「舗設」の家具のことである。「宮城教授の家」は、玄関・応接・書斎・居間・寝室・台所（DK）・仕事室・予備寝台の8つのFunctionをもつスペースは「健康なORGAN」で一室空間を構成している。

清家の「Redundance」理論がどのような契機でなされたのか、に対して、「1980年のレポート／建築家の実験住宅」[S-5]に、

> 住宅をつくるにはもっと心理学的な研究も要るということで、宮城音弥教授の助手であった多湖輝氏や山田（林）雅子さんなどに手伝ってもらって、いろいろと実験心理学的なアプローチを試みていた。その一環に狭い空間を広く感じさせるにはどうすればよいかという研究があって、ホモジニアスな空間は広く感じ、ゴタゴタと分節した空間は狭く感じるという一応の結論を持っていた。それで、その頃の私の作品はどれも床、天井、壁など何となくノッ

図IV-100 「森博士の家」庭へのリダンダンシー
(撮影:平山忠治)[SH-2]

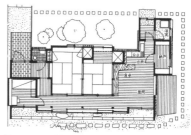
図IV-101 同前、平面図 [SH-2]

ペラボーで、この「私の家」も多分に漏れず平坦にできている。

後に『頭の体操』でベストセラーとなる多湖輝は「心理学教科書」で、

　心理距離は現実距離に比例する。心が離れ愛が冷めれば、居場所も離れる。親と子の距離、実家と新婚家庭の距離で「スープの冷めない距離」というのは、この「心理距離、現実距離」を反映した一つの知恵と言えるかもしれない。

この「心理距離」が「Redundance」である。清家の家族には「愛」があり「心理距離」も短いから、「現実距離」は近接が可能で結果的には建築面積も小さくてすむのである。
　多湖輝は「建築と心理学 人間理解のテクニック」[S-155]で、建築家と施主の性格類型を分析するとともに、「大学卒業後2年間は東工大清家研究室にあって、パースペクティブ図法、動線など建築に関連する心理学的研究にも従事した」と記している。清家の建築研究の協力者として、「Redundance」論も多湖の助力があった可能性は高い。

「森博士の家」——庭へのREDUNDANCE——

「清家清の住宅」（京都大学 西山研究室）[S-38]には「森博士の住宅」の＜ワン・ルーム、舗設の提案＞に、そのコンセプトのスケッチ（前掲図IV-55参照）がある。「縁側・庭に向かって発散されるゆとり」については、現在の居住者の森里子の「先生にうかがいたかったこと」[S-1]に、

　私は住んでみてすぐに「いいな」と思いました。広間と縁側が一体になっているので、縁側でありながら室内の延長という感じがして、ノビノビしています。窓が大きくて気持ちを解放してくれますし、朝の光、昼間の光、そして夕日まで、大きなガラスを通して入ってくる光の移り変わりがとてもきれいで、楽しいのです。そういうことをお考えになって設計されたのですか？と大まじめに先生に聞いたのですが、笑って何もおっしゃらずに、はぐらか

されました。

　里子はさらに「この家は夜、照明をつけて庭から見ると本当にきれいで、まるで舞台のようです。障子の高さ、桟の大きさ、ガラス戸と障子の枠がそれぞれ邪魔をせずにとても美しいのですが」と、八木ゆりの案内で私が訪問、見学した時も、里子が私に、縁側から下りて庭から見ることを勧められた。私は平山忠治のあの有名な写真（図Ⅳ-100、101）を想い出した。
　「森博士の家」は、森鷗外の長男の於菟夫妻と2人の息子が最初の居住者で、現在は於菟の長男の眞章の夫人である里子が一人で住んでいる。「開放性」について、里子の証言では「一つの部屋の中にいる人の意識は他の部屋までも拡がってゆく。こうした試みの効果が、台所で働いている主婦にも、伸びやかさ、ゆとり等々を感じさせる」と、好感を持っている。しかし6畳の寝室にピアノを置けないとか、壁部が少ない上に、「ショージ・ハウス」と言われるほど障子、襖が大きく多いから、「建具の前には家具は置けないし、また家具により室の機能を規定しない方がいいと、清家は収納を多くは設けなかった」と、そして「台所は狭くて冷蔵庫と配膳台を入れるスペースがないこと、それには不満に思ってます」と、やはり「物」（モノ）の収蔵・設置スペースの不足性がある。

「斎藤助教授の家」─「ファンズワース邸」との比較─
　浜口ミホによる「斎藤助教授の家」の分析 [S-149] には、
1) 接客その他「社会的」（Social）な性格を帯びた生活空間のウェイトが非常に大きい。
2) 家族の労働力再生産のための生活空間（主として寝室を中心とした）の水準が低い。
3) 縁側という一種の実用的な生活空間に思いきって費用を投じ、そこに新しい造形的な、また「社会的」（Social）な効果を生み出している。

　全体的に「若い知識層」の住宅は「寝室面積」が夫婦2人＋子ども2人の家族として「低い水準」にあることを指摘している。しかしその欠点は総じて、居間・食堂・台所という「一室空間」を広く作るためと考えられる。清家の妹夫妻の住宅であることが、それを可能にした。
　「住宅2─平面について─」[S-25] でも、ファンズワース邸の玄関外部の写真を載せて、その「7、平面の均質と分布」に、

　　かつて機能主義をうたって建てられた住宅が、現状では生活諸般との食い違いからニッチもサッチもゆかなくなっている。丁度かつての最新式の機械が使い物にならなくなってしまったのと同断であろう。住宅とは住宅機械であるとして文字通り機能的にするから、このような結果を招来するのであって、超克すべき機能主義の限界もここにある。機械は単純化の過程にあり、生活は之に反している。機能主義の行きづまりによる住宅の均質化の傾向は、一方ではすでに終点に到着していて、M.V.D.ローエのファンズワース邸を生んでいる。

「機械的」な<機能主義>は超克されることなく限界かつ終点に来ているとの清家の認識である。生活は複雑化しているのに、「均質」化も既に終焉ともいえるべく地点に完成したのがファンズワース邸である。この2つの問題を考察することで、清家の空間が見えてくる。

日本の<機能主義>は「分節化」つまり狭小な部屋に分割するという硬直した理論であったと林昌二は指摘している。

<機能―身体（意識）―機械>という構図に変化が生じてきている。清家の住宅の「ミース性」について藤森照信は「日本におけるミース的なもの―清家清と斎藤邸―」S-79) の中で、見学の後に清家との対談でも執拗にM.V.D.ローエの影響について糾すが、清家の答えが一向に埒があかない。その二十年後、藤森は清家の没後も、「物体としての建築をめざして」の伊東豊雄との対談のなかで、

　一番の謎は、清家（清）さんの住宅というのは、どうみても木造のミースなわけですが、それについて僕も訊いたし、林昌二さんも勿論訊いたらしいけれども、清家さんはついにしゃべりませんでしたね。清家さんはその辺を訊かれるといつも冗談で流してしまう人だったから、真相はわかりません。

清家がM.V.D.ローエの強い影響を問われても、確固とした回答をしなかったのは当然である。それはロゴスの人としてNOつまり「否定」なのである。

藤森照信の、「日本におけるミース的なもの―清家清と斎藤邸―」には、「斎藤助教授の家」の居間の一本の柱が、障子、ガラス窓等の間仕切りから開放されて、「無方向」な「不思議な存在」とされている。私にはむしろ「無方向性」というより「中心性」を感じる。それは施主の斎藤本人の次の発言にある。

　斎藤さんにうかがうと、実際この三十年間の間に家具を置いたり動かしたり、居間はいろいろと使われてきたが、いつもこの柱が軸になりその周りを動いてきたという。その証拠に、この柱のちょうど人の手の高さのところは、裏表なく全方向が同じように人の手で黒くなっていた。なんとなく、手で触ってクルッと回りたくなるのだそうだ。

藤森は、この「斎藤助教授の家」の特徴を、<無重力性>、<透明性>、<無方向性>として、3つのポイントはそのままM.V.D.ローエの建築の性格で、したがって「斎藤邸」は「木でつくったファンズワース邸」であると結論している。私はファンズワース邸も見ているが、「斎藤邸」を見学した時に、この藤森の表現ほどの強いM.V.D.ローエとの共通性は感じ無かった。しかし、上記の3つのポイントは実際にM.V.D.ローエの建築の特徴なのかも疑問である。例えば<無重力性>であるが、ファンズワース邸の柱にフレームを感じてしまう。<透明性>については逆に「斎藤助教授の家」の風の流れは、「透明」と言えるのか。<無方向性>については、独立

柱はともかく空間は、無方向なのか。私にはファンズワース邸は、単なる「ガラスの箱」にしか見えなかった。
　林昌二の「清家清と現代の住居デザイン」[S-7]には「斎藤助教授の家」の空間について、

> 斎藤邸の居間に立つ人が、もし、坪当り1800円の縁甲板と、ただ桟割りが大まかなだけで何の変哲もない紙障子と、当り前の和紙を貼りあげたノッペラボウな天井との間に、何故このような空間の拡がりと充実とが作り出されているのかを怪しむなら、清家は、それは、そこに「空間」があるから、と微笑みと共に応えるにちがいない。

清家は障子により閉ざされた居間を単に「空間」と言うと林は述べている。
「日本の家―1950年以降の建築と暮らし展」（東京国立近代美術館2017年7月）の「斎藤助教授の家」の原寸大模型を八木ゆりの招待で見学した。実際に居間の「ヒモ椅子」（渡辺力設計）に座って、庭の方向を縁側越しに眺めると、9.4mの幅の大開口部の拡がりを実感した。しかし内部の居間は意外と狭い。外に出て南から立面を眺めると左右の袖壁にある雨戸（杉OP塗・濃青色マンセル2.0PB3.5/3）の中央部の居間部分の内装は木造の素地仕上で、清家の言うORGANであり、一室空間を構成している。縁側を界して大開口部とすることが、明瞭に清家の設計意図であることが解った。それは、ファンズワース邸ではなかった。

「OTHER DIRECTION」―「佐竹さんの家」―

「佐竹さんの家」の担当者の村口昌之は、平面が同じ10mの正方形である「宮城教授の家」を見学し、その空間と機能性に驚愕し影響を受けた。「宮城教授の家」の「洋風」に対して、この「佐竹さんの家」は「和風」で、舗設の方法は異なるが「一室住居」であることは同じであり、寝殿造りは特別に意識はしなかったと村口は話している。清家は、「佐竹さんの家について」[SH-8]、

> 佐竹さんの工場ではGマークに指定になった農業機械をつくっており、デザインに対してかなりウルサイ意見をもっている。その佐竹さんがこの家の設計にほれこんで「これでやりましょう」と言った。四注方形型の古典的な形が新しい集成材の不思議な使い方とあいまって、かえって日本的な雰囲気をかもしだしているところが気に入ったのだろう。天井中央からさし込む夢のような星の光、天体の運行につれて動く光の変化が頂点を透して家の中に弧を描く。天井板と壁のコントラスト、家具や襖・障子による舗設（室礼）など、こうしたOTHER・DIRECTIONの構成はわれわれの提案であり実験なのだが、われわれはFUNCTIONALISMを否定しているのではない。「人はパンのみにて生きるのではない」という箴言はFUNCTIONALISMをパンとするなら、パン以外の何かがわれわれに必要だということを示している。しかしこのことばはパンもまた必要だということを意味していることを忘

 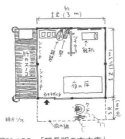 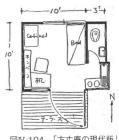

図Ⅳ-102 「佐竹さん家」の中央のトップライト [SH-8]   図Ⅳ-103 「鴨長明の方丈庵」[S-151]   図Ⅳ-104 「方丈庵の現代版」[S-151]

れてはならない。

　設計・建設時の佐竹家のファミリーは夫妻と一男一女で、「物も増やさないで家具は少なめにしておられました。OTHER・DIRECTIONに合わせて暮して下さったと思います」と、質素な住まい方をしてくれた施主に感謝をしていて、実験は成功したといえる。

　この住宅は居間（1）、居間（2）における「家具や襖（ふすま）、障子による舗設」で、可動性のある間仕切りを清家は特に「OTHER・DIRECTION」の構成とし、「機能主義を否定しているのではない」が、居間の機能は未分化であるが「一室住居」として「機能を転用」することなしに舗設によって、「Redundancy」（余剰）の効果を最大限に引き出そうとする提案であり実験である。確かに『新建築』掲載写真での不思議な天窓の下の中央部の居間（1）の不思議な光景があった（図Ⅳ-102）。

　『新建築』（1962年1月）の林昌二の「佐竹さんの家」の解説は[SH-8]、

　　住みやすさを買うために、一見便利な器具、装置の類を並びたて、かえって住み方の可能
　　性を失っている現代一般の住居に対する、明快な批判精神に貫かれた作品といえよう。

　「明快な批判精神」とは、機能主義の行き詰まりつつあった合理主義を批判し、「超克」のためで別の解決策を示したのが「Other・Direction」である。確かに「機能」以外の何かがある。

「宮城教授の家」と「佐竹さんの家」の比較

　宮城邸では「一室の空間では、Functionのオーバーラップは好ましくないが、Redundanceなら重ねても生活機能は損なわれない」と、確かに居間の中央部と寝室・食堂のRedundanceは重複している。比較的広いスペースであるのにあえて間仕切りせず、そのRedundanceを楽しむというか広さを享受している。つまり「壁・天井・床をどのように構成するか、家具をどのように選び配置するか、どこを我慢しゆとりをどう採るかというようなことが、建築家に任されているのであって、それが室内の自由といえそうだ」と、その応用例である。一方佐竹邸

では居間（1）、（2）と子供室、寝室が襖によって仕切られていて、心理的には一応分離されており、Redundanceは重複せず各室で充足している。この事が宮城邸と異なる点である。

しかしRedundanceの外側にあるAllowance（あそび）やClerance（すきま）については、宮城邸では拡散延長するのに対して、佐竹邸では襖によって区画されてしまい、拡がりが感じられないという物理的欠点を有している。しかし心理学的には分裂気質の人にとっては安心できる区画されたスペースといえる。

佐竹邸の「障子・ふすまの間仕切りによる舗設（しつらえ）による機能分化の方法は、壁で仕切られた多室住居を一室住居の方へ軟化させる中間的な方法として、中間気質の人でも住める」から、対象が広い。これが「OTHER・DIRECTION」の一つである。

しかしこのタイプも清家は後に採用することは無かった。時代の変化もあったが、多分襖による間仕切りが十二分に機能しなかったのかも知れない。従ってやはり特殊解であったといえる。しかしこの寝殿造りのような舗設は魅力的であった。

篠原一男は「この第一義的な空間を分割することによって、必要なすまいの空間が保たれていく。それはまた単純なそして薄い木造の壁やふすまや障子などによる間仕切りである。これを現代的な表現におきかえれば、無限定の空間をもつフレキシビリティとなるであろう」（『住宅論』1970年）との見解には、清家の影響が濃厚にあらわれる。「フレキシビリティ」とは「自由」（ルーズ）な使い方ということである。

19.「一寝室住居」・「終の住処」

清家の「均質空間」─「ルーズな無限定空間」─

清家の「ルーズな使い方」というのは、ここは書斎とか、居間とかキチンと極まった西欧式の使い方ではなく、居間のあとは書斎に使うというような、時間的なシークエンスで使われている和風建築的方法で、清家はそのために「和風」を採用している。

その好例が、前述の「移動式畳台」である。「私の家」で清家が、「移動畳はもうひとつの部屋」とする、「1.5m角、木の枠に収められたゴムの車によって自由に移動し、なんにでも使えるミニチュアの〈和室の部屋〉である。それは和服をたたむ、幼児が遊ぶといった細かい生活行為がここで行われている」と、小さな仮設的な移動式の茶室のようで「舗設」の最たるものであった。M.V.D.ローエの「ユニバーサル・スペース」（普遍的空間）は空間自体は均質だが、場は単一に分化されて設定されている。清家の「均質空間」は「構造的にホモジニアス」にすることで、しかも「家具調度だけで分節」（舗設）される「ユニバーサル・スペース」（無限定空間）である。

清家の建築が単なる「均質空間」を目的としたと仮定することはできない。しかし「7・平面の均質と分節」では部屋の「均質」化について考えていた。例えばリビングキッチン等のような空間は、「使用者の汎用」とか、「行為者が均等化する」という表現や、また「平等化」と

いう言葉で誰もが使えるという意味での、また居間にも台所にもなるという意味での「均質空間」とし、「いくつかの住行為を合せて一室を形成する」空間が機能主義以降に起こった。

　その汎用性は経済的事由だけでなく、機能分化の進展、生活の複合化、生活の機能化、住宅維持の安易化、民主主義の発展（まだ他にもたくさんあるはずだが）等々のためにますます発展し、機能主義は基礎をもったオールパーパスとか、アクティビティとか、一室住居などの新しい生活空間を生んでいる。

　そして機能主義の民主主義化による「生活様式」のめまぐるしい変化に対応するためには、清家は「舗設」（しつらえ）方式の復活を提唱している。
　清家は「Covered Space」「原空間」としては「均質空間」を考えていたが、「舗設」した後の空間については見えない領域に秩序を与えているから、物理的な壁はなくても空間を場として捉えていて「ルーズな無限定空間」と呼んでいたのである。M.V.D.ローエの「無限定空間」としての「なんでも収納してしまうトランク」（ウィリアム・ジョーディ）のような「ユニバーサル・スペース」（普遍性をもつ空間）を目指した訳ではない。
「均質空間」とは、「森博士の家」のように床と天井の２面に限定された奥行きのある連続性の高い空間を意味していて、例えば「子供室」とか「浴室」などのそれを阻外するのを「分節」と言い、極力回避された。
　米国と日本とを較べて、環境条件としての敷地の広さを含めてその状態の相違は、場所性を超えた「ユニバーサル・スペース」として成立し得るかという問題もあるが、清家は敢えて「地域性」や「場所性」をも取り込み、均質である原空間に畳を敷いたり舗設したりすることで、均質空間の度合いを低減すべく分節度を加えている。つまり「隠された」心理的距離、意識の中の住環境図とその形成状況まで把握するために、更に機能を捨てきれず未分化のままに「住まう人が勝手気ままに使い易いように」と設定していた。

清家の終の住処「方丈庵」＆ ル・コルビュジエの休暇小屋（カバノン）
　清家は理想の住処を「鴨長明の『方丈記』です」と、「終の住処」としたい願望を書いている。「一丈」は約３メートル四方でつまり四畳半強である。
　この「方丈庵」（1208〜1216年）については西和夫の「鴨長明わが住居を語る」[S-151]で、復原案を（図Ⅳ-103）を掲げる。清家は『方丈記』を注釈し、

　　広さはわずかに方丈、高さは「七尺」がうち（内法の意）なり、所を思い定めざるが故に地を占めて造らず（アンカーをしないという意味であろう）、土居を組み、うちおほいを葺きて、継ぎめごとにかけがねを掛けたり（組立式構造の意、プレファブ建築の祖？）。かくの如し[S-24]。

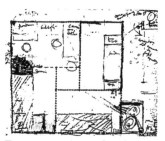

図Ⅳ-105　ル・コビュジエの「カップ・マルタンの休暇小屋」平面図

図Ⅳ-106　同前、室内

　清家は「これをプランに画いて現代化してみると右図（図Ⅳ-104）のようになる」と、『方丈記』の「宮殿、楼閣も望みなし。今さびしきすまひ、一間（ひとま）の庵、みずからこれを愛す」と、「幸福とはこういう類であろう」、そして「このような生活をしてみたいものだ」と結んでいる（『清家清―我が軌跡を語る』）[S-5]。

　ル・コルビュジエの同種の別荘は、南フランスのコートダジュールのカップ・マルタンの「休暇小屋」（カバノン）（図Ⅳ-105、106）で、この木造小屋は1952年に完成している。平面は3.66mの正方形で日本間の二間四方の八畳間に相当する。それでも清家の「方丈庵」よりやや広いのである。当時ル・コルビュジエのアトリエで修行中の吉阪隆正が設計を担当した。モデュロールの基準身長である1.83mの2倍の寸法が3.66mである。ル・コルビュジエが人体寸法からの、人体のへそまでの寸法が1.13mとされ、手を伸ばした寸法が2.26mの天井高である最小限住宅である。プレファブ式で外壁はベニヤ合板の上に背板が横張りしてある。屋根はスレート葺で正しくル・コルビュジエ版の「方丈庵」である。

　平面図にはベッド1台、サイドテーブル、ワードローブ、洗面器つき棚、本棚、テーブル、箱形スツール2本、フック付パネル、トイレが付帯され、キッチンと風呂のない家具のみの構成である。

　ル・コルビュジエは1952年のインタビューで、「わたしの休暇小屋の住み心地は最高だ。きっとここで一生を終えることになるだろう」と話していたが、その通りに1965年8月27日、小屋の前の地中海の海岸で遊泳中に心臓発作で水死した。ル・コルビュジエはこの小屋のスケッチを1951年11月に画いた。清家が「方丈の庵」を『建築と社会』[S-24]に発表したのも1951年3月号である。

　清家には実現したもう一つの「方丈庵」がある。「＜試行錯誤＞のはてに」[S-40]に、

　　長い間考えている最小限住宅というか、私版方丈記のコンセプションである。住宅というよりも小庵、草庵である。この小庵について、私なりにデザインコンセプションの解析を試みてみよう。

図IV-107 「斎藤助教授の家」 [SH-3]

図IV-108 「斎藤助教授の家」縁側 [SH-3]

　この案は清家の軽井沢の別荘「千ヶ滝の家」（1968年）となって結実する。平屋建の地下1階で40.5㎡である。「終の住処」的であるが、しかし清家が死亡した時に、八木ゆりは「父の最後にお棺を＜私の家＞のここに運びました。霊柩車に乗せる前に、＜私の家＞とお別れしましょうと、畳の台（註記：移動式畳）の上に乗せてみんなで写真を撮ったのです。ずっとここが＜終の住処＞だと言っていましたから」（「身近な家族環境のなかでの清家清」）と、やはり「私の家」が＜終の住処＞であった。「私の家」の最小限住宅で評価を得て、「方丈」の「終の住処」を考えて「畳の台」で生を終えた建築家であった。

清家のロゴスの原点 ―「諸行無常」―
　座談会「すまう自然とつくる反自然」[S-2]で清家は、

　　住むというのは何かということなんですけどね。私はそんなに気にすることはないと思うんですね。特に日本の家なんていうのはどうでもいいんですよね。あまり芸術だとか、なんとかかんとかというから、しんどくなるんでしょうね。だからアートというのは、そういうことのような気がしますね。人間が作ったものであって、人間が全部死滅した瞬間にすべてのものは全部なくなるんだと思います。

　この文は清家の究極の住宅観であるが、「住む」ことを最もよく考えた建築家であり、人間の造った建築は人工物でその死と共に消滅すると言いながら、「永遠」を求め続けている。
　清家の「無常感」には常に「戦争・戦乱」がある。1944年（昭和19年）10月に、海軍技術見習尉官として山東省青島特據隊で、拳銃などの実弾射撃訓練も行っていた。清家の無常感はその「戦争」を生み出す文明認識にあり、それは仏教の末法思想と「聖書」の黙示録の終末思想の予言に起因している。しかし「諸行無常」は仏教の根本思想で万物は常に変転し、わずかの間も同じ姿・形を保ちえないことである。
　清家は「棟持柱の家」―ひとつのawareness―の「住宅設計の手法」[S-14]の末尾にふたたび

109a 「宮城教授の家」居間上部の可動トップライト　[SH-5]

図Ⅳ-109b　同前、寝室よりスクリーン越しに居間を見る　[SH-5]

『方丈記』を引用し、

「知らず、生まれ死ぬる人、何方より來りて、何方へか去る。また知らず。仮の宿り、誰が為にか心を悩まし、何によりてか目を喜ばしむる。その主と栖と無常を争うさま、いわば朝顔の露に異ならず」と結ぶ。Awarenessとでもいうのだろうか。

「Awareness」とは「意識・自覚」で、「何方より来り、去る人」と、その「人の宿」である栖は常に無常との間で、「露」のように「はかなく消えやすい」存在であることをいつも、意識して、「住宅もまたそのようだという」ことである。『方丈記』の作者である鴨長明は応保元年（1161年）の人で、この頃は保元・平治の乱の直後で、清家の「私の家」が作られたのも太平洋戦争終結後10年の時であった。

平山忠治の写真

　建築写真家の平山忠治は、「建築写真というものは端的にいって、徹底的に《ほめる》ことだとおもいますね。」G-52)、平山はその頃、清家清の初期住宅の写真を撮っていて、

　　私は清家さんのよかったのは、私が初めに撮ったいくつかのだと思うね（笑い）。清家さんの最初の作品の森邸なんかやっぱりよかったと思うな。それからシャンなのは斎藤邸とかああいうやつだったとおもいますよ。

　「森博士の家」の南面の大開口部の写真（前掲図Ⅳ-100参照）について、浜口隆一は、「あれは平山さんの写真が圧巻だったせいもあると思うんだ。もちろん、あの写真のような要素が森邸の中にポテンシャルとしてあった。だけど、ひょっと見たとき、誰にでもすぐわかるというものではない。引っ張り出した感じだね」G-52) と、平山忠治の写真はこの住宅を一躍有名にした。他にも「斎藤助教授の家」の南立面（図Ⅳ-107）、および居間から縁側を経て外部を望む写真（図Ⅳ-108）、「宮城教授の家」（図Ⅳ-109a、109b）、「数学者の家」などがある。「私

の家」は佐伯義勝の写真が主であるが、平山のは南立面の1枚だけある。

　平山の写真は清家の住宅の開放性、つまりホモジーニアスで分節度の低い内部空間を表現している。それについては他の写真家より優れていて余人に代えがたい。その理由として宮内嘉久は、平山の作品集『民家』でも明らかなように、「現代建築における西欧的なものとの対比の裏に、歴史の闇を透かして、日本空間の祖型をつかもうとする努力を続けてきている」との指摘がある。平山の資質が、清家の住宅に西欧と日本の融合を見出していたからである。

　私の手元には美麗な写真と硬質な文章の平山忠治著の『ゲーテと建築術』（1980年）[G-53]が常にある。清家の友人の二瓶要蔵の息子の二瓶穫治が出版を手伝っている。

第Ⅴ章
機能主義の超克（Ⅰ）
— Other Direction —

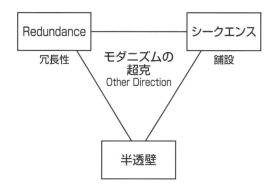

〈建築家〉清家清と、〈人間〉清家清

ロゴスの人・会話好き
- ディア・ロゴス
- いい加減・格好悪い
 (シュムメトリア)
 (エウミュトリア)
- 博覧強記

最小限住宅
- 戦後の復興住宅
- 主婦の動線の縮減
- 最小適正規模
 ディオゲネス的生活
- 躁鬱質的性格
- リダンダンシー(冗長性)
- 住宅の工業的生産

キリスト教のロゴス
- メソジスト派
- 清潔・規則正しい生活
- 清貧の思想
- 適正な住宅(冷気養生)
- 禁酒・禁煙・二食
- 家族「愛」

モダニズム建築
- 「住宅は美しい住む機械」
- ル・コルビュジエの影響
  - モデュロール
  - 「小さな家」(母の家)
  - 健康志向
- 「新日本調」
- 日本のモダニズム建築の影響
 土浦亀城邸、若狭邸、飯箸邸
- A・レーモンドとの交流

一室空間
- ホモジニアス(均質)空間
- 機能的にルーズな空間
 「舗設」(しつらい)

健康・衛生志向
- 太陽・空気・緑
- ガーデンハウス
- 日光浴(南面解放)
- 通風・換気(低湿度)
- 空気療法

Home
- 原始人のような生活
- 家族を癒す容器
- 家には「ゼーレ」(愛)がある
- 終の住処・終末感
 (アルファからオメガまで)

数学への興味
- 対称性(並進性)
- フィボナッチ級数
- 群論
- ギリシャ哲学

装飾への誘惑
- アカンサス
 (コリント式柱頭)
- アーティチョーク(螺旋)
- 「無用の用」
- アイビー(断熱)

「私の家」夜間の「南側開口部の全開」(牧直視撮影) [S-5]

1. アメリカの住宅建築の影響

清家と戦争体験 —「与えられた空間」—

　清家は従軍中にも鴨長明の『方丈記』も行李の底に忍ばせて読んでいる。『方丈記』は平安から鎌倉時代の京の都での大地震、火災、飢饉などの自然の大災害の記録文学でもある。清家は戦争の歴史について、

　　わが国も前世紀後半から今世紀にかけて、2回の世界大戦を含め内戦や外地に出兵、多くの戦争に明け暮れ、1945年に重大の局面を迎えた。しかし、今世紀後半は非武装の平和を満喫している。

　清家は第2次世界大戦に従軍し、「終戦後間もなく、留学する機会を与えられた。1950年代、黄金時代のアメリカでの生活は何もかも新鮮であった。帰路、またヨーロッパを経由して帰国するスカラシップをいただき、すっかり西洋かぶれをしてしまって帰国した」と、その西欧文化の影響を話している。

　清家は、「若し自分が家を建てるなら」[S-24]に、『方丈記』から、

　　私がもし家を建てるなら、この鴨長明に学びたい気がする。戦争はもうこりごりだと思いながら、強大な隣国と占領軍はその武装をゆるめようとしない。我々の生活空間は好むと好まざるとにかかわらず与えられた、天から与えられたとも思えるし、もっと形而下的に考えれば、占領軍によって与えられた捕虜的な空間でもあろう。我々の生活圏は与えられた空間には、なかなか馴染むことができない。また、この空間は不本意な他の―全く他の力でどうにでも変えられるものでもある。我々がこの不本意な空間に住み、しかも当分は住まねばならないかぎり、我々の生活圏と与えられた空間は合同となり得ない。

　戦後の住空間を「与えられた」として5度も繰り返している。海軍軍人であった清家は、米国の占領によっての捕虜的な事象を指摘している。具体的には、「この戦後、住宅の底流には、一方でアメリカの住宅の住まいについての考え方が色濃く反映していたともいえる。敗戦の痛手から立ち直ろうとする当時、どっと流入したアメリカ流民主主義とともに、我々もこのHome という言葉と、そこに込められた深い意味への憧れを感じたのかもしれない」と、それも「与えられた」空間である。

　戦後のアメリカにより「与えられた」民主主義、「捕虜的な」空間と清家は激しい口調で「不本意の空間」だが「合同」という数学用語を用いて、その融合を試みていた。また、「昭和28年、戦後という言葉が漸く消えようとしていた頃ですが、戦前に沁み込んだ国粋主義的傾向と、戦後に洗脳されたアメリカニズムが、私の中で相克していた時代です」[S-5]と、清家の初期住宅

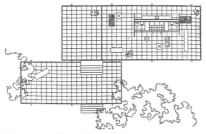

図V-1　ファンズワース邸　[S-27]

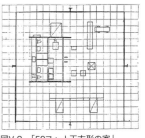

図V-2　「50フィート正方形の家」[S-26]

の設計の頃で、和風と西欧モダニズムの間で思想も建築も揺曳していた。しかし、清家はある時、林昌二に『國體の本義』、『明治以降詔勅謹解』、『臣民の道』の3冊を「これも上げる」と、進呈 S-1)したが、もう「戦後は棄揚した」という意味であったのか。清家は「和風という単なるスタイルの踏襲には何か後ろめたいものがあって」と、「モダニズムの一環」と再定義している。

　　国民の大半が、住宅もなくて生活していることを忘れてはならない。宮殿、楼閣も望みなし。「今さびしきすまい、ひとまのいおり、みずからこれを愛す」と、方丈記の作者はいう。幸福とはこういう類であろう。

清家は『方丈記』の一節を使い「私の家」に住むべく幸せな生活を述べている。
また林昌二は、「風に戦がず」S-1)で、

　　清家さんは珍しく外国からの影響を受けなかった建築家でした。最初の仕事から最後まで、終始一貫、自己流で通しました。

しかし、事実は清家は戦後のアメリカの住宅建築について平面図と写真を掲げコメント添えて発表している。『「私の家」白書』の「あとがき」S-5)には、その影響について、「底流には、一方でアメリカの住宅、住まいについての考え方が色濃く反映している」と書いている。
また「私の家」を作ったときの失敗は「西洋かぶれだと思うんです。アメリカの影響がいろいろ強かったから」と、強くアメリカの住宅の影響を受けた。
清家が引用した「米国住宅の実例とその脚注」には、

□ M.V.D.ローエのファンズワース邸（図V-1）
・「アメリカの1室住居の典型なもの」──　　　（「すまいのプラン」『新住宅』1953年9月）
・「機能主義の行きづまりによる住宅の均質化の傾向は一方では、すでに終点に到達して、ファンズワース邸を生んでいる」──　（「住宅2　平面について」『新建築』1952年5月）

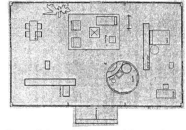

図V-3 「M・ブロイヤーの自邸」[S-27]

図V-4 「ガラスの家(グラスハウス)」フィリップ・ジョンソン自邸 [S-24]

- 「ミースは好きでした」とM.V.D.ローエの建築を「ミースのシカゴの作品は、その次の1959年に行ったときに見ましたが、1954年にギャランティをいただいて渡米したときにはほとんど何も見ていません」―― (同上)

□M.V.D.ローエの「50フィート正方形の家」(図V-2)
- 「openness」の高い例」―― (「住宅平面の傾向」『建築雑誌』1953年4月)

□M・ブロイヤーの自邸(図V-3)
- 「室の独立性が考えられる」―― (「すまいのプラン『新住宅』1953年9月)
- 「プライバシーの高い家」、「住宅平面の傾向」―― (『建築雑誌』1953年4月)

□F・ジョンソンの自邸―ガラスの家(グラスハウス)(図V-4)
- 「このような行き方にも魅力を感じないではおられない」――
(「若し自分が家を建てるなら」『建築と社会』1951年3月)

□R・ノイトラの健康住宅(ロヴェル邸)(前掲図Ⅳ-2、3参照)
- 「文明の坩堝としてアメリカを捉えたとき、最もアメリカ的な建築家はノイトラではなかろうか」―― (「太平洋時代のパイオニア」『リチード・ノイトラ』S-61)

□W・グロピウス邸(前掲図Ⅰ-47参照)
- 「アメリカ生活に馴化する間と、帰国直前の1か月をグロピウス邸で同居しました」―― (「清家清に問う」S-3)
- 「浴室、便所、階段というものが、どれ程うまく配置されているかということを始めとして、確かに優れたデザインの一つだと、つくづく思った」―― (「グロピウスのすまい」W-7)
- 1階南面の食堂の先には、網の張ってある外部テラスがあり、床には現地産堆石を敷いている。グロピウス夫妻と清家が「夏の夜や朝食はほとんどここでした」W-7。

　清家は2階のデッキに面した、結婚した令嬢の寝室を使っていた。反対の東側には廊下をはさんでグロピウス夫妻の寝室があった。1階の居間の北側の書棚には、日本関係の蔵書が大切に保存されていた。清家は「日本の建築は30年は遅れている」と書いている。

他にも清家の言説には、ル・コルビュジエからの引用が多く、私は「ル・コルビュジエと清

家清の詞華集（アンソロジー）」とする稿も書いた程であるが、デザイン的な模倣は全くない。むしろ戦後のアメリカのモダニズムからの影響が考えられる。

2. 大開口部の「パースペクティブ」と「フラットルーフ」

床も天井も「ノッペラボー」（ホモジニアス）　―「開くためのデザイン」―

　野沢正光は「清家清を読む―架構と舗設―」S-47)で、「森博士の家」、「斎藤助教授の家」、「宮城教授の家」等の1950年代初期の住宅について、壁とスラブによる―梁の見えない―架構、つまり「壁」と「空」の建築、言い換えれば、垂直に建てられた「壁」と、水平に置かれた「空」の併置による建築であると論及している。

　「森博士の家」は、縁先の床と、屋根の軒先の2本の平行線の間と左右に引き分けられたガラリ戸の間に、障子のある「空」の薄暗い空間が奥行きを作っている。天井も竿縁や軒の化粧垂木のない、室内、廊下、軒先の各々が同一平面のノッペラボーである。床も畳と敷居、廊下、ガラス戸と雨戸の敷居（レール）もすべて同一平面に納めていて、つまり軒と床の2枚の水平版の間に「空間」がある。清家は「森博士の家・設計のころ」S-85)に、平山忠治が撮った「市松に障子と欄間がなっている有名な写真」があるが、それは欄間に釣束がないからで、清家はその秘訣は吉田五十八に教えてもらったと告白している。

　まず、左右に開かれたガラリ戸（雨戸）、その裏に引き込まれたガラス戸、その間に大きな開口部が縁側としてある。次にそこに障子が、吊束のない欄間と、部屋障子が違（たが）い違（ちが）いにモンドリアンの絵のようにセットされて、最後が薄暗い和室の奥の北面の壁の下部の横長の障子窓で、以上の漸次的な3種の奥行のシークエンス建具が舞台の「書き割り」のように構成されている。清家は、「欄間の上にある小壁もないから、室内の感じはノッペラボーな感じになる。このようなホモジニアス（均質）空間は、パースペクティブが強調されるので、みかけの奥行を増大し室の広さを大きく感じさせる」と、建具としての「間戸」による段階的な「シークエンス」により「パースペクティブ」を強調している。

　清家と小玉祐一郎の対談 S-126)、〈「五感のデザイン」としての住宅開口部〉―私の住宅設計の変遷を通して―（『GA』1994年冬号）には、住宅の開口部の意味について、「窓」の原義が学究的に語られている。シェルターとしての「ビルディング・エンベロープ」（建物外被）を、建物の室内空気を調整するために、呼吸できるように「開くためのデザイン」を提案し、「窓」や「建具」についての西洋と日本の語源と実態を比較している。重要なのは清家が「私の家」の建設当時の話として、ゆき夫人の病気についてはより詳細に説明していて、

> カミさんが昔、肺浸潤で「大気、安静、栄養」という治療をやっていたことがあるんですよ。そのときに薬もなく、手当ての方法がなくて真冬でも全部開けっはなしで暮らしていた。できることは「暖衣飽食」ということだけでした。その頃は物不足で逼迫（ひっぱく）していたんだけど、

図V-5 「斎藤助教授の家」の縁側 ［SH-3］

図V-6 「宮城教授の家」の縁側
（平山忠治撮影）［SH-5］

彼女は暖衣飽食をしたおかげで、なんとか助かったくらいなものでした。外は寒くてもいいんです。暖かい着物を着て、うまいものを食っていれば、東京あたりの気候では生活のエネルギーというのは十分なんだね。だから今日的に暖衣飽食を少しやれば、エネルギーをずいぶん節約できるんじゃないかと思う。

ゆき夫人が結婚直後に結核を患って、胸部成形という手術で治癒したものの肺活量がとても小さかったと、清家篤は「病気がちな母」[S-159]で書いている。したがって、「私の家」では「寝室と仕事部屋（書斎）は低温のほうがよいので床の輻射暖房はない」と、そこは常住の場所ではないからか。とにかく冬でも南面を開放している。

「森博士の家」の南縁の写真の脚注には、「架構システムの中にしつらえられた和風」として、庇先、天井、縁先、畳などで構成された開口部を見せている。つまり「ORGAN」が露出している。「斎藤助教授の家」でも、南立面の写真（図V-5）の脚注に、南側の縁側を開いたところ―雨戸は戸外の両側の2枚、ガラス戸は向かって右の玄関側の廊下内側へ4枚重ねて引き込まれる」と付言しているのである。

建具としては、外部から内部へと雨戸（ガラリ戸）、ガラス戸、障子、北側のガラス戸が順次に建てられ、空間としては、庭→テラス→簀の子→縁側→室内というシークエンスが構成されている。しかし開口部を開放しているため、障子は見えてもガラス戸は見えない。

コンクリートブロック造の住宅の場合でも、「宮城教授の家」（図V-6）は南立面の中央に白い壁が見えるが、ガラリ戸は左右の耐力壁がサイドに突出した袖壁に納まっている。その白壁の中にガラス戸を引き込めば南面は総じて開口部で構成される。開口部の中の「organ」は舗設としての椅子や机などの家具、ハブマイヤートラスそしてトップライトが見えていてパースペクティブが強く感じられる。

「数学者の家」は、「簡単な壁構造の鉄筋コンクリートの箱の中に、やや複雑な木造の家を作った」[SH-7]（『新建築』1954年11月）。横に長い軒先、そしてプレストレスコンクリートの床版は、袖壁とともにボックス型で、東西面の夫婦と子どもの寝室の窓の腰を板貼としている他はすべて開口部で、ガラリ戸の裏にガラス戸、紙障子が引き込まれて、開口部が大きく凹穴状に、居

間の中央の厚い耐震壁が総て見えている。

　清家は舞台装置の設計もしたが、「森博士の家」でも住宅の南の庭から眺める居間部の光景は、特に夜間は、森里子の言うように家族の生活劇の舞台である。「私の家」でも夜間に、庭からの居間と書斎をライトアップをした写真がよく使われている（前掲226頁の写真参照）。内部空間が浮き上がるように家具や壁面や棚を闇の中からオン・ステージさせている。

　清家は「考えてみれば、建築というものは人生劇の舞台装置なのかもしれませんから・・・」（「桜の園」のプログラムより）と、舞台上の舗設としての装置には、「移動式畳」もあった。プロフィリットガラスやル・コルビュジエのパイプの安楽椅子（シェーズ・ロング）も使っていた。『都市住宅』（1982年1月）の「建築家の自邸」[S-47]の＜私の家・続私の家＞で清家は、

　　ライフサイクルの変遷＝シークエンスは人生劇場のシナリオである。演じられる舞台のパフォーマンスは舞台のファンクションがかなり重要な要素を占めているが、ただそれが便利だとか使い易いというようなことだけでは済まないものが舞台装置に要る。

「人生劇場」としての「舞台」のパフォーマンスには住宅の場合はファンクションであるが、何が重要なのかを述べている。住宅の性能は便利だとか使いやすいということだけではない。その結論を、清家は、「住宅というのは住む為のしつらいであって、しつらいによって生活が展開する。ピアノがあるから音楽があるとは限らない」と、「舗設」（しつらい）の重要性を説いている。生活には、演奏というパフォーマンスが必要である。清家は「性能（パフォーマンス）」について、「私の原風景」（『こどもと住まい（上）』[G-35]仙田満編著、住まいの図書館出版局）で詳説している。

　　どのような生活でもできるような形態、性能が住宅に要求される。ハードウェアの機能よりもそれが持つ性能、機能（ファンクション）からどれほどのパフォーマンスが引き出せるかということが大切だと思うのです。パフォーマンスというものをだれが引き出すかというと、住む人が引き出す。
　　ハードウェアの機能ももちろん必要だが、性能がもっと大事だと思う。それがパフォーマンスだということね。生活によっては朝昼晩、あるいは年中行事、あるいは冠婚葬祭など、時間のシークエンスのうえでパフォーマンスも時々刻々、年々歳々でかわるわけですよね。

　清家はそれを「機能主義」の行き詰まりと比較している。ファンクション（機能）からパフォーマンス（性能）であり、「行為」と言ってもよい。

　清家は「すまいのつくり─住宅設計における私の方法」[S-34]で、住宅の＜構造＞について分類をしている。

西洋建築	日本建築
perspective	sequence
systematic	structural
積み上げ（build）	組み立て（erect）

　「私の家」や「数学者の家」などのコンクリート造の場合は、庭からの室の内部は、建具によるシークエンスというよりただ単なるパースペクティブに見える。西洋建築なのである。
　清家の「新しい住宅の動向」[S-35]（『新住宅』1966年上巻）には、SEQUENCE（シークエンス）とは日本の絵巻物や回遊式庭園のように、「景観が次々に変化するような仕組」をいい、「家の小さな割には狭さを感じさせないで、余韻をもった広さの家にできる」とし、しかしPERSPECTIVE（パースペクティブ）というのは、「一目で見わたせる限りを云う」のだが、西洋風の建築にはこの例が多い。
　清家の「室内における自由」[S-30]では、冒頭部には老子の言を引用して、

　　戸や窓をあけて室を作るが、室も内側は空虚であるからこそ室としての作用をする。だからすべての物の利は無の用から起きるものである（傍点筆者）。

　「よい空気を容れたよい空間―いいかえればよい室内」のことで、「建築と、人間の生活との間に挟まって、生活諸般を円滑に運転する潤滑油のような役割を果たすものが室内の空気」である。清家は庭から観客のように舞台上の「空気」を、人間の生活の劇として見ていたのである。

「私の家」の玄関？―半透壁―

　清家のエッセイ「半透壁」[S-22]（『建築と生活』1962年）には、化学の実験で「浸透圧」の測定という、溶媒は透すが溶質は通さないという半透膜の実験から、建築の話に移り、「家というのは外界から生活を守る」ために屋根や壁が付いていて、

　　それればかりでは外から中へ入れないし、中から外へ出られない。その目的のために出入口が必要になってくるのですが、壁を半透明にして、出入口のない壁ができないものでしょうか。結局は、室内―あるいは屋内と戸外との境界になってそこに界面の問題がでてきます。

　「この界面や半透膜のように滲みこむように出入りできる壁はできないものでしょうか」と、

　　我が家（「私の家」）には玄関がないのでみんな何となく入ってきてまた何となく出て行くのですが、それでも界面の扉を開閉する手間とか、不透膜の扉があることが邪魔になってきます。拡散とかひろがりというのは、半透膜のようなところを透して出入できることだと思

第V章　機能主義の超克 Ⅰ

うのですが、こんな壁を半透壁と言えるのでしょうか？
　誰か材料学者が半透壁を考えてくれないでしょうか、いい人は入ってきて、いやな人は入ってこないようになればもっといいのですが。

　清家は玄関とか出入口扉が「半透壁」になることを求めているだけでなく、一室空間内にRedundanceとして壁が、半透明になることを希望していた。そうすれば個室として子ども室にもできる。したがってその壁を「Redundance壁」と名付けてもよい。しかし狭小の一室空間である「私の家」にはその「半透壁」を設けようとしても、狭すぎて設置すらできない。カーテンが唯一のその代用である「私の家」には玄関はなかったが、庭からの出入り口部の床を一部白大理石にしたり、裏出入口も台所の傍にあり、現在でも使われている。清家は、「西洋のガラス窓は石が透明になったという感じですよ。日本では紙がガラスになったのが窓ガラスですから、発想に大きな違いがあるのは当然です。日本では明かり障子がガラス戸に変わってきたんです」（「五感のデザイン」としての開口部）S-126)と、確かにM.V.D.ローエのファンズワース邸のガラスは、石壁のようであった。

フラットルーフ構造 ―屋根と床スラブ―
　益子義弘の「家族が共に暮らす場所」では「私の家」は、耐震壁の上に、

　　その支えの上に、もう一枚のカードつまり平らなコンクリートの板がのっている。中央の壁をつないでいる2本の鉄筋を無駄なく折り曲げてつくった梁（ハブマイヤートラス）が、その板をヤジロベーのように支えている。これが、この空間を南の庭にすっきりと開放しているひとつの大事な秘密だ。

　「私の家」について、清家がトランプのカードを立てるような、ティルトアップ工法を採用する意図もあった。「やじろうべえ」がこの家の構造を簡潔に表現している。屋根の大きなフラットなコンクリート板はこの住宅へ入っただけでは解らない。

究極のH型壁のワンルーム
　「数学者の家」（三村邸）（図V-7）は、駒場の日本民芸館の南側道路の反対側に、2階部分が増築されて現存していた。増築は山田雅子の設計である。1階の北面の外部の窓は一部改修されているが、内部は原形を留めている。中央の耐力壁の南側にはコイルが埋め込まれていて壁パネルの暖房方式として計画されたが、「私の家」と同様に完成時には間に合わなくて、その後もボイラーは未設置のままであった。この住宅の居間を、林昌二は「無気味の拡がり」という。清家の「構造のアクロバット」の「妖しい囁き」がして、その「やじろうべえ」構造の形式主義は「不健康な性格」だとした。清家本人は、SH-7)

図V-7 「数学者の家」の南開口部 ［SH-7］

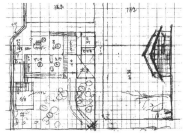
図V-8 清家の「子供の時住んでいた神戸・板宿の家の間取り図」のスケッチ　出典:仙田満編『こどもと住まい（上）50人の建築家の原風景』住まいの図書館出版局

　簡単な壁構造の鉄筋コンクリートの箱の中に、やや複雑な木造の家を作った、といえばこの建築を抄訳できそうだ。平面図でも判るが、地中梁はローマ字のYを2つ接いだような形、屋根梁は片仮名のエのような形をしている。この地中梁と屋根梁をバックボーンにして東西軸は中央の大きな壁（耐力壁）、南北軸は妻面の煉瓦を貼った壁が、それぞれ耐震壁になっている。床スラブはプレストレストコンクリート版である。

　南面の横長の大きな開口部の立面は庭から見ると美しい。RC造のフラット屋根（テーパーは付いているが）と、RC造の床スラブが平行に地上に浮いている。他の南北面の外壁、内部の間仕切壁は総て木造であり可変的である。「森博士の家」から始まった「全く水平な天井と全く水平な床による構成」である。

　平面の「H型壁のワンルーム型式」は、清家流の鉄筋コンクリート住宅の基本形であり、「私の家」がその代表であったが、「数学者の家」はその初源であった。

　清家の住宅には珍しく、床スラブ下と地面との間は空隙になっている。M・V・D・ローエのファンズワース邸ほどではないが、良く見ると浮遊しているのが解る。1階床と地面の間の段板は、プレストレストコンクリート版で、まるでファンズワース邸の段床の縮小版のようである。単に床下からの湿気を除くのが目的であったのか、それともパッシブソーラーの先駆なのか。夏の日中は芝生からの南風が通り抜ける。

　谷口吉郎は『雪あかり日記』[T-2]でその平らな陸屋根を「ギリシャのように緩い傾斜の屋根」としてシンケルの建築に見ているが、清家の「私の家」や「数学者の家」と、初期の木造住宅にもギリシャ神殿の「緩い傾斜の屋根」を想起してしまう。

天井は白、床は黒

　傘でも裏側の色が黒いものは地面からの太陽光の照り返しを吸収する。逆に白いものは反射すると、清家は住宅の色彩調節の原理を「天井を明るく、床を暗く」するのが自然であるとしている。より具体的に、「色をどう決めているか」[S-137]に、「私の家」について、

玄武というのは北だから、北の象徴である黒い石を、朱雀の方角である南の庭へおいては
いけないというような色彩学もある。勿論多くの建築家は家相を信じていないから、緑泥片
麻岩で南庭を舗装することもある。

　黒い緑泥片麻岩を前庭の床に敷いたのは家相というより、太陽の照り返しという色彩学から
である。また天井についても、

　　軒天井、鼻かくし、雨戸などを白っぽい灰色にしたのは、なるべく天井を明るくして、
　　しかもよごれにくくするにはこの程度の色彩がよいことに気がついたからで、ガラリ戸に
　　2BP6/3を使ったのは、ガラリの羽板がよごれ易いのと、ドアにもこの色を使ったが、遠く
　　にみえる色なので、ポッカリ穴があいたような感じがするのを期待していた。黒っぽい物よ
　　りも明るい色のほうがよごれが目立たないようだ。

　「私の家」の建具は杉材であるが、着色されていたとは現在ではまったくそう見えない。清
家の住宅では初期は色彩を多用していた。後にはほとんど素材そのものの色となる。
　「宮城教授の家」の天井はアルミ箔が貼られていたから、室内全体を見渡すと、ふわっと浮
いているような銀色の滑らかな広がりが感じられる。そして「中央の居間の天井が大きく天窓
になっていて、晴天の日には、その天窓が全開して、文字通り青天井となる」と、「室内と戸
外のオーヴァラップ」の例として説明している。

3. 土間空間 ―床の石貼・竪穴住居―

　清家の子ども時代（仙田満さんの取材で、思い出しスケッチする '89・05・23と記入がある）
の間取りのスケッチ図に「神戸で育った家の間取り図」(1923～1935年)[G-35]（図V-8）がある。
「家」の原体験は、仙田満の『こどもと住まい（上）』[G-35]の「50人の建築家の原風景」にある。
清家は父の清家正が奉職する神戸高等工業の官舎に住んでいたが、小学校へ入学してすぐ近く
の古い民家に移っている。それは神戸の須磨で、

　　土地の旧家の田の字型の民家で、当時八十年たっているっていっていましたね。江戸時代
　　の末期に建てたんじゃないですかね。田の字型プランの玄関のある所が六畳ぐらいの部屋に
　　なっていて、そこに机を置いて勉強したこともあります。広い土間があって、その土間に床
　　を張って部屋にしてました。土間につくった部屋ですから、窓も高くて、鉄棒の格子が嵌っ
　　ていて牢屋のようであまり快適ではなかったです。しかし、この土間の仮設勉強部屋は兄妹
　　にとっては自由の天地で、友人達との交流の場にもなりました。昔の家は原風景になるのか
　　どうか知らないけどね。昔の日本の古い家の田の字型プランという、土間に作業用空間を設

 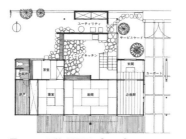 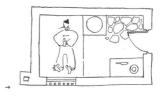

図V-9 「島澤先生の家」の居間 [SH-9]　　図V-10 同前、平面図 [SH-9]　　図V-11 「中国で見た住宅のスケッチ」（1943年の日記から）[S-5]

営したり、襖をとっぱらえばひと部屋になるというのは、日本の住宅にとっても、私にとっても原風景のようです。私にとってもうひとつの原風景は飛行機の格納庫です。格納庫は何が特徴だったかというと、間仕切りのないワンルームだということです。格納庫でもうひとつ大切なことは大きな開口部と扉で、その扉が全部カバーっと開くというのがね、原風景ですよ。

清家はその旧家を「残したい建物です」と語っていたが、解体されて現存しない。神戸の少年時代と山形での海軍の体験は、後の住宅理論、設計の原点となった。「土間の舗設空間」、「間仕切のない一室空間」、「大きな開口部」と「明けっ放しの扉」などである。とくに田の字型プランの農家の土間は、生活の「原風景」であると言っている。

「島澤先生の家」（1963年）でもそのダイニングキッチン（図V-9、10）は、「玄関や居間や2階と直結しているので古い農家の土間を思わせる」と「土間の近代化」で、「客人によろこばれる部屋になる」この床は大理石の乱貼りである。

内田祥哉は「建築家・清家清」[S-1]で、戦後の日本住宅史において、台所は板敷、寝室と居間は畳敷きと「立礼と座礼」は対立し、

　日本の伝統的民家を見ると土間が家の奥深く入り込んでいて、畳を座礼、土間を立礼とすれば、立礼と座礼の目線の高さは一致していた。農家の土間でも町家の通り庭でも土足の来客が素足の家人と会話を楽しめた。ところで現代住宅の多くは、畳と板敷きに段をつけなくなったから、立礼と座礼の視線が合わなくなってしまっている。清家清の住宅は、原則立礼でありながら、自由な位置に座礼の場所を移動でき、置かれた畳の座（註記：移動式畳）は、立礼の床よりは一段高くして、立礼と座礼の目線の高さを一致させている。

「私の家」の鉄平石の床の上に置かれた「移動式畳」は、「斎藤助教授の家」では、居間の縁甲板貼の上に舗設されている。和室の目線と近づけるため机と椅子に座った目線より少々低い目線を可能にしている。そして和風、洋風（現代風）を融合させる空間を「現代礼」から探っ

ていると内田は結論している。
　清家は、「和室と洋室の違いは、ユカの上をハダシで歩くか、ハキモノを履いているかで決めるのはいかがでしょう。そういう点でスリッパもハキモノです」と、やはり和風には裸足が好ましい。

「靴履き生活」の原型
　清家が、従軍中に描いた中国の住宅のスケッチ[S-5]（図V-11）には、

> 相当小さな家で、一番端にベッドがあって、反対側に厠のようなものがありますが、全体はワンルームです。そこで沢山の家族が住んでいるんですが、どうやって暮らしているのか興味がありました。彼等は部屋の中で靴を履いて仕事をしています。

極小住宅が靴履き生活であると、適度な平面に納まることを調べている。次の計画案はやはり同書の「若し自分が家を建てるなら」[S-24]のスケッチ（1951年）である（図V-12）。

> 構造は鉄筋コンクリート造り、大きさは2間×5間、床は鉄平石貼り。靴のまま生活する。またこのような着たきりの生活も悪くないと思う。

これも「私の家」の原型とも言ってよい。床は同じ鉄平石貼である。
　アメリカ流民主主義の象徴が、「靴」式生活であったから、清家は「私の家」を靴履床としたのである。その実態としては[S-5]、

> 特に冬のパネルヒーティングをはじめてからは、椅子などもあまり利用しないで石の床の上にみんなベッタリと尻を落ちつけたり、靴など履いているよりも足袋だけか、ハダシのほうが気持ちがよい。靴を脱ぐというよりもハダシの生活は内部事情からはじまって、いまは庭でも子供達は勿論、私を含めてみんなハダシ同様で暮らしている。家には犬と猫がいるが彼等は勿論ハダシで家の内外を歩きまわっている。

「ニハ」そして ― living・garden ―
　清家は「私の家」の狭さを解決するために、内外の生活をオーバーラップさせるため室内の床と庭を石敷とし、建物の南面は全部解放し、「室内から庭のcirculationで靴をいちいち脱いだり履いたりしていては、庭と室内を一体に運営できない。家族はむしろハダシで庭へ飛び出している」[S-5]と、それはliving・gardenである。
　清家は「庭」の概念を「中庭のある二軒の家」[S-101]（『室内』、1975年10月）に、「家庭という文字は、家と庭という字からできている。だから庭のない家は家庭ではない。家庭という

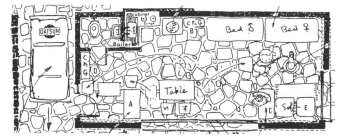

図V-12 「若し自分が家を建てるなら」清家スケッチ(1951年) [S-24]

熟字も、本来は庭に主体性がある。子女の訓育、家庭での躾を庭訓というのを考えても、家庭の中での庭の重要さがわかる」と、ロゴスの人らしく語源からの解釈が続く、

> 日本語の庭を伝統的な訓み仮名で書くと「ニハ」である。ニハは埴土間（ハニマ）が訛ったもので、埴土間は、屋内のユカの張ってない部分を云う。町家では、「通りニハ」、農家でも土間を「ニハ」と称ぶ地方が多い。要するに埴土間が「ニハ」ということになる。住宅の間取りをしてみるとわかるが、住宅のなかで「ニハ」もひとつの機能を持ったヘヤ-スペースである。

まるで清家が少年時代を過ごした神戸の、田の字型の民家の土間風景である。「私の家」の一室空間もこの「ニハ」に共通するものがあり、「私の家」の原像である。続けて、

> 室内と戸外の境界のはっきりしないのが、日本的な住みかたである。土間もそういう意味では戸外に連り、ニハは土間からいまの庭園になって行ったのかもしれぬし、庭園が通りニハとなって、室内へ入ってきたとも云える。

「私の家」の初期スケッチには明瞭にこの概念が表れている。

竪穴住居と動物園

清家は、「私の家」は、「新タテアナ式住居」であると[S-36]、

> なんのことはない前面と底部をとり払ったダンボールの箱を穴のあいた地面に被せたような恰好である。「私の家」ができあがったのを見て口の悪いのが「動物園の猛獣舎みたいだね」といった。私は防空壕があるので新タテアナ式と呼んでいる。このあたりは弥生式文化の住居跡がたくさんあって、タテアナ式住居はこのあたりでは、長い試練を経ているといえる。この家を建てるとき私が考えていた家族の生活の図は、いってみれば動物の家族のよう

な自然の姿でいきいきと暮らすということであったからだ。

「私の家」のダンボールの箱の喩えは適確である「新タテアナ式」住居のことである。清家は「築く」S-6)に「私の家」、「斎藤助教授の家」、「宮城教授の家」などの初期の住宅がある多摩川下流東岸のローム台地の竪穴住居の址について、

　私は竪穴住居に大きな興味をひかれている。日本語の建築ということばの特に「築」ということばは、こうした穴居生活の家にあてはまるのではないか。竪穴住居というのは、地表から1メートル近く掘り下げたところに居間（?）の床を置き、地表から上には壁をつくらないで、屋根を地表面からすぐに葺きあげて「建」てている。

「私の家」は竪穴住居なのである。清家は、「清家清オーラル・ヒストリー」S-8)で、

　「家」という字はウ冠（うかんむり）でできています。ウ冠というのは役に立つんですよ。ウ冠が屋根の象形なの。ウ冠の下に豚がいる。漢字ってなかなかよくできているでしょう。
　「家」という字の豕というのは、四つ足で、しっぽまでは生えてるの。「豚児」という言葉もあるけど、謙遜に「うちの子」というときに「豚児」って言うのです。

「家の犠牲のために祖霊に捧げられた豚である」と清家はギリシャ神殿で羊が奉献されたのと比較している。清家は自分の家族を「豚」以外に、「動物園の猛獣含みたいだね」と言われたことから「住宅ならぬ獣舎」だと、まるで土足である動物が住むように、竪穴住居に住む弥生人の生活を考えている。清家の「すまいと私」S-33)の「自由な空間をつくりたい」に、個室空間について、

　先日、筆者はコドモ室がいかにあるべきかという座談会に出席した。少年の心理を研究している人の説によると、コドモには個室が与えられるべきだという。確かにその通りといえる。それならば、一体個室というものはどんな機能をもっている必要があるのだろうか。西洋の住宅の個室の壁はどんなに薄くてもレンガ1枚積み以上はあるから、20cmはあるにちがいない。しかしこの国の寝室の間仕切りは衾障子（フスマ）である。衾というのは寝床のことであって、寝室の障子―すなわち寝室を障て間仕切をするものが衾障子である。衾障子で仕切られた空間が個室といえるだろうか。伝統的な日本の空間のなかで個室としては、フスマで仕切られた空間をでないだろう。

また清家の長男の篤は、子ども時代の体験について、「編集者なども夜遅くまで居続けます。彼等が座っているソファは夜には展開して、私のベッドになるのです。これでは寝られません」

と証言している。

「衾」とは昔の寝具で、布などで作り寝る時にかける夜具のことであるが、清家の説では「寝床」で、個室のなかった長男の篤にとってソファが正しく「衾」であった。その事を篤は「子どもの側からいうと、小さい時はまあいいですが、中学生くらいになると、あまりよろしくない。やはり自分の部屋がないと（笑）まったく間仕切りがないというのは、無条件で賛成はできませんね」と父、清との対談で語っている。長女のゆりは「弟は食卓脇のソファで寝ていました」と述懐している。しかし「私の家」の初期の計画案には現在の書斎・仕事部屋の部分がBED ROOMと、子供室のように描かれていた。

土間（小屋）から高床（主家）へ

清家の「私の家」の靴式生活と、竪穴式住居の整合的な説明は、上田篤の『流民の都市とすまい』の「町家以前」が参考になる。同書によると日本人は初め竪穴住居に住んでいたが、やがて高床住居も取り込んで、カマドのある「カマヤ」と呼ばれる土間と、座敷のある「オモテ」と呼ばれる高床とが両方ある家を農家として作るようになる。土間は火をたき、食事を作るための場であり、「小屋」をその原型とする一方で、高床は寝食をしたり神仏を祀る「主家」である。「小屋」では下足で、「主家」では、上足（はだし）である。この「小屋」には、靴式の土間で石貼の、清家の「私の家」を想起させる。一方で、「主家」には高床の「神の居る」、それは清家の建築では棟持柱のある三角屋根の大きい切妻を持つ住宅が該当する。

清家の「棟持柱の家」S-31) に、「豚」の例を再掲して、

> 漢字の家という字はウ冠に豕とある。ウ冠は尖り屋根の象形で、豕（ぶた）は神々を祠る犠牲である。家とよく似て冢という漢字がある。その冢は同じく神々に捧げる燔祭の犠牲で、塚と書けばもっとよくわかるが、墓所である。生きている人間の家は尖り屋根のウ冠、死んだ人の棲まうのは土の下だから、平坦な屋根で冢となっている。

家にしろ、塚にしろ、共に祭祀の場にあって、家そのものが先祖の祭祀を意味している。以上を清家の言う住宅の起源をグループ別に2項対立的にまとめると、

「舗設」の後退

林昌二は、「宮城教授の家」の解体に際し、再訪して、

> あれはあの時代の到達点だという感じがはっきりとありましたね。だから、あそこから次の一歩を踏み出しにくくなったのでしょう。当時も感心しましたし、今日見てもよくできていてすばらしい住宅です。今日あってもおかしなモノではないですし、ああいう建築が現在でもきちっとできてきたらよいと思うのです。

「自己完結だからこその輝き」—50年ぶりに「宮城教授の家」を訪れて—S-135)の林昌二へのインタビューである。その宮城邸に採用されたコンクリートブロック造について詳説している。コンクリート造の型枠が不経済だから、清家の住宅もプレコン組立式鉄筋コンクリート造か、もしくはコンクリートブロック造しかないと考えていたが、フラットルーフ系の住宅から少しずつ妻入り型に移行してゆく。しかし時代は一室空間住居より、広い部屋と多用途が必要になり「舗設」という概念は消えてゆく。清家は西澤文隆の問いにS-3)、

> 残念ながらせっかくの舗設のコンセプトは後退しました。クライアントの変化です。いわゆるニューファミリー、核家族、さらには親対子、夫対妻などの家族間断絶などエゴイズムの普及に、住宅産業などというコマーシャリズムが加担、経済成長と相まって舗設は後退せざるを得なかった。世は戦国時代に入って、平安朝的な「舗設」の一室空間が、「壁」に囲まれた個室の群雄割拠型になっている。平屋（ひらや）がなくなったのも一室化が困難になった原因です。その後の作品でも、「千ヶ滝の家」、「続・私の家」、「保土ヶ谷の家」など2階建てですが、屋内に扉や壁を設けないで融通無碍の一室空間をしつらえているつもりです。

現在、少子化と特に単身の高齢者が増加している。それに従って住宅も、多様化している状況で、再び「一室空間」と「舗設」のコンセプトも再考の必要性がある。清家の「一室空間」の原点は、「建築家の自邸」〈私の家〉〈続・私の家〉S-42)（『都市住宅』1982年1月）に、

> その多くは紫宸殿（ししんでん）がそうであるように一室を軽い障子で仕切る。いい換えれば、間仕切の障子を取り払えばひとつの屋根の下が大きく一室になるというのは天皇から庶民まで、あるいは方丈記の〈ひと間の庵（いおり）〉、すべて天地根元の日本人のすまいである。厠にも扉は要らぬ。蔀＝しとみというのは雨を止めるという意で、蔀だけが扉であり、唯一のフェンスター＝防禦装置であった平安の昔に還って見たかったからでもある。

京都御所の紫宸殿から『方丈記』の東屋（あずまや）まで日本建築の一室空間の伝統をたどって、「私の家」の原点としている。

清家の住宅のロゴスとパトス

　清家がロゴス（合理）の人であることは、村松貞次郎によって指摘されているが、それ以上に清家のパトス（感性）について考える必要がある。建築には「形」の問題があり、形というのはロゴスとパトスが統合されたもので、その異質なものが相互に合致することが必要である。清家の建築の場合、「パトス」とは何であったのか。村松貞次郎は「建築家としての丈夫ぶり―鮮やかな切り口を見せるロゴス的意匠―」[S-3] において、

> 材料にしても架構にしても、きわめてロゴス的に建築を構築するのだが（それ故に、技術に心を売ることもなかったわけだが）、モノへの思い入れ、パトスが欠けているからだろうと思う。

　この村松の「清家の建築にパトスが欠けている」との指摘は正しくない。その「モノへの思い入れ」をパトスであるとしたら、その「思い入れ」は「私の家」で充分に発現されている。『家庭画報』（1966年2月）の「わが家の家憲（海＋山＋庭）×四季の暮らし」[S-36] には、「家族関係が変われば建物としての家も変わってくるのは当然で、建物としての私の家を語れば、それは私の家族を語ることになると思う」それは「愛」によって支えられていた。「家族愛」であり、これこそパトスで横溢していたのである。二項対立的に図式化すると、

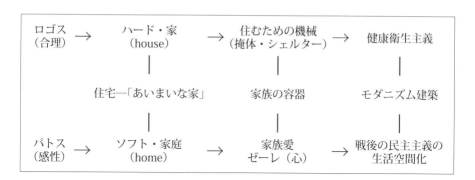

　清家の住宅にはロゴスとパトスが「相互誘導」していることは明確である。
　ギリシャのイドラ島の旅で見た、斜面に沿い青い空にのびてゆく、乳石灰の白亜の家と石畳の中庭のある部屋の感動も、清家の重要な「意匠心」としてのパトスを常に喚起している。この体験が清家を住宅派の建築家にしたのである。

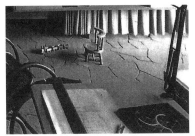 

図V-13 「私の家」製図版上の「3本の半円弧の三つ巴」図 [S-1]　　図V-14 同前、拡大図 [S-1]

4.「私の家」の製図版上の3本の曲線 ―「三つ巴」―

　「私の家」が『新建築』（1957年3月）[SH-6]に掲載されたのは完成してから3年後であった。佐伯義勝により撮影された写真は後にも多くの雑誌に使用された。その中の居間の写真に奇異なものを発見した。製図板上の平面図とT定規の上部に置かれた黒地の紙に白線で構成された幾何学的図形の小冊子（図V-13、14）である。あたかも清家が設計の参考資料としていたようなセッティングである。清家も「私の家」の居室や書斎の机の製図板の上にこれらを置いていた「賢知の建築家」であった。

　この図形は円に内接する2つの正3角形による6角形の星形で、内部もさらに3角形で小分割されているが不鮮明である。円の中心から3本の半円弧が120°の角度で風車のように「三つ巴（みつどもえ）」が太い線で描かれていて、まるで雷太鼓のようである。マン島のシンボルの「走る3本の足」（図V-15）に似ている。この図像について、清家はこの「三つ巴」の3つの対称変換（3回対称性）の象徴図形として注視ながら住宅設計をしていたということか。

　清家は「私の家」の写真撮影に立ち合って意図的にこの冊子を置いたのか、または設計作業中に参考としていたものが偶然撮られたのであるか不明である。清家にとってこの図像は何なのか。例えば、同じ写真内に映っているハブマイヤートラスの鉄筋の正3角形と逆3角形の連続文様との関係も示唆していたのだとも想像できる。

回転対称シンメトリーと鏡映のない不完全なシンメトリー

　清家が小文「シンメトリー」論[S-5]の中で、「回転群のなかに表現されている」と東工大の遠山啓訳の『シンメトリー』[M-1]（ヘルマン・ヴァイル著）から引用している平面の回転対称図形（図V-16）は鏡映シンメトリーを持つが、2面体群D3で直線の脚が対称をもち、しかし、図形は巡回群C3で鍵形脚が非対称なので制限付の対称群として鏡映のシンメトリーはない。「ギリシャ人は3角形のシシリー島を、この鍵3脚の真ん中に蛇の帯を巻いたメドウサの頭を描いたものであらわした」と、「鏡映のない不完全なシンメトリーには魔力が潜んでいる」としている。

図V-15 「マン島のシンボル」-「走る」3本の足

図V-16 鏡映対称形D3と非鏡映対称形C3 [M-1]

図V-17 「ウィーンのステファンの円屋根」の階段の「鍵3脚」とスワスチカ（かぎ十字）に似た車輪 [M-1]

　そして、ウィーンのステファンの円屋根の建物の階段の手摺の「鍵3脚とスワスチカ（かぎ十字）に似た車輪がひとつおきに並んでいる」（図V-17）と、実例が見られる。「私の家」の計画案の初期スケッチの平面図には基準線として、30°と60°の菱形メッシュが描かれていた。谷口吉郎も『雪あかり日記』のなかで、ナチスの「鍵十字」型に注視していた。

ル・コルビュジエの「星型」プラン

　この「三つ巴」図の解釈のための事例は、ル・コルビュジエの『建築をめざして』L-2)（吉阪隆正訳）の「建築Ⅱ・平面（プラン）の幻覚」に書かれていた。その文中に「星型」式の図柄、「孔雀の羽根」をひろげてたように、「風車紋様」などのワードが使われていて、「モザイク様の装飾板となり、燦然たる星型式の図柄となって、錯覚を生ぜしめる」と、この「錯覚」とは何のことであろうか。フランスの公立の美術学校（ボザール）では、平面の研究、要領として軸線を「行動の指針」として設定するが、アクロポリスの丘の上の配置図（図V-18）によりパルテノン神殿の好ましい軸線を説明している。美術学校で用いられる軸線の星型を反措定として、製図板上の「星型」、「孔雀の羽根」、「風車」を多すぎる軸線の例として清家は、アクロポリスでの体験を思い出しながら、軸を定めていたのでではないか。しかし「アクロポリスでは、神殿は相互にゆずり合って風車紋様をつくり、目はよくこれを一掴みできる。秩序立っている時にしか美をつくらない」と風車紋様にだけは好意的であった。ル・コルビュジエは美術学校の生徒の教材としてのギリシャ建築のコリント式柱頭の描写の難しさとともに、建築家として自分とを比較している。

　以上のル・コルビュジエの表現は正しく清家の机の上の図像そのものである。

アクロポリスの軸線と三つの円

　清家の「建築家と数学」S-32)（『数理科学』1965年4月）（前掲図Ⅲ-2参照）には、パルテノン神殿のアテナ像を中心としてアクロポリスの丘を長辺軸（東西方向）と短辺軸（南北方向）をX、Y軸として、3つの小、中、大の正方形が描かれている（前掲図Ⅲ-2参照）。この長辺軸は東はヒュメットス山と、西はピレウス港としている。それに平行するプロピュライア門の軸

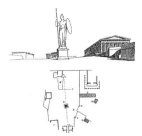 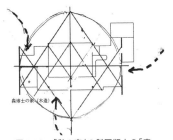 

図V-18 アクロポリスの「星形」、「孔雀の羽根」、「風車」〔L-1〕

図V-19 「私の家」の製図版上の「森博士の家」の「3本の半円弧」の解析図

図V-20 「アルハンブラ宮殿」の回廊の装飾タイル

がある。そしてアテナ像を中心に大きな円と他の3つの円に内接する斜め格子も記入されている。清家は西日を浴びながらどこからこの光景を見ていたのであろうか。この図の出典は不明である。

「森博士の家」の星型プラン

　「私の家」のT定規のある製図板の不鮮明な図面を注視すると、それは「森博士の家」(1951年)の平面図で、南の庭を上方にして左側に居間と書斎の一部が見える。その上に「三つ巴」図像が置いてある。「森博士の家」は「私の家」のこの撮影の6年前に既に完成している。清家の意図は、「星型」つまり三角形で構成された六角形は何かと言うと、耐力壁を含めて柱壁の配置図に「グリッドプラン」(柱を格子状に配置した平面計画)を使って星型の正三角形図を描くと、一見で解明できる（図V-19）。「風車」の外部から住宅への進入経路として、北の玄関から、東は居間の縁甲板のテラスから、南は縁側の前の踏み石から、いずれも舗石ブロックがその導入路である。

　この3本のアプローチが、「三つ巴」つまり3本の風車となるのである。アルハンブラ宮殿の壁龕（へきがん）の装飾タイルの一つに、3本の脚型と6角型の繰り返し模様があるがこの「三つ巴」とよく似ている（図V-20）。

星型図像の平面への適用

　清家は自分の住宅はダンボールの箱の上下を抜いて側板だけにして上部に平板をそっと置いているような構造システムであると言っている。「私の家」が正にそれに該当している。やはり屋根板と壁はピン接合で、板としてコンクリートスラブを置いている。しかしハブマイヤートラスが入ってる。

　この構造は、和田章が「菱形の振動」とする45°軸方向として斜め方向からの振動が平行四辺形のように変形しないように、屋根板自体の強度を補強する必要性に関連があり、その象徴が清家の意識としての、星形の図像である。それが、清家の住宅の均質性（ホモジニアス）と、南面解放と独立性を可能性としている。和田は熊本地震の教訓として揺れによるエネルギー吸

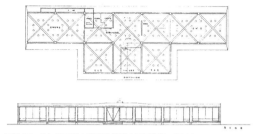 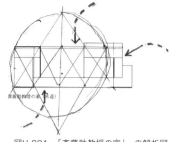

図V-21 「九州工業大学記念講堂」の事務棟 [S-1]

図V-22A 「斎藤助教授の家」 の解析図 [SH-3]

収の靭性型ではなくて、剛性の高い構造を主張している。清家は「固有振動の周期を短く」して応力の分布を少なくする「O式クランプ」という金具を柱梁の接合部に多用し、「カチッとした構造」であると説明している。

清家の「九州工業大学記念講堂」（1960年）の事務棟（図V-21）は、正方形ユニットが10個連続した平面で、床や屋根梁を対角線、クロスに架けて、スラブの剛性を高め、妻側の外壁面を耐震壁とし解放的な立面を構成している。清家の平屋建築の構造のエッセンスである。各住宅の「斜め格子」のグリッドプランによる分析図を掲げる（図V-22A,B,C）。

林田二郎の「合理主義と非合理主義」（「住宅・1925-1964」）には「住宅に初めてグリッド・プランを導入したのは清家だろう」と、書いている。確かに、清家は「私の家」の初期スケッチには正三角形の菱形のグリッド・プランを使っている。清家は住宅への進入経路アプローチを重視した人で「私の家」でも3か所から、アプローチする。南の庭から（計画時は道路から東南の隅）、台所の脇から、そして便所の北側のサービスヤードからであった（図V-22D）。

「斎藤助教授の家」への適用

清家は常に「X、Y軸に関してそれぞれ対称になるよう、バランスよく構造壁（耐力壁）を配置しながらプランニングを進めるという大原則」（林昌二「構造的な構造」）だけではなくて、多軸の曲座標のグリッド・プランを用いていたのである。清家が「星型」や「風車型」のグリッド・プランをモチーフにしたことの根拠は、小論文「シンメトリー」の掲図のアラビア模様にある。清家の父の正が図像学者であったことも遠因である。清家は、「2枚の鏡を60°に置いた万華鏡の模様も回転するシンメトリーであって、360°÷60°=6であるから、6角形の模様ができる」と書いている。林昌二は続けて[S-5]、

　「森博士の家」において構造の導入に成功した清家は、「斎藤助教授の家」において更に構造性の洗練を示す。ここには構造的不完全さもなければ、グリッド・プランの行き過ぎが平面を歪曲する不自然な主張もなく、例えば耐震壁の配置の巧妙さは空前の成功を示す。

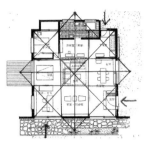
図V-22B 「宮城教授の家」の解析図 [SH-5]

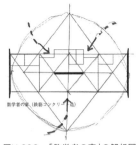
図V-22C 「数学者の家」の解析図 [SH-7]

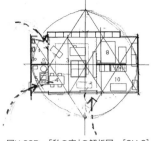
図V-22D 「私の家」の解析図 [SH-6]

グリッド・プランが3角格子であったから、「不自然な主張もなく」洗練された、つまり「シュムメトリア」が徹底されていた。耐震壁は「何気なく」置かれている。

清家は、「斎藤助教授の家」[SH-3]（『新建築』1953年2月）の「構造」で、

> 平面が単純なので構造もまた単純であるが、柱の数が少ないため上棟には骨が折れた。壁体をできるだけ長くとって筋違いの勾配を緩くし、応力の分布を少なくしたり0式クランプを使用してあるため、建物の固有振動の周期は短い。

この利点は、3角形グリッド・プランにあるのか、または従来のボールト仕口やホゾ仕口でなくて、0式クランプにあるのか。「建物の剛性を増して、グラグラの構造でなくて、カンカンの構造」であり、グリッド・プランの効果ともいえる。この方式を直接にクロス梁にしたのが、九州工業大学の事務棟（1960年）で、1F床梁、2F屋根梁には正方形ユニットの平面の各々にX字梁を用いている。

「私の家」への適用

「私の家」の初期計画案の平面図に細かい斜線による格子プランが描かれている。

このようなグリッド・プランが細かく描かれたのは、「食卓・製図机・仕事机・タタミの台・ガラス戸のモデュールを統一して、しつらえを楽にしようと試みている」（「私の家」清家清）と、家具を含めて「モデュール」を適用しようとした意図があった。しかし、その「モデュール」を私は未だ発見していない。

柴田晃宏によるこの「初期計画案」のスケッチについての分析図がある（図V-23）。柴田は、「グリッド（床目地）は、ほぼ30°である」と、正三角形のグリッドである。書斎と寝室には白銀比の1:√2（紫色）で、台所と便所は黄金比の1:Φ（茶色）で、居間も黄金比の1:Φの他に1:2（水色）、1:1.2（薄緑色）で分割（トラセ・ダイアゴナル）されている。そして寸法は尺で間口は33.5尺、奥行は16尺であるが床面積は48.2㎡である。居間の台所近くのダイニングテーブル部及び、便所の前の物入れスペースは小規模の黄金長方形に分割され、大きな居間部は2つの

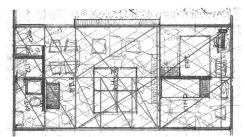
図V-23 「私の家」の初期計画案の解析図(柴田晃宏作成)

図V-24 「竹田教授の家」(1952年) [S-1]

黄金長方形に分割されて、細かい対応を計っている。

　アプローチは庭から、南西の台所へのサービス入口、道路から庭への東南の隅のから庭へと、3ヶ所で総て全く「風車」の羽根のようである。

　同じく「森博士の家」のアプローチは、3か所であるが、同じように「斎藤助教授の家」では、南東の玄関およびサービス入口、庭から南西の縁側、それと北の縁側の3か所である（図V-19参照）。

　清家の小論文「シンメトリー」で、「円に内接する正十角形の半径と、その正十角形の一辺の長さが黄金比である」として「三次元シンメトリー」であり、「これを連続して曲座標として環状につくることができる」と、清家のシンメトリーの根源に基づく説明である。

棟持柱と家形の素型（家形山）

　清家の初期住宅の「竹田教授の家」(1952年)（図V-24）を始め、「山の家」(1958年)、「島澤先生の家」(1962年)（図V-25）、「棟持柱の家・Ⅰ」(1962年)（図V-26）、「棟持柱の家・Ⅱ」(1961年)、「駒込の家」(1971年)や、コンクリート造の「坪井教授の家」(1957年)（図V-27)など、数多くの「棟持柱」を持つ住宅があり、清家の重要なキー・コンセプトの1つである。

　論文も「棟持柱」[S-31] および「棟持柱の家―ひとつのawarenessとして―」[S-14] などがある。他にも、屋根全体の形[S-118] として、

> 山形と家形との間に何か関係あるような気がしてならない。天地根元の宮造りというのは炭焼小屋風のただ△形の屋根だけの構造のすまいであるが、日本人の原体験としての三角形の家形であって、屋根は家の象徴、根元である。その家形山が原体験でもないが、私は機会あるごとに試みてきた。

　家形が3角形だが棟持柱のない緩勾配屋根は切り妻の美しい清家の住宅に、「田園の家」(1966年)（図V-28）や、「千鳥町の家」(1973年)があるが、山形の家形を日本住宅の素型と考えていた。「棟持柱の家」[S-31] には、

図V-25 「島澤先生の家」(1962年) ［SH-9］

図V-26 「棟持柱の家・I」(1962年) ［S-1］

　旧石器時代は棍棒で男性の時代、新石器時代は甕などの容器の時代で女性が支配しているという。だから住宅は家族の容器としての女性を象徴すると同時に、外部に対しては道具としての棒が棟持柱としてあってよいような気もしてくる。いわゆる夏巣冬穴の住居をこしらえられた。夏は男たちの建てた天地根元の風通しのよい家に住み、冬は冬眠に近く母親の胎内にあるよう穴居していたのかもしれない。

　ルイス・マンフォードの「棒は男性の象徴、容器は女性の象徴である」論を引用しての「棟持柱」論である。
　日本建築の典型については、「棟持柱」[S-31]に、

　家のもっとも原始的な典型として、石器時代の絵（図V-29）があった。家といえばまずこういうイメージがわれわれを捉えている。とくに住宅は妻側のエレベーションとしてイメージされている。私は住宅の設計をするときに主なるエレベーションとして、いつも妻側を考えている。建築用語の「妻」ということばが、夫人という意味の「妻」と同じ語源からでているといわれ、10世紀以前の寝殿や住宅としての対屋（たいのや）がツマと呼ばれていたことを思い合わせると、妻を住宅の象徴として考えることは、建築用語としてであろうと、夫人としての意であろうと、妻＝家という考えかたはそれほど不当とはいえない。

「石器時代の家形の絵」が、竪穴住宅の掘立小屋として、三角屋根と棟柱と入り口が描かれている。「私の家」も、「貝塚や古墳も多く、先住民族以来の住宅地」であった。「棟持柱の家・I」[S-31]は、多摩川下流東岸のローム台地の弥生人の住居跡に建てられている。「築く」[S-6]には、

　昼の生活と夜の寝室の部分を別棟に分割してあるが、寝室群は地下に潜って竪穴住居の型式を踏襲している。弥生人の住址と同じく丘の上にあるので、地下に潜った寝室はその一面を崖の上に露出している。

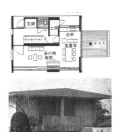
図V-27 「坪井教授の家」の棟持柱 [S-1]

図V-28 「田園の家」(1966年) [S-1]

図V-29 「石器時代の絵」

　清家は「私は竪穴住居に大きな興味をひかれている」と言う。地下住宅は竪穴住居への退行願望である。「棟持柱（ニタ柱）を中軸とする厳正なシンメトリーの美しさは実に堂々としている」と、妻面の「美しい処理は長い伝統」としながらも、それが機能主義的な観点からも、「生活を目に見える状態にしておくこと」の必要性を説いている。「住宅の象徴としての妻、妻の象徴としての棟持柱の意味」を模索していた。

　「私の家」でも妻面はコンクリートスラブの屋根版であるが、単にフラットスラブとはせずに、アルミ瓦棒葺の棟のない緩勾配屋根として長い庇を持つ妻面を構成している。「私の家」の早期の検討スケッチには、屋根が2寸勾配という緩い入母屋の案がある。前面の主要道路との間には高い塀をめぐらしているから顕著に見えないが、妻面の屋根を塀の上にのぞかしている。

　「棟持柱」S-14) には、その意味について、

　　柱というのはそういう意味で目立つ形である。ゴテゴテと飾りをつけることは気が進まなくても、素朴なトテムポールでもあるこういう簡素な象徴をもっとも伝統的な方法で妻面に立てることは「意味」のあることといえる。妻面の二つに開いた破風の間に立てられた柱が何を象徴するかというようなことを、さらにフロイトの学説によって演繹すれば、牽強付会の謗りを招くだろうけれど、住宅の象徴としての妻、妻の象徴としての棟持柱の意味が闡明されるかもしれない。住宅の棟持柱が支えているのは単に棟木だけではない。

　清家が自邸の庭にコリント式柱頭を「建てたい」と願っていたことはこのフロイトの学説の引用からも明確である。

　日本では天地根元の宮造りという三角形の棟持ち柱の原始的な工法がある。日本建築の家形の原点でもある妻入りの△形が子どもの家の絵のようにその三角形がトラス構造、または筋違い方杖になって耐震的に強い。「三角形の大きな切妻の屋根はひとつの試みとして日本の住まいの文化に何らかの貢献をしたのではなかろうか」と自負している。

原形・計画案—30°・60°の格子グリッド—

　日本建築学会の建築博物館には清家清の資料として30,722点（未公開）が所蔵されているが、清家清の生前の寄贈の意向により受け入れられた。しかし、『戦後日本住宅伝説』（2014年新建築社）の清家清のコーナーでは「私の家」の「平面スケッチ（検討案）」が発表されている。「私の家」の計画案のスケッチには2種類がある。

　計画案1（前掲図Ⅳ-33参照）は緩勾配の入母屋風の軽量鉄骨造の桁行3スパンである。建物の北側道路との間の三角地にも住宅は開いていて、実施例のような大きな本棚はない。敷地全体をコートハウスとし、庭の中にソット置かれたようである。南北に長いプールのような池が特徴的であるが後に縮小された。和風の特徴が色濃く感じられる。居間の移動畳とダイニングテーブルは実施案まで残った。

　計画案2（前掲図Ⅳ-34参照）は実施案にほぼ近似しているが、まだ台所は北側に、サニタリーゾーンは南側にあり後に逆転する。北側に本棚が設けられているが、敷地北側との開放性はまだ保たれている。庭は居間の前の石張と子ども室の前の芝貼ゾーンに別れている。「KIND」と子ども室もありベッドも設置されている。屋根もフラットスラブになり鉄筋コンクリート造のようで耐震壁もある。道路側の立面の屋根にはアンテナか、それとも十字架が描かれているのが印象的で、教会のような小住宅を見指したのか。

　最も特徴的なのは平面図全体に30°と60°のメッシュグリッドが描かれていることである。

　計画案1、2を通じて、平面において南の庭へと、そして北のバックヤードへと「トランスパレンシー」つまり透過方向性を強く感じたが、実施案では北面がクローズされて3方を閉じ、南面だけを開いた。洞窟のような平面として、例えばイスラエルの荒野の洞窟のようになった。つまり東の主道路および北のサブ道路からの、「道路面は全面壁にして外からの障害を最低限に食い止めている」と、塀を設けないために外壁はクローズされた。

5. 腔腸動物・甲殻類（清家）vs 蝸牛の殻（ル・コルビュジエ）

　清家研究室の助手を勤めた瀬尾文彰の『環境建築論序説』[S-68]の序文に、清家は、

　建築は人間のこしらえるものであって、生活の所産であり、有機的な環境という方がわかりやすいかも知れぬ。なんとなく生息いものではなかろうか。

　清家の言説としては異例で、建築は「生活の所産」であるから「生息い」生物体のような「有機的」ものとした。また、「私の家」を、「この家がトポロジカルに最も簡単な腔腸動物に近い」と言っている。「腔腸動物」とは袋状の器官を持つ、イソギンチャクやクラゲなどの無脊椎生物である。同じようなことを、清家は「構」[S-3]に、

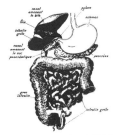
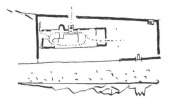
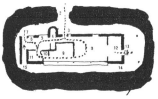

図V-32　ル・コルビュジエ「性格の決まった明確な器官」[L-3]　　図V-33a　ル・コルビュジエの「小さな家」[L-12]　　図V-33b　同前、拡大図　[L-12]

　建築物はそれ自体は生物ではないが、内に人間生活を持っていて、生機能を持っていると考えてよかろう。建築も生き物だと考えることは常識となっている。

　清家の「建築＝生き物」論は、「建築＝機械」論とは異方向から機能主義に結び付いていく。ル・コルビュジエについての『輝く都市』[L-3] の、

　　ル・コルビュジエが命名した、「生物学的ユニット：居住者当たり 14 ㎡の細胞（セル、註：コルビュジエは住居の意味でも使用している）」という記述がある。そして、「平面は諸器官を秩序化し、有機体あるいは有機的組織を生み出す。諸器官は、それぞれ特質があり、差異を有する。それは肺、心臓、胃等々である」（図V-32）。

　ル・コルビュジエの「小さな家」（図V-33a、33b）は一室空間であるが、動線がサーキュレーションとなっている。「私の家」も同じく循環動線的である。同じく、ル・コルビュジエの『建築をめざして』[L-2] には、

- 彼は自分の家で、その小さな工房で働き、家族は彼の周囲にいた。殻の中に生きる蝸牛のようにきっちり寸法に合った巣の中で生きていた。
- 彼らはそこに老いた蝸牛の汚ない殻を見出しそこに家をつくることは夢みられない。

　貧しい者の古くて腐った小さな家を「蝸牛の殻」にたとえている。それは「結核菌だらけの古くさい〈住む機械〉」であった。ル・コルビュジエはそこから「建築か、革命か」を望んでいた。
　ル・コルビュジエは、「1946年のある日、製図台の上に蟹の甲羅が置かれた。これは礼拝堂の屋根になる」と考えついたのは、ニューヨークの近郊海浜で捕えた蟹のことである。清家が「サント・マリ・デュ・オー順礼拝堂」（ル・コルビュジエ設計ロンシャン）と称するこの礼拝堂（図V-34、35）が竣工したのは1955年6月25日で、清家が米国のTAC勤務からの帰途に、このフランス東部、ヴァージュ山系の南端、スイスとの国境近くのロンシャンの丘に建

つこの礼拝堂に立ち寄った可能性は高い。清家のスターター旅行のコース図（「スターターでヨーロッパを駆け巡る」を見ると、その近傍を通過している。
　清家も同じく蝸牛（かぎゅう）について、「4.初めに住まいあり、住まいは家族と共にあり」に、

　　二億年前の三畳紀にいたアンモナイトなど、ずいぶん丈夫な殻を持っていて、自分自身の巣を背負って生活する生物も現われてくる。蝸牛デンデンムシのような陸生の巻貝は雌雄同体で何か異変に遭うと自分の背負っている貝殻の中に逃げ込む。デンデンムシのように、シェルターとしての貝殻の中に雌雄交会するのが住まいの原点ではなかろうか。

　本居宣長は、「古は男の女の許に来通いて夫婦の交会するを住むと云えりき」（古事記伝）と、いう。つまり「すまいという所はアレをすることだ」として、「セックスの場」であることだと清家は明快に言って、「根源的なコミュニティのためのファンクションがすまい」で、「人間関係の原点である」とする。同じく「構」S-3)で、建築物の構造体に甲殻類や、節足動物や貝の外殻などの、軟体の生体機能に注目し、一室空間の内部機能としての「舗設」を「ORGAN」（器官）としている。清家は「ORGAN」は「ギリシャ語では器械、道具である」としながらも、有機的な建築の構成要素として、機能主義的にとらえている。清家はさらに、

　　生物でも単細胞のアミーバのようなものもあり、人間のような複雑な機能をもった生物もあるわけです。この場合アミーバが人間の構成細胞ほどの数、集まっても人間と同じ活動はないわけで、機能が分化することが大切なわけがわかります。

　清家の生物学的建築論は、機能主義の生活行為まで及んでいる。つまり、「各機能は人体の各器官がそうであるように相互に隔離され、また何らかのかたちで連絡し合わなければならないわけです」と、「機能の分化」を説明している。

6.「私の家」のパッシブデザイン（I）──夜間換気とアルミニウム屋根

　「私の家」の書棚にあったV・オルゲー著『Design with climate』（プリンストン大学出版、1963年）（図V-36）は、後に米国で始まるパッシブデザインの原点となったと小玉祐一郎は記録しているが、「私の家」がこの本と共に小玉の研究の最良のモデルとなったと考えられる。

日射熱を遮るケヤキの大樹

　「お天気の悪い時には、仕方なく屋内に入るが、気候・気象のよいときにはできるだけ戸外で生活するようにすると、小さな家ですむ。方丈記の作者もその心掛けだったろうか」S-102)（「住宅平面構成資料」）。「私の家」の庭は、居間を含めた「一室」としてダイレクトに接続されていて、

図V-34 「ロンシャン教会堂の屋根の模型」蟹と航空機の翼　[L-20]　　図V-35 同前、「ロンシャン教会堂の初期の骨組みのスケッチ」　　図V-36 「Design with Climate」V・オルゲー著　[S-12]

それをLiving・gardenと呼び、庭でありながらもLivingとして機能する空間である。すると内部のLivingは小さくてすむ。「冬でも外気の中で生活できる」と内外の生活をオーバーラップしようとした。部屋の内部の床の鉄平石、外部の庭の緑泥片岩が「マチエールとしては違いますが、素材が連続しているかのように見せている」と、芝生に貼られている。庭は当初は全面緑泥片岩であったが室内への照り返しが強いので、庇下部のみを残し先を芝貼とした。そこのケヤキの大樹などの落葉樹は、夏には葉を茂らせ太陽を遮り、また庭の芝貼りは太陽光を吸収して残りを室内に導く。屋根の1.2mもある南側の長いコンクリートの庇は、直接に夏の日射熱を防ぐ。

打ち水効果

「私の家」の初期のスケッチには、庭と主家の木造2階建との間に南北に細長い水路（プール？）が、子どもたちの水浴などのために、計画したのであるが、庭の打ち水に利用する目的もあったのではないか。後にそれは「台地の家」（1959年）や「沢田画伯の家」（1965年）で実現する。打ち水は気化熱を利用した夏の暑気工夫の一つであるが、妻の健康のため、室内外の湿気の上昇を嫌ったのか、最終的には、台所の窓下の水槽となった。そこは、防水層が切れてよく水漏れしたらしい。

通風と排熱

夏は南からの熱風としての通気は抑えて、室内にたまった熱を北側の東の寝室のガラスブロックの上、そして西の便所の外部サービス通用扉の上の2か所の内倒しの欄干窓からそっと排出する。一室空間は換気に適している。

　　私の家では、欄間（註：北側の2か所の内倒し窓）も開けっ放して暮らしていました。欄間の開けっ放しもそうかもしれませんが、私の発想には抜きたいというところがあって、森さんの家でもそうですね。それにしても、欄間というのは本当に面白いしかけだと思います。あそこで何か一つ間仕切りがあるような、ないような。下の障子は動いているのにね。

室内はノッペラボーな均質空間だから通風の効果は大きい。

「多目的な移動壁」―「微気候」への対応 ―雨戸―

南面の2枚の大型のガラリ付の引き戸（木製ルーバー付鎧戸）（図V-37）について、林昌二は「多目的な移動壁」として室内気候の調整を試みたと説明している。

「数学者の家」SH-7)（1954年）は東西方向の中心軸の大壁は耐震壁であり、蓄熱壁でもある。清家は『新建築』（1954年1月）に、「南の窓は大きく、他の窓は小さい」と、

窓は鎧戸風のガラリ戸、網戸、雨戸、ガラス障子、レースのカーテン、サージカーテンがその順で並んでいる。室内気候を適宜に調節できる。

南側の大きな開口部には、日照・換気のための「舗設」として5種類の建具がある。

屋根の断熱効果

「私の家」の屋根は緩勾配のコンクリートスラブで、軒先10cm、中央部25cm厚で、0.4mmのアルミのロール板瓦棒葺である。その下に防水紙を敷き、18mmの檜の野地板が貼られコンクリートスラブの上に垂木が45cm間隔で番線でスラブの鉄筋に固定されている。つまり空気層があり、庇先から入った気道が温度差により棟の中央部にまで上がるが、アルミ1枚葺で棟包がないから、そこからの熱の放出現象はない。「数学者の家」も同じアルミ屋根であった（図V-38）。

「清家清に問う」S-3)には、アルミニウム屋根の質問に答えて、

初期の住宅はアルミニウムの瓦棒葺きの屋根ですが、アルミニウムを切らないで1枚を両側に向けて敷いたおかげで、事故をまぬがれたのです。他の人は上から下に向けて敷いて、まん中でつなぐので、膨張率の高いアルミは伸びる時は下へ伸び、縮む時には上が縮むという性質をもっていて、たとえば1年に5ミリ、それが移動するとしても10年で50ミリですから、釘が全部はずれて屋根の板がちぎれてしまったそうです。私はアルミを屋根の両側の勾配にふり分けて敷いてましたから、そういった事故をまぬがれました。アルミニウムの屋根は私が本邦初演と思っています。

アルミニウムの熱膨張による屋根材の伸縮を清家は、「歩く」と称している（『清家清のディテール』S-71)彰国社 1983年）。材料、工法に精通しているのは、建築材料の研究者であるからで、清家について、「泥くさく手を汚しても現実のものを作っておられない」とか「また材料を直接手にして、手を汚して建てることの少ない清家流ロゴスの創作活動」という村松貞次郎の指

図V-37 「私の家」のガラリ戸（大橋富夫撮影） [S-12]

図V-38 「数学者の家」のアルミ屋根　[SH-7]

摘は適切ではない。

　「森博士の家」は、2寸勾配の屋根の天井には「ふところ」（天井裏）があり、小屋裏の換気は充分に考えられていた。しかし完成4年後に一部のアルミが腐食している。

　清家は「森博士の家」[SH-2]について『新建築』（1951年9月）に、

　　金属板葺きの欠点は屋根面が太陽熱を吸収して高温となり、ひいては屋根裏の温度が上がって室内が暑くなることである。しかし屋根裏に風速3m/秒以上の通風をとれば、殆ど室内温度は屋根面の影響を受けなくなる。詳細図でその通気方式を見てほしい。屋根裏通風は冬期に過冷却になる。通気孔が開閉できるようなメカニズムでもつければ、この問題も解決できるけれど、メンテナンスがむずかしいから、この場合には通気孔は冬は閉じない。

　「私の家」の場合は平均17.5cm厚の屋根のコンクリートスラブを含めて断熱性は比較的に低かったので、壁だけではなく屋根にもツタを繁らせたのではないか。
　しかし八木ゆりは夏は涼しかったと話している。銀色のアルミ板の熱反射率が高いことの効果によるのであろうか。梅干野晁は、私が在カンボジアの日本大使館の設計の際に、屋根を含めて外部の断熱効果についてアドバイスを求めたら、白くして反射することだと教示された。

32m²のアルミニウムの木造住宅

　清家が東工大の建築材料研究所の助教授時代の「軽金属住宅の曙光」[S-103]には、アルミニウム住宅の試作がある。清家は、「鋼とコンクリートとガラスの時代といわれたこの世紀の建築について、軽金属と合成樹脂の建築が生まれ出ようとしている」と、「余っている軽金属を不足している住宅の材料にすることは誰も異論はないと思う」として、

　　私自身もはじめは軽金属の住宅なんかに住みたいとは思わなかったけれど、デザインを進めていくうちに、これなら住んでみたい、是非建ててみたいと思うようになった。
　　軽金属は全くすばらしい材料である。最近のアメリカの雑誌の報ずるところによれば、軽

金属を主体とする種々の市販品があって建築の仕上げ材に利用されている。

それがアルミ・プレファブ住宅で「アメリカでは生産期に入っている。イギリスでは大量に外貨獲得のために輸出している」と、清家も日本での開発を試みていた。アルミニウムは、

　　燃えない、軽い、そしてスマートなこの住宅を誰もがほしくなるにちがいない。この軽金属建築についての欠点として防暑、防寒である。夏暑いかもしれない。冬は寒いかもれない。それは誰でもすぐ考えることだが、工夫さえすれば夏はコンクリートの家ほど涼しく、冬とても南京下見、大壁式の木造住宅に負けないほど暖かい家にすることができる。

　その成果が、フラットなコンクリート屋根の上にアルミ葺の住宅「私の家」へと到る。正式には、「日本軽金属純アルミ帯板瓦棒葺材S・H」であり、無塗装で屋根両側の緩い勾配にふり分けて敷かれた「両流れ」方式で、棟包はない。扇風機でしのげる程度の暑さであった。
　この清家の小文には「我々が考えた住宅のプラン」(図V-39、40)とする「東京工業大学清家研究室・アルミニウムハウス」が掲図されている。「プレファブ建築の欠点であるプランのフレキシビリティ（融通性）について解決を与えた」と、アルミの中空壁体が、耐暑、耐寒の目的を果し、「空気は有効な断熱であってしかもタダで使える」と、清家の省エネ論の中核となってゆく。
　この最小限住宅は $4m \times 8m = 32m^2$ の２倍正方形で、「私の家」より $18m^2$ 狭く、「私の家」の初期のスケッチにその機能の配置がよく似ているが、台所・便所と書斎・寝室のゾーンが実施案と逆転している。中央の居間には２畳敷の和室があり押入や床の間の地板まである。「森博士の家」でも６畳と４畳半の畳の部屋が全体の真ん中に置かれているのもその延長にある。後に、これが「私の家」では $1.5m \times 1.5m$ の移動式畳となった。
　屋根は片流れのアルミ板葺、壁は幅が25cm高さ2.25mのアルミの中空の管状パネルですべてアルミ材で構成されている。しかし、海外のアルミ資材の高騰により、清家は「仕方なく、アルミニウムをコンクリートに置き換えて、コンクリートのプレファブを始めました」としながらも、後にもアルミは屋根に使い続けた。両案ともに玄関らしき部分がなく、南のテラスから入る。台所に家事用出入口があるのも「私の家」と共通している。

屋根のアルミ材 ―高伝導率―
　「私の家」(1954年)の屋根勾配は、約4.5%で１寸勾配にも満たない緩勾配で、フラットスラブとも言える。「森博士の家」[SH-2](1951年)の場合でも、

　　森博士の家は、アルミニウムのロール長尺を屋根葺に使った日本最初の住宅では無かろうか。錺り屋の職も入れて、伊沢先生といろいろ曲げ加工の実験をして、やっと葺きあげたの

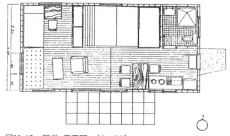

図V-39 「軽金属(アルミニウム)」の住宅 [S-103]　　図V-40 同前、平面図 [S-103]

を憶えている。長尺ものを南側から北側まで一気に葺いて、途中に継ぎ目をなくしたので、2寸勾配という緩勾配の屋根が葺けるようになった。こうしたアルミニウム板の長尺ものを建築用に使えるようになった新しい形の住宅がつくれる因子として数えることができる。

　現在の住人の森里子は、「この家の屋根はアルミニウムでしたから、反射してご近所はびっくりしたと思います」と、光り輝く屋根が注目されていた。
　アルミニウムは屋根に用いると熱の反射は大きく輻射熱の95％を反射して、夏の遮熱に効果的である。この特性が、「私の家」の屋根材とコンクリートスラブの間の空気層が極めて小さくても、また天井裏がなくても、スラブは熱くならない原因である。
　アルミニウムの巾55cm、厚さ0.4mmのロール板を屋根に葺いたのは「森博士の家」が先例で、その実績から、フラット屋根の「私の家」のコンクリートスラブに使用された。「私の家」の構造を担当した佐藤正巳[S-12]は、

　　アルミはkg当たりの価格を比べればスチールなどよりかなり高価とはいえるが、重量が少ないので薄板の単価は、鋼板に塗装し将来それをくり返すことを考えると高いとは思えなかった。当時は戦後の食糧難からまだ脱却しきれていないし外貨もないのでアルミなどの輸入は考えられない。日本軽金属も既に生産を再開していた。

　アルミは長期的に見てメンテナンスフリーと考えられる恒久材で、飛行機にも使われた。
　清家は「森博士の家」について、

　　当時は今の住友軽金属が新扶桑金属といっていた頃でした。アルミニウムがトン当たり11万円ぐらいで、いままで軍需生産の施設では生産過剰だから、何とかアルミを使ってほしいといっていた頃だったので、当時東京工業大学にあった建築材料研究所が、アルミを建築材料に使う工夫をしていた。田辺平学教授が所長で伊沢教授がその軽金属を建築に利用する研究のチーフをしておられた。

清家は復員後の1948年からで、この建築材料研究所の助教授をしていたから、戦後のアルミ素材については知悉していた。「宮城教授の家」（1953年）の家では、屋根ではなく天井にアルミニウムの「銀もみ」を貼ったり、「コの家型平面の家」（1953年）では、「もみ銀のアルミ箔を使って天井を仕上げたのが、成功した。アルミ箔は褪色しない。室内の照度も上がっているはずだ」と、屋根のみならず和室・洋室を問わずアルミを天井材に使用していた。「清家清に問う」[S-3] には、

> 材料に対して自動的にいろいろ興味を持つことになりました。いちばん最初のテーマがアルミニウムのプレファブリケーションでした。アルミニウムというのは、圧延シートにするとしばらくは軟らかくて加工しやすく、それ以上時間がたつと固くなるという性質をもっているため、飛行機の製造にはうってつけなんです。名古屋地区に集中していた飛行機会社とアルミニウム会社のうち、戦後飛行機の製造は出来なくなりましたが、アルミニウムの生産だけは続けられていたから、トヨタ自動車がそれでプレファブリケーションの住宅に乗り出そうとしたのです。

素材としてのアルミは熱伝導率は0.236で鉄は0.835で約3倍である。この熱伝導率の高いアルミが断熱用品として使われる理由は、冷凍品運搬用の小コンテナの外部にはアルミ板が貼られている。つまり断熱シートとしてである。熱伝導率が高いということは熱をよく伝えるということでそれが逆に急速に冷却するということでもある。

清家は建築材料研究所時代に、「白い金属と建築」[S-23]（『新住宅』1951年2月）に、白色金属としてアルミニウム材を詳説している。

> 或るアルミニウム鈑のメーカーは屋根に葺いて＜100年＞手入れ不要といっている。アルミニウムが建築に利用されるようになってそれ程長い年月が経てないので、本当のことは言えない。

純度の高いアルミは耐蝕性が大きく、塗料が不要である。

フラットルーフのモダニズム

林昌二は、「私の家」のフラットなアルミ屋根について[S-7]、

> これは屋根が純アルミのロール板で葺かれていたことで、この純度の高い、従って耐久性のあるアルミ板は、戦争中に発達した航空工業の置きみやげで、ロール板を瓦棒葺きにすれば、屋根勾配はゼロに近づけることができるわけです。こうすれば、伝統的日本建築と切っ

図V-41　「久が原の家」の外壁　[S-1]　　図V-42　同前、立面図

ても切れない関係にあると思われてきた瓦葺きできつい勾配の屋根の荷重からも、無駄に作られてしまう屋根裏の空間からも解放されるわけで、ここに画期的な日本建築の新スタイルが誕生する秘密があったのです。

同じく林昌二は、アルミを高純度としているが実際には99.9%（スリー・ナイン）の純度のロール板でそれがフラットスラブに近い屋根板を可能にしたと話している。

断熱効果 —ツタ—

「私の家」の庭は、一面の芝生と大きな落葉樹のケヤキでカバーされているが、しかし、住宅は開口部が広く、庭からの照り返しの影響も大きいが、

> 夏には大きな樹冠によって室内への日射はもちろん芝生への日射も遮られる。そのために照り返しも非常に少なく、視覚的にも涼感のある快適な環境となる。一方冬になると、ケヤキは完全に葉を落とし、建物や庭には日射が十分当たる。枯れた芝生の表面温度は晴れた日の日中には20℃にもなり、日向ぼっこにも最適である。四季を問わずこの庭はoutdoor livingの場として有効に使われている。

現在「私の家」の壁と屋根はすべてツタの葉で蔽われている。「久が原の家」（1964年）の場合でも、道路に面した西側立面（図V-41、42）のコンクリート打放し壁（厚150mm）の夏ツタ（Japanese Ivy）による「ツタスクリーン」の効果、つまり壁面緑化のパッシブソーラーシステムとしての有効性に関する梅干野晁の実験研究[S-136]がある。「ツタをはわせることにより室内への日射の影響はほとんど取り除くことができる」という結論である。「日射を受けたツタの葉や空気層が、外壁と外気との緩衝帯としての働きをするために、外壁の表面温度の上昇は直接日射を受けた壁に比べて最大時で10℃近く低い」そして日射熱流入は、ツタを貼ることによって、約1/4に減少する」という優れた効果であった。それはツタの葉の裏の気動と葉の蒸散作用による。冬の場合は実験報告はないが落葉するが枝は残り、逆にその保温効果も

考えられる。
　建築主である写真家の秋山実は、自邸の「久が原の家」誕生記[S-1]に、

　　西側の壁は、もともとはコンクリートの打ち方が下手でそれを隠すという意味もあってツタを這わせたのですが、ツタがないと西日がもろに当たり、輻射熱で秋になっても壁のそばに寄れないほどでした。壁に断熱材が入っていないからです。たまたま熱環境を研究している東京工大の梅干野晁先生が西日のよく当たる家を探しているのを知って、私の家の実測を提案したことがあります。

　工事の失敗をツタによって隠すという清家のジョークはこのような現実の事例が発生していたのである。清家は「続・私の家」でも便所の外壁にアイビーが茂っている。「続・私の家」が失敗作という意味ではなく、アイビーによる顕著なパッシブソーラーの一例である。
　清家は、「夏は暑く、冬は寒い。何を当たり前のことをいうかと思われるかもしれないが、このように建築家はどうすれば夏を涼しく、冬を暖かく暮らせるのかを考えている。より環境をいかに快適に過ごせるかを研究している」と、「すまい」の技術で述べている。

焼き過ぎ煉瓦と黄色の目地
　「私の家」の東面と西面の耐震壁には焼き過ぎ煉瓦が目地巾10mmで平積みされている。煉瓦自体も乱雑で均一ではなく崩れている。『旧約聖書』にも、日干し煉瓦(アドベ)により塔のような建築も庶民の家も作られたことを清家も「聖書と住まい」[S-11]の中に書いている。
　そして「私の家」の『新建築』[SH-6](1957年3月)の東西の煉瓦壁の写真の脚注には、「熱貫流のクッション、目地は黄色」と、また「聖書と住まい」で、「粗末な粘土製のレンガ、アドベを積んですき間を埋め、壁をこしらえる。アドベとアドベの継ぎ目のモルタルには粘土を敷くので、すっかり乾いてしまうと、全くコンクリート造りのよう一体となる」と、「私の家」の煉瓦壁もアドベのような状態に仕上げたかったのか。目地について「現代は砂にポルトランドセメントを混ぜて練った糊状のものを使うが、昔は粘土とか石灰をセメントに使っていた」が、白い石灰の目地は降雨や酸焼けして黄色に変化する以前に当初から着色させていた。
　先日、「私の家」を見学した際に、目地を確認したら、やや灰色に汚れていたが黄土色の部分は残っていた。やはりセメントモルタルに黄色い着色材を混ぜていた。
　清家は黄色が好きだったのか「宮城教授の家」のハブマイヤートラスも当初は黄色(マンセル9.0YR8.0/7.0)に塗装されていた。

7.「私の家」のパッシブデザイン(Ⅱ)—「ダイレクトヒートゲイン」蓄熱床・壁

　清家は1980年から1982年まで建設省の委託で、「エネルギーパッシブシステム開発委員会」

の委員長をし、その結果を『パッシブシステム住宅の設計』(丸善)として出版している。東京藝大の奥村昭雄、東工大の梅干野晁や建設省建築研究所の小玉祐一郎が執筆している。パッシブデザインとは環境が持っている力(ポテンシャル)を活用する方法で、微気候を調整するなどの生活の知恵を活用する。それには断熱と、熱橋(ヒートブリッヂ)対策が重要である。機械による人工的なエネルギーに依存しないで、自然の熱の移動をいかにデザインするかである。つまり太陽エネルギーをどう取り入れて自然の息吹を感じさせる建築環境をつくるか。この最もシンプルな暖房方式を直接集熱方式(ダイレクトヒートゲインシステム)と呼ぶ。

「私の家」は、冬でも太陽熱を多く蓄えるために、南面の大きな開口を集熱窓として、居間には、W=4.50m H=2.29mの開口部に5枚の木製建具が嵌っている。2枚の5mm厚のガラス戸、1枚の石綿板5mm張板戸、そして2枚のガラリ戸(横桟)であり、実質開口部としてはW=3.0mで、面積は約6.6m²である。閉めた時は外部からは2枚のガラス戸と、「室内気候の調整を試みた」1枚のガラリ戸が見える。この間戸の框、つまり枠は杉製で断熱効果がある。八木ゆりは「夏涼しい風を提供してくれる大きな開口部」と表現している。

東西の妻面は熱貫流が大きい120mmのコンクリートの耐震壁で外側に断熱材として60mmの焼き過ぎ煉瓦を積んだ外断熱工法である。北面の居間の外壁も当初は煉瓦壁で計画されたが、実施ではPCコンクリート枠の中のラスモルタル壁に全面戸棚(W=6.60m H=2.05m)となったが、本などの熱容量は大きいから、全体で断熱性は高い。

そして寝室と書斎の間および便所と台所の間の中央のRCの耐震壁150mmと、便所+台所と居間の境界のコンクリートブロック100mmは共に熱容量を増加させる一室空間の蓄熱壁として機能している。その表面はポルトランドセメント+蛇紋砕石の人造石の小叩の粗いテクスチャーに仕上げられて表面温度を低くして結露を防いでいる。人造石小叩きの仕上は、中東地方の溶岩流の岩窟の住宅の内部のように、多孔の表面は、保水性・保温性があり、炭(すみ)のように湿気の吸収、臭気の吸着作用がある。また空気の洗浄効果もあり、その気化熱を利用して夏には冷却性もある。同じ仕上のル・コルビュジエのユニテ・ダビダシオンなどの単なるデザインの影響だけではない。

清家は「数学者の家」[SH-7](1954年)について、「中央の耐力壁は南側の壁面近くにコイルを埋め込んだ壁パネル暖房にしてみた」と居間と食堂などのある回遊式動線は中央耐力壁の周囲を廻っている。この住宅の天井について清家は、

> 天井はコンクリート打放しであるが、はじめ天井スラブの型枠の上に白セメントのモルタルを約2mm厚で入念に施工し、その上に普通コンクリートを打って、白セメントモルタルが打放し面に出てくるよう施工した。

しかし後に、『あれは天井のモルタルが剥落しちゃってね』と、失敗であったとの清家の話を植田実は記録している。コンクリート打放しの上に白ペンキ塗装とせずに白セメントモルタ

ルとし、素材の色を出そうとした試みであった。

　書斎の南面ガラスの約2.5m背後に耐震壁であるやはり「小叩き仕上」の蓄熱壁をおき、ガラスを透過してきた日射熱をそこに吸収させる。ゆっくりと壁に貫流する熱を室内側に拡散させて暖房効果を得る。「壁蓄熱システム」または「トロンプウォールシステム」と呼ばれる。この蓄熱壁は、一般的には表面の仕上は日射をよく吸収するために黒く塗装したり吸収膜を貼ったりするが、「私の家」の場合は全面が人造石小叩きで、「天然石のような表情」の粗面にして岩窟のように見せている。それは単に結露防止のみが目的ではなかった。

　清家は「壁」S-78) で、都市の耐震耐火や森林の保護と、新しい日本建築の造形のためにコンクリート・ブロック造を推奨し「宮城教授の家」でも主体構造材としている。日本の壁構造の新素材の開発が目的である。

　「私の家」について清家は「床は鉄平石の乱貼りで、カーテンの西側の部分は床の輻射暖房になっているから風のない日には、冬でも外気の中で生活できる」として、太陽光による蓄熱床がより効果的である。床下には軽量ブロックを敷いて熱遮断している。やはり、畳や木質床ではその効果は少ない。しかし、多目的移動式畳の藺草（いぐさ）の畳床には湿気（水分）の吸着性がある。小玉祐一郎は、清家が「梅雨時のようなじめじめした湿度の高い時には、床暖房により、熱を加えて床を乾燥させると良い」と、妻の健康のために徹底的に「私の家」の湿度を低減させることを考えていた。

　冬至の南中時の太陽高度は31.5°で太陽光は軒の高さの1.8倍まで届くから、居間の奥行きの4.1mの所まで到達する。庇の突出寸法の1.2mは黄金長方形として、2,290（天井高）×1.618=3,705 ≒ 3,700そして3,700－2,500=1,200により決められた。清家は『理科年表』を毎年新刊を購入し設計には、その土地の雨量、日照時間を調べるために座右に置いていた。

　「宮城教授の家」でも、日本趣味のアルミニウム箔の「もみ銀」について、蝿が天井板に止まらない、次に色が変わらない、それと冬に熱が反射するとしている。つまり床の輻射熱暖房の熱線が天井に吸収されずに、また反射して、熱効率を高める。「斎藤助教授の家」の天井も銀もみの和紙貼であった。「私の家」の屋根スラブ下のコンクリートを白く塗ろうとしたのは、ギリシャや中東地方の穴居住居での厚さ数ミリの白い石灰の皮膜により、太陽光が反射することで室温の上昇が抑えられる理由と、光を空間に満たし照明の増幅装置のような効果にある。逆に屋根のコンクリートスラブは単に東西方向は庇を含め12.0m、そして南北方向は7.4mの版として、壁体の上に、そっと載っている1枚の版で、太陽の上部からの光熱の直射を広く防いでいる。逆に、天気の悪い日には家に籠るのである。それは原始人の生活そのものではないか。つまり清家の言う「石器時代の穴居生活」としての掩体（シェルター）だからである。清家は「築く」S-6) に、

　地下壕というものは夏は涼しく冬は暖かい。我が家の地下壕で調べてみたのだが、夏は外気温に比べて室温、特にユカやカベの温度が低いので結露し易い。それで除湿機を入れて湿

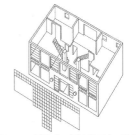

図V-43 小玉祐一郎自邸「つくばの家・I」(写真) [S-156]

図V-44 同前、「つくばの家・I」システム図

度を60%以下に押さえるように努めてきた。その他殺菌燈をつけたり、晩秋に曝涼したりするので、夏でもカビが生えなくなり、夏に家中でいちばん暮し良い室が地下壕になった。弥生人が竪穴に住んだ気持がわかる。竪穴住居の中央には炉址があるのが普通だがこうした小さな炉さえあれば、夏の関係湿度も下げられるだろうし、冬は充分暖かく暮せただろう。1kwの電熱器ひとつで約20平方メートルの地下壕の暖房が充分であるから。弥生人のほうが普通の日本家屋に住む現代人よりも冬を暖かく過したのではなかろうか。

「私の家」は、冬は外壁の断熱性や内部の蓄熱壁、そして蓄熱床の効果により外気温がかなり低下しても、室温は10℃前後であると考えられる。4年後やっと購入した床暖房用のボイラーの代金は40万円で、都市ガスを使った細山式で燃料室の騒音が大きいので戸外に置いて上屋を掛けた。そして循環ポンプは低速・低圧であった。

そのボイラーをまだ買うお金のない時期に、父親の清家正は、「この家は寒いね」と言ったことを清家清は述懐している通り、冬のヒートゲイン効果は少なかったといえる。反対に夏は、夜には北面の東と西の欄間の内倒し高窓をいつも開け放しにしていて、大量に換気し、壁や床を冷却している。それを「ナイト・パージ」という。この壁、床の大きな熱容量は冷気を蓄える蓄冷効果がある。しかし夜も昼も通風が一番であるとの定説ではなく、小玉祐一郎は、夏の日中は室内にわずかに気流を感じる程度しか換気をしない方が良いとのシミュレーションを予測し、自邸の「つくばの家・I」[S-156]（図V-43、44）でその効果が期待以上であった結果を発表している。

「宮城教授の家」も、竣工後に、屋根がツタなどで緑化されていた事例もあった。断熱効果が悪かったのか、厚さ180mmのRCの屋根スラブの上にアスファルト防水3層＋押えモルタル30mmという仕上で、屋根スラブの上、下にも断熱材がない。なぜ「私の家」の屋根と同仕様のアルミの瓦棒葺にしなかったのだろうか。その理由は、工事費の削減なのか。しかし、「天井はアルミニウムの箔を上下に貼った石膏板で張ってあります。コンクリートのスラブが熱くなっても、その熱が室内に入ってくるのを防ぐ必要があります」（『モダンリビング』vol.8 1954年）[S-105]と天井のプラスターボードに貼った、「アルミニウム銀もみ貼」の天井仕上げ

材が、屋根のアルミニウム貼の替りに、太陽熱を反射するためと、床からの輻射熱を吸収させずに赤外線を反射させる目的なのか。つまり内断熱方式であった。

清家は、「私の家」S-5)（1957年のレポート）の「輻射暖房」については、谷口吉郎の自邸や天現寺の「慶應義塾幼稚舎」の校舎設計の特徴としての「衛生的な校舎」つまりスイスのサナトリウムのような解放教室として「日光」と「外気」を充分に得る計画を書いている。

「輻射暖房」というのは、熱線の輻射によって、人間の皮膚に温感を直接感じさせる方法であるために、瞬間的である。空気は冷たくてもよい。従って、窓を開放しておいておいてもよい。この最もいい実例は「日向ぼっこ」である。

天井、壁、床が発熱面となり、「パネルヒーティング」と称され、その発熱面から放射される熱線で、室内に熱線が充満する。「対流暖房」と比べて、床から立ちのぼる塵埃の心配はない。この「低温輻射暖房」にも谷口吉郎からの影響が強い。

清家は「宮城教授の家」の写真の脚注に SH-5)、

トップライトは可動式で屋根が開く、通風も兼ねている。奥行きの大きな家なので、南北の通風を期待できないから、屋根に抜いている。

設計の計画段階では、トップライト下部の中央の部分は外部つまり中庭になっていて、充分に風が天空に抜けることを考えていた。10mの正方形平面で奥行きが深いことから、結果的には中央の居間になったが当初は外部空間として木を植えたり、池にしたりと考えていたが、清家は「光線室として中庭的なアウトドアとインドアとの中間的なスペース」として計画して、つまり自然採光と換気の機能を考えていた。それが実施設計で室内化された時、室内空気を対流させる必要から「一室空間」で「ホモジニアスな均質空間」であることが効果的なのである。
「私の家」の場合でも日射の遮蔽はガラリ戸と庇からスダレのように下がるツタによる小玉祐一郎の言う「自動・日射制御（シェーディング）装置」である。結果的には建物全体を掩うことになったが、ツタの場合、冬には枯れて日射は通すが夏には繁茂し日陰（シェード）を作る。夏至の南中時の太陽は間戸先0.5m位の庭先の緑泥片岩に落ち、室内には入らない。
長男の篤が誕生した時に植えられた庭の大田区の保護樹に指定されている欅（ケヤキ）の大木と、桜の老樹を抜けてくる通風と、逆に室内から表面温度の低いこれ等の樹木への放射によって熱が奪われる冷放射現象もある。「私の家」の大きな熱容量をもつRC造の躯体に直接日射を当てないように屋根・庇・壁体を夏蔦で蔽っている。前庭の大木の樹冠は、そよ風が吹いて周囲の表面温度が気温より低ければ、夏の蒸し暑さの中で心地よい涼しさが得られる。つまり、建物周囲の「微気候」が重要である。地下室は外気の影響を受けにくく、地中との断熱性はその容量により温熱環境を効果的にする。一方で、屋上のコンテナもその容量の大きな空気層と

書籍により、太陽光の遮光・断熱効果がある。清家は、「東工大の梅干野教授の研究によると、木の葉の先は、気温にくらべて約3度低いそうです。葉が蒸発する水分は、1グラムの水滴で500カロリーの熱を奪う。だから木の下を通ってくる風は涼しいんですよ。このケヤキの下は涼しくてこれの1本でクーラーはいりません」と、話している。

　「私の家」の南面の書斎にある一枚の地下への落し込みガラス（5mm）戸は換気用として、全面通風用のオーニング窓である。当時はペアガラスとかLOW-Eガラスのような効率的なガラスはなかったが、清家は「ガラス」[S-22]で、ガラスを壁のように「本来、壁をつくるのに使われた煉瓦や板のかわりに、丈夫なガラスがもっと使われてよい」とガラスの壁化を提案している。最近ではガラスの耐力壁化も研究されている。清家は、「すまい」一考[S-67]に

　　夏暑く冬寒いのは、むしろ天与の恩恵であると考えて、本当に過ごしにくい夏の数日、冬の数日はむしろそうした極限から退避して暮らす。言いかえれば、それを余暇として逆用するほどの知恵があってもよいのではなかろうか。

　悪条件の環境を人工的に機械で改善しようとする技術革新を戒めている。「私の家」は、結局、微気候調整装置付の箱（ボックス）＋ガス焚きボイラーによる温水床暖房のパネルヒーティング方式である。つまり、湿気の多いモンスーン地帯の「温室」でもあり砂漠の乾燥地帯の「穴居」でもあった。

　日本の原始古代の竪穴住居の屋根は土葺きから草葺きに代わっていった。清家の「沢田画伯の家」（1964年）でもコンクリートのフラットスラブの上に芝貼りとして緑化したのもその好例である。

8.「私の家」の原形 ──試案の検討と準用──

「私の家」の試案のプロセス

　清家の自邸の「私の家」（1954年）に至るまで発表された住宅の試案が既述したのを含めて少なくとも4種類あったことが判っている。その4案と「私の家」以降に発表された2案がある。

◆1案 軽金属の家の「舗設」によるフレキシビリティの保持（1950年）

　アルミニウムハウスで、プランのフレキシビリティ（融通性）のために「舗設」として、2畳の和室を設けている。外壁はアルミの中空壁体ユニットの堅張りである。この中空壁は耐熱、耐寒性の目的を果たしている。面積は32㎡である（『建築と社会』[S-102] 1950年2月「軽金属の家」）。「森博士の家」の原型である。清家が東工大の建築材料研究所の助教授の時で、原材料の高騰で、「仕方なくアルミニウムをコンクリートに置き換えてコンクリートのプレファブを始めました」と、試案である。

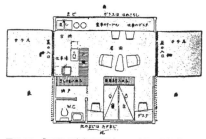

図V-45 「10坪の家」平面図(1953年) 出典:『婦人画報』、1954年9月

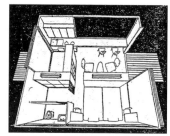

図V-46 同前、「展開図」

◆2案 Simple Life and Hight thinking (1951年)

コンクリート造の2間×5間の10坪（33m²）で、床は室内外ともに鉄平石張で、靴履き生活の「立ったり坐ったりに使うポテンシャルエネルギーを少しでも少なくする椅子式生活」で、2ベッドがある。(『建築と社会』S-24 1951年3月)「私の家」の原型である。

◆3案『方丈記』の庵のような組み立て式構造（プレファブ建築の祖）(1952年)

清家は『方丈記』の冒頭の「よどみに浮かぶうたかた」のようで、「広さはわずかに方丈、高さ7尺がうち（内法の意）」で、「仮の庵のありようはかくの如し」と、形容している。平面は方丈つまり1丈（10尺）でベッドのある一寝室空間に、3尺幅の便所と台所が付設され、南に「竹の簀の子」ならぬ縁側がある。清家は「私がもし家をつくるなら鴨長明を学びたいような気がする」との所信のとおり「方丈庵」を原案としているが、畳敷ではなく板張りの椅子式生活で面積は11.7m²である。(『建築と社会』S-24 1952年3月、「若し自分の家を建てるなら」)。

◆4案 (図V-45、46)「10坪の家」(1953年)

清家の「最小限住宅」の提案に「10坪の一室の家」S-122 に正方形の一室空間の住宅の試案がある。「10坪のすまいを作ることはムチャクチャなことだが、お金がないとか、敷地が狭いとかで、10坪しか建てられない」こともあると、間仕切りは家具などで仕切ってあるから生活が変わるたびに、それに合わせて間取りができる」、食事関係の動線がスムーズで、50万円でもできないことはないとしている。「私の家」以降では次の2案がある。

◆5案 (図V-47、48)「軽量鉄骨のプレファブ住宅」(1966年)

間口16.2m×奥行5.4mの1.35mモデュールで、87.5m²の「夫婦と2、3人の子ども」の標準的家族のための軽量鉄骨のフレームで、柱間のフレキシブルボードとベニヤに鉄骨パネルである。両親室と女中室が個室で、中央に和室の子ども室が2室あり、その前は広縁で、窓の開放率は高い。完全な一室空間ではない(『工業デザイン』S-56 清家清他)。

第1案から2案3案4案5案と床面積が増加するとともに、構造は木造、アルミパネル・プレファブ造、コンクリート造、そして軽量鉄骨造と変化している。生活様式としての床は板張りから石張りへと変わるが、すべて椅子式でベッドが使われている。第2案のみが2畳敷きの押入れ付きの和室が舗設されている。すべて「一間の庵」としての一室空間で、屋根はフラットルー

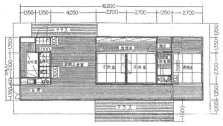

図V-47 「軽量鉄骨のプレファブ住宅」平面図(1966年) 　　図V-48　同前、立面図　[S-56]
[S-56]

フである。

◆ 6案（図V-49、50）「私の家」の準用 ― 「Core+Xhouse」(1956年)

　清家は「私の家」の完成後に、W・グロピウスに招かれて、米国のTACに勤務した時に、「木造プレファブの仕事をさせてもらった」と、W・グロピウスが「私の家」を見学した直後から清家に依託しようと考えた計画である。「TACのCore+Xhouseについて」[S-3]で詳説している。「私の家」直後に清家が関与した設計である。その「平面図」（図V-49、50）の中に、「BASIC MINIMUM HOUSE」つまり、「基本的最小限住宅」とあり、coreのある「基準平面を拡張させて、いろいろな成長平面をつくる」との記入がある。木造の工場生産住宅である。愛称は、「Mill House」（ミルハウス）で、アメリカ東北部のニューイングランド地方の「古い水車小屋の建築様式の木造の柱と梁の構造に建具のように作られたアルミ箔パネルを嵌め込んだ工法」である。実際にこの住宅はTACの所員の家として試作され居住された。清家は結論として、

> 柱の配置と何種類かの壁パネルを組合せれば、殆んど無数の型ができるのであって、画一的なプレファブリケーション住宅しか作れないのは建築家の怠慢といえよう。

　Core+Xhouseの大きなフラットルーフの立面（図V-51、52）は「私の家」と同種の美しさを感じる。この立面図は「基準平面」に拡張された諸室を含んだ場合の案である。立面図は「私の家」とよく似ている。平面は「浴室、シャワー室、台所などのサニタリー部分がコアを作っている」、「T形のコア（核）」は、耐力壁というより衛生設備の配管収蔵壁であり、「私の家」と同種のシステムである。「私の家」のコンクリートの耐震壁は「H形」で、その台所と便所と居間の間のコンクリートの壁にパイピングされている。この住宅にも米国とはいえ玄関がない。

　最も注視すべきことは、「基準平面」は、最小ユニットが12'（フィート）つまり3.657m、約2間の正方形グリットで、それが4ユニット集まった正方形であり、床面積は53.51㎡で「私の家」とほぼ同規模である。そして立面の窓等の開口部や、半木半鋼の壁パネルのコンポーネントの1ユニットには黄金律が採用されている。逆算すると天井高（屋根下）はかなり低く約

図V-49 「Core＋XHouse」(1956年) ［S-3］

図V-50 同前、平面図

2.20mとなり、「私の家」の天井高の2.27mに近似している。大きなガラスの窓も同様に黄金長方形と小さな正方形で構成されている。「私の家」がこの「Core+Xhouse」に影響を与えている。

9.「イエスの家」── オイコス（家）、オイキア（家族）への「愛」

　1955年の『建築雑誌』のCOLUMNの「開かれた図書館」[S-116]の記事に、清家は「聖書-イエス・キリストの誕生」を建築学会の機関誌に奇異とも言えるイエスの生誕から帰郷までを詳説している。メソジスト派のプロテスタントとしてキリスト教は生活のみならず建築設計、特に自宅「私の家」にまで反映している。
　以下「私の家」に清家のキリスト教徒としての『聖書』の影響を考察する。

最小限住宅──妻の労働の軽減
　イエスは「神の国では、みな天使のようになって男も女もない」と、「子どものようでなければ神の国にふさわしくない」そして「家庭」では皆が「子ども」のように、平等で総ての体制が逆転してしまう。正しく清家が繰り返し引用する「先の者が後になり、後の者が先になる」。つまり「アルファでありオメガである」社会秩序や貧者とか富者の階層が無効になること、究極の人間関係から救済されるという意味である。川添登は、「私の家」を「家父長的」と称したが、事実まったく逆で、そこは家父長も家刀自（かとじ）も無差別で、ただ清家の言う「ゴチャゴチャと住んでいる」原始人の家族のような「Home」があるだけである。清家はそれを社会的にみれば「家族身分の水平化」と呼んでいる。つまり家族の身分の「平等化」である。
　しかし、パリサイ派の人が「夫が妻を離縁することは、律法に適っているのでしょうか」の質問に対するイエスの答えは、

　　創造主は初めから人を男と女とにお造りになった。それゆえ、人は父母を離れてその妻と結ばれ、二人は一体となる。だから、二人はもはや別々ではなく、一体である。従って、神

図V-51 「Core+XHouse」(平面図) [S-3]

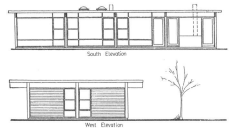

図V-52 同前、立面図 [S-3]

が結び合わせてくださったものを、人は離してはならない。

　林昌二は、「清家研究室の思い出と傑作〈私の家〉」S-5)で、清家先生は、「建築家に珍しく?、女性はゆき夫人お一人を守られたことを意味します」と、夫人への熱い愛を語っている。確かに優しく控え目な良き夫人であった。しかし、清家は「建築家は、再婚しないと立派になれない」と有名な建築家の名前をあげて、したがって自分は高名になれないとの冗談を言っていた。

貧しき者が平等に住む家
　「神の国」、「天の国」に入れるのは金持ちではなく貧しい人で、病気などで「汚れた者」は入ることはできなかった。一方で逆説的に「貧しい者」こそ「神の国」に入る権利があるともされた。この「貧しい者」論は、「わたしはアルファであり、オメガである」と、清家の「家族」への愛に収斂していく。

　　イエスは、『きみたちの間で、偉大であろうとする者は、きみたちの召使いになり、きみたちの間で、最初の者であろうとする者は、すべての人の奴隷になるだろう。だから人の子は仕えられるためではなくて、かえって仕え、そうしてたくさんの人たちの代償としてその生命を与えるために来たのだ』(マルコ10・42~45)

　「地位」の高い「仕えられる人」ではなく、「仕える人」こそ「生命」を与えられる。イエスこそ人々の召使いであり、人々に仕える者のうち最高の者で、したがって最低の者である。
　吉本隆明は、「喩えとしてのマルコ伝」C-11)の結論として、イエスを、「かれはすべての人間の〈罪〉、〈穢れ〉、それから〈病い〉、〈貧しさ〉を一身に背負い込んでしまったため、すべての人々のいちばん後から従ってゆく召使いである。かれは不可能なほどの重荷のために、かならず生命を擦りへらし、迫害され、殺されて死ぬことが決定されている者である」とし、イエスが人間の救済のために〈十字架にかけられた神〉になったという逆説をそこに予感させている。

しかし別の観点から見れば、この「アルファでありオメガである」ことは、「神の前での平等」もしくは「社会的平等」を示唆する「神の恵み」である。

家族一人ひとりは「愛し合う」、つまり愛が成熟しうる場所では、互いに「コミュニカント」（聖餐としてパンなどを祝福して授ける資格のある人）になる。その統合体が家であり、教会である。教会も当初は信者の家を会堂として始まった。パウロは教会を「キリストのからだ」（人格の統合体）として、「あなたがたはキリストのからだであり、一人ひとりは、その肢体である」（「コリント人への第一の手紙」12・27）。このようなコンテクストから類推すると「私の家」は、キリストの体であり、家族一人ひとりはその肢体である。そこは「人の子」の住む「神の国」である。

清家が「アルファでありオメガである方の恵み」[S-1]を希求し、座右の銘とし、それが「私の家」の設計思想の根底にある隠喩（メタファ）であるとするのが私の解釈である。清家はまた自家のヨットに「オメガ丸」と名称したのも、同じ思想であった。

「家というのは、人間の最初に他人との関係を学ぶ場所である。親との間の関係、親に対する態度、兄弟と共に遊び、衝突をするといったようなことが、後になって、その人間の外部の社会に出てからの行動様式をつくる」と、宮城音弥はその重要性を置いている。

「犬小屋」（ワンルーム）から「山羊」（やぎ）小屋へ

『聖書と住まい』[S-11]に、清家は、

> 「家」という言葉にはハードとソフトの二面がある。ソフトとしては、家庭（ホーム）あるいは家族（ファミリー）のほうがわかりやすいが、やはりイエスはハードとしての家（ハウス）よりも、家庭や家族の交わりを大切にされたのではないだろうか。

清家がよく口にする「house」（家）よりも「home」（家庭）の方が住宅にとって大切であるという概念の根拠は、キリスト教が原典であることが明らかにされている重要な言説である

清家は、野沢正光との対談で、「私の住宅の場合、いちばんのコンセプトはストラクチャーと思っている」[S-47]と〈構造〉の概念について「家という言葉は家族関係（オイキア）を含めて、ハード・ソフトにわたる構造（ストラクチャー）であることがおわかりいただける」[S-47]。と解説している。ハードな「構造」だけではなく、ソフトな「ストラクチャー」として、ギリシャ語を用いて「家」は、「家族関係」（オイキア）、つまり「家族との交わり」にあることが解る。家族の「ストラクチャー」が住宅の〈構造〉を作る。

清家は「私の家」を「動物園」と称したが、建設当初は、長女のゆりは小学校二年生、篤も生まれたばかりで、その時から「私の家」で子どもに社会性を学ばせる体験を、キリスト教徒として試みたのではないか。そして八木ゆりは、結婚後も「私の家」に住んで、夫の建築家の八木幸二の姓から、「私の家」を「犬小屋（ワンルーム）から山羊（ヤギ）小屋へ」（「清家清

邸―生きられた家」[S-114]と、父親ゆずりのジョークで「建築家の自邸に住む家族は実験動物のようなものですね」と語っている。

イエスが生育したのは、馬小屋ではなく、羊や山羊などのいる家畜小屋であるというのが定説である。八木ゆりのジョークは「私の家」の新しい家長である夫君の八木幸二の姓の「やぎ」に由縁するが、キリスト教徒のゆりも、その意味を込めていたのではないかと推察する。すると「私の家」はイエスの住む家となる。

ヨハネ福音書（1・29）には「見よ、これが世の罪を取り除く神の子羊だ」と、イエス・キリストを神の「子羊」と表象した。それは「子羊」が神殿祭儀の捧げもの物であって、その犠牲によるイエス・キリストの贖いをみていたからである。

「私の家」―「オイキア」（家族・home）、「オイコス」（家・house）

清家は続けて[S-116]、まだ「馬小屋」と言っているが、

> 「そして、家にはいって、母マリアのそばにいる幼な子に会い」（マタイ2・11）と、その家は粗末な貧しい家であったが、そこで始まった荘大なドラマ、ソフトウェアに注目したい。主が馬小屋で生まれた、住居学的私見である。

この家は、イエスが誕生したベツレヘムのマリアの家である。その「オイコス」で、始まった荘大なドラマとは、イエスの死とキリストの誕生である。清家にとって「私の家」は「イエス誕生の家」の暗喩（メタファー）である。清家の「聖書と住まい」[S-11]に、イエスの生活したナザレ村の家々は、日干し煉瓦（アドベ）積み工法で、砂岩や玄武岩の泥土を枠にいれて一日干しで作り、壁に積み、糸杉の梁を架け、ナツメヤシの葉を屋根に敷いて、泥砂をコテで塗り仕上げる。他には石灰岩を掘った洞窟に一部を小屋掛けした住居もあった。

「私の家」に入るたびに、私はイエスの時代の煉瓦造や洞窟であった人々の住居と同質な空間を感じてしまう。清家は「イスラエル人なら陸屋根（平らな屋根）の家を家の形と思うにちがいない」と、その原型である。

清家は『モダンリビング』（1957年冬号）に、「エレサレムの街はヘロデの王の頃から少しも変わっていないようです。石のブロックで、キリストの生まれる前から積み重ねた家が、洞窟のようでした」と述べている。私も同種の光景を見ている。

清家は「築く」[S-6]で、「すまいは、生活の城といわれ、生活の掩体―シェルターと考えられているのだから、極端にいって、石器時代の穴居生活までを再発見してはどうだろう」と、穴居生活を提案している。「私の家」および「斎藤助教授の家」などの初期住宅は多摩川の丘陵地の古代日本の弥生時代の竪穴住居の址地に、既存の地下壕の上に建てられた。この穴居生活は母なる大地への胎内復帰の表徴でもあると、自身の住宅の原点を述べている。「私の家」はその具体例で、「私の家」は正しく地下壕つまり穴居であった。

私の自宅も敷地の中にあった戦争中の防空壕の上に建てることになったので、その防空壕はひとりでに、竪穴として残ってしまった。私は更に地下壕にまで後退して、この熾烈な都市戦争に生き残りたいと思っている。

　イエスが生育したのは、石灰で白く塗ったフラットルーフで貧しい四角な小屋か。ガリラヤ地方の片田舎のナザレの貧しいユダヤ人が住む小家の床は土間で、壁は泥と煉瓦の部屋を二つに仕切り、片方には家族が、他方に羊などの家畜が住み、平らな屋上では、暑い夏には埃にまみれたマットを拡げて、その上で寝る。恵まれた家には中庭があり、わずかな地面で野菜を育てた。貧しい大工もしくは建設労働者「テクトン」であり、「ナザレ人」として育ったイエスとその住居を、聖書考古学に基づいて表現している。それが「私の家」に反映していると言ってよい。

　主イエスは、「神の小羊」と譬(たと)えられていた。したがって「私の家」は、「動物園」とか「原始人の住居」というより、「聖家族としてのヨセフとマリアの夫婦、および家畜とイエスとその弟妹の子供達の住む洞穴住居」とするのが清家の本意であろう。なぜなら「私の家」の鉄平石の床を、固めた土や焼いた粘土あるいは煉瓦の床の洞窟で、そして前庭は、ナザレの村の緑豊かな光景、オリーブが茂り野の百合が咲く丘のようである。人々は好んで戸外、しばしば中庭で食事[11]した。そこは「私の家」の庭なのである。

　フラットルーフの屋上は「労働者のための道具」を収蔵したり、また「屋上にテントを張るかわりに、軽量の建物（仮家）を作る習慣があった」。まるで「私の家」の屋上に乗せたコンテナ（図V-53）のようである。「私の家」の外観は設計当初は居間の本棚の外壁を含めて、東・北・西の各壁も煉瓦積として計画した。

　内部は、南面が大きく開いているが、他の東西の内壁はコンクリートの人造石の小叩き仕上げで、床は鉄平石貼、まるで洞窟である。当初は、煉瓦積みの妻面を直接外部に見せている。

　ギリシャ語の「オイキア」（Oikia）は（家族生活）の場所で、「オイコス」（Oikos）は器としての（家）である。「オイキア」とは人間だけでなく、他に動物の住む家や鳥の巣という意味もあった。『「私の家」白書』の「あとがき」[S-5]に、「家」という字が好きだという清家は、

　　口の悪い人からは、「動物園の猛獣舎みたいだね」と言われた。そのときわたしは、一瞬あわてたが、感心もした。住宅ならぬ獣宅だろうか。住まいは鳥獣の巣から出たもので、巣むということばが語源である。「夏巣冬穴」というフレーズもある。わが家はいたって快適で、文字通りスキンシップの濃厚な生活であった。

　清家の「住まいは鳥獣の巣」説には、『聖書』（マタイ8・20）が反映している。「イエスは言われた。狐には穴があり、空の鳥には巣がある。だが人の子には枕（まくら）する所もない」

図V-53 「私の家」の屋上のコンテナ

図V-54 「私の家」に集う人々　[S-5]

を感じる。「人の子」とはイエス・キリストのことで、「自分に従って来る者も、帰るべき家を放棄しなければならない」という意味であるが、「狐の穴・鳥の巣」が家の原形である。

そしてまず祖先は「オイキア」という社会の最小単位を作ってその「家族」が集まって上位構造の集団を作った。「オイコス」は、夫婦と子ども、それに使用人としての奴隷、および土地を含む「家屋」が構成要素である。ギリシャでは、核家族が一般的で、一夫一婦制であった。清家清と長男の篤の親子対談「シンプルライフの設計図」S-92)には、

清：篤がやっているエコノミーのエコというのは、家とか住まいという意味だったね。
篤：ええ、経済学（エコノミクス）の語源はオイコノミア、ギリシャ語の家政学からきてますね。昔は家計が経済だった。

建築家の清と経済学者の篤が、建築と経済に共通するギリシャ語の語源を話し合っている。

清家清は重ねて、「経済学のエコパーも、環境アセスメントに詳しいエコロジーも、一見相反すると見える二つの言葉の語源は、共に家というギリシャ語の〈オイコス〉に始まるという」。それは「生活とか暮らしという意味である」と指摘している。つまり、エコロジー（生態学）という言葉は、ドイツの生物学者のE.ヘッケルによって1886年に、ギリシャ語の「オイコス」（OIKOS）と「ロゴス」（LOGOS）から造語されたが、清家の思想に相応しいワードである。小玉祐一郎はエコロジーは「当初は生物相互の関係、生物とそれが生息する環境を扱う学問分野であった」と説明している。

清家篤の言う家政学「オイコノミア」（Oikonomia）は、「オイコス」（家）においては、妻は参政権もなく、家のみが活動としての場であった。家の経済を主婦として管理担当した。「昔は家計が経済だった」との言及の通りである。「オイコス」は「秩序・法律」をも意味する「ノモス」からエコノミクスの語源となった。

アテネは家父長制社会であり、しかし、家の中の管理については、農民であったから夫と妻は分業した。夫は外で農作業に、妻は家内奴隷と共に機織りなどの生産管理をした。そのために妻の外出は稀であった。家内生産労働のための部屋もあった。「良き妻」として家を盛り立

ていた。まるで清家の家のようである。
　ギリシャの家の主人は「家のことは、実は妻は十分に管理する能力を備えているのです」と妻が家の管理者であった。清家の長男篤も「家庭の人として清家清」S-1)で、

> 少なくとも子供の目から見るとかなり昔風だった。家事、育児万端は妻にまかせるという、伝統的なお父さんである。実際に父はこうした夫像を「家のことを万端司るのは、刀自（とじ）と言われる主婦であった。夫はそのメインゲストなのだ」などと言っていた。

　清家本人も「住宅設計におけるわたしの方法-すまいつくり」S-34)で、

> 家は母性がつくるのだと思う。建築を作る金をどこかで儲けてくるのが父親だろうが、家の全体を形づくる主役は母親であり、それから子供、最後に父親である。そして母親は、その愛する夫とこどもの犠牲になることを喜びとしていることも、忘れてはならない。われわれ建築家は建築物を作ることはできるけれど、家と住まいという言葉のもっている建築物以外の要素-家族関係をつくり出すことはできない。

　住宅論というよりも家族論である。「建築家に出来ることは、良い家族関係を醸成できるような良い建築物をつくることまで」と、その限界を語っている。しかし「私の家」は自邸であるから、清家は角永博の言うように「良い家族関係」まで、作っている。
　「回想・清家清」S-1)の「家族という作品」を書いた角永博は、

> そのホームとしての「私の家」が育んだものが、まぎれもなく清家先生のご家族です。先生の優れた建築を眼中に入れながらも、このすばらしい家族こそ先生の一番の傑作だったのでは、と思うのです。

　永くデザインシステムで清家の片腕だった角永ならではの「私の家」論である。
　「オイコス」(家)の中で、主人も嫁も子どもと奴隷たちの世帯を「オイケテス」(家の人)と呼び、「社会生活の最小単位」で家族世帯のことで来訪する見知らぬ人・客「クセノス」を歓待するのは家の良き習慣であった。
　この「家」には多様な人が集い、「饗宴」すなわちシンポジウムの語源となる「シュンポシオン」が行なわれたが、アテナイ人にとって政治とか文化を語る交流の場であった。しかし、夫の友人たちが来訪しても妻は宴会に姿を現わすことはなかった。「私の家」でもゆき夫人は多くの来訪者に対して「お茶出し係」だったと、八木ゆりは語っている。
　清家は、「住宅設計の思想—ひとつのawarenessとして—」S-14)の「住宅設計の手法」冒頭の「設計とは」に、

特に、住宅の設計というのは家族生活という人間生活の最少集団が、その住宅という建築環境のなかで、近隣関係とどのようなアメニティを構成するのかということを考えるプロセスであろう。

　キリスト教徒である清家がいう、「家族生活」とかの「近隣関係」とは、ハードな事象ではなく、ソフトな事象であり、「アメニティ」（住み心地のよさ）を構成するからである。それが「隣人」の概念である。単に近隣環境に合わせた住宅の設計をするなどというフィジカルな目的を言っているのではない。清家に「アメニティ」という小文がリストにあるが未だ見つけ出していない。
　『聖書』で「隣人」とは、単に隣の家の人という概念ではない。イエスの言う「隣人愛」とは、同じ場所近くで暮らしている、その環境に利害の一致した人間同士の事ではなく、見知らぬ人など、今ここで出会っている何人とも愛を育むことである。
　隣家との日照問題といった隣人との利害ではなく、地域全体の「アメニティ」の広域化である。今、住環境やコミュニティの「アメニティ」が問われている。この「家族生活という最小集団」に私は、ギリシャの「家族」（オイキア）を感じる。教会は「オイコス」としの家でもある。
　コミュニケーションの語源はラテン語の「コンムニオ」で、何かが「共有されている状態」のことで、例えば、パンならパンを、ある人が独占するのではなく、分け合って皆が手にすることである。「隣人」との「コンムニオ」が必要である。「宴」はよきコミュニケーションとしての共同体としてのシンボルである。「私の家」では客を招いての「饗宴」がよく開かれた。その写真も残されている（図V-54）。「私の家」の居間に編集者やスタッフ、大学関係者や学生など、多くの人が常に出入りしていた。田中元子[S-107]は、

　　父（註：清家）は机に向かい、子どもは友達を家に呼んで遊んだり、夜になると眠ったり、様々な人、一人一人の行動が入り交じる生活も、狭いから仕方なく、そうせざるを得ないのではなく、清家さんが描いた暮らし方、仕事の在り方であった。清家さんにとっての私とは、たったひとりの自分のことではなかったのだ。全ての要素がゆったりつらなる小さな箱、ここは隠れ家なんかではなく、大らかにあらゆる人、あらゆる行動を受け入れる父の姿としての家だったのではないだろうか。

　長女のゆりは、母の存在も大きかったと、「父と子どもの関係を上手に誘導してくれたのは、母でした。この家での暮らしは母なしには、成り立たなかったと思うくらい、あらゆることをうまく調節してくれました」『ミセス』（文化出版局、2009年4月）と話している。長男の清家篤は「病気がちな母」[S-159]の中で、「わたしの記憶にある母はずいぶん痩せていましたし、肺活量がとても小さくて、飛行機などに乗るのも好きではありませんでした。そんな状態で父や家族、そして父の両親までも支えていたのですから、大変だったと思います」と、「人の道

を踏み外さなければ自由にしていい」と話していたとゆき夫人について語っている。

結婚 ―「オイコス」間の「愛」の「契約」

　清家がゆき夫人の亡くなった日に虹に見たのは「契約」としての「愛」であった。

　ユダヤ人やキリスト者は、神と人間との関係を「契約」という概念を把えていたが、それ以上に、最も緊密なかかわり合いは旧約聖書では、「契約」そして新約聖書では、「愛」と強調されている。

　「続・私の家」の「小さなチャペル」（図V-55）には、二瓶要蔵の書いた「神は愛哉」の色紙が架けてある。それは「ヨハネの手紙・1」4・7の「神は愛である」という有名な言葉からであり、「愛という言葉は神と民との契約である」。つまり、「愛」とは「契約」に結びついた概念である。ゆき夫人は死に際の病床でキリスト教徒に帰依したという。清家は結婚式で述べた「健やかなるときも、病めるときも、これを愛し、これを敬い、これを慰め、いのちの限り、節操を守ることを誓います」との言葉を、ゆき夫人は憶えていた。金婚記念日の夜、「いろいろありましたが、50年たちましたね。もう少しで、その"いのちの限り"ですが、幸福でした」を述懐。それから半年後の1996年9月20日に召天（しょうてん）、と清家は書いている。

　ギリシャでは妻となる者は結婚する時に、「婚資（こんし）」という財産を持参し、結婚契約書を交わした。女の子が生まれると、将来の「婚資」とするために、オリーブを植えた。「私の家」の場合、篤が生まれたときには清家正により欅が植えられた。一方イスラエルでは、婿の父親は嫁の家に結納金（モーハル）として「嫁資」を払い、妻はその契約で夫の所有物になった。

　結婚というのは、「オイコス」間の契約で、自由恋愛ではなく親戚または部族内結婚であり、隣の人より遠い親戚の血のつながりを優先した。清家の場合も、「彼岸にかかる虹」（栞（しおり））には、

　私どもが結婚に至る事情は、私の伯父とゆきとの伯母が夫婦であって、双方の両親の間ではそれぞれの候補者として疾くとリストアップされていたらしい。戦争中は何時私が戦没するか判らぬ、とお互い牽制し合っていたのだが、8月15日終戦。父は早速、日野原善輔先生に相談して、結婚式を4月8日と決めて来た。

　それ程遠くない親戚内での結婚であった。古代ギリシャにおいても、貴族階級など上層市民の間では、近親婚が好まれる傾向が顕著に認められている。

　嫁入り支度の「嫁資」の一部が、ゆき夫人が実家から持参した、トーネットのロッキングチェアで、清家がそれに座る写真（図V-56）もある。現在この椅子は、ゆき夫人の実家に戻されたという。それは「嫁資」だったからなのか。

図V-55 「続・私の家」の「小さなチャペル」[S-49]

図V-56 トーネットの椅子に座る清家清 [S-57]

「神の国」としての「私の家」

清家の「聖書と住まい」の14「大工とヨセフ」[S-11]では、清家の愛唱した「讃美歌」122の「人の住まいをととのえつつ主は若き日をすぎたまえり」について、イエスに対して、大工の小倅ではないかと軽蔑の目を向けている。清家は若き日のイエスに建築家としての自分を重ね視て、

　　私は、この「大工」という言葉が好きなのだが、ここで「大工」と訳されているのは、ギリシャ語の聖書原文では、"テクトン"となっている。むしろ「技術者」とでも訳したほうがよかろう。

　パルテノン神殿などを建設するための岩石を加工するのもこの「テクトン」である。この「工匠」（テクトン）の集団の頭領が"アーキテクト"（建築家）であると、讃美歌の主の大工の息子は若き「テクトン」であった。
　清家は、貧しい時代に「私の家」を"テクトン"のイエスがもし家たてるならと思いつつ"アーキテクト"としての「人の子」イエスの「住まいを整える」つもりで作ったのではないか。それは「神の国」で、天上の極楽のような所ではない。「心をつくし、生命をつくし、思いをつくし、力をつくして」生きる場所であった。

「家族愛」

　最後に「私の家」の家族愛について『聖書』（「コロサイ人への手紙」3・18〜21）には具体的に、

　　妻たちよ、主を信じる者にふさわしく、夫に仕えなさい。夫たちよ、妻を愛しなさい。つらくあたってはならない。子供たち、どんなことについても、両親に従いなさい。それは主に喜ばれることです。父親たち、こどもをいらだたせてはならない。

　「パンは一つだから、わたしたちは大勢でも一つの体です。皆が一つのパンを分けて食べるからです」（「コリント人への手紙・1」10・17）。清家の場合、やはり「家」でパンを共に分けて食べる家族の家、それが「私の家」である。それは、清家は「『主イエスの恵みが、すべ

ての者と共にあるように』で、黙示録に終わっている」と、その「恵み」を主唱している。
　清家は、「住宅は家族全体の入れ物であって、けっして個人の入れ物ではありません」と、つまり「神の国」は「実にあなた達の間にあるのだ」（ルカ17・21）と、「あなた達の手の届くところ」、つまり「あなた方の毎日の生活が、そうじゃないですか。夜昼寝たり起きたりしている。それでいい」。そのような身近な「国」であった。

清家の終末感 ―「私の家」の未来―
　清家の初期住宅である、「斎藤助教授の家」、「宮城教授の家」は今は既に無いが、「森博士の家」には森里子一人が、居住している。しかし、清家の設計した住宅は、既に少しずつ解体、消滅の時期にある。しかし永遠に建ち続けていける状況ではない。
　「建築家の実験住宅1980年レポート」[S-5)]の「四半世紀」には、「私の家」の東側レンガ積の壁が面する前面道路は、幅員10.18mの補助48号線で田園調布と羽田空港を結ぶバス路線である。この道路について、清家は、

　　事業決定はしていないが、次の世代交替前には、2倍に拡幅される。その時には「私の家」も取り壊しになる。その次のプランは次代が考えるだろう。無駄とは思うが、一応点線でプランを示しておいた。予定通りにはならないということは、「私の家」の四半世紀の歴史でよくわかった。

　終戦直後の昭和21年、都市計画道路に指定されているが、まだ事業決定していない道路である。その計画幅員は20mで、両側約5mが道路提供となるが、それはちょうど「私の家」東の半分が対象となってしまう。「私の家」の計画道路によって削られる予定の部分は「一応カーテンで仕切られていますけれども、あの辺ぐらいまでが計画道路の予定です。5mぐらいだったかな」と居間と寝室の境界のカーテンの付近だと八木ゆりは言っている。しかし事業決定の執行は当分予定にない。
　1977年に「私の家」の屋根上に海上輸送用のコンテナを乗せたのを、清家は「苦肉の策」とするが、設計時にすでに、道路拡張計画を知っていて、計画道路の執行時に、解体が容易にというか、むしろ計画道路内では、コンクリート造の堅固な建築物は不可であることにもよる。しかし、プルキャストコンクリート造の「そういう新奇構造には、金融公庫では金を貸さぬ」という理由で在来工法のRC造となる。しかし「私の家」は2016年に文化庁の「登録有形文化財」に指定されたことを八木ゆりは教えてくれた。したがって永遠とは言えないが、保存されることになった。相続税が免除されるらしい。
　清家は「聖書と住まい」[S-11)]の「聖書のエコジー（1）、（2）」の中で、「『聖書』は人間の作った都市の生活を悪とする」と、しかし、「それにしてもなぜ都市にはこんなにも悪がはびこるのだろうか。そもそもなぜ人間は都市をつくるのであろうか」と自問し、「二十世紀の最後の

時代、われわれが恐れているのは、地球温暖化による水位の上昇、地球規模でのノアの洪水の再来である。人類は、この神様の呼びかけに、どう応えるのだろうか?」と、世紀末の黙示をどのように対応するかを愁えている。当時のユダヤ教徒が終末の直前に天変地異で、大地震、太陽が暗くなる、黙示録的な事変による惨劇が起きることを信じていた。

「建築論抄」S-112)には、「10世紀の終わり頃、西欧は擾乱、飢餓、疾病、無知が横行、人々は世の終わりが近いと信じた。ヨハネ黙示録に記されていたからである（千年の終わりの後、サタンはその檻より解き放され、ヨハネ黙示録20-7)」と、清家のキリスト教的終末感が語られている。そして「文明・文化というものは、誕生-成長-挫折-荒廃-滅亡の過程をたどるとされている」と次の世紀も、

> その昔世の終末が近いと人々が信じたその凶兆というのは戦争、飢餓、天災であった。世の終りにはどんな前兆があるのかと弟子たちが問うた。イエスは答えて、「また戦争があり、戦争の噂を聞くだろう。飢饉が起こり、また地震があるだろう」（マタイ24章の「終末の徴」）

清家は、20世紀の終末も、また10世紀と同じ様な前兆を見るのだとして、日本人の平均寿命の統計によると、

> 私は今世紀中に死ぬことになっているので、幸か不幸かこの世紀末に立ち会えない。従って、21世紀開幕にも立ち会えぬ。しかし死ぬまでの何年かの、この世紀末までを、傍観するわけにも行かぬ。

しかし、清家は21世紀の開幕にも立ち会い、2005年4月8日86歳で死去した。どのように新世紀を考えていたのだろうか。旧約聖書の『創世記』の「天地開闢の神話が伝えるように、新しい何かが、カオスの中から生まれてくる」と、書いていた。

清家の葬式は「私の家」で行い、「父の最後にお棺をここに運びました。霊柩車に乗せる前に〈私の家〉とお別れをしましょうと。移動式畳の上に乗せてみんなで写真を撮ったのです。ずっとここが、終の住処だと言っていましたから」と八木ゆりは語っている。イエスの遺体が埋葬された洞窟から3日目に消滅したように、清家も「私の家」から居なくなった。

10. 都市（ウル）悪 ―「カナンの地」―

清家は1955年12月4日、米国のW・グロピウスのTAC勤務の帰路、ヨーロッパ大陸を南下しアテネを経てエルサレムにいた。クリスマスをベツレヘムでと考えたが都合がつかずにシリア砂漠を運転手を雇って自動車で横断した。清家の「カナンの地」S-41)には、「古代パレスチナはカナンと呼ばれた。イスラエルV.Sカナンの憎しみは創世記のむかしに遡る」。

カナンは『旧約聖書』では神がアブラハムとその子孫に与えると約束した地である。ヨルダン川と死海を結ぶ線の西側の地域で、四千年にわたり常に戦場であった。ユダヤ人のシオニズム運動はパレスチナに帰る国家建設の運動1948年のイスラエル建国をもって一応の終結をみたが、新たにアラブ人との間でパレスチナ問題を生み出した。
　清家は「エルサレムがまだヨルダン領だったころで、エルサレムからバグダードまで、シリア砂漠を横断したのは、いま考えてみると若気の至りかと思うような旅行でした」と、その途中でカナンに立寄る。「シリア砂漠横断―エルサレムからバグダードまで」S-22)の「聖地」に、

　12月6日の朝早く8時ごろエルサレムを発って、オリーブ山の肩を抜けてヨルダンの谷を下って行きました。聖書には美しく書かれたこのカナンの地は泥板岩とそれのくずれた石と荒地で、この間の道は海抜でなく、さらに海面下に下って、ヨルダン川までおりるわけです。むかしイスラエル人（ユダヤ人）がエジプトから来た時、ヨルダン川を渡って、最初に陥れたカナン人の町であるエリコの砦も、この街道にそってあります（『旧約聖書』ヨシヤ記2-3、『新約聖書』マルコ10-46）。旧約の昔から要害の地であったのでしょう。イエスが受洗されたのもこのあたりだといわれていますが、私達の感情からするとお世辞にも聖地とは思えないような、索漠としたところでした。この瘠地を旧約聖書には、はなはだ善き地、エホバの顧み給う地などと記されて、何千年来諸民族によって奪い合われて、今もなお、戦が続いているのですから、不思議でなりませんでした。

　私もエルサレムから死海へ行く時にこの道を車で通った記憶があるが、史的事実を全く知らずに、牛飼いの少年や、ただ荒涼とした山稜の岩膚を眺めていた。
　古代のカナンは地味豊かで、穀物や果物の他、羊や山羊を飼う牧蓄民による乳製品も生産されていた。しかし植民がなされたことで森林は伐採され、一部のオアシスを除いて土壌が浸食された。それ以前は、イスラエルの民はエジプトで奴隷（労働者）であったが、モーゼに率られて脱出し、シナイ半島を40年間さまよいカナンの地に帰り、先住民と争いながら、農耕民族として定着した。それがユダヤ人である。
　実際に『旧約聖書』のいう「カナンの地」とは、ヨルダン川が、死海に流れ込む渓谷の近くにある、エリコがその入口部で、海抜マイナス250m位の低い地である。死海の西岸を北上してきたイスラエルの民が、エリコに「乳と蜜の流れる地」（「出エジプト記」3-8）、すなわち「約束の地」の象徴を見た、豊富な泉のあるレバノン杉やナツメヤシの林があるオアシスの町である。イエスはこのエリコ（ジェリコ）で盲人を「深く憐んで」その目に触れるとすぐ見えるようになった。（「マタイ」20、29―34）、エリコはイエスがエルサレムへの行き来によく通った町であった。清家は、次の文で終えているS-41)。

　何度かこのカナンの地を訪ねているうちに、私もこのカナンの地の魅力にとりつかれてし

まった感じです。私事で恐縮ですが、これは第3次アラブ＝イスラエル戦争のとき、わたしの孫娘がダマスカスからベイルートへ逃げる途中で死んだことにもあるようです。フェニキアの土になった孫娘のために、合掌させて下さい。

　清家が、長女の娘の戦争による悲事を超えて幾度も訪れたカナンの地の魅力とは何であったのだろうか。「出エジプト記」にあるイスラエル人がカナンへ入る前の原住民の最古の都市国家社会に建築学的な興味をいだいていたのかもしれない。八木ゆりは最近、自庭で蜜蜂を飼育しているという。『旧約聖書』では「乳と蜜の流れる地」としてアブラハムの子孫にカナンの地を与えるという約束がある。父、清家清が取り憑かれた魅力とは、この『旧約聖書』の故事にあり、それを想起しての八木ゆりの養蜂ではないか。
　清家の「聖書と住まい」S-11)(4.夫婦の住まい)に、アブラハムにとって「諸悪の根源は都市（ウル）生活にあり」として、主の御言に従い、神の都を待望しつつ野で暮らすイスラムの先祖たちの住宅は、あくまでも天幕なのである。砂漠でこの幕屋生活をするベドウィンは都市生活者より自分たちの方が高貴だと言っていると、清家は書いている。「ウル」というのは都市という意の「ウルバヌス」（ラテン語）の語源である。
　同誌S-11)の「20.聖書のエコロジー」に、清家は、「聖書は人間の作った都市の生活を悪とする。しかし、それにしてもなぜ都市にはこんなに悪がはびこるのだろうか。そもそもなぜ人間は都市をつくるのだろうか」と、地球規模でおこるノアの洪水の再来を恐れている。
　清家のカナンの地への執着はここに在るといえる。清家の都市悪への嫌悪は建築的と聖書キリスト教の両面に起因する。

11. A・デューラーと清家の「愛用品」と「虹」（神との契約）
「私の家」のデューラーの本と巻貝とトーネットの椅子
　清家の、「オールド・ファッション・2」S-57)「トーネット」は、「曲木椅子のロッキングチェア」で、始めは「私の家」の居間に置かれていた。

　このロッキング・チェアは愚妻の嫁入り道具のひとつである。いちど籐の張り替えと補強をしたが、こどものときから昼寝にも愛用してきたという古椅子であって、少女の日のセンチメンタルな思い出も十分連なっていたらしい。その後さらに二十年、家中でいちばん居心地のよい椅子として酷使されてきた。しかし、いまでは居間の中央にあって、権威の象徴にもなり、古物存在理由の諸条件のひとつひとつを満足してきたようである。

　「女房と曲木の揺り椅子」にも清家は、「彼女の祖父が第1次世界大戦の直前にオーストリアから持ち帰った」と「続・私の家」で、トーネットの曲木椅子に座ってくつろぐ写真である。

図V-57 地球儀と巻貝と『DURER』の本 [S-57]

図V-58 清家の愛読書『DURER』 [S-57]

図V-59 デューラーの<1500年の自画像> [S-57]

図V-60 デューラーの「メレンコリア・I」(1914年) [G-12]

　私が注目したのは写真のトーネットの椅子より左上の壁前に置かれた小机の上にセットされた品々であった（図V-57）。地球儀とクラシック・カーの小さなモデルと、その下の『DURER』と書名のある横積みの洋書（図V-58）で、赤い表紙には、正面を向いた有名な長髪のデューラーの自画像（1500年）が描かれていた。清家が頻繁に愛読していたのか隅々が白く擦り切れている。東京藝大の図書館で調べると、書名は『ALBRECHT DURER COMPLETE WOODCUTS』(EDITED BY KURTH WILLI) で1963年にニューヨークで出版された英語版である。この本により清家の「デューラー好み」が確認されたが、八木ゆりもそれを証言している。それ以上に私が驚愕したのは、横に置かれた白い巻貝で、サザエのように見える。

　デューラーの正面の自画像（図V-59）は29歳の時で、キリストのイメージに似せた表現で、肩まで垂れた髪はウェーブ状で、渦巻きのように先端は丸まっている。正三角形の上半身全体の姿を黄金分割している。清家は巻貝と髪の巻毛と、そしてトーネットの椅子と「渦巻き状の物」を3つ並べたのである。撮影時に「対数螺旋」についての3点セットの趣向を凝らしたといえる。清家は3点セット展示が好きであった。そしてトーネットの椅子の曲木にも「円」と「螺旋」がある。1860年頃、初の曲木加工によるロッキング・チェアの第1号は最も愛好される家具となったが、極めて優美な曲線で構成され、螺旋が美しい。

　「対数螺旋」の象徴として、地球儀の「球」、クラシック・カーのモデルの車輪の「円」、トーネットの曲木の「円」と、巻貝などの「螺旋」をアッセンブリーしたのが、この写真である。このトーネットの椅子にゆき夫人が座ると、デューラーの謎めいた銅版画の「メレンコリア・I」（1914年）（図V-60）の構図に似てくる。それはゆき夫人の少女の頃の昼寝の夢だったのか。

　有翼の「憂鬱質」（メランコリー）の女性が、石段に腰を降ろし、右手でコンパスを握り、両眼を鋭く見開き前を見つめている。その中央の左手には「菱面体」の多角形と「円球」が置かれ、周りには小道具が散乱している。左上の空には「虹」が架かり、清家がゆき夫人の葬儀の後に虹を見たと告白している「栞」（図V-61）の事実を想起させる。そして右上方の壁には4×4桝の魔法陣が架かっている。縦・横・斜めの数の合計が総て同数の34のフィボナッチ数である。

　デューラーの「メレンコリア・I」と清家の「トーネット」の写真に共通に対応する事物は「円

図V-61 「彼岸にかかる虹」ゆき夫人追悼の「栞」より（八木ゆり提供）

図V-62 「続・私の家」の品々・I ［S-3］

球」と「地球儀」それと、女性の肘下の「書物」である。そして座る人は「憂鬱質」の有翼の女性と実際にも「躁鬱質タイプ」のゆき夫人もしくは、清家自身である。「メレンコリア・I」には多くの小道具が雑然と置かれ、清家も、「自分はすべてが目に見えていないと気がすまないからね」と告白しているように、「私の家」の棚も中身がオープンにされているし、「続・私の家」でも机の上に本や書類を全部広げて置いてあった。

この「メレンコリア・I」の解釈には、そこにキリスト教の「最後の審判」を見る説がある。「球」は運命の象徴で現世を、「虹」は神の裁きの徴しで天界を、それを測るのは「コンパス」としての神であり、「最後の審判」の図像と考える。そして「天秤」もまた「最後の審判」の暗示であり、清家が常に「飾り物」として並べていたのもその理由からなのか。

キリスト教でも死後の審判として死者の魂の重量を天秤で測定し、その軽重で天国へ行くかまたは地獄へ連れ去られるかが決定された。

清家は、天秤により、神による「最後の審判」を常に意識していたのか、それとも単に「ア・シンメトリー」（非対称）への誘惑の象徴であったのか。

「続・私の家」の天秤・地球儀・正方格子

「真黒なスケッチ」と「清らかな意匠」[T-1]の清家清と仙田満の対談に、清家は、谷口自邸の小柵の上の花器に活けられた花一輪などを

> 谷口の記念碑でも、「ちょこんと何か変なモノが置いてある。ああいうのは、先生上手だね。床の間などに、ちょこんと何かおくというのが上手ね」。

谷口より以上に、清家も自邸のキャビネット甲板の上に小品を並べるのが上手であった。「続・私の家」の居間の階段室の前の木製キャビネットの甲板には清家の愛玩する「オモチャ」、「飾り物」の愛玩物の品々が並べられて（図V-62）、右から天秤、地球儀、クラシック・カーのモデルが置かれている。

「続・私の家」の別の写真（図V-63）には、ガラスの小球、4×4個の小鉄球のボックス、

図V-63 「続・私の家」の品々・Ⅱ [S-12]

図V-64 「私の家」の地球儀と天秤 [S-1]

図V-65 「続・私の家」の「振り子式自動指示秤」他 [S-1]

そして立方体のフレームの石をくり抜き中に何かの物体が納まったモデルなどが映っている。

まず、天秤については、「私の家」ですでに書斎のキャビネットの上に地球儀とともに並んで置かれていた（図V-64）。この天秤と地球儀はなぜ常にセットであるのか。

「回想・清家清その2」[S-1)]には、大小2つのこの機器が並べられていて、天秤つまり秤であると気付いた（図V-65）。しかし八木幸二はこの種の「振り子式自動表示秤」は自分も持っていて、ドイツ製で、郵便物の重さを計ったり実際に使っていたそうである。「振り子式自動表示秤」は通常の上皿天秤のように左右対称で「釣合い」で計るシンメトリーではない。その原理は「梃子」で、棹におもりを固定し、振り子を作り、その復元力を釣合わせて質量を計る（図V-66）。

清家のこの秤も、Pendulum Scaleという1910年のドイツ製である。とにかく非対称で、アンバランスな形はなぜか美しい。清家が着目したのも「ア・シンメトリー」な美しさと、その「オールド・ファッション」な形と機能に違いない。シンメトリーでなくても「用に美はある」のである。清家の「非対称」研究の反映ともいえる。

清家の「講義用シート」の「非ユークリッド幾何学」には、ユークリッド幾何学での平行線は地球規模の曲面で考えると交わるのである。そのリーマン球面とは、複素平面に無限遠点を付け加えて球面にしたもので、複素平面を丸くすると北極点として無限大（∞）となり、もとの平面と接する南極はゼロ点となる。清家は「建築（住宅）は、三次元になる。そこに時間のシークエンスを入れると四次元になり、ユークリッド幾何学からリーマン幾何学になってくるのだと思います」[S-6)]と、述べている。

「続・私の家」の木製物入の甲板には地球儀は窓側のコンクリート壁の前の物入の上に移されてその替わりに、小さなガラスの「球」の玉が置いてある。

ルネッサンス期の天文学者のヨハネス・ケプラーは、同一直径を持つ多くの球を平面上に並べる方法には2種類あり、その1つが、チェッカーボードの上の駒のように正方形の枡目のように並んだ「正方格子」（渾天儀）（図V-67、68）で、他の方法はハチの巣穴状の「六方格子」である。そして「続・私の家」の物入甲板上には同じく石の小さな立体格子の中に何かの形が刳り抜かれた工芸品のような小物がある。

  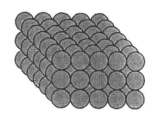

図V-66 振り子式自動指示秤 出典:『「はかる」の事典』(イシダ発行)　　図V-67 「ケプラーの渾天儀」 出典:イアンスチュアート(須田不二夫訳)『対称性の破れが世界を創る』白揚舎社、1995年　　図V-68 正方格子 出典:『対称性の破れが世界を創る』(白揚社)

　清家の小論文「シンメトリー」[S-6]には、回転体としてインドの「ジャイプール天文台の計測儀」が掲載されている。地球儀と天球儀は西欧では、昔からスノビッシュな装飾品として応接間に置かれた。「続・私の家」でもその意味があったのであろうか。

　「続・私の家」の居間および木造階段下の書斎近辺は清家にとって「メレンコリア・I」的な品々のあふれる世界であった。とくに半地下の書斎は製図工具室のようで、清家が1962年に出願特許をとった「遠い消失点をもつ透視図を画く」機器も壁に架けてあった。

ゆき夫人の「虹」──神との「契約の印」──

　1996年9月20日、ゆき夫人は亡くなられたが、「続・私の家」の1階和室に小さなチャペルが舗設され、21日に葬儀が行われた[S-49]（『近代建築』1999年10月）。その夜から台風による暴風雨となったが、翌22日の夕方には、「我が家から、夕焼け空に富士山がクッキリと浮かび上がっていた。その直前、東の空に見たことのないほど大きなスパンの虹がかかった。『創世記』(9:13)の『雲の中にわたしの虹を置く、これは神と大地の間に立てた契約のしるし』を想った。ユニヴァースを創造された主に栄光あれ」と、清家の、妻の喪中による挨拶状の「彼岸にかかる虹」である。私はこの「栞」を八木ゆりから、「森博士の家」をご案内いただいた際に暗示のように手渡された。

　虹という自然現象も回転対称性で、完全な円対称である。どの角度に回転させても形が変わらない、つまり弓形はどれも円弧である。清家は単にシンメトリーの虹に感動したのではなく、『創世記』に示された「契約」を夫人とのそれに見たのかもしれない。

　『旧約聖書』の『創世記』(9章12－17)において、神は「契約の印」として、空に虹を出現させ、ノアに約束する。

　　また神は言った、「わたしとあなたがた、およびあなたがたと共にいるあらゆる生き物との間に、永遠の世代にわたって、わたしが与える契約のしるしである。わたしは雲の中に虹を置いた。それがわたしと地との間の契約のしるしである」（『旧約聖書I』創世記）。

ゆき夫人が4人も子女を生んだ「契約の印」を清家は虹に見たのかもしれない。「私の家」と名づけて発表した住まいであるが、当然のことながら実際は「私たちの家」であったと記している。
　清家の設計した玉川平安教会の聖壇の高い十字架のクロスポイントは「無限消失点」であると、清家は常々話していた。今、清家も、ゆき夫人も「虹の彼方」（オーバー・ザ・レインボウ）の「無限遠点」に居る。

第Ⅵ章
機能主義の超克（Ⅱ）
―ファンクション（機能）からパフォーマンス（性能）へ―

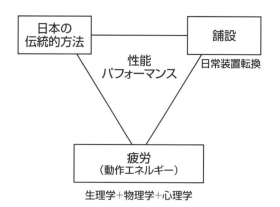

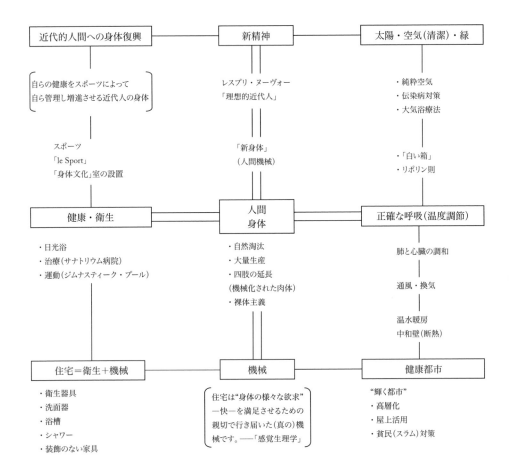

1. 疲労の研究

戦後住宅のあり方を浜口ミホは『日本住宅の封建性』[S-144]（1950年）で、「床の間の追放、玄関の廃止」や、家事や育児のための過重な負担から婦人の解放を結びつけた「台所の生活空間の見直し」などの主張と、家父長的封建社会の制度としての「家」の日本的な封建性を排除するために、住宅を再編成することであった。しかし清家は「私の家」の玄関の代りに「居間の庭からの入口の床に白い大理石を貼って玄関の象徴」としたり、居間の本棚を「風呂場の脱衣棚のようだ」と、説明したりしているが実は居間における「床の間」の代りでもある。

戦後の近代住宅の理念としての機能主義とは、旧習の「家」制度を想起させる一切のものを排除するものであったが、清家は当時は封建性の象徴とみなされていた障子、襖、畳、縁側、欄間、銀もみ和紙貼などの日本伝統様式を採用していた。

平安時代の寝殿造りの「舗設」は畳敷きなどの「住居様式」に受けつがれてきたが、硬直した近代合理的「機能主義」の理論からいえば、それは「混用」であると攻撃された。しかし清家は生活様式が急速に変化しているのに、寝室・子ども室・食堂・居間・台所と名付けて狭小な住空間を区分けして単室化していく「機能主義」に限界があるとして、建築の機能に対する綿密な研究により「other-direction」として模索していた。それが「超克」のことである。

清家は、「続・私の家」の2階床を支える居間の柱について、「機能を果さない柱など私は作りません。」と対談で質問に答えている[S-8]。そして同じく棟持柱についても、

　　機械的な機能主義からみれば棟持柱なども単なる無駄な装飾であり、さらに破風をいくらかでも転ばしたりすることはさらに意味のないことだが、形を美しく整えたり、それが暮らしのしるしとしての意味をもつことは、現在時点での機能主義といえる。

清家が機能主義を広義にとらえていた。棟持柱「ましてそれが構造的にも〈意味〉があるとすれば、機能主義としての大義名分もたつ」と、力学的な「意味」以上に実際には少々「美」とか装飾的な要素も含意されていたのである。

1957年の建築学会の大会での「装飾」[S-52]と題した講演では、「無駄のない完全な太さの柱は必ずしも美しいとは言えず、形と機能は相関はあるものの機能即形にはならない」ことを述べているが、そこにはコリント式柱頭を窓下に置いて眺めていた清家の思考と同種のロジックを窺い知ることができる。

「清家清の住宅」[S-38]（京都大学西山研究室・田中恒子・小川正光）には、戦後の小住宅のモダンリビングの指導理念は「機能主義」であった。これは戦前からの世界的な近代建築革命の過程での合理的な機能主義とは一応異なるものであることを指摘したうえで、その「機能主義」に批判者が現れたが、それは50年代の住宅設計をリードした清家であったとして、

清家の作品は、「機能主義」がたやすく否定した畳・障子・襖・縁側などの日本住宅の伝統的な諸要素を再評価し、好んで使用することに特徴があった。「機能主義」の理論の高さや説得力に何か完全に同調しきれないゆきづまりを感じながら、拡大していく仕事のなかで施主の根強い封建性・反動性に当惑しつつあった建築家たちに伝統的モチーフを使った彼の作品は、大きなショックを与えた。

　池辺陽の「〈日本的デザイン〉といかに取りくむか」[G-62] という設定に対して、清家研究室グループとして篠原一男は、それは「問題提起が作家的でない」と、むしろ機能主義や合理主義がゆきづまっているとすれば、それを作家的として捉え、これを超える具体的な方法を、それぞれの相違を明らかにしながら提示すべきであるとして、清家の「機能主義」への批判の内容についての清家の「超克」へのDirectionを揚げている。

家の中では心は「バリアフリー」（心理学）
　清家は、「家の中にはプライバシーは要らない」（『ゆたかさの住居学』[S-19]）と、「外に対してはバリアを築いて非常に排他的でも、内側にはバリアフリーの親密な関係を求めるというのが家族の本質なのかもしれない」、つまり「ひとつ屋根の下に暮らす家族に、一人ひとり個室を構えさせて家庭内で別居しているという状況」には、「親子の断絶、家庭内別居」が生じる。清家はキリスト教徒として、

　　マタイよる福音書（19.5）によれば、「二人は父母を離れて夫婦は一体になる」とある。さらに一体になった二人を引き離してはならぬと続く。だから二人の間にはバリア、すなわち境界はないことになる。二人は一体だからプライバシーは関係ない。一体となった夫婦の間には、洋の東西を問わずお互いにプライバシーは無くてよい。

　同じくヨハネ福音書（1.1）の「初めに言があった。言は神と共にあった。言は神であった」を幾度も引用、拡張し、「初めに住まいがあった。住まいは神と共にあった。そして住まいは家族と共にあり」と、「住まいとは家族の容器である。家族生活という美しくも楽しいパフォーマンスの展開を祈ってやまない」。つまり、清家の住宅は常に家族との関係性の反映なのである。

疲労の研究と高齢者住宅
　清家の機能主義の本質は、「効率のよさを目的としている」（「住宅２—平面について—」[S-25]）が、しかし「我々の生活には、経済的な理由とか社会的な原因とか、そのほかさまざまに摩擦係数が累積していて、効率はよくなってゆかない」、つまり効率には摩擦がブレーキをかけているのだ。そのブレーキとは疲労で、

疲労というものがどういうものであるのか判っていないで住居を機能的に設計はできない（事実疲労の実態は判っていない。好きなことならいくらやっても疲労しない、生理的疲労と心理的疲労は別個の問題である）。この点について生理学と物理学上に基盤をもつ『機能主義』が超克されねばならない原因がある。これは居住者が無意識の裡に感じている機能主義に対するレジスタンスであって、居住者の後進性として建築家が簡単に片づけることのできない問題であろう。

「機能主義」を「超克」する方法として、疲労についても物理学と生理学に心理学を加えた方法を提起している。この心理学を加えて「超克」とする理由で清家のワードである。
　清家の『やさしさの住居学』[S-18]には、清家の妻、ゆき夫人は「私の家」の完成の少し前に「肺浸潤を患ったために肺活量が1000ccもない。そのせいか家事をするのも健康な人と比べるとなかなかしんどいようだ」から「娘や嫁、あるいはお手伝いさんにサポートしてもらっている」と、妻の疲労による「私の家」への対応が、掃除をする人の疲労の研究が主要因であった。そして適度な床面積は60m²である[S-18]とするが、

　　無精者には約その半分位が適当と思われるので、住宅をいつもきれいにしていられる面積は約10坪ということになりそうである。今野啓一氏の研究によれば二階建ては階段の上下に相当エネルギーを消費するので格別の理由がないならやめることにしたほうが得であろう。また椅子式、座式の問題だが軍隊で靴をはいて一日中生活した経験からみて「たたみ」には何の未練もない。

「私の家」の構想時の見解では、「旧海軍が求めた動作エネルギー表というものがあるが、それによると立ったり座ったりするのは案外くたびれるものである。だからこの立ったり座ったりにポテンシャルエネルギーを少しでも少なくする椅子式にしてみたらと思っている」と、単に扉を開閉するにもエネルギーを要するからと疲労の観点から便所の扉も止めている。それは「特に住宅について言えば医学がそうであるように生理学や心理学の問題が物理学以上に必要であると言えそうだ」と、この清家の言質が京都大学の西山夘三研究室から「機能主義」への批判とされた。
　しかし「私の家」は、当初は清家夫妻の家として建てられたのではなかった。『やさしさの住宅学―老後に備える100のヒント』[S-18]には、清家78歳の時の著作であるが、

　　昔むかし40年ほど前、「私の家」を建て替えるのを機に、両親の隠居部屋として「離れ」を設計した。足腰が弱ってきたから、つまづいたり転んだりしないように段差はないほうがいい。扉も邪魔になる。もし車椅子が必要にでもなったら、狭い部屋では移動しにくいだろう。そうやって高齢者にとって安全性の高いつくりを追求していったら、ワンルームの家に

第VI章　機能主義の超克（II）

行き着いた。敷居も間仕切りもなく、トイレやシャワー室の扉もない。それがベストだと思った。私の技術の結晶ともいえる完璧な高齢者向け住宅のはずだった。

ところが完成すると、「こんな変な家は嫌だ」と清家の父は「倅の建築家の用意した隠居部屋には、ついに住もうとはしなかった」のである。しかし実際「私の家」は高齢者住宅として設計されていたのである。したがって疲労を少なくしたりバリアフリーにしたのも当然である。いずれは将来、自分たち夫婦が住むことも想定していてのことかも知れない。しかし当座の間も、「妻の健康のこともあるので最小限のhouse keepingですむように設計したから、台所にしてもおそらく最小の台所に属する」としていた（『1957年のレポート・私の家』S-5)）。

2. 舗設という逆説的方法

「私の家」では「舗設」の代表は「移動式畳」で、「日常装置転換」の手法である。「すまい一考」S-67) に、「西欧式のここは書斎とかここは居間とかキチンとした使い方ではなく」としながらも現代的機能主義について述べている。

> 和風のそれはなんとなく居間にもなっているし、書斎にもなっているような、ルーズな使いかたもあってよいと思う。和風のすまいかたには、こうした無限定の空間に舗設─機能的な設営をすることで、現代的な意味での機能主義的なしつらえができるという伝統的な方法である。これは季節に合わせて、すだれを釣るとか、ルームクーラーをつけるとかいうような舗設までを含んで、これこそほんとうに機能主義的な方法でもある。

清家はこれが「和風のルーズな空間」で、「和洋折衷といい、和魂漢才というのもこのルーズな空間構成のできる和風建築だからこそとも言えるだろう」と結んでいる。

「舗設」については、東工大の前田松韻教授の「日本住宅の転用性に就いて」の研究が基にあるのではないかと西山夘三の清家清論『日本のすまいⅡ』1976年）で指摘している。平安時代のがらんどうの寝殿造りは舗設によって部屋を「しつらえ」、さまざまな用途に使い変えた。つまり屏風・几帳・畳といった舗設は部屋の転用のために重用された。現代の狭小な住空間を、寝室・子ども室・食堂・居間・台所などと名づけて区分けするやり方に対して清家は、生活が複雑であるのに、このように単室化していく「機能主義」には限界があるとして、清家は「舗設方式の復活」を提案し、「超克」しようとした。それを清家は「評価あるいは価値判断」と「other direction」と呼んだ。それは、清家の言う「超克」という概念である。

いずれも機能主義の新しいdirectionが和風の伝統的な舗設というコンセプトによって実現しようとする逆説的な方法でもあった。同じく「移動式畳」にも、

タタミの台を仕事部屋に転がしてゆくときには、戸棚の脚がないので邪魔にならなくてよい。タタミの台は下にゴムの車がついていて、どこへでも転がして行ける。天気のよい日には庭にも出せる。夏の夕涼みなどにもよい。また、資料の整理などのときにもそれを拡げるのに便利。勉強机は檜で、製図板にもなる。食卓・製図机・仕事机・タタミの台・ガラス戸のモジュールを統一して、しつらえを楽にしようと試みている。

　机などの家具に秘む共通のモジュールは未だ発見していない。しかし「私の家」の主な舗設は、カーテンと移動式畳である。清家がこの移動式の畳をリビングに持ち込んだ時、それは封建性の象徴とみなされて、激しい批判が投げかけられたが、家族制度復活論が浮上し、民主化の停滞が意識されるに呼応して、住宅についても新日本調あるいはジャポニカ・スタイルとして、再び日本住宅の伝統が見直され始めた。

第Ⅵ章　機能主義の超克（Ⅱ）

第Ⅶ章
エントロピーの増大 ─死─
─講義用シート─

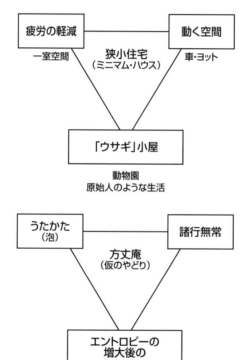

1.「ウサギ小屋」―「私の家」の狭小性への対応―

「私の家」は「最小限住宅」ではなく―特殊解―

『「私の家」白書』[S-5]の「あとがき」で、清家は「その家の適切な床面積の広さは、家族全員の年齢を足した値と等しい」と仮説した。例えば1954年に「私の家」が完成した時は、清家は36歳、ゆき夫人は28歳、小学校に入ったばかりの長女のゆりは8歳、引っ越しの日に生まれた長男の篤は1歳の4人家族で、合計すると73歳となる。「私の家」の床面積は50㎡であるから、すでに23㎡狭く、「自ら唱えた床面積にも至らぬ狭いもの」であった。当初の予定の父親一人の家としても不足していた。しかし、この最小限住宅は、「たしかに年齢を重ね、家族が成長していく過程で、生活にはそれなりの面積は必要で、〈私の家〉の狭いスペースの生活は外の補完的なスペースを利用することによって成り立っていたといえるし、あの狭い家そのものを快適にしてくれたのだといえる」と説明している。

1929年CIAM（近代建築国際会議）の第2回のドイツのフランクフルトでのテーマについて谷口吉郎は、「生活に適した最小限住宅の面積」と、「生活に適した」を付けて定義している。日本では戦後の復興の初期段階を終えた1950年代に「最小限住宅」の数々の試みとなってゆく。合理主義に基づく小さな家族中心の機能主義住宅を清家は「ミニマム・ハウス」と理解していた。その「生活」とは「食寝分離」、および主婦の「家事労働の軽減」などであり、さらに「L+nB」つまり居間と寝室の分離、浴室の確保という点では清家の「私の家」は「最小限」からでも欠如した部分があり、必ずしも一般的な「最小限住宅」ではなく、この点でも特殊解であった。

しかし「私の家」は4人家族にとって、質と量の両面で絶対的な最小限住宅ではなく、屋内の地下室の他に、「外の補完的なスペース」があって成立した特殊解であった。それは「開けっ放しの暮らし」を望んでいた清家の家族が、開放性を好む気質により成り立つ「一室空間」としての特殊解だけではなく他の理由もあった。自邸の床面積の不足分は、具体的には敷地内のアウトドアという意味で、前庭の「living・garden」は居間の延長であったり、「両親の住む広い和風住宅」であったり、南の「車庫の上の作業小屋」もあった。また1962年に敷地西面の隅に3坪の子ども用の小屋を建てている。棚以外の収納スペースの不足は「いらない物は両親の家に預けたりコンテナにしまったりしています」と、やはり「外」の空間を利用していた。

また、鎌倉にも2DKの日本住宅公団の最初期の51C型のアパートを所有していて、「季節の折々にはそこを利用することでわが家の生活バランスは成り立っていた」と、清家は「生活」に支えられた「最小限住宅」を説明している。夏には家族で鎌倉へ行っていた。

さらに軽井沢には「千ヶ滝の家」（1961年）（図Ⅶ-1、2）という別荘と赤倉にも山小屋があった。この赤倉の山小屋は同好の人たちと一緒に建てた「赤倉サンクラブ」（1958年）（図Ⅶ-3）で、20室のスキーロッヂである。私も姉の友だちとスキーに行き、偶然に宿泊したことを懐かしく思い出す。

動く空間（スペース）としては、「江ノ島には小さいながら、12フィートのディンギー（ヨッ

 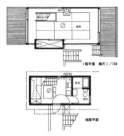 

図Ⅶ-1 「千ヶ滝の家」(1961年) [S-1]　　図Ⅶ-2 「千ヶ滝の家」平面図 [S-1]　　図Ⅶ-3 「赤倉サンクラブ」のスキーロッジ(1958年) [S-1]

ト）や長さ4m25cmのシーガル型ヨットのオメガ丸などを所有し、自動車も「いま流行のステーションワゴンを、われわれ自身の加齢に加え4人の子どもたちも毎年大きくなるので早々と手に入れてそれを生活、スペースの延長として使っていた。」と、「少なくとも日本中が住み家である」と、重ねて「狭小住宅」の「生活」を清家は拡大していた。

その自動車の車中で清家が海軍のスキー帽を被り運転する後姿の写真や、ディンキーを操作する海上の写真もあり、いずれも子どもと一緒であった。

しかし「私の家」が他の「生活」スペースによって成り立つ特殊解であったといえ、「実験的」で「挑戦的」なモダニズム建築の健康的な「最小限住宅」であったことは特筆すべきである。住空間の量的な狭小性についての他に、空間の狭さを解決するための質的方法としては、清家は実験心理学的なアプローチから空間を広く感じさせるための研究をしていた。

清家は「建築家として、自ら建てた家であるからには、そこには当然、何かの考えがあってのことであった。」その考えとは、タイトルの「(海+山+庭)×四季＝わが家の暮らし [S-36]」という、これまたユニークな家づくりの方程式であったのである」とある。具体的には、

> わが家の諸計画—産児計画、建築計画、経済計画のなかで、産児計画だけはつねに他の計画を上回る実績を上げ、特に経済計画の伸びとのくいちがいを甚だしくした。だが経済計画はおくとしても、建築計画と家族計画のずれも大きかった。家が狭いなら、もっと広い家を建てればよいという説もあるが、それには経済計画の伸びがなければ仕方のないことだし、だいいちウチの主婦が反対している。

ゆき夫人の拡張計画反対の理由は、居間、台所、寝室などの直接主婦に主権がある室は狭い方が良いという理由であった。それに掃除などの家事労働による疲労の軽減である。「狭ければ無駄に家の中をバタバタ歩き回る必要もない」ことにある。それが1970年の「続・私の家」（190㎡）の建築まで、16年間も「私の家」に住み続けた理由であった。

清家に言わせると「生活諸般の変化に対処する」ために、「続・私の家」を必要とした。その時、子どもは男1人女3人の4人で家族の年齢の合計は153歳に達していた。この「続・私の家」によっ

て床面積はやっと年齢合計を大巾に超えた。それまで「私の家」では、「私たち家族は東京のたった50㎡の住まいと補って余りある自然を、私たちのスケールで最大限に利用しているのだ」と（海+山+庭）の生活を楽しんでいた（図Ⅶ-4）。

　林昌二は「清家清の建築を語る」（対談）の中で、「私の家」の家について、「あれは家というけれども、家でないようなものだし。不思議なものですね。一番謎が深いです」と、それは「家」(house)というより「家族」のための「家庭」(home)ということが強調されている「不思議」さが「謎」なのか。

　漢字の「家」という字は、漢民族が先祖を祀り、羊や豚を犠牲として、祭祀するところを意味した（『やさしさの住居学』[S-18]）。つまり「家」は羊などの家畜の住まいでもあった。「ウサギ小屋」とするのも、「高齢期には家だけでなく家を含めて、動物的なやさしさがいっぱいの家づくりができる時期なのかもしれない」と、「動物的なやさしさ」というより「犠牲獣」的な被虐感もあり、「動物園」とも言っている。

　清家の「ウサギ小屋は素晴らしい」（『やすらぎの住居』[S-16]）には、ヨーロッパの人びとから日本の住宅は「ウサギ小屋」であると指摘されたことについて、

> 　私は「ウサギ小屋」、結構だと思うのだ。子どものころ、妹が近所からウサギをもらってきて、私も一緒に飼ったことがある。小さな小屋をつくって、私はそのころ習い始めていた油絵の具で、ベルサイユ宮殿もかくのかというようなきれいなウサギ小屋を仕上げた。ウサギ小屋というイメージは私にとって全部いいのだ。

　子どもの頃の「ウサギ小屋」の美しいイメージは建築家となってからも持続する。

> 　以前、人間はどのくらい小さい所で住めるかという研究をしたことがあるが、日本のような狭い国では、小さく狭い住まいのほうが正しいというのが私の結論であった。そのうえ、寝るのも食べるのも全部ひとつの部屋で、それも親子・家族のスキンシップの中で行われるという点でも理想的だと思う。住まいの価値を決めるのは"広さ"ではなく、あなた自身の住まい方である。狭い家が正義に近い。

　つまり自称、労働者の劣生活環境として「正義に近い」とまで言う理想的な「ウサギ小屋」でもあった。

　清家にとって「ウサギ小屋」は狭小な一室空間に家族がスキンシップの中で同居する、寝るのも食べるのも全部ひとつの部屋で行われる日本人の住まい方のエッセンスである。「この小さい空間、コンパクトなものを生かしきるというのは素晴らしい特技だし、偉大な才能だと思う。この狭い空間を有効に使い切るコンセプトが、コンパクトな電子機器の類にまで生かされて現代の日本を支えているのだと思う」と、「ウサギ小屋は素晴らしい」と結んでいる。確かに「ウ

図Ⅶ-4 「清家清と家族」
[S-5]

図Ⅶ-5 「賀川豊彦」 [C-8]

図Ⅶ-6 「ヨットの模型」
[S-10]

サギ小屋」は均質な一室空間で、何びき住んでいようと機能は未分化である。さらに清家は、「ウサギには整理整頓ができない。ということはウサギ小屋においては収納という概念はないということになる。逆に言うと収納がうまくいかないと、私たちの家は本当にウサギ小屋と変わらなくなってしまう」と、

> 私が考えるいちばんいい収納のベスト・アイディアは、物をもたないこと。これにつきると思う。無駄な物をもたないのが、いちばん収納には役に立つという普遍の真実をまず胸によく刻んでほしい。実際、私はみずからの経験から申し上げるのだ。

実際には「私の家」では、増加する書籍類が生活スペースを浸殖するのに対して、後には屋根上に国際規格の中古コンテナを設置して書庫としている。ウサギと日本人の違いは何かというと、ウサギにはできなくても、人間にできることは、生活を整理整頓する技術である。
清家の『ゆたかさの住居学』[S-19] には、

> 1979年3月に欧州共同体（EC）の委員会が日本に関してまとめた秘密文書によると、「ウサギ小屋と変わらぬ住宅環境に生息している働き気違いの国」（1979年4月1日付朝日新聞の訳文）としている。

「ウサギ小屋」（rabit hatch）とは、狭小な宅地の上に粗末な小屋で密集する状況を言ったのであり、言い得て妙である。

スラム化―家族制度

賀川豊彦（1888-1960）（図Ⅶ-5）は、神戸貧民街（スラム街）での伝道、救民活動の後、関東大震災の被災者救援のため活動拠点を東京に移した。キリスト社会主義を奉じ、幼児教育、社会福祉事業、労働組合運動、農民運動、平和運動などによりその生涯を神と隣人のために献じた。墨田区の賀川豊彦記念資料館のある東駒形教会の戒能信正牧師から『賀川豊彦全集』の

月報か何かに清家清による賀川についての小文が掲載されていたのを見た記憶があるとの話には必然性があった。

　清家清の父の清家正は、神戸栄光教会の熱心な信者で1960年の賀川の葬儀には神戸栄光教会で盛大に行われている。

　清家は1923年、滋賀県の石山から神戸に転居し、1936年まで11年間を賀川については、よく知る場所で少年期を過ごしている。しかし、小学校を東須磨小学校、中学を神戸2中と神戸で過ごしたものの、この頃には賀川はすでに1914年8月までの神戸葺合新川での貧民窟の聖者と呼ばれた生活は終えて東京へ移住しており神戸で出合うことはなかったのであるが。

　神戸の居住時代に父の清家正も日野原善輔を通じて親交があったキリスト教伝道者の賀川豊彦について清家は、『やすらぎの住居学』[7]に、

> 賀川豊彦の『死線を越えて』という本がある。そこに神戸のまさしく裏長屋というか、貧民窟とでもいうべきスラムの話がある。ところが、戦争中に神戸も空襲に遭ったが、爆弾が落ちても火災の起こらなかったのはそのスラムではないかと思う。というのは、そこの住民たちの連帯が緊密で強力な消火活動が行われたからなのだ。私はこれはスラムではないと思う。たしかにゴミと過密居住であろう。しかし、人心の荒廃はここにない。

　清家の賀川豊彦への言及を初めてここに発見して私は驚喜した。清家の神戸時代のキリスト教信仰と重なるからである。そして『死線を越えて』は私が東京の下町の中学校時代に、図書館で手にして愛読していた本であった。

　「マタイ福音書」(23・27)に、イエスは偽善的な宗教指導者を非難して、「あなたたちは不幸だ。白く塗った墓に似ている。外側は美しく見えるが、内側は死者の骨や汚れで満ちている」と、外部の汚れのない「美」に比べて、内側は偽善と不法が満ちていることは、清家にとって注目すべき事象である。モダニズム建築は死者のための白い骨壺としての単なる箱ではなく、家族がそこで生活する衛生的かつ生理的な容器とすることを清家はジョークで語っているが、それは清家のキリスト教徒としての思想である。

2.「うたかた（泡）」は「いずかたえか去る」（『方丈記』）

　清家は海軍に入隊する時、「私物の行李（こうり）に、座右の書として、方丈記と古事記と聖書を入れて、方丈記と軍人に賜いたる勅諭全巻暗誦しました」と[S-3]、

> 『方丈記』が好きで、都市の荒廃を嘆じ、「世に従へば身苦し、従わねば狂えりに似たり」と、現状を肯定しながら自身の生活を反省し、シンプルライフに逃避、あるいは積極的に閑居して、思索にふける姿が好きです。

清家は、自身の姿とその時代を重ね視ている。「清家清に問う」^S-3)に、「私の信条といえるかどうかわかりませんが、鴨長明の悟りを啓いたようでいながら、未練たっぷりの少し生臭さを感じる生き方がすきです」と書いている。

　清家にとって「私の家」には、などの「自邸の設計は私小説である」と言っているが、彼が小説家であったなら、かなり上手に私小説として表現できた人だが、建築家であるから、暗喩（メタファー）により、例えば「方丈庵」をして「シンプルライフ＆ハイ・シンキング」などと、家のシステムを<構造>として具現化しなければならなかった。

　『方丈記』の著者の鴨長明（1155-1216）は、鎌倉初期の保元・平治の乱の直後の人である。清家は『方丈記』の一節を引用し、「諸行無常のライフサイクル」^S-14)として、

　「よどみに浮かぶうたかた（泡）は、かつ消えかつ結びて、久しくとどまりたる例しなし。世の中にある人と栖と又かくの如し」という。うたかたの泡は同じような形態をしているが、できたかと思えばまたすぐ消えてその一生を終える。住宅もまたそのようだという。

　つまり「泡のような無生物」さえ「かつ消えかつ結ぶわけだが」、「世の中に生きている人間や住居」についても同じで「発生にはじまり成長し死滅する」。うたかたの泡が再現することをReproductionと言い「住宅は無生物だから、生殖はしないが、そこに住む人間がリハビリテーションをして再生するのである」と、そして清家はこの小文を『方丈記』^S-112)の、

　「知らず、生まれ死ぬる人、何方より来りて何方へか去る。又知らず、仮の宿り、誰がためにか心を悩まし、何によりてか目を喜ばしむる。その主と栖と無常を争うさま、いはば朝顔の露に異ならず」と結ぶ。

　「主」（あるじ）と「栖」（すみか）が共に「朝顔の露」のように「無常」の様子は、戦後の状況と清家の心情と共通していた。「露」の如き自身の根底にあったのは、清家が自称する「プロレタリアート」、「アルチザン（職人）」、「貧しき木工」などの左翼のイデオロギーというより、メソジスト派の清貧思想であった。それは「狭ければ狭いほどよい」という「できるだけ痩せた」住宅で、「貧しいということで狭さが許される」極小規模住宅であった。戦後の「与えられた」アメリカ流民主主義による「不本意」な「非武装の平和」など、清家は信じていなかった^S-16)。乱世の世の一丈四方のあずまや（東屋）「方丈庵」のような「ひとまのいおり」で牛車でも運べる組み立て住宅であった。清家は、「私見だが、日本で住宅産業を成り立たせるためには、造船所で家を造って、海に浮かべる方法がいいのではなかろうか。これなら土地の問題も解決できる」^S-51)などと、「方丈の庵はプレファブ建築あるいはモービル・ハウスの元祖?」との冗談を言っている。それはまるで海上に泡のように漂う自艇のスナイプ型のヨットをΩ（オ

メガ）丸と名付けたように、「乗り物専科」と自称する清家にとって「私の家」は小さな船であった。そして清家はその屋（家）形（やかた）船の艇長であった。船は、「ワンルームの中で食寝が時間のシークエンスにより行える移動空間である」と、定義している。清家は「おもちゃの木のヨット」も好きで、台所の前の小さなプール（みずたまり）に子どもと一緒にこのヨットを浮かべて遊んでいた（図Ⅶ-6）。

紀伊半島の南端に補陀落寺という寺があり、そこには南へ南へと船を漕いで行けばその果てに極楽浄土があるという補陀落渡海という信仰がある[S-18]。清家も、

> ある日、老妻と二人乗りのヨットを出帆させ、どことなく消えていく。そうやって人生の幕を引こうかと思っていたことがある。しかし、「船に乗るのはいや」とカミさんが反対したため、この計画は目下あきらめている。私も最後は、宇宙のかなたに消えていこう。

江の島には二人乗りのクルザーを確かに買って用意していた。清家はその実行の年を1999年と考えていたが、老妻は亡くなるが清家の寿命は新世紀を遥かに越えて天寿を全うした。清家は「生物というのはエネルギーを消費して一方的に死という平衡状態になる」と、言う。そこが往き着く彼方である。清家は、「小型船舶一級操縦士の免許まで持っていて外洋にも行ける」[8]から遠界まで渡海できる。

清家の死後その棺を「私の家」にある持ち運びのできる台車付きの移動式畳台の上に安置しお別れしたというこの畳台こそ清家にとって「いずかたえかさる」ための「和室」というか方丈にも満たぬが、漕ぎ出して往く船である。その往く方こそ群論でいう「ゼロ点」であり、教会の十字架のクロス部のような無限遠のあの世であった。従って「私の家」を象徴するのはこの畳台である。死に逝く彼方の地を想像することは、建築家にとって「場」の執着への性であった。この場合に「住宅は住むための機械である」というフレーズでは、「機械」は「船」で、私も夏の鎌倉の合宿で乗ったことのあるデインギー（小いさい船）「箱船」であった。「私の家」、いや家族と共に過ごした「私たちの家」は今もそこにある。清家は、「イエスが時を過ごされたこうした当時の家はどんなものであったのだろう」[S-11]と書いている。

清家は、「家も人の世も無常であって、家も人の世も《仮のやどり》である」と述べている。
清家は晩年、よく「そのうち草葉の陰から…」[S-5]と語っていたが、墓は鎌倉霊園[S-8]にある。

3. 清家の「講義用シート」―「エントロピー」の増大―死

東工大博物館より提供された資料で、清家の東工大での「講義用シート」（図Ⅶ-7）の一部がある。下書きも含まれているが、書かれた年代は確定できない。その内容はロゴス的で多岐にわたっていて、大別すれば、

1　幾何学関係　ユークリッド幾何学・非ユークリッド幾何学

図Ⅶ-7　東工大「講義用ノート」(東工大博物館)
[S-1]

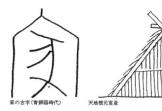
図Ⅶ-8　「家の古字」(青銅器時代)と「天地根元宮造」

　　2　キリスト教・「聖書」関係
　　3　建築関係（心理学を含める）の文字の語源および古字として「家」、「鬱」、「デザイン」、「オーダー」など
　　4　環境共生的事象と概念
　実際の講義のために、このような下準備がなされていたことに驚いた。清家は大学の講義室に来ると、黒板前の教壇席には立たずに、窓側の学生の座席の先頭隅部で話された。教室の中央部ではなくてシンメトリーを避けて、非対称に立ち位置したのである。特に内容で最も多かったのは不思議に、「エネルギーとエントロピー」についてのシートである。

「人類の文化は、エネルギーの変形、変換、廃棄の産物である。」と、
- すべての物質・エナルギー・時間もそうですが、ひとつの方向、時間の場合は過去→現在→未来の方向にしか進行しない。即ちエントロピーの増大、それは利用可能なものから利用不可能なものにしか変換されない。

その結果として世界は、
- エネルギー或いは物質が環境から取り出され、社会の中に加工されるたびに、その一部はどの段階に於いても、消費され廃棄され続ける。その結果、製品となったために、その総てが結局は単なるゴミとして何の役にも立たぬものとなる。

「建築」も「加工」された「製品」で、やがて「ゴミ」になる。
- 地球が貯めこんだポテンシャルを総て使い果たし、人間は地球を去らねばならぬ時が来る。しかし、自然は充分に恵み深く開発される余力を残している？。

そして、エントロピーは増大して、
- 環境が変化すると使用可能なエネルギー源が減少し手に入れ難くなる。自然に任せるエントロピーを増大させる。エントロピーの総計を一定にする理想機関を作ること。
機械や工場などが大型化すれば、エネルギーの集中は高まり、エントロピーは増大する。生産プロセスは人間中心ではなく、機械中心になって、労働者は生活するための機械、つまり＜操り人形＞に仕立てられる。

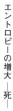
第Ⅶ章　エントロピーの増大——死——

エントロピーとは系の乱雑さ、無秩序さの度合いを表す物質量で、物質や熱の出入りのない系では一定である。不可逆変化をすると常に増大する。それは「熱力学第2法則」である。清家は、そのような不変機関として建築を考えていた。そして「建築」を「生物」と比定して、

- どの生物も死という平衡状態／肉体がボロボロに風化（空気や土に還元する状態）に至るのが自然の摂理である。
- 消費によって死という平衡状態に至らないようにするためには、もっと大きい環境―太陽や地球から、絶えず自由なエネルギーである負のエントロピーが流れ込んでいなくてはならない訳である。「エントロピー増大則」である。

　したがって、「質素な生活」を清家は推奨している。それはある意味では「結構」であると満足できる状態として「建築」との接点として語源を例示している。そして「Small is beautiful」と、住宅もその概念の延長にある。建築家にとって、建築を「物質」としての「体外機械」であるとし、その「行為」は負のエントロピーの増大つまり、結果的にはエネルギーの縮小化であった。人間としての「生物」が死という土に還元する状態のことで、その過程は「平衡」で、そこに美を見出している。それが清家の言う「永遠」である。このように建築と人間をエントロピーの観点から比較している建築家は稀有である。

　結論としては、「人類が発見した唯一の真理といえる〈エントロピーの法則〉が、もはや工業化社会に未来のないことを教えている」だから、「大規模な工業よりも小規模な技術開発を進める。ハードよりもソフトを目指せと、この法則は断言している」と、「富と力の再配分」の項で書いている。「もう結構です」の「結構」とは何であるか、「これ以上は望まぬこと、充分であること」と述べている。

　以上の講義用シートの内容が「建築論抄」[S-3]に、集約的に、

　　自然に新しいエントロピーが生成され増大して、カオス（混乱と訳されている）に至るだろうが、これは結局、終末にするしかしないかは集まった人びとの自然への思いやりの如何による。天地開闢の神話が伝えるように、新しいカオスの中から生まれてくる。

　文明・文化は個人の人生に似て、いつかは死ぬ運命にある不可逆過程の中で「人びととお互いの思いやりと協力の心で次の文明・文化を創造したい。」と結んでいる。その終末感は「西洋文明が、誕生→成長→挫折→頽廃→滅亡の過程のあることは定説となっている。その昔の世の終末が近いと人々が信じたその凶兆というのは戦争、飢餓、天災であった。」と、「建築論抄」に書いた。

世の終わりにはどんな前兆があるのかと弟子たちが問うた。イエスは答えて「また戦争があり、戦争の噂を聞くであろう。飢餓が起こりまた地震があるだろう」（マタイ福音書24章）

　清家の終末感にはキリスト教思想があった。「世の終末」についてはヨハネ黙示録に書かれていて清家もよく引用している「講義用シート」には異色ともいえる「原寸図」と書き込みのある「家の古字」（青銅器時代）の「家」の図形がある（図Ⅶ-8）。
「聖書と住まい」11・神の宮」に、

　私は「家」という字が好きだ。日本人にとっては、犠牲という言葉は理解し難い。しかし、牧畜民族にとっては日常の儀式である。この「家」という漢字は、祖先を祭祀する燔祭の形象であるという。豕に家のトンガリ屋根の象形のウカンムリを付したのが「家」という漢字で中国では「陽宅」という。土を掩った象形のワカンムリの「冢」という漢字も、同じく祖先を祭祀する塚という意味である。死者の住む墓のことで「隠宅」と呼ばれる。

同じく同書で、

　経済学の語源のエコノミーも、環境アセスメントに詳しいエコロジーも共に家という意のギリシャ語のオイコスに始まるという。家という言葉は家族関係を含めて、ハード・ソフトにわたる構造である。（中略）「そして、家に入って、母マリアのそばにいる幼子に会い、…」（マタイ福音所2・11）。その家は粗末な家であったが、そこに始まった壮大なドラマ、ソフトウェアに注目したい。

　この幼な子はイエス・キリストのことであるが、確かに「聖書」の世界史における壮大なドラマがこの「オイコス」から始まった。ギリシャ語の語源から西欧の「家」の概念を探っている。

結びにかえて――「永遠の瞬間」

　世界のコトバの中で、ギリシャ語がもっともロゴス的であった。ギリシャ哲学とは、「それでもなお滅びざるもの」として、死を超えた「永遠なるもの」への探求であった。
　清家がアクロポリスの丘で感じたのは「宇宙的霊性」（イオス）としての「プシュケー」（魂や生命や神々の生き生きした脈動）を「器官なき身体」が感応した。
　ギリシャ人にとって「在る」こと、生きることができるのは刻一刻の「今」ここの時だけであり、それは「永遠の瞬間」であった。ギリシャの哲学者のヘラクレイトスは、万物流転の宇宙的事物の中心に不変なものとしてロゴスを見ていた。それは無時間的な永劫回帰の時間観で、それをロゴスの無始性（永遠性）とした。

第Ⅶ章　エントロピーの増大――死――

清家がエントロピーの法則（熱力学第2原則）について、再三言及しているが、それは宇宙の時々刻々の死滅過程にある存在の無常性からで、「永遠」はその一瞬の存在のことである。それは清家がよく引用する『聖書』の「アルファであり、オメガである」に該当し、また「諸行無常」のことでもある。

　清家は「パルテノン神殿に潜む永遠の建築を信じたい」と、「流れる水にも似た建築のうちに、絶えることのない永遠性を求めたい。それはただ古いものが永遠であるという意味ではない」と言うが、その意味はギリシャ哲学では「川はたえず流れ常にそこに存在し、瞬間瞬間が新たである」と、つまり「アイオーン」（永遠の瞬間）のことである。清家はロゴスの建築家として、そこにギリシャ人的な永遠性を見ていたのである。

　そういえば、「私の家」には『方丈記』の冒頭に書かれている「よどみに浮かぶ泡（うたかた）のように生々流転する」を引用している。その泡は清家が操る小さなヨットとしての屋形船のようで、家族（オイキア）と共に生きた家（オイコス）としての「私の家」、いや「私たちの家」であった。永く建ち続けて欲しい。例えば「清家清記念館」として。

　先行例として清家の師である谷口吉郎の金沢の清家の生家の土地は、金沢市に提供されその跡地に谷口吉郎博物館として長男の谷口吉生氏により計画され、2019年夏にオープンの予定である。

おわりに —「ロゴス」の人・清家清—

　清家清先生の生誕100年（1918年12月13日生）に当たる本年に本書を出版できたことをうれしく思います。

　私が東工大の学部生として清家研究室に所属していた1967年は、清家先生がワシントン大学（シアトル）の客員教授として米国に招かれた時期にあたり、清家先生と講義以外の研究室でお目にかかることも少なく、むしろ卒業後に私的にご厚誼をいただいた折々の面談の場面を今も鮮明に記憶している。
　ある同窓会の時、清家研究室の助手が長かった小玉祐一郎氏から、清家清論を書くことを勧められたのが端緒であった。
　また、私の学生時代の助手の本間博文氏や先輩の八木幸二氏から、「私の家」にはル・コルビュジエの母の家、「小さな家」の影響があったとの先生の述懐を聞いた。そんなこともあって、「私の家」に関連して本論を「清家清のル・コルビュジエ憧憬」として、『近代建築』誌に連載を開始した。
　そして、タイトル（主題）名については、「私の家」が清家の建築作品の中で、その建築思想が明確に表出されていることに他ならない。当初は「私の家」・「再考」と付けていたが、仙田満先生の指摘で現タイトル名とした。冠名の頭に「ロゴスの建築家」としたのは、清家が『ヨハネ福音書』の冒頭（1.1）の「初めに言（ことば）があった」を多く用いてその思想に迫っており、その起原となる『聖書』がギリシャ語で書かれていたことから、この言（ことば）を、ギリシャ語のロゴスとした。それは、理性の働きとか宇宙の理法とか現在では訳されている。清家は数学にも関心があり、数学も「（理）」としてロゴスである。そしてギリシャ建築の平衡、均斉、比例を表す「シュムメトリア」は清家の建築理論の核心である。
　清家の考え方には、ギリシャ語、ギリシャ思想が実に多く、そのため本論を終了してみて結果的に日本の漢字、ことばの語源だけではなく、ギリシャ語は建築のソフト・ハードの関係から、哲学・思想にまで亘っていたと認識した。
　清家が学生時代にアテネ・フランスのイタリア語科に通っていたことを浜口隆一氏は、記録している。清家の「シンメトリー」論でも『ウィトルーウィウス建築書』（森田慶一訳註）からの引用がある。その「シンメトリー」の語源の「シュムメトリア」という概念は古代ギリシャ

の建築思想である。著者のウィトルウィウスは「ギリシャ的教養をかなり身につけた知識階級に属するローマ市民であった。そしてこの技術書は、数種の版本がイタリアをはじめヨーロッパ諸国で出版され、近代語訳も出現してきた。清家は、1955年にギリシャ・アテネのパルテノンを訪れており、著書『ぱるてのん』の「序文」を「分離派建築会」の建築家でありギリシャ建築の研究者の滝沢真弓に書いてもらっている。

　清家は、「ギリシャの建築家はまず感覚で造形し、それから幾何学的に計画する。それをギリシャ尺で測れるような数値に調整する」と、それが「シュムメトリア」で、自著の「シンメトリ」論へと展開している。しかし、古代ギリシャ悲劇をアテネのディオニソス劇場で見て、ギリシャ文明の「何か割り切れないもの」を感じている。「それが何かということは今でもまだよく解らない」と考え続けていた。また、アクロポリスの丘で夕日の沈むのを見て、古代ギリシャ哲学から「気」についての物質概念を「霊気（プシュケー）」として感じてもいた。他にも建築技術を神の似像（にすがた）の「イデア」の「模倣」による「テクネ」と、今日では芸術も「アート」と訳されるギリシャ語本来の「アルス」とは、当時から「未分化」で一線を画していた。その技術者・職人については、イエスの父のヨセフの職業を「テクトン」として、若き日の建築家としての自己を重ね視（み）ていた。

　清家はギリシャ語の「オイコス」（家）と「オイキア」（家族）などの概念を使って住宅の「HOUSE」と「HOME」の違いを説明している。ギリシャ建築のみならず民俗の知識も豊富にあった。

　角永博氏は、清家について「家族という作品」[S-1]で、既出したが、

そのホームとしての「私の家」が育んだものが、まぎれもなく清家先生のご家族です。先生の優れた建築を眼の中に入れながらも、このすばらしいご家族こそ先生の一番の傑作だったのでは、と思うのです。

　この角永が「私の家」（オイコス）より「傑作」だとする、それを育んだ「家族」（オイキア）への愛「アガペー」を、サブタイトルとして「そして家族への愛」と付け加えた。語尾に準テーマとしての「アカンサス・アーティチョーク・アイビー」という3つの「ア」の頭文字の付く関連植物は、清家への追慕回想としての住宅思想のキーワードでもあった。「アカンサス」は「装飾的感性」、「アーティチョーク」は「幾何学的理性」、そし「アイビー」は「パッシブデザイン」

の象徴である。さらに、「ア」としての「愛」（アガペー）も清家のキリスト教思想の住宅への反映でもあり、人間、清家清からの建築思想の追究であった。それは、「清家の建築についてギリシャ思想、哲学の建築への影響」という研究論文を書かなければならない位の重要性がある。清家は、ギリシャが西欧文化の発生地であり、東西文化の中継地であるとも言っていることで、ギリシャ思想への指向があったかも知れない。難しい作業が予想されるが、仙田先生が「新たな作家論の方法」と提案されたのも、その主旨からと考えられる。

　清家先生の長男である清家篤氏の述懐によると、先生は自分の作品の建築について、「そういうことは言葉で説明できないから作品にしているのだ！すべて作品に出ているので、そこに聞いてくれ！」と強い口調で話していた。この「言葉で説明できない」との言説は重要で深い意味がある。

　清家の恩師の谷口吉郎の「建築は口ではない—沈黙」と反対のことを言っているが、清家は『新建築』誌などに自分で解説していたし、「住居学」などを小誌、他の建築系以外の商業誌にも多くのエッセイとして書いている。「言葉」を尽くして多弁である。したがって私は清家の著作、論文、エッセイ、紹介記事から対談まで可能な限りの資料を閲覧することに努めた。その文中の一つのフレーズに、私は珠玉の「言葉」を発見したこともあった。

　そして、清家清とそのご家族についての個人情報は総て本や雑誌に発表されたものやご家族のお話に依った。

　建築家・清家清は、その優れたデザイン力と感性から浜口隆一や、村松真次郎などの建築評論家から「思想的に考えない」タイプの建築家であると言われたが、高弟の林昌二氏は、「博覧強記」の人として、「言葉」の本質・原点に迫る研究を解説している。その一般書は『家相の科学』で、それは旧習の紹介ではなく、建築と環境の原点からの一般の人への普及の書であった。

　清家は、数学、とくに群論・対称性に関心が深く、一方でメソジスト派のキリスト教徒として、ロゴスの根源を常に調べていた。思想の人であるその会話中の冗談（ジョーク）は、「ディアロゴス」と言って、ロゴスの一現象である。

　人間・清家清およびその建築を理解する場合に、作品のみから推定するには限度がある。その言説の根底にあるロゴス的「思想」を知らなければならない。そして、「私の家」が「永遠」に建ち続けることを願っている。「永遠」はギリシャ哲学の中核思想である。

　『建築家のメモⅡ—メモが語る歴史と未来—』（丸善、2005年）に清家清の自家の墓石のスケッ

チが掲載されている（下図参照）。清家の兄弟の墓は京都の南禅寺と若王子の裏山の新島襄の墓の近くにある。しかし、清家清・ゆき、清家正・不二夫ご夫妻の墓は現在、鎌倉霊園にあり、四重層塔だが極めて小さな約80㎝の石墓である。

　その原案がスケッチに描かれている五輪塔で、「地・水・火・風・空」の「五大」を下層から方形、円形、三角形、半月形、宝珠形に型どり積み上げたものである。本来は梵字で各「五大」を書くのだが、このスケッチでは、「水」を丸い石に「十字クロス」に、「火」を四角（□）に、「風」を三角（△）のマークで刻んでいる。○□△で建築の原形で、十字形はプロテスタントとしての十字架である。それよりも『家相の科学』の著者の清家の「風水」学を知るようなデザインである。清家の師の谷口吉郎が多くの墓碑の設計者であることを憶い出した。

　それと、清家が私に筑波の小田原にあった十三層塔を、それも五輪塔と同じく供養塔、墓標だから元の地の場所に戻すようにと指示された意味が、このスケッチを八木ゆり氏から提供されてやっと理解できた。それも清家の意趣であったのか、とにかくずいぶん時間を経てしまった。谷口吉郎の『雪あかりの日』の「ベルリンの庭石」に、新大使館の「日本庭園」の植え込みの中に十三重の石塔を立てる計画があり、「十三重の石塔は、台石に刻む梵字のために鎌倉期の文字まで、参考に移したりして、用意は手落ちなく整えてきた」と、清家にとって十三重の石塔は谷口の思い出でもあった。

文中で各氏の職名、および尊称を記さなかったことについては失礼をお詫びしたい。

　本書の出版にあたり、清家清に関しての貴重な知見・情報得るために多くの方々のお力添えをいただいた。お世話になった方々は、清家先生のご家族として、清家篤先生、八木幸二先生・ゆりご夫妻、そして東工大名誉教授の平井聖、仙田満両先生、清家研究室関係の山下和正、村口昌之、角永博、本間博文、武居寿一、小西敏正、小玉祐一郎、梅干野晁の各氏である。さらには大澤良二、若山滋、奥山信一、柴田晃宏、高田典夫、内田青蔵、吉田鋼市、岸成行、植田実、柴田康雄、P・シールの各氏から、そしてキリスト教関係では日野原重明先生、戒能信正牧師、ル・コルビュジエ関係では樋口清先生、千代章一郎、森山学、林美佐の各氏、W・グロピウスについては中村敏男氏からアドバイスをいただいた。森里子さんにもお世話になった。そして『新建築社』からは多くの資料の提供を受けた。とくに編集局長の四方裕氏にはご配慮いただいた。

　また本文の作成では、数多の出版社によりすでに公刊されている厖大な清家清の関連図書を読み込み、文献からの引用文や図版などを配置して内容の充実を図った。著作の引用や図版の掲載については、出典が不明なものがあるものの可能な限り明示した。文献の引用・図版の掲載にあたっては出典先の各出版社には改めて感謝を表したい。

　さらに文章化では、干場革治、芦澤建五、上田晃、村田涼、中山豊、中川大起、古賀巧也、阿川誠、松野孝子の各氏にご協力をいただいた。とりわけ八木ゆり氏には多くの資料を提供していただいた。

　また出版については一般財団法人「住総研」の2016年度の出版助成を受けた。財団の馬場弘一郎、清水祐子の各氏、萌文社の永島憲一郎氏、前半部を掲載した『近代建築』誌の永山三男、木原良太の各氏、出版助成の申請書作成の「フリックスタジオ」の高木伸哉、山道雄太の各氏、そして一般社団法人「日本美術著作権協会」の吉澤昭博氏にお世話になった。こうしてたくさんの方々のお力を借りて、本書の出版がかなえられたことをここに記して、すべての皆さんにお礼を申し上げたいと思う。

　最後に妻の幸子が、温かく見守り、私にこの研究の時間を与えてくれたことに感謝したい。

2018年6月30日
松野高久

引用参考文献─著書・論文リスト

- 本書で引用する文献は以下に紹介する著書・論文リストによる。しかし本文中の表記では略記号(アルファベットと数字)を用いた。
- 本書で参考にした著書・論文は、それぞれ関係する文献ごとにまとめた。
- 参考文献の総てを引用した訳ではない。

■アカンサス・アーティチョーク関係

A-1　ルドルフ・シュタイナー：アカンサスの葉、新しい建築様式への道、上松佑二訳、相模書房、1974年
A-2　ラ・ルース西洋料理基本百科・1500、同朋社出版、1995年
A-3　吉田鋼市：オーダーの謎と魅惑、彰国社、1994年

■清家清関係

S-1　ARCHITECT 清家清 1918-2005、新建築社、2006年
S-2　現代日本建築家全集 16 清家清、三一書房、1974年
S-3　別冊新建築日本現代建築家シリーズ⑤ 清家清、新建築社、1982年
S-4　清家清：ぱるてのん、相模書房、1957年
S-5　清家清：「私の家」白書─戦後小住宅の半世紀、住まいの図書館出版局、1997年
S-6　清家清：「築く」「建てる」「シンメトリー」、対談 浜口隆一×平良敬一、日本現代建築における清家清の位置、建築、青銅社、1962年11月
S-7　林昌二：清家清と現代の住居デザイン、新建築、1954年11月
S-8　清家清(建築家)オーラル・ヒストリー、C.O.E.オーラル・政策研究プロジェクト、2005年、政策研究大学院大学
S-9　清家清：一室住居論、建築と社会、日本建築協会、1954年4月
S-10　建築家 清家清展─<私の家>から50年、新建築社、2005年
S-11　清家清：連載「聖書とすまい」、信徒の友、日本基督教出版局、1990年─1994年
S-12　特集「素型としての空間／清家清」、住宅建築、建築資料研究社、2008年1月
S-13　清家清：<私の家>設計について、新建築、1957年3月
S-14　清家清：棟持柱の家─ひとつのawarenessとして─、新建築臨時増刊、1980年12月
S-15　清家清：知的住居学、情報センター出版局、1979年
S-16　清家清：やすらぎの住居学、同上、1984年
S-17　清家清：ほんもの住居学、同上、1989年
S-18　清家清：やさしさの住居学、同上、1996年
S-19　清家清：ゆたかさの住居学、同上、1998年
S-20　ドアなしのトイレ、妹尾河童が覗いたトイレまんだら、文藝春秋社、1978年
S-21　清家清 他：「建築と生活」初版、学生社、1962年
S-22　清家清 他：「東と西の交差点」「アクロポリスの夕ばえ」「半透壁」「スラム」「新しい傾向」、「建築と生活」再販、学生社、1978年
S-23　清家清：白い金属と建築、新住宅、1951年2月
S-24　清家清：若し自分が家を建てるなら、建築と社会、1951年3月
S-25　清家清：住宅．2─平面について、新建築、1952年5月
S-26　清家清：住宅平面の傾向、建築雑誌、1953年4月
S-27　清家清：すまいのプラン、新住宅、1953年9月
S-28　清家清：「続・私の家に」について、新建築、1971年1月
S-29　座談会 清家清×生田勉×高瀬隼彦、住宅設計の行きづまりをめぐって、新建築、1961年1月
S-30　清家清：室内における自由、建築、1962年2月
S-31　清家清：棟持柱の家・Ⅰ設計について、新建築、1962年10月
S-32　清家清：建築家と数学、数理科学、1965年4月
S-33　清家清：すまいと私─自由な空間をつくりたい、新建築、1965年5月
S-34　清家清：すまいのつくり─住宅設計における私の方法、新建築、1966年1月
S-35　清家清：新しい住宅の動向、新建築、1966年1月
S-36　清家清：「清家の家族」「(海+山+庭)×四季の暮らし」、家庭画報、1966年2月
S-37　清家清：シンメトリーと建築、数理科学、1972年6月
S-38　田中恒子・小川正光・京都大学西山研究室：清家清の住宅─熟練した職人的住宅作家─、近代建築、1974年2月
S-39　清家清：気、ディティール、No.45、1975年7月
S-40　清家清：試行錯誤のはてに、特集「私のエスキース作法」、建築知識、1976年11月
S-41　清家清：カナンの地、季刊民族学、国立民族博物館、1978年4月
S-42　特集：建築家の自邸─私にとって自邸とは<私の家><続・私の家>、都市住宅、1982年10月
S-43　清家 清：バイクはタイムカプセル、Cycle world、1983年11月
S-44　清家清：復興時代の欧州スクーター見聞録、GOGGLE、1989年11月
S-45　対談 清家清、スクーターでヨーロッパを駆け巡る、科学朝日、1956年16巻4号
S-46　清家清：「設計道具」大発掘、建築知識、1987年4月
S-47　インタビュー 清家清×野沢正光、「私の住宅のコンセプトはストラクチャーです」、野沢正光：「架構と舗設」、住宅の'50年代、建築知識、1989年1月
S-48　清家清：建築家よ、ゼーレを語れ、新建築住宅特集、1990年2月

S-49	清家清:「私の家」のチャペル、近代建築、1999年10月	S-80	清家清×藤森照信:戦後モダニズムの軌跡・第8回 清家清、新建築住宅特集、1987年11月
S-50	鼎談 林昌二×藤森照信×奥山信一、清家清のデザイン、「移動式畳」写真、華Ｋａ、029、ＴＩＴ建築設計教育委員会、2005年7月	S-81	清家清:東と西の交差点―イドラ島にて、芸術新潮、1959年9月
S-51	清家清:住まいのシステム―知的生活への着眼、実業之日本社、1970年	S-82	清家清:棟持柱、新建築、1962年11月
S-52	清家清:「装飾」講演、建築雑誌、1957年11月	S-83	清家清:「私の家」「続・私の家」、別冊家庭画報、1977年7月
S-53	清家清:日本の造形Ⅰ・木組、淡交社、1970年	S-84	瀬尾文彰:無窮と建築、創樹社、2009年
S-54	清家清:自邸を語る「一俤の家」、新建築住宅特集、1993年12月	S-85	清家清:森博士の家・設計のころ、新建築、1978年11月
S-55	中村好文:意中の建築 下巻―「続・私の家」―、芸術新潮、2003年1月	S-86	清家清 他:日本人と「間」―伝統文化の源泉、講談社ゼミナール選書、1981年
S-56	清家清 他:工業デザイン、日刊工業新聞社、1966年	S-87	清家清:ファサード、新建築、1957年8月
S-57	清家清:「オールド・ファッション・2」「トーネット」、芸術新潮、1967年2月	S-88	西沢大良・塚本由晴:現代住宅研究「ゴミの風景」(宮城教授の家)、ＩＮＡＸ出版、2000年、G-45
S-58	清家清:空間を決定づけたハブマイヤートラス・清家清邸、建築知識、1983年7月	S-89	「家族の人間関係を見つめて―ワンルームと舗設にこだわる」「巨匠の残像・第7回 清家清」、日経アーキテクチャー、2006年4月24日
S-59	清家清:「オールド・ファッション・6」「唐草模様」、芸術新潮、1967年6月	S-90	移動タタミはもうひとつの部屋、アサヒグラフ、1983年8月26日
S-60	浜口隆一:日本の建築家(清家清)アメリカに行く、芸術新潮、1955年2月	S-91	清家清監修:伝承の暮らしとつらい、すまいの歳時記、講談社、1985年
S-61	清家清 他:太平洋のパイオニア、現代建築家シリーズ「リチャード・ノイトラ」、美術出版社、1969年	S-92	対談 清家清×清家篤、シンプルライフの設計図、婦人の友、1994年4月
S-62	対談 清家清×篠原一男、習慣の深度―1950年代の建築表現をめぐって、新建築、2000年10月	S-93	清家ゆき:わが家の移動式畳、ミセス、1967年8月
S-63	清家清:住まい 工学入門、ごま書房、1974年	S-94	清家清:書評 デザインの鍵、新建築、1979年10月
S-64	清家清:棲家のための工学 その3―暖をとる知恵―、都市住宅、1968年11月	S-95	清家清:女房と曲木と揺り椅子、家庭画報、1974年10月
S-65	清家清:棲家のための工学 その4.その6―空気の汚染、都市住宅、1969年2月	S-96	清家清:もの入れ、新住宅、1968年7月
S-66	山梨和彦:いい加減よい加減の真意、「私の家」・清家清邸、日経アーキテクチャー、2013年2月10日号	S-97	清家清:一家と一門、新住宅、1974年11月
S-67	清家清:<すまい>―考、S-2	S-98	清家清:「プレ・インダストリアル・デザイン」「オールド・ファッション・10」、芸術新潮、1967年10月
S-68	瀬尾文彰:環境建築論序説、彰国社、1979年	S-99	清家清:わが家の家憲、家庭画報、1966年2月
S-69	小玉祐一郎:「間」にひそむ清家清の美学、S-12	S-100	清家清:「ロープ・ワーク」「オールド・ファッション・7」、芸術新潮、1967年7月
S-70	川添登:建築家・人と作品 上巻、井上書院、1968年	S-101	清家清:中庭のある二軒の家、室内、1975年10月
S-71	清家清:現寸で考える、清家清のディティール 間戸・まど・窓、デザインシステム編著:彰国社、1984年6月	S-102	住宅平面資料集成―清家清邸―、住宅建築、1976年
S-72	インタビュー(石崎順一)篠原一男、1950-60年代の建築とその言説空間、10+1、No.20、ＩＮＡＸ出版、2000年6月	S-103	清家清:軽金属(アルミ)住宅の曙光、建築と社会、1950年2月
S-73	清家清:家相の科学、光文社、1969年	S-104	小野暁彦・橋本一郎:「名作住宅の構造デザイン」第3回 清家清の「宮城教授の家」に見る<架構と舗設>、建築ジャーナル、2012年5月
S-74	植田実:「私の家」から「続・私の家」へ、清家清<タタミ>白書、都市住宅クロニクル1、みすず書房、2007年	S-105	清家清:「宮城教授の家」、モダンリビング、No.18、1957年冬号
S-75	清家清:ワンルーム(単室住居)の居間の住み方、新建築、1953年2月	S-106	座談会 清家清 他、芸術家とアルチザンの問題、芸術新潮、1955年2月
S-76	清家清:「私の家」考、ホームプランニング・世界の市民住宅、朝日新聞社、1978年3月	S-107	田中元子:大らかに受け入れる小さな家―清家さんの「私の家」、建築家が建てた妻と娘のしあわせな家、エキスナレッジ、2014年
S-77	清家清:自由な空間をつくりたい―すまいと私、新建築、1965年5月	S-108	清家清:シャンディガールの議事堂、新建築、1962年8月
S-78	清家清:壁構造、新建築、1957年4月	S-109	小玉祐一郎:コレクティブハウスの勧め、エコロジー建築・都市002、丸善、1996年
S-79	藤森照信:日本におけるミース的なもの―清家清と斉藤助、昭和住宅物語、新建築社、1990年	S-110	清家清:アメリカで考えたこと、ミセス、1967年6月

S－111	清家清：住宅 1925－1964、新建築、1964年6月		S－140	藤森照信：実験対象としての住宅「私の家」（清家清自邸）、昭和の住宅、エクスナレッジ、2014年
S－112	清家清：建築論抄、S－3		S－141	シンポジウム 清家研究室 篠原一男、日本的デザインをめぐって、新建築、1955年2月
S－113	清家清：父を語る・ビールと＜しごき＞と、科学朝日、1968年1月		S－142	小野曉彦：名作住宅の構造デザイン－第1回・清家清・第5回・6回「宮城教授の家」、建築ジャーナル、2012年1月・5月・6月
S－114	八木ゆり：「清家清邸 生きられた家」「犬小屋（ワンルーム）から山羊（やぎ）小屋へ」、新建築住宅特集、1986年6月		S－143	戦後 日本住宅伝説、新建築社、2014年
S－115	インタビュー 清家清×野沢正光、原点としての設計スピリッツ、建築知識、1983年7月		S－144	浜口ミホ：日本住宅の封建性、相模書房、1950年
S－116	清家清：コラム 聖書─イエス・キリストの誕生、建築雑誌、1995年12月		S－145	佐藤正己：ながーい思い出、回想・清家清、S－1
S－117	清家清：間取りはひとつの幾何学である、数学セミナー、日本評論社、1966年12月		S－146	清家清：イドラの村（写真・清家）、芸術新潮、10巻9号
S－118	清家清：住宅のルーツ（原理）とその展望（1978年6月24日講演）		S－147	清家清：これからの住まい─日本人の住居観、ホームライフ・5、1962年
S－119	対談 清家清×本間日臣、建築と健康、建築雑誌、1989年3月		S－148	対談 清家清×多湖輝、住宅と人間、しごとと生きがい、フレーベル新書、1971年
S－120	清家清・本間博文、風土と住居1・2、八木幸二、住居Ⅰ・住生活論、放送大学教育振興会、1985年		S－149	浜口ミホ：新 建築学大系・1 住居論Ⅳ、生活時間・生活空間、彰国社、1954年
S－121	清家清：人間にとって家とは何か、自由、1971年2月		S－150	野沢正光：シリーズ・土曜建築学校、建築資料研究社、1994年
S－122	清家清：10坪より30坪までの家、婦人画報、1954年9月		S－151	西和夫：「鴨長明わが住居を語る」、兼好法師すまいを語る3章、TOTO出版、1989年
S－123	清家清の「森博士の家」─「桂離宮の記憶がゆらめくモダニズム」、TOTO通信1998年Vol.1		S－152	清家清：≪男のおしゃれ≫帽子と首飾り、ミセス、1972年7月
S－124	清家清：間尺に合わぬを誤差という、数学セミナー、1970年4月		S－153	イームズ自邸、同朋社出版、1995年
S－125	清家清＜私の家＞─住み続ける家、チルチンびと、1998年7月		S－154	清家清デザインにおける≪ゆとり≫≪あそび≫≪すきま≫、建築学会報告書、1953年3月
S－126	対談 清家清×小玉祐一郎、五感のデザインとしての住宅の開口部─私の住宅設計の変遷を通して─、GA、1994年、冬号		S－155	多湖輝：建築と心理学・人間理解のテクニック、建築技術、1966年7月
S－127	藤岡洋保：清家清資料より斉藤助教授の家、連載「近現代建築資料の世界－⑦」、建築雑誌、2016年7月		S－156	小玉祐一郎：自邸「つくばの家Ⅰ」、建築知識、1984年3月
S－128	清家清：たたみと障子、SD、1980年2月		S－157	清家清：建築デザイン、建築雑誌、1967年2月
S－129	清家清：建築のデザイン、建築雑誌、1967年2月		S－158	清家清：曲率半径の大きい近似円弧を画くコンパスを使い一点に収斂する直線を引く定規、特許広報、昭27－2870
S－130	清家清：「システム化された夢のすまい」─「アイランド型キッチンユニット」（ナショナル・ショールーム）、新住宅、1970年7月		S－159	清家篤：「病気がちな母」＜母の教え＞『財界』編集部、2014年6月
S－131	野沢正光・藤岡洋保：清家清の住宅、新建築住宅特集、2005年4月			
S－132	清家清：「私の家」＋「続・私の家」、建築、1962年11月			

■清家清『新建築』誌発表

SH－1	「奥田博士の家」1951年9月
SH－2	「森博士の家」1951年9月
SH－3	「斎藤助教授の家」1953年2月
SH－4	「コの字型平面の家」1953年2月
SH－5	「宮城教授の家」1953年11月
SH－6	「私の家」1957年3月
SH－7	「数学者の家」1954年11月
SH－8	「佐竹さんの家」1962年1月
SH－9	「島澤先生の家」1963年6月
SH－10	「久ヶ原の家」1968年12月
SH－11	「続・私の家」1971年1月

S－133	林昌二：清家研究室の思い出と傑作＜私の家＞、S－1
S－134	清家清他：建築設計の製図、日刊工業新聞社、1966年
S－135	インタビュー 林昌二、自己完結だからこその輝き50年ぶりに再訪問─「宮城教授の家」を訪れて─
S－136	清家清・梅干野晁：照り返しに関する基礎的研究─1、日本建築学会論文報告集、1976年7月
S－137	清家清：色をどう決めているか、建築雑誌、1958年5月
S－138	西山夘三：公私室型の展開─清家清の作品、日本のすまいⅡ、勁草書房、1972年
S－139	清家清：「それ（自邸）を建てたころ」「特集・戦後小住宅ベスト10」、室内、8・248

■W.グロピウス関係

W－1	「能面と石庭」「伝統と現代建築」「日本だより」「住宅を見てもらう（清家清）」他、グロピウスと日本文化、彰国社、1956年
W－2	浜口隆一：日本の建築家・アメリカに行く、芸術新潮、1955年2月
W－3	グロピウス博士滞日記録、建築雑誌、1954年9月

W－4	W・グロピウス：デモクラシーのアポロン―建築はどうあるべきか―、桐敷真次郎訳、ちくま学芸文庫、2013年
W－5	イゼ・グロピウス:キヨシ(Kiosi)の想い出（1978年5月26日）、S－3
W－6	中村敏男：Architects in Memories 連載「日記のなかの建築家たち」第10回 グロピウス邸からシンドラー邸へ、建築雑誌、2010年10月
W－7	清家清：グロピウスのすまい、科学朝日、1956年4月、16巻4号
W－8	モホリ・ナギ：材料から建築へ、宮島久雄訳、バウハウス叢書14、中央公論美術出版、1992年
W－9	杉本俊多：バウハウス―その建築造形理念、鹿島出版会、1979年
W－10	S．ギーディオン：教育者としてのグロピウス、空間・時間・建築、丸善、1955年
W－11	西谷啓治：講座「禅」第5巻「禅と文化」、筑摩書房、1968年
W－12	岡倉天心：茶の本、桶谷秀明訳、講談社学術文庫、1994年
W－13	レスリー・ウィリアムソン：ワルター・グロピウス、もう一つの名作住宅―ハンドクラフテッドモダン、和田侑子訳、エクスナレッジ、2013年
W－14	浜口隆一：清家清とグロピウス、芸術新潮、1955年2月
W－15	塚口眞佐子：モダンデザインの背景を探る―バウハウスを軸にみる展開とその思潮―、近代文藝社、2012年
W－16	フィリップ・シール：キヨシとガイジン、S－1

■谷口吉郎関係

T－1	谷口吉郎の世界―モダニズム相対化がひらいた地平、建築文化9月号別冊、彰国社、1997年
T－2	谷口吉郎：雪あかり日記・せせらぎ日記、中公文庫、2015年
T－3	谷口吉郎展報告書、日本建築学会谷口吉郎展実行委員会、1998年
T－4	杉山真紀子編：萬來舎―谷口吉郎とイサム・ノグチの協奏詩、鹿島出版会、2006年
T－5	谷口吉郎：清らかな意匠、朝日新聞社、1948年
T－6	谷口吉郎：自余の弁（自邸）、国際建築、1936年6月
T－7	八束はじめ：谷口吉郎―転向の射程、モダニスト再考Ⅱ・国内編、建築文化、2000年、1月
T－8	谷口吉郎：彫刻と建築（慶應義塾大学第二研究室 万來舎）、新建築、1950年10月
T－9	谷口吉郎：コルを摑む、国際建築、1929年5月
T－10	谷口吉郎：ル・コルビュジエ検討、思想、1930年12月
T－11	清家清：風土と建築、谷口吉郎著作集第4巻作品篇、淡交社、1981年
T－12	対談谷口吉郎×浜口隆一、谷口吉郎氏との三十分、新建築、1956年1月
T－13	谷口吉郎：環境の意匠、清らかな意匠、朝日新聞社、1948年
T－14	村松貞次郎：意匠の遍歴 ―谷口吉郎さんの人と作風―、谷口吉郎著作集第5巻
T－15	藤岡洋保：合目的性を超えた谷口吉郎の世界、新建築社、1997年

■数学関係

M－1	ヘルマン・ヴァイル：シンメトリー、遠山啓訳、紀伊国屋書店、1957年
M－2	A.S.ポザマンティエ:不思議な数列・フィボナッチの秘密、松浦俊輔訳、日経BP社、2010年
M－3	遠山啓：数学入門・下、岩波書店、1970年
M－4	A・デューラー：測定法教則、注解 下村耕史訳編、中央公論美術出版、2008年
M－5	イアン・スチュアート：自然界の秘めたデザイン、梶山あゆみ訳、河出書房新社、2009年
M－6	M・ランディ：幾何学の不思議、駒田曜訳、創元社、2011年
M－7	C・サィフェ：異端の数ゼロ、林大訳、早川書房、2003年
M－8	遠山啓：無限と連続、岩波書店、1980年
M－9	遠山啓：現代数学入門、筑摩書房、2012年
M－10	坪井忠二・清家清他：右と左―対称と非対称の世界、サイエンス社、1980年1月
M－11	遠山啓追悼特集/思い出、数学セミナー、1980年1月
M－12	マリオ・リヴィオ：黄金比は全てを美しくするか、斎藤隆夫訳、早川書房、2012年
M－13	エドワード・ホール：かくれた次元、日高敏隆他訳、みすず書房、1970年

■ロゴス・キリスト教関係

C－1	藤原藤男：ロゴス・コトバ論、聖文舎、1963年
C－2	田中美知太郎：ロゴスとイデア、岩波書店、1949年
C－3	古東哲明：現代思想としてのギリシャ、ちくま学芸文庫、2005年
C－4	田川建三：イエスという男、作品社、2004年
C－5	野呂芳男：ジョン・ウェスレー、松鶴亭（出版部）、2005年
C－6	清水光雄：民衆と歩んだウェスレー、教文館、2013年
C－7	清水光雄：メソジストって何ですか ―ウェスレーが私たちに訴えること―、教文館、2007年
C－8	日本キリスト教史における賀川豊彦その思想と実践、新教出版社、2011年
C－9	清家清：私たちの教会堂、玉川平安教会創立五十周年記念誌、1986年
C－10	松野高久：賀川豊彦＜人間建築＞の建築家・清家清への影響、賀川豊彦研究 第62・63号（財）本所賀川記念館、2015年
C－11	吉本隆明：信の構造2・全キリスト教論集成、春秋社、1988年
C－12	戦う使徒ウェスレー、瀬尾要造他訳、福音文書刊行会、1963年

■ル・コルビュジエ関係

L－1	建築へ、樋口清訳、中央公論美術出版、2003年
L－2	建築をめざして、吉阪隆正訳、2003年
L－3	ユルバニスム、樋口清訳、1976年
L－4	輝く都市、坂倉準三訳、1968年
L－5	モデュロールⅠ・Ⅱ、吉阪隆正訳、1976年
L－6	人間の家、西澤信彌訳、1977年
L－7	東方への旅、石井勉他訳、1979年
L－8	住宅と宮殿、井田安弘訳、1979年

L-9	エスプリ・ヌーヴォー（近代建築名鑑）、山口知之訳、1980年		L-38	総特集 ル・コルビュジエ、與謝野文子訳、ユリイカ、1998年12月
L-10	プレシジョン（上）、（下）、井田安弘・芝優子訳、1984年		L-39	范毅舜：丘の上の修道院、ル・コルビュジエ 最後の風景、六耀社、2013年
L-11	今日の装飾芸術、前川國男訳、1966年		L-40	戦争―日本とインドシナ「シャルロット・ペリアン自伝」北代美和子訳、みすず書房、2009年
※以上2〜11	鹿島出版会（SD選書）		L-41	ル・コルビュジエ：La Ville Redieuse、1935年
L-12	小さな家、森田一敏訳、集文社、1980年		L-42	ル・コルビュジエ：マルセイユのユニテ・ダビタシオン、山名善之・戸田穣訳、ちくま学芸文庫、2010年
L-13	伽藍が白かったとき、生田勉・樋口清共訳、岩波書店、1957年		L-43	八束はじめ：ル・コルビュジエ、岩波書店、1983年
L-14	ル・コルビュジエ全作品集1〜8巻、吉阪隆正訳、生A.D.A. EDITA TOKYO、1977-1979年		L-44	小椅子 シャルロッテ・ペリアン物語、別冊都市住宅「最も偉大な師だった」柳宗理、1975年冬
L-15	吉阪隆正：ル・コルビュジエ（近代建築家・5）、彰国社、1954年		L-45	建築家坂倉準三・モダニズム建築を生きる/人間・都市・空間、建築資料研究社、2010年
L-16	チャールズ・ジェンクス：ル・コルビュジエ、佐々木宏訳、鹿島出版会、1978年		L-46	B・ガンブレト：ル・コルビュジエ カップマルタンの休暇、中村好文監修、石川さなえ他訳、TOTO出版、1997年
L-17	建築十字軍、井田安弘訳、鹿島出版会、2011年		L-47	建築文化 ル・コルビュジエ記念号、1996年10月
L-18	フローラ・サミュエル：ディテールから探るル・コルビュジエの建築思想、加藤道夫監訳、丸善、2009年		L-48	「ル・コルビュジエ版画展」G・Aギャラリー、1984年
L-19	加藤道夫：総合芸術家、ル・コルビュジエの誕生、丸善、2012年		■一般	
L-20	富永譲：建築巡礼12 ル・コルビュジエ幾何学と人間の尺度、丸善、1989年		G-1	ウィトルウィウス建築書、森田慶一訳、東海大学出版会、1969年
L-21	川添登：丹下健三とル・コルビュジエ、近代建築、2008年4月		G-2	森田慶一：建築論、東海大学出版会、1978年
L-22	ジャック・リュカン監：ル・コルビュジエ事典、加藤邦夫訳、中央公論美術出版、2007年		G-3	ローラン・マルタン：世界の建築―ギリシャ、高橋栄一訳、美術出版社、1967年
L-23	ル・コルビュジエ/ポール・オトレ：ムンダネウム、山名義之他訳、筑摩書房、2009年		G-4	M・A・ロージェ：建築試論、三宅理一訳、中央公論美術出版社、1986年
L-24	五十嵐太郎：ル・コルビュジエと身体のイメージの行方、ユリイカ、2007年5月		G-5	鈴木博之：建築の世紀末、晶文社、1977年
L-25	ル・コルビュジエ：マルセイユの住居単位、坂倉準三訳、丸善、1955年		G-6	J・ハーシー：古典建築の失われた意味、白井秀和訳、鹿島出版会、1993年
L-26	建築家・坂倉準三・モダニズムを住む/住宅・家具・デザイン、建築資料研究社、2010年		G-7	鈴木博之監修：綱町三井倶楽部、新建築社、1990年
L-27	ル・コルビュジエ：パリの運命、林要次・松本晴子訳、彰国社、2012年		G-8	河東義之編：ジョサイア・コンドル建築図鑑I・II・III、中央公論美術出版、1980年
L-28	S.V.モース：ル・コルビュジエの生涯―建築とその神話、住野天平訳、彰国社、1981年		G-9	原色世界の美術、ギリシャ11巻、小学館、1987年
L-29	森山学：ル・コルビュジエのマシン・エイジ、エキスナレッジ HOME No1 ル・コルビュジエ・パリ 白の時代、2004年		G-10	竺覺曉：建築の誕生―ギリシャ・ローマ神殿建築の空間概念、中央公論美術出版、1995年
L-30	森山学：衛生を建築する―近代的衛生者としてのル・コルビュジエ、10+1 INAX出版 NO.10 特集 ル・コルビュジエを発見する、1997年8月		G-11	三沢浩：A・レーモンドの住宅物語、建築資料研究社、1999年
L-31	168時間40分 たった一度の短い日本滞在、ル・コルビュジエ 建築・家具・人間・旅の全記録、エキスナレッジ、2002年		G-12	下村耕史：アルブレヒト・デューラーの芸術、中央公論美術出版、1997年
L-32	林美佐：再発見/ル・コルビュジエの絵画と建築、彰国社、2000年		G-13	海野弘：装飾空間論、美術出版社、1973年
L-33	廣部達也：凝視するデミウルゴス―ル・コルビュジエ論、新建築学大系6建築造形論、彰国社、1985年		G-14	瀬尾文彰：20世紀建築の空間 ―空間建築学入門―、彰国社、2000年
L-34	ル・コルビュジエ ―近代建築を広報した男、朝日新聞出版、2009年		G-15	田中厚子：アメリカの名作住宅に暮らす、建築資料研究社、2009年
L-35	塚口眞佐子：アム・ホルンの家、『モダンデザインの背景を探る、近代藝文社、2012年		G-16	P・B・ジョーンズ：モダニズム建築―その多様な冒険と創造、中村敏男訳、建築思潮研究所、2006年
L-36	加藤道夫：ル・コルビュジエ・建築図が語る空間と時間、丸善、2011年		G-17	柳田由紀子：太平洋を渡った日本建築、NTT出版、2006年
L-37	ル・コルビュジエと私 吉阪隆正集8、勁草書房、1984年		G-18	柏木博：モダンデザイン批判、岩波書店、2002年
			G-19	難波和彦：戦後モダニズム 建築の極北―池辺陽試論、彰国社、1999年
			G-20	池辺陽：立体最小限住宅の試み、新建築、1950

年7月
G-21 森於菟：父親としての森鴎外、筑摩書房、1993年
G-22 磯崎新：「母の小さい家」ル・コルビュジエ、栖（すみか）十二、住まいの図書館出版局、1999年
G-23 藤森照信：現代住宅併走 第21回山口文象自邸「日本のモダニズムをたどるとき」、TOTO通信、2013年
G-24 八束はじめ：西洋の最新のサナトリウム建築、思想としての日本近代建築、岩波書店、2005年
G-25 現代日本建築家全集・11 坂倉準三・山口文象とRIA、三一書房、1971年
G-26 現代日本建築家全集・1 アントニン・レーモンド、三一書房、1971年
G-27 現代日本建築家全集・4 堀口捨己、三一書房、1971年
G-28 村田数之亮：ギリシャの陶器、中央公論美術出版、1972年
G-29 村田数之亮：ギリシャ美術、新潮社、1974年
G-30 ロジェ・カイヨワ：反対称―右と左の弁証法、塚崎幹夫訳、思索社、1976年
G-31 マーカス・デュ・ソートイ：シンメトリーの地図帳、冨永星訳、新潮社、2012年
G-32 D・トムソン：生物のかたち、柳田友道訳、東京大学出版会、1973年
G-33 W・ミッチェル：建築の形態言語、長倉威彦訳、鹿島出版会、1991年
G-34 仙田満：環境デザイン講義、彰国社、2006年
G-35 仙田満編著：こどもと住まい（上）50人の建築家の原風景、住まいの図書館出版局、1990年
G-36 槙文彦：記憶の形象―都市と建築の間で、筑摩書房、1992年
G-37 日本の家―1945年以降の建築と暮らし 新建築住宅特集 2017年8月 別冊 東京国立近代美術館同展、新建築社
G-38 復刻建築夜話―日本の近代建築の記憶、日刊建設通信新聞社、2010年
G-39 長谷川章：世紀末の都市と身体芸術と空間あるいはユートピアの彼方へ、ブリュケ、2000年
G-40 小玉祐一郎：エコ・ハウジングの勧め、丸善、1991年
G-41 柳亮：黄金分割―ピラミッドからル・コルビュジエまで―、美術出版社、1984年
G-42 神崎繁：プラトンと遠近法、新書館、1949年
G-43 三沢浩：アントニン・レーモンドの建築、鹿島出版会、2007年
G-44 浜口隆一：ヒューマニズムの建築 ―日本近代建築の反省と展望―、雄鶏社、1947年
G-45 浜口隆一：小住宅作家論・池辺陽、新建築、1954年11月
G-46 布野修司：戦後建築の終焉 ―世紀末建築論ノート―、れんが書房新社、1995年
G-47 三宅理一：たおやかなる実験の時代 ―1950年代住宅作家論―、建築知識、1989年1月
G-48 言説としての日本近代建築 10+1. No.20、INAX出版
G-49 田中厚子：土浦亀城と白い家、鹿島出版会、2014年
G-50 柳宗理・デザイン、河出書房新書、1998年
G-51 モシモシ・・・、大きな声 建築家坂倉準三の生涯、鹿島出版会、2009年
G-52 平山忠治×長谷川堯対談、建築をめぐる回想と思索、新建築社、1976年
G-53 平山忠治：バウマイスター・ゲーテと建築術、1980年
G-54 ジェームズ・D・ティバー：イエスの王朝
G-55 池辺陽：住宅No.17、建築文化、1995年3月
G-56 池辺陽：住宅No.17 サービスコアのある住宅その3、新建築、1954年11月
G-57 川添登：建築家 人と作品（2）池辺陽、井上書院、1968年
G-58 中沢新一：野生の科学、講談社、2012年
G-59 滝沢眞弓：ギリシャ人の芸術観、建築学研究、78号
G-60 八束はじめ：モダニスト再考Ⅱ 藤井厚二、建築文化、2000年1月
G-61 チューゲンハット邸、撮影 鈴木了二、建築文化、1998年1月
G-62 池辺陽：デザインの鍵―人間・建築・方法、丸善、1979年
G-63 シャルロット・ペリアンと日本、鹿島出版会、2011年
G-64 Yanagi Design ―柳宗理と柳工業デザイン研究会のしごと―、平凡社、2008年（（財）柳工業デザイン研究会編）
G-65 池辺陽・広瀬鎌二：現代日本建築家全集17、三一書房、1972年
G-66 池辺陽：住いにおけるコンクリートの意味、新建築、1956年11月
G-67 池辺陽：すまい 岩波婦人叢書、岩波書店、1954年
G-68 小野暁彦：名作住宅の構造デザイン ―池辺陽ナンバーシリーズの射程、建築ジャーナル、2013年5月

＜当リストの作成は清家研究室で同籍した畏友の村田靖夫君の息子の村田涼東工大准教授の協力による＞

■ 著者プロフィール

松野高久（まつのたかひさ）

1944年、東京都浅草に生まれる。1968年、東京工業大学理工学部建築学科（清家研究室）卒業。同年、㈱レーモンド設計事務所入所。建築設計の傍ら1997年、第1回長塚節文学賞・最優秀賞『矢を負ひて斃れし白き鹿人―長塚節臨死歌考』を受賞。1993～96年、日本工業大学建築学科非常勤講師。2001～2010年、「長塚節の一連の研究」を茨城県文学誌『耕人』に連載。2012～2015年『近代建築』に「清家清のル・コルビジェ憧憬」として15回隔月連載。2015年『賀川豊彦研究』（本所賀川記念館）に「賀川豊彦『人間建築論』の建築科・清家清への影響」を掲載。「長塚節研究会」の常任理事。2005年、㈱環境デザイン研究所入所し現在に至る。

ロゴスの建築家
清家清の「私の家」──そして家族愛──

2018年8月10日　初版発行

| 著　者 | 松野高久 |

| 発行所 | **萌文社** |
| 発行者 | 谷　安正 |

〒102-0071 東京都千代田区富士見1-2-32 東京ルーテルセンタービル202
TEL　03-3221-9008
FAX　03-3221-1038
Email　info@hobunsya.com
URL　http://www.hobunsya.com/
郵便振替 00910-9-90471

| 装　丁 | 椙澤清次郎（アド・ハウス） |
| 印　刷 | モリモト印刷株式会社 |

本書の掲載内容は、小社の許可なく複写・複製・転載することを固く禁じます。
©Keiji Kitahara, 2018. Printed in Japan.

ISBN978-4-89491-353-0